21世纪应用型本科电子商务与信息管理系列实用规划教材

电子商务概论
(第3版)

主　编　庞大莲　张冰新
副主编　吴肖云
参　编　罗应机　刘　琳　李　颖
　　　　黄福莉　周一敏

北京大学出版社
PEKING UNIVERSITY PRESS

内容简介

本书以电子商务基础理论知识为主线，系统地介绍了电子商务的基本理论、基本知识、基本技术和基本应用。本书分为 10 章，包含电子商务的基本知识（第 1 章）、电子商务的基本模式（第 2 章）、电子商务环境（第 3 章）、电子商务的相关技术（第 4、5、8 章）、电子商务与客户关系管理（第 6 章）、网络营销（第 7 章）、电子商务的行业应用（第 9 章）和移动电子商务（第 10 章）。本书在每章章末配有案例研讨和思考与练习题，另外还配有教学课件和配套的实验教材，供师生在教学中采用。

本书的主要特点是理念新颖、结构清晰、概念准确，注重培养学生的分析问题能力及实际应用能力，具有基础性、创新性和实用性。

本书可作为高等学校电子商务专业的教材，也可作为电子信息、经济管理类专业学生的教材或教学参考书。

图书在版编目(CIP)数据

电子商务概论/庞大莲，张冰新主编. —3 版. —北京：北京大学出版社，2018.1
（21 世纪应用型本科电子商务与信息管理系列实用规划教材）
ISBN 978-7-301-28452-0

Ⅰ. ①电… Ⅱ. ①庞…②张… Ⅲ. ①电子商务—高等学校—教材 Ⅳ. ①F713.36

中国版本图书馆 CIP 数据核字（2017）第 144143 号

书　　　名	电子商务概论（第 3 版） Dianzi Shangwu Gailun
著作责任者	庞大莲　张冰新　主编
策划编辑	刘　丽
责任编辑	刘　丽
标准书号	ISBN 978-7-301-28452-0
出版发行	北京大学出版社
地　　　址	北京市海淀区成府路 205 号　100871
网　　　址	http://www.pup.cn　新浪微博：@北京大学出版社
电子信箱	pup_6@163.com
电　　　话	邮购部 62752015　发行部 62750672　编辑部 62750667
印　刷　者	北京溢漾印刷有限公司
经　销　者	新华书店
	787 毫米×1092 毫米　16 开本　22.25 印张　507 千字 2008 年 1 月第 1 版　2012 年 9 月第 2 版 2018 年 1 月第 3 版　2021 年 1 月第 3 次印刷
定　　　价	48.00 元

未经许可，不得以任何方式复制或抄袭本书之部分或全部内容。
版权所有，侵权必究
举报电话：010-62752024　电子信箱：fd@pup.pku.edu.cn
图书如有印装质量问题，请与出版部联系，电话 010-62756370

第 3 版 前言

随着互联网的广泛应用,电子商务热潮正席卷全球,已成为各行各业竞争的焦点。全球性的电子商务规模不断扩大,截至 2015 年,全球网民总数 33.66 亿,网民渗透率是 46.4%。

近年来,我国电子商务发展迅速,尤其是 2015 年李克强总理提出"大众创业、万众创新"以来,电子商务已成为大众创业的良好平台,电子商务的发展更是日新月异。目前,电子商务在中国的发展已进入了一个新的阶段。针对近年来电子商务在各领域的应用日益广泛、深入的发展态势以及发展需求,商务部将加快制定《电子商务"十三五"发展规划》,并积极开展电子商务法规政策标准工作,研究起草《商品流通法》,参与《电子商务法》的起草工作。据介绍,在《电子商务"十三五"发展规划》中,商务部将在电子商务领域重点开展八项工作,分别为大力促进线上、线下互动融合发展,推动农村电子商务发展,促进跨境电商发展,打造电子商务示范体系,积极参与国际规则制定与交流合作,进一步强化政府公共服务,维护网络市场秩序和营造政策法规环境。

电子商务概论是电子商务专业的一门基础核心课程。旨在让学生了解电子商务的基础知识,掌握电子商务的基本应用,了解和掌握电子商务发展的新形势、新动向,为深入学习电子商务的专业课程奠定坚实的基础。本书的第 1 版于 2008 年 1 月出版,自出版以来,由于其适用性及实用性较好而受到了不少高校读者的关注和喜爱。根据电子商务的新发展和新变化,于 2012 年修订出版了第 2 版。第 2 版出版至今,又过去了 5 年,电子商务不断发展,电子商务的技术及应用环境也不断变化和更新,为了让学生更多地了解电子商务发展的新形势及发展新动向,满足学生学习新的需求,我们组织修订出版《电子商务概论》(第 3 版)。

《电子商务概论》(第 3 版)是在第 2 版的基础上进行适当的修改。在保持前版思路清晰、结构形式丰富多彩以及教学的实用性等方面特点的前提下,根据电子商务的最近发展态势以及"十三五"规划精神,将各章中的相关内容、数据及实例、案例等进行更新和调整,以期尽可能展示电子商务的新变化、新发展、新动态。本版教材主要进行了以下调整。

1. 关注前沿

在章节内容中适当融入了《电子商务发展"十三五"规划》的精神,关注电子商务的新发展,紧跟电子商务发展的主流。

2. 具体内容的修改

1) 重点修改章节

第 1 章:电子商务的基本知识。主要更新和修改了"1.4.1 电子商务的发展概况"。

第 2 章:电子商务的基本模式。增加新的电子商务模式如 O2O,P2P 等及其相关应用。

第 3 章：电子商务环境。主要是关于电子商务的法律与政策环境，增加了 2013 年以来新的立法和政策。

第 4 章：电子商务的支付技术。增加新的电子商务的支付技术及发展趋势。

第 9 章：电子商务的行业应用。对原来的 9.1 节调整为"服务业电子商务"，并作了相关内容的修改；增加了"9.4　农村电子商务"；在 9.2 节中增加了"9.2.5　跨境电子商务"。

第 10 章：移动电子商务。调整原来的内容，增加新的发展状况、趋势、应用及实例。

2）数据和案例的更新

(1) 对各章中的相关内容、数据及实例等进行更新。

(2) 各章中的引例、EC 动态、阅读材料、案例研讨等内容大多作了更新和调整，更新率达 90%以上。

3．参编人员的调整

综合考虑到联系沟通、讨论协商的方便性等方面的问题，对原参编人员作了些调整。具体情况是：第 3 章由庞大莲和黄福莉修改；第 6 章由庞大莲和周一敏修改。

在改编过程中，我们秉承了原版的思想和特点，力求做到理论联系实际，注重创新，全书思路清晰，内容充实，资料丰富，结构清晰，形式新颖，严谨规范，实用性强，便于学生自学。

全书由庞大莲教授统稿和主审；庞大莲和张冰新老师担任主编，吴肖云老师担任副主编。各章的编者分别是：第 1、2 章：张冰新；第 3 章：庞大莲、黄福莉；第 4、5 章：罗应机；第 6 章：庞大莲、周一敏；第 7 章：李颖；第 8 章：刘琳；第 9、10 章：吴肖云。

本书是由广西大学、中南林业科技大学、广西财经学院等院校的教师通力合作，共同创作完成的。另外，广西大学商学院的硕士研究生吴羽丹、李宇翔、高婕、李荣丽、肖翊、蓝俏媛，以及广西财经学院的学生李艳琴、梁译文等为本书收集了部分案例和相关资料，在此也向他们表示感谢！

在编写过程中，我们参考和借鉴了国内外许多相关的研究成果和文献资料，得以顺利完成本书的创作。在此，对同心协力的合作伙伴、对帮助和支持我们的朋友表示真诚的感谢！

为了便于制订较为合理的教学计划，建议本书总授课学时为 64 学时，其中理论课为 40 学时，实验课为 24 学时。

本书主要从基本知识、基本理论、基本技术和基本应用等方面介绍与讨论电子商务，对于博大精深的电子商务，书中所述并不全面和完善，且由于时间仓促，作者水平有限，书中错误与不当之处，敬请广大读者提出宝贵的意见，以便进一步完善。

编　者
2017 年 9 月

第 2 版 前言

近年来,电子商务发展的步伐不断加快,在各领域的应用也日益深入。电子商务的影响无所不在,成为人们生活中不可缺少的重要组成部分,也将成为数字化社会的基础。

目前,电子商务在中国的发展也进入了一个新的阶段。2011 年 12 月,工业和信息化部发布了《电子商务"十二五"发展规划》(以下简称《规划》)。《规划》指出:过去 5 年我国电子商务保持了持续快速发展的良好态势,电子商务的应用不断普及和深化,服务能力进一步增强,相关环境不断改善。《规划》认为,当前我国电子商务正在进入一个密集创新和快速扩展的新阶段,是我国电子商务发展的战略机遇期。因此,要以科学发展为主题,以服务于加快转变经济发展方式为主线,以创新发展为动力,以普及和深化电子商务应用为重点,以营造良好的制度环境和社会环境为保障,不断提高产业组织化程度和资源配置能力,进一步发挥电子商务在经济和社会发展中的战略性作用。

电子商务概论是电子商务专业的一门基础核心课程,旨在使学生了解电子商务的基础知识,掌握电子商务的基本应用,了解和掌握电子商务发展的新形势、新动向,为深入学习电子商务的专业课程奠定坚实的基础。本书的第 1 版于 2008 年 1 月出版,自出版以来,由于其适用性及实用性较强而受到了不少高校读者的关注和喜爱。第 1 版出版至今已有 4 年,随着电子商务发展的日益加快,电子商务的技术和应用环境也不断变化、更新,为了让学生更多地了解电子商务发展的新形势及新动向,满足学生学习新的需求,编者决定组织修订出版《电子商务概论》(第 2 版)。

《电子商务概论》(第 2 版)在第 1 版的基础上进行了适当的修改,在保持原版思路清晰、结构形式丰富多彩以及教学的实用性等特点的前提下,结合电子商务发展的新态势、新趋向,增加了新的内容。与第 1 版相比,本书主要进行了以下调整。

(1) 在章节内容中适当融入了《规划》的精神,关注电子商务的新发展,紧跟电子商务发展的主流。

(2) 在内容的组织编排上进行了新的修改。

① 增加了电子商务的组织环境和信用环境(3.1 节和 3.3 节)、电子商务与客户关系管理(第 6 章)、网络营销(第 7 章)等章节。

② 第 1 版的第 6 章"电子商务安全交易技术"改为第 8 章"电子商务安全技术及信用机制";第 9 章"电子商务的行业应用"和第 10 章"移动电子商务"增加了新内容;其他各章节的内容均有修改。

③ 内容的适当删减。结合本专业的特点及学生的理论基础,对第 1 版中的一些章节进行了适当处理。例如,删除第 1 版的第 8 章"电子商务系统的规划与设计";删除第 1 版的

第7章"电子商务管理方法"，但其中一些主要内容如 ERP、CRM 已适当融入其他章节中。

④ 为了增加可读性以及提高学生的思考能力，在每章的正文中适当增加了"知识链接"和"小思考"模块，第 1 版中每章后面的"知识背景"改为"阅读材料"，此外，原来的引例、EC 动态、案例研讨的内容大多作了更新(更新率达 90%以上)。

(3) 考虑到联系沟通、讨论协商的方便性等问题，参编人员有所调整。具体分工如下：第 2 章由张冰新修改；第 3 章由庞大莲修改；第 8 章由刘琳修改；第 10 章由吴肖云修改。

在改编过程中，编者秉承了第 1 版的思想和特点，力求做到理论联系实际、注重创新、思路清晰、内容充实、资料丰富、结构清晰、形式新颖、严谨规范、实用性强、便于学生自学。

全书由庞大莲教授负责统稿和主审；庞大莲和张冰新担任主编，吴肖云担任副主编。具体分工如下：第 1 章由张冰新编写；第 2 章由张冰新和安蓉编写；第 3 章由庞大莲和梁晓霞编写；第 4 章、第 5 章由罗应机编写；第 6 章由庞大莲编写；第 7 章由李颖编写；第 8 章由刘琳和王飞航编写；第 9 章、第 10 章由吴肖云编写。

本书是由广西大学、中南林业科技大学、兰州理工大学、广西财经学院等院校的教师通力合作，共同创作完成的。另外，广西大学商学院的硕士研究生吴羽丹、李宇翔、高婕、李荣丽、肖翊、蓝俏媛，以及广西财经学院的学生李艳琴、梁译文等为本书收集了部分案例和相关资料，在此也向他们表示感谢！

在编写过程中，编者参考和借鉴了国内外许多相关的研究成果和文献资料，使本书的创作得以顺利完成，在此特向文献的作者表示衷心的感谢！

为了便于制订较为合理的教学计划，建议本书总授课学时为 64 学时，其中理论课为 40 学时，实验课为 24 学时。

本书主要从基本知识、基本理论、基本技术和基本应用等方面介绍和讨论电子商务，对于博大精深的电子商务，书中所述并不全面和完善，且由于时间仓促，编者水平有限，对书中疏漏与不当之处，敬请读者提出宝贵的意见，以便进一步完善。

编 者
2012 年 6 月

目 录

第1章 电子商务的基本知识 1

1.1 电子商务的基本概念 2
- 1.1.1 电子商务的产生 2
- 1.1.2 电子商务的定义、内涵与外延 4
- 1.1.3 电子商务的应用与分类 9

1.2 电子商务的功能及特点 12
- 1.2.1 电子商务与传统商务 12
- 1.2.2 电子商务的功能 13
- 1.2.3 电子商务的特点 14

1.3 电子商务产生的影响及带来的效益 15
- 1.3.1 电子商务产生的影响 15
- 1.3.2 电子商务带来的效益 17

1.4 电子商务的发展及关注点 18
- 1.4.1 电子商务的发展概况 18
- 1.4.2 电子商务发展存在的主要问题 20
- 1.4.3 电子商务的发展趋势及关注点 22
- 1.4.4 中国电子商务的基本原则 26

本章小结 28
思考与练习题 31

第2章 电子商务的基本模式 33

2.1 电子商务的基本结构 35
- 2.1.1 电子商务的总体框架 35
- 2.1.2 电子商务的概念模型 37

2.2 电子商务的系统结构 39
- 2.2.1 电子商务系统的组成结构 39
- 2.2.2 企业电子商务系统的应用结构 41

2.3 电子商务的交易模式 44
- 2.3.1 BtoB 电子商务模式 44
- 2.3.2 BtoC 电子商务模式 49
- 2.3.3 CtoC 电子商务模式 55
- 2.3.4 其他电子商务模式 56
- 2.3.5 电子商务模式创新 59

2.4 电子商务的交易流程 61
- 2.4.1 传统商务的业务流程 61
- 2.4.2 电子商务的业务流程 62

本章小结 64
思考与练习题 68

第3章 电子商务环境 70

3.1 电子商务的组织环境 71
- 3.1.1 国际电子商务相关组织机构 71
- 3.1.2 国内电子商务相关组织机构 72

3.2 电子商务的社会环境 74
- 3.2.1 社会的经济环境 74
- 3.2.2 社会的文化环境 74
- 3.2.3 电子商务与社会的道德伦理 75

3.3 电子商务的信用环境 77
- 3.3.1 我国电子商务信用状况 77
- 3.3.2 建立电子商务信用体系的意义 77
- 3.3.3 电子商务信用环境建设 78

3.4 电子商务的政策法律环境 80
- 3.4.1 电子商务的法律问题 80
- 3.4.2 国际电子商务法律环境 84

3.4.3 我国电子商务法律与政策环境 85
3.4.4 电子商务的发展呼唤法制化 89
3.5 电子商务的其他相关环境 89
　3.5.1 电子商务的技术环境 89
　3.5.2 电子商务的物流环境 97
　3.5.3 电子商务的金融环境 98
本章小结 99
思考与练习题 103

第4章 电子商务的支付技术 105

4.1 电子商务支付系统概述 106
　4.1.1 电子商务支付系统的构成 106
　4.1.2 电子商务支付系统的功能 108
　4.1.3 电子商务交易模型 109
4.2 电子支付工具 112
　4.2.1 电子信用卡 112
　4.2.2 电子支票 114
　4.2.3 电子钱包 114
　4.2.4 电子现金 116
4.3 网上银行 118
　4.3.1 网上银行发展的背景和发展阶段 118
　4.3.2 网上银行的分类及优势分析 120
　4.3.3 网上银行的主要业务内容和功能 121
　4.3.4 网上银行的营销 122
4.4 电子支付现状和发展趋势 123
　4.4.1 国内外电子支付的发展概况 123
　4.4.2 电子支付面临的问题 126
　4.4.3 电子支付发展趋势 128
本章小结 128
思考与练习题 132

第5章 电子商务与现代物流 135

5.1 电子商务物流及其过程 136
　5.1.1 电子商务与物流 136
　5.1.2 电子商务物流的含义与特点 139
　5.1.3 电子商务物流活动的构成要素 140
　5.1.4 电子商务下的物流作业流程 141
5.2 电子商务物流运作模式 142
　5.2.1 电子商务物流配送模式的概念及类型 142
　5.2.2 BtoB物流运作模式 145
　5.2.3 BtoC物流运作模式 148
　5.2.4 电子商务物流采购模式 152
5.3 电子商务物流管理方法 154
　5.3.1 JIT 154
　5.3.2 QR 155
　5.3.3 MRP 156
　5.3.4 DRP 159
　5.3.5 LRP 160
5.4 电子商务物流信息技术 161
　5.4.1 物流信息识别技术 161
　5.4.2 物流信息跟踪技术 164
　5.4.3 物流信息交换技术 166
　5.4.4 物流信息整合平台——物流信息系统 167
本章小结 169
思考与练习题 172

第6章 电子商务与客户关系管理 175

6.1 CRM概述 177
　6.1.1 CRM的概念 177
　6.1.2 CRM的基本理念及核心管理思想 179
　6.1.3 CRM在我国的应用现状 180
6.2 CRM的功能及效益 181
　6.2.1 现代企业管理中的CRM功能 181
　6.2.2 CRM的优势及效益 182
6.3 电子商务与CRM 183

6.3.1 电子商务环境下的 CRM 184
6.3.2 电子商务环境下 CRM 的体系结构 187
6.3.3 电子商务环境下 CRM 的实施 189
6.3.4 CRM 的发展趋势 191
本章小结 193
思考与练习题 197

第 7 章 网络营销 200

7.1 网络营销概述 201
    7.1.1 网络营销的产生 201
    7.1.2 网络营销的概念 205
    7.1.3 网络营销与传统营销 207
7.2 网络营销战略与管理 210
    7.2.1 网络营销战略 210
    7.2.2 网络营销管理 214
7.3 企业网络营销站点的建设 217
    7.3.1 企业网站建设的一般要素 217
    7.3.2 网络营销导向的网站设计 221
本章小结 223
思考与练习题 227

第 8 章 电子商务安全技术及信用机制 229

8.1 电子商务系统安全概述 230
    8.1.1 电子商务系统安全隐患 231
    8.1.2 电子商务安全交易的需求 232
    8.1.3 电子商务安全的对策 233
8.2 常用电子商务安全技术 235
    8.2.1 数据加密技术 235
    8.2.2 认证技术 238
    8.2.3 防火墙技术 244
    8.2.4 安全交易协议 246
8.3 电子商务信用机制 251
    8.3.1 信用机制概述 251
    8.3.2 电子商务的信用问题 251
    8.3.3 电子商务信用机制概述 252
本章小结 254
思考与练习题 258

第 9 章 电子商务的行业应用 260

9.1 服务业电子商务 261
    9.1.1 金融业电子商务 262
    9.1.2 旅游业电子商务 269
    9.1.3 网络社交应用 272
    9.1.4 其他在线服务 274
9.2 商贸业电子商务 279
    9.2.1 电子商务对商品流通的影响 279
    9.2.2 网络零售 281
    9.2.3 网络团购 283
    9.2.4 网上超市 286
    9.2.5 跨境电子商务 287
9.3 制造业电子商务 290
    9.3.1 制造业电子商务的内容 290
    9.3.2 制造业电子商务的模式 293
    9.3.3 制造业电子商务的应用 293
9.4 农村电子商务 295
    9.4.1 农村电子商务的概念 296
    9.4.2 发展农村电商的作用 296
    9.4.3 农村电子商务的模式 296
    9.4.4 农村电子商务服务 298
9.5 其他行业电子商务 299
    9.5.1 建筑业电子商务 299
    9.5.2 房地产业电子商务 301
    9.5.3 服装业电子商务 303
本章小结 305
思考与练习题 309

第 10 章 移动电子商务 311

10.1 移动电子商务概述 313
    10.1.1 移动电子商务的定义 313
    10.1.2 移动电子商务的分类 313
    10.1.3 移动电子商务的特点 313
10.2 移动电子商务的基础 314
    10.2.1 移动电子商务的基础设施 314
    10.2.2 移动电子商务的关键技术 318

10.2.3 移动电子商务体系与产业链 319
10.2.4 移动电子商务服务模式 321
10.3 移动电子商务的应用 322
　　10.3.1 信息服务 322
　　10.3.2 移动金融服务 325
　　10.3.3 基于位置的服务 327
　　10.3.4 移动票务 329
　　10.3.5 移动购物 329
　　10.3.6 移动娱乐 330
　　10.3.7 无线医疗 330
　　10.3.8 移动学习 330
　　10.3.9 移动办公 330
　　10.3.10 移动社交 331
10.4 移动电子商务的现状、问题和发展趋势 332
　　10.4.1 移动电子商务的现状 332
　　10.4.2 移动电子商务的发展趋势 334
本章小结 335
思考与练习题 340

参考文献 342

第1章
电子商务的基本知识

学习目标

通过本章的学习,从总体上了解电子商务的产生、发展、作用以及对传统商务及社会经济的影响,同时了解电子商务目前发展中的主要问题、发展趋势与关注的重点。

教学要求

能力模块	能力要求	相关知识点
基本概念	(1) 电子商务的定义及演化 (2) 电子商务产生和发展的条件 (3) 电子商务的分类	(1) 商务活动与商务管理 (2) 电子信息技术 (3) 经济全球化 (4) 商品范畴
功能及特点	(1) 电子商务与传统商务的联系与区别 (2) 电子商务的功能 (3) 电子商务的特点	(1) 传统商务 (2) 虚拟电子交易 (3) 网上支付 (4) 信息处理集成
影响及效益	(1) 电子商务社会经济产生的影响 (2) 电子商务产生的效益	(1) 经济效益与社会效益 (2) 电子交易市场 (3) 电子商务安全
发展及关注点	(1) 电子商务发展概况 (2) 电子商务发展中存在的问题 (3) 电子商务发展的趋势 (4) 电子商务的关注点	(1) 电子商务平台 (2) 电子商务法律 (3) 行业电子商务 (4) 信用体系
发展原则	(1) 必要性 (2) 基本原则	5项基本原则

引例

2016年京东6·18销售增长

1998年6月18日,刘强东在中关村成立京东公司。因此,京东把每年6月定为京东店庆月,每年6月18日定为京东店庆日。在店庆月京东都会推出一系列的大型促销活动,其中6月18日是京东促销力度最大的一天。

来自亿邦动力网整理数据,2016年京东6·18节,累计订单量过亿,6月18日全天(00:00—24:00)下单量同比增长超过60%。其中,移动端下单量占比达到85%,是去年同期的2.2倍。

6·18销售额排行榜如下所述。

(1) 3C产品类销售额排名:苹果、华为+荣耀、小米、联想、三星。
(2) 家电销售额排名:美的、海尔、格力、奥克斯、飞利浦。
(3) 个护清洁销售额排名:蓝月亮、奥妙、清风、舒肤佳、云南白药。
(4) 体育品牌销售额排名:Adidas、Nike、New Balance、永久、小牛。

6月1日—18日,京东3C品类中,手机、数码、电脑办公的总销量突破4 000万件。笔记本电脑总销量42万台,联想、惠普、戴尔、华硕、ThinkPad等知名品牌列榜单前列;智能投影类产品销售额较去年同期增长4倍;U盘销量突破211万个,显示器销量突破42万台;二合一平板电脑较去年同期增长超过15倍。

6月1日—18日期间京东图书销量超过1 700万册,总订单量较去年同期增长113%,其中电子书销售册数同比增长3.5倍。

家电中变频空调销售额占比超过60%,高端圆柱柜机销售额是去年同期的3倍多;格力销售额近4亿遥遥领先,奥克斯则拿下单品销量第一。

农村电商6月1日—18日,京东在乡村由推广员实现的下单总量是去年同期的8倍,京东下单总量是去年同期的6倍。京东中国特产馆6月18日当天下单量高达去年的10倍。

截至6月18日24点,京东全球购全天订单量同比去年增长17倍。母婴、美妆、保健品及食品依旧是消费者抢购的主要爆品品类。母婴订单量是去年同期的20倍,个人护理美妆订单量是去年同期的27倍,保健品品类订单量同比去年增长40倍。

京东超市共售出2 500万件商品。大品牌表现突出,蓝月亮、雀巢、福临门、花王、欧德堡等名列京东超市品牌榜前列,蓝月亮洗衣液雄踞京东超市6·18当日最畅销商品榜首。

6月1日—18日,京东生鲜自营订单量是去年6·18同期的6倍。6·18当天,海鲜水产、水果、禽肉蛋品销量位列生鲜品类前三;冷冻食品销量是去年同期的9倍,蔬菜销量是去年同期的近7倍。

(资料来源:亿邦动力网,http://www.ebrun.com/20160620/180158.shtml,2016-06-20 10:17:27,有改编)

仅从京东的电子商务6·18购物节的销售情况来看,电子商务正在形成一种有别于传统商务的商务活动,并按照自己特有的规律运行的商业模式,电子商务的快速发展正在改变生产方式和人们的生活方式,同时将对社会的各个方面产生越来越深远的影响。

1.1 电子商务的基本概念

1.1.1 电子商务的产生

商务具有趋利性。因此,商务是沿袭传统形式还是采用电子化的形式,实质上是在一个时代的科学技术发展成果所提供的客观可能性与经济发展的主观需要性的基础上，通过利益比较而形成的一种必然选择。电子商务(Electronic Commerce，EC)的产生是社会和经济发展的客观需要。

1. 电子商务是商务信息急剧膨胀的客观选择

20世纪后半叶，社会信息量逐渐显现出爆炸性增长的趋势。据美国有关部门统计，1935年生产1美元的产品要0.15美元支持其信息处理，到1955年这一费用上升到0.25美元，1975年增加到0.36美元。而一些市场波动较大、需大量进行市场信息调查的商品，如药品、化妆品，其信息处理成本高达49.9%以上。随着信息社会的到来，信息作为一种重要的资源，已经越来越引起人们的重视，为了掌握生存和发展的主动权，各产品生产经营单位开始利用电话、电传、传真和计算机等电子信息技术、设备传递和处理商务信息，于是"电子商务"就应运而生了。不过，这种方式只能算是电子商务的初始阶段，而真正意义上的电子商务，即利用网络计算模式传递处理商务文书始于20世纪80年代电子数据交换(Electronic Data Interchange，EDI)的正式推广应用。在20世纪50年代之后，特别是70年代以后，西方工业发达国家结束了使用廉价石油发展工业的阶段，世界科技重点转向以微电子为核心的高新技术领域；通信技术和运输工业的发展缩短了各国之间的经贸距离，国际贸易空前活跃，市场竞争愈演愈烈。全球贸易额的上升带来了各种贸易单证、商业文书数量的激增，出现了传统纸面商务文件处理的成本高、速度慢、重复等弊端。因此，纸面贸易文件成了阻碍贸易发展的一个相当突出的问题。与此同时，经贸市场竞争也出现了新特征，即价格因素在竞争中所占比重逐渐减少，而服务性因素所占比重日益增大。销售商为了减少风险，要求小批量、多品种、供应快，以适应瞬息万变的市场行情，这就给供应商提出了较苛刻的要求，而在整个贸易链中，绝大多数企业既是供应商又是销售商。因此，提高商业文件的传递速度就成了贸易链中所有成员的共同需求，这种需求刺激了信息技术及其应用的飞速发展。正是在这样的背景下，以计算机、网络通信和数据标准化为基本框架的EDI开始推广应用，并将电子商务带进了EDI形态。

2. 电子商务是经济全球化的时代要求

1983年，莱维特发布了极富启迪性的《全球化市场》(*Globalization of Markets*)一文，全球化成了国际战略的一大主题。

在20世纪50年代，大量的经济活动只在民族国家的边界内进行，贸易额只占全球产值的7%。大部分国际贸易只限于原材料或成品，投资主要限于在受保护的国家经济内建立国外子公司或"分厂"。后来，随着电子信息技术的飞速发展和全球贸易壁垒的逐步减少，跨国性公司开始大量涌现。这些跨国公司为了追求最大利润不断地进行全球扩张，向国外进行大规模投资，将生产过程分解，把各个不同组元分配到世界各地的不同市场，跨国公司和相关贸易伙伴的公司内贸易占世界贸易总量的比例越来越高。全球贸易额占全球产值的比例已从20世纪50年代的7%增加到90年代的22%。随着跨国投资的盛行和跨国公司的发展，使跨国采购、跨国生产、跨国营销、跨国交易活动日益增多，逐渐汇成了经济全球化的洪流。为了跨越跨国采购、跨国生产、跨国营销、跨国交易的时间障碍和空间障碍，适应经济全球化的发展要求，各国政府、各跨国公司纷纷进行网络建设，重组业务流程，利用现代信息技术和通信手段，处理商务信息，从事商务活动，将建立在"封闭网络"上的 EDI 电子商务从试验阶段拉到实用阶段，并引入"开放网络"环境下的 Internet 电子商务。

3．电子商务是电子信息技术应用发展的归属与重要成果

电子商务其本质是"利用网络和多媒体等信息技术有效地把商品的资源管理和人们的商业行为结合起来，从而实现企业与政府之间、企业与企业之间、企业与顾客之间，以至企业内部的信息交换、商品和服务交易与业务处理的计算机化、网络化的活动"。换句话说，网络计算和多媒体通信是电子商务的基础，没有网络计算和多媒体通信就谈不上实现真正意义上的电子商务。由于 20 世纪 70 年代和 80 年代计算机的广泛应用、网络计算模式的逐渐推广和先进通信技术走向实用，导致了 EDI 电子商务的出现和发展；20 世纪 90 年代，席卷全球的 Internet 和 WWW 技术风暴，又将电子商务从第一代提升到第二代。基于 Internet 的第二代电子商务，以开放式的数字化网络替代传统的纸介质和封闭网络，以网上交易方式替代传统的面对面的商务活动方式，其交易场所既没有明显的物理空间限制，也没有时间限制，每天都可以连续 24 小时营业，使实实在在的现场交易转变为网上虚拟的电子化交易。这种变化无处不体现着电子信息技术应用的成果。

首先，网上虚拟电子交易需要大量的企业和消费者成为网络用户，要有人上网销售产品，有人上网购物、消费。这些企业和消费者除了目前主要通过个人计算机(PC)终端进入互联网之外，还可以使用 PC 伴侣、电视机顶盒(STB)、个人数字助理(PDA)、手机等多种非 PC 类信息终端进入网络。随着科学技术的进步与信息技术的发展，将来还会有更多、更方便的信息终端设备为人们所利用，网络用户会越来越多，电子商务的市场会越来越广。

其次，网上虚拟电子交易需要安全可靠的网上电子资金转账、电子货币支付、信用卡支付及资信保证。1995 年 10 月，美国安全第一网络银行(Security First Network Bank，SFNB)成为全球第一家通过 Internet 向其客户提供支票、储蓄及银行存款服务的银行；1996 年，国际著名的信用卡组织 Visa International 和 MasterCard International 在 IBM 等著名 IT 公司合作下，开发出了安全电子交易协议(Secure Electronic Transaction，SET)。之后 IBM 等公司的不少电子商务解决方案均支持 SET。为了方便小额消费，1994 年，DigiCash 公司推出了"电子现金"(E-cash)；1996 年 7 月，Mondex 电子货币开始流行；在此期间，CyberCash 公司推出了绰号为"钱包"的软件 CyberCoin。这些技术的开发与应用都为网上购物消费打开了安全方便之门。我国目前几大商业银行，也在积极推进网络电子支付技术，不断开发出适合中国消费者使用的各种网络消费银行卡。

最后，网上虚拟电子交易需要计算机系统和网络系统安全可靠技术。20 世纪 70 年代后期以来，集成电路技术、软硬件容错技术等计算机系统安全可靠技术不断突破，防火墙技术、过滤路由器技术、自弥合智能化网控网管技术等网络系统安全可靠技术日益完善，为网上虚拟电子交易提供了必不可少的运行环境和手段。

总之，没有电子信息技术的应用，就没有电子商务。反过来电子商务也为电子信息技术应用提供了方向与动力，电子商务也是电子信息技术成果应用的集合体。

1.1.2 电子商务的定义、内涵与外延

1．电子商务的定义

随着电子技术和互联网的发展，电子信息技术作为工具被引入商贸活动中，于是产生

了电子商务。但对电子商务的界定至今仍没有一个很清晰的概念。一些国际组织、政府、企业界人士、学者，根据各自所处的位置和对电子商务的理解，给出了多种不同的定义。了解这些定义，有助于更全面地理解电子商务，下面所列的是其中一些较为系统和全面的定义。

1997年11月，国际商会在巴黎举行的世界电子商务大会上将电子商务定义为"整个贸易活动的电子化"。从交易方式的角度可以定义为"交易各方以电子交易方式而不是通过当面交换或直接面谈方式进行的任何形式的商业交易"。从技术的角度可以定义为"一种多技术的集合体，包括交换数据(如EDI、电子邮件)、获得数据(如共享数据库、电子公告板)以及自动捕获数据(如条形码)等"。

加拿大电子商务协会给出了电子商务的较为严格的定义："电子商务是通过数字通信进行商品和服务的买卖以及资金的转账，它还包括公司之间和公司内部利用E-mail、EDI、文件传输、传真、电视会议、远程计算机联网所能实现的全部功能(如市场营销、金融结算、销售以及商务谈判)。"

美国政府在其《全球电子商务纲要》中比较笼统地指出：电子商务是通过互联网进行的各项商务活动，包括广告、交易、支付、服务等活动，全球电子商务将会涉及全球各国。

IBM公司的电子商务(E-Business)概念包括3个部分：企业内部网(Intranet)、企业外部网(Extranet)、电子商务(E-Commerce)。它所强调的是在网络计算机环境下的商业化应用，不仅仅是硬件和软件的结合，也不仅仅是通常意义下的强调交易的狭义的电子商务(E-Commerce)，而是把买方、卖方、厂商及其合作伙伴在互联网、内部网和外部网结合起来的应用。它同时强调这3部分是有层次的：只有先建立良好的Intranet，建立比较完善的标准和各种信息基础设施，才能顺利扩展到Extranet，最后扩展到E-Commerce。

美国权威学者瑞维·卡拉科塔和安德鲁·B.惠斯顿在他们的名著《电子商务的前沿》中指出："广义地说，电子商务是一种现代商业方法。这种方法通过改进产品和服务质量、提高服务传递速度，满足政府组织、厂商和消费者降低成本的需求。"

综上定义所述，可以看出对电子商务的界定必须包括的基本点：一是商务活动；二是电子信息技术手段；三是商务效能的改善。其中电子信息技术在商务活动主体中涉及范围和业务活动的应用范围以及电子信息技术手段的利用层次，形成了不同概念的理解。商务效能的改善才是商务与电子信息技术走向融合形成电子商务的真正原因所在。所以，对电子商务的理解归纳起来主要有两种不同的类型：一种是广义的电子商务，即以提高商务效能和效益为目的，利用一切电子技术手段所从事的商务活动。从广义的电子商务看，从早期的电话传真的应用到现在已经流行的电话购物、电视购物，以及超级市场中使用的POS机都可以归入广义电子商务的范围。另一种是狭义的电子商务，即以大规模提高商务效能和综合整体效益为目的，利用计算机网络所从事的商务活动。人们通常所说的电子商务就是指这种狭义上的电子商务。一是因为商务活动的本身是追求利润最大化，它会以投入—产出的价值标准去审视一切可利用的技术。计算机网络通信技术的出现与普及，为商务活动的效率与效益的质的飞跃奠定了坚实的基础，使得电子商务得到如此广泛的应用，也使得传统的商业模式发生了根本性的转变。二是因为计算机网络技术的发展，只有与商务应用结合在一起，才能创造效益，才能使自身得到发展，商务应用是网络技术发展的必然归属。

总结起来，可以这样说：从宏观上讲，电子商务是计算机网络的又一次革命，是通过电子手段建立的一种新经济秩序，它不仅涉及电子技术和商业交易本身，而且涉及诸如金融、税务、教育等社会其他层面。从微观角度说，电子商务是指各种具有商业活动能力的实体(生产企业、商贸企业、金融机构、政府机构、个人消费者等)利用网络和先进的数字化传媒技术进行的各项商业贸易活动。因此，有两点是很重要的，一是活动要有商业环境；二是网络化和数字化。

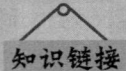

数 字 化

数字化就是将许多连续复杂多变的信息(也称模拟信号)转变为可以度量的数字、数据，再以这些数字、数据建立起适当的转换模型，把它们转变为一系列二进制代码，引入计算机内部，进行统一处理的过程。

数字化后的信息有较强的抗干扰能力，容易被计算机处理，其传送具有较好的稳定性和较高的可靠性，而且数字化信息处理的电路简单、成本低廉，因电路工作稳定，技术人员能够从日常的调整工作中解放出来。数字化也有其缺点，一是数字化处理会造成图像质量、声音质量等信息的损伤。换句话说，经过模拟→数字→模拟的处理，多少会使图像质量、声音质量有所降低。严格地说，从数字信号恢复到模拟信号，将其与原来的模拟信号相比，不可避免地会受到损伤。二是模拟信号数字化以后的信息量会爆炸性地膨胀。为了将带宽为 f 的模拟信号数字化，必须使用约为 $(2f+\alpha)$ 的频率进行取样，理论上，取样频率越高，信息的损伤就越小，但带来的数字信息量就越大，而且图像信号必须使用 8b 量化。具体地说，如果图像信号的带宽是 5MHz，至少需要取样 $13\times10^6 \sim 14\times10^6$ 次(13～14M 次)，而且需要使用 8b 来表示数字化的信号。因此，数字信号的总数约为每秒 1 亿 b(100Mb)。且不说这是一个天文数字，就其容量而言，对集成电路来说，也是难于处理的。因此，这个问题已经不是数字化本身的问题了。不过，为了提高数字化图像质量，还需要进一步增加信息量。这就是数字化技术需要解决的难题，同时也是数字化的基本问题。

(资料来源：http://baike.baidu.com/view/32947.htm.)

2．电子商务的内涵

完整的电子商务的内涵应包括 4 个方面的内容，即前提条件，人的知识和技能，系列化、系统化、高效的电子工具及商品交易为中心的各种经济事务活动。

1) 电子商务的前提是电子信息技术

当今社会技术的代表应当是电子信息技术，它是开发和利用信息资源(充分共享、再生、组合、产生新的信息)的有效工具，是实现电子商务的前提条件。

信息技术的广泛应用已经渗透到了人类社会、经济的各个领域。在发达国家，信息化的程度已较高，如美国的信息产业(包括硬件产业、软件产业和信息服务业)已占美国经济国民生产总值的 60%以上，从而使美国进入了信息社会。其他发达国家也在不断增加信息经济的比重，我国也正在奋起直追，在国家工业化的同时向信息化积极迈进，力求加速实现国民经济信息化，为电子商务的开展铺平道路。

2) 电子商务的核心是人

第一，电子商务是一个社会系统，社会系统的中心必然是人；第二，电子商务系统实际上是由围绕商品交易的各方面代表和各方面利益的人所组成的关系网；第三，在电子商务活动中，虽然充分强调工具的作用，但归根结底起关键作用的仍然是人，因为工具的发明、制造、应用和效果的实现都是靠人来完成的。所以，必须强调人在电子商务中的决定性作用。也正因为人是电子商务的主宰者，进而有必要考查什么样的人才是合格的。很显然，电子商务是信息现代化与商务的有机结合，所以合格的电子商务人才必然是掌握现代信息技术、掌握现代商贸理论与实务的复合型人才。一个国家、一个地区能否培养出大批这样的复合型人才，已成为该国、该地区发展电子商务的最关键因素。

3) 电子商务的基础是电子工具

这里所指的是狭义的电子商务，即具有很强时代烙印的高效率、低成本、高效益的电子商务。因此，所指的电子工具是能跟上信息时代发展步伐的系列化、系统化、高效的电子工具。从系列化讲，强调电子工具应该是包括商品需求咨询、商品订货、商品买卖、商品配送、货款结算、商品售后服务等，伴随商品生产、流通、分配、交换、消费甚至再生产的全过程的电子工具，如电视、电话、电报、电传、计算机，以及 EDI、POS、电子货币、电子商品配送系统、管理信息系统(Management Information System，MIS)、决策支持系统(Decision Support System，DSS)、售后服务系统等。从系统化讲，强调商品的需求、生产、交换要构成一个有机整体，构成一个大系统，同时，为防止"市场失灵"，还要将政府对商品生产、交换的调控引入该系统。而能达此目的的高效的电子工具主要有局域网(Local Area Network，LAN)、城域网(Metropolitan Area Network，MAN)和广域网(Wide Area Network，WAN)。它们是将通信网、计算机网和信息网相结合，实现纵横相连、宏微结合、反应灵敏、安全可靠的电子网络。

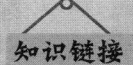

EDI

EDI 是指按照同一规定的一套通用标准格式，将标准的经济信息通过通信网络传输，在贸易伙伴的电子计算机系统之间进行数据交换和自动处理。

EDI 系统由通信模块、格式转换模块、联系模块、消息生成和处理模块 4 个基本功能模块组成。

使用 EDI 的主要优点：①降低了纸张文件的消费；②减少了许多重复劳动，提高了工作效率；③使得贸易双方能够以更迅速、有效的方式进行贸易，大大简化了订货过程或存货过程，使双方能及时地充分利用各自的人力和物力资源；④可以改善贸易双方的关系，厂商可以准确地估计日后商品的需求量，货运代理商可以简化大量的出口文书工作，商业用户可以提高存货的效率，提高他们的竞争能力。

由于使用 EDI 能有效地减少直到最终消除贸易过程中的纸面单证，因而 EDI 也被称为"无纸交易"。它是一种利用计算机进行商务处理的新方法。

(资料来源：http://baike.baidu.com/view/91222.htm.)

4) 电子商务的对象是商务活动

从社会再生产发展的环节看，在生产、流通、分配、交换、消费这个链条中，发展变化最快、最活跃的就是中间环节的流通、分配和交换。这些中间环节又可以看成是以商品交换为中心来展开的。即商品的生产主要是为了交换，用商品的使用价值换取商品的价值，围绕交换必然产生流通、分配等活动，它连接了生产和消费等活动。所以说，电子商务的对象商务活动是指以商品交易为中心的各种经济事务活动。

3．电子商务的外延

根据前面论述的电子商务的定义和内涵，可以分析、推论出它的外延将主要集中在电子工具的发展、商品范畴的扩展和商务活动的扩展3个方面。

1) 电子工具的发展

以电子计算机为核心的电子信息技术是当今发展最为迅速的技术，由此而形成的新工具也是更新换代最快的工具。纵横来看，计算机呈多方面、多样性发展。

(1) 电子计算机从1946年诞生以来，已经经历了5代的发展：电子管计算机、晶体管计算机、集成电路计算机、大规模(超大规模)集成电路计算机和并行处理(多CPU)计算机。现代计算机迅速向两极发展：一是大型机、巨型机的发展。例如，我国银河Ⅰ型(1亿次/s)、Ⅱ型(11亿次/s)和Ⅲ型(并行处理)巨型机主要用以解决科学领域复杂的计算和数据处理。二是微型机的发展。电子计算机由台式、桌式、膝上式、笔记本式向掌上型微型计算机(以下简称微机)方向发展，其功能每年都有很大提高，而价格逐年下降，已经达到中国的普通家庭可以购买得起的水平。

(2) 20世纪80年代末兴起的网络技术革命，使得电子工具网络化形成了当今的主要特色，由通信网络、计算机网络和信息资源网络构成的电子信息网络已经把分布在各地的计算机连接起来，实现和正在实现硬件资源、软件资源和信息资源共享。所以，网络知识、网络技术的获取和应用自然成为当今电子商务从业人员的必备知识了。

(3) 新技术的不断采用，大大提高了电子工具性能。光存储技术的应用，使原有的磁存储技术有了质的飞跃；多媒体技术的应用，使信息传输及表现形式更加丰富和多样化；数据压缩及解压技术的发展，成倍地提高了信息存储和信息传输的效率。未来电子工具的发展将是多种高技术的复合体。

2) 商品范畴的扩展

现代社会的一个重要特点就是商品的多样性。在我国，从改革开放以来，商品经济获得了空前的发展。社会生活、生产必需品由供不应求到供需基本平衡和部分商品供大于求，人民生活可选商品多种多样，呈现一派欣欣向荣的景象。一方面，随着我国的体制改革，许多以前不当做商品而只作为产品的物品变为商品，如各种生产原材料、物资等现在都已归属商品的范畴。另一方面，在市场经济中商品的范畴还由一般商品向生产要素进行着扩展，向劳动力商品、技术商品、科技商品、资本金融商品等有形、无形商品扩展。而电子商务尤其适合于无形商品的买卖、传输和分送等活动。这种发展将对人类社会产生极其重要的作用。

3) 商务活动的扩展

由于电子商务是基于信息网络、信息社会的，所以电子商务的活动领域可以形成从政府到市场、从市场到生产、从市场到消费者的多方网络化联系，即将原有的商务活动扩散，伸向商品生产企业的采购、销售等环节，伸向政府的贸易管理、调控、采购部门，伸向消费者的办公室、家庭等网络可及的一切地方，从而形成全国统一、规范、竞争、有序的大市场，形成花费少、见效快、效率高的商务活动网络，最大可能地实现需求、生产、交换的透明化、一体化，形成以现代商务活动为中心的社会再生产新秩序。在电子商务的助推引导下，通过需求与生产的对话可以大幅度促进生产的集约化、虚拟化、超前化，提高整个社会再生产的效率和效益。

1.1.3 电子商务的应用与分类

1. 电子商务的应用

由于对电子商务的理解有广义与狭义之分，因此，电子商务的应用也分为广义的应用和狭义的应用。

电子商务广义的应用指电子商务在各行业或各领域中的应用，也包括某领域局部或全部环节(过程)的应用。我们一般更加倾向于从这一角度理解和研究电子商务的应用。电子商务的应用非常广泛，如网上银行、网上证券、网上购物、网上订票、网上租赁、电子政务、在线教育等。

电子商务狭义的应用主要指企业网上的产品或劳务(服务)的在线销售过程。具体包括3个环节：首先是售前服务。一方面企业要通过互联网这一新媒体来发布自己的产品信息，通过策划、选择合适的形式、方式方法进行推广，充分利用网络的"即时互动、跨越时空和多媒体展示"等特性将信息"推"到用户唾手可得的"地方"；另一方面，客户可借助网上检索工具(Search)迅速地找到所需要的商品信息，并可进行比较、咨询，直到最终作出购买决策。其次是售中服务。网上售中服务主要是帮助企业完成与客户之间的咨询洽谈、网上订购、合同签订、网上支付等商务过程，对于销售无形产品的公司来说，互联网上的售中服务为网上的客户提供了直接试用产品的机会，如音像制品的试听、试看以及软件的试用等。最后是售后服务。网上售后服务的内容主要包括帮助客户解决产品使用中的问题，排除技术故障，提供技术支持，传递产品改进或升级的信息以吸引客户对产品与服务的反馈信息。电子商务能十分方便地通过设置在网页上的"选择""填空"等格式文件来收集用户对销售服务的反馈意见。这样使企业的市场营销能形成一个封闭的回路。网上售后服务不仅响应快、质量高、费用低，而且可以大大降低服务人员的工作强度。

从目前电子商务应用的类型来看可分为以下几种。

1) EDI业务

EDI是电子商务发展早期的主要形式。EDI旨在票据传送的电子化。主要应用在运输业——能最大限度地利用设备、仓位，获得更大效益；零售业、制造业和仓储业——提高货物提取及周转，增加资金流动；通关与报关——实现货物通关自动化和国际贸易无纸化；金融保险和商检——快速可靠地支付，减少时间和费用，加快资金流动；贸易业——无纸贸易提高了国内外贸易的竞争能力。

2) 虚拟银行

随着虚拟现实技术的不断进步，银行金融业正在积极利用虚拟现实技术，创建虚拟金融世界。虚拟银行是指在网络空间中，运用三维立体空间概念来设计逼真的银行大楼、银行营业大厅、银行服务大厅、银行办公业务房间和走廊通路等，使客户在网上具有亲临真实银行之感，并获得极高的服务质量。在虚拟银行电子空间中，可以允许数以百万计的银行客户和金融客户，面向银行所提供的几十种服务，根据需要随时到虚拟银行里"漫游"，这些服务包括信用卡网上购物、电子货币结算、金融服务及投资业务的咨询等。虚拟银行一方面使银行能够争取到更多的顾客,并且使服务成本迅速下降;另一方面也使客户能够从虚拟银行获得方便、及时、高质量的服务,同时又可以节省很多服务费。当前,建立网络银行最重要的是完善硬件、软件设施和完善有关技术标准与统一操作规范。数年前,美国率先在网上建立了第一家"安全第一网络银行",而后许多发达国家的金融机构正在筹划或已经初步建立网络银行服务。虚拟银行是现代银行金融业的发展方向,它指引着未来银行的发展。利用 Internet 来开展银行业务有着广阔的前景,它将导致一场深刻的银行业革命。

3) 网上购物

随着电子商务技术的发展和应用,网络购物将越来越普及,并日渐成为一种新的生活时尚。网络购物利用先进的通信和计算机网络的三维图形技术,把现实的商业街搬到网上。用户无须担心出门时的天气变化,足不出户便能像真的上街那样"逛商场",方便、省时、省力地选购商品,而且订货不受时间限制,商家会送货上门;也无须担心独自"逛街"会孤独,因为用户可以在网络的"大街"上约定或找到同行者结伴"逛街",乐趣无穷。目前在网上已开通了书店、花市、电脑城、超级市场以及订票、订报、网上直销等服务。

4) 电子政务

电子政务是指政府机构利用信息化手段,实现各类政府职能。其核心是应用信息技术,提高政府事务处理的信息流效率,改善政府组织和公共管理。信息技术的飞速发展引发了一场深刻的生产和生活方式变革,极大地推动着经济和社会的发展。作为信息高速公路 5 个应用领域中的首要应用,电子政务在全球范围内受到广泛的重视,可以说政府信息化是经济信息化和社会信息化的前提,电子政务是未来国家核心竞争力的重要因要素之一。

2. 电子商务的分类

研究的目的不同,电子商务的分类也不尽相同,可以根据电子商务交易涉及的对象、交易所涉范围、商品内容、企业所使用的网络类型等对电子商务进行不同的分类。

1) 按参与交易的对象不同分类

按参与交易的对象不同分类,电子商务可以分为以下几种类型。

(1) 企业与消费者之间的电子商务(Business to Customer,BtoC 或 B2C)。是消费者利用互联网直接参与经济活动的形式,类似于传统的零售商业。随着网络的应用,网上销售迅速地发展起来。与传统商业相比,BtoC 能有效地缩短销售渠道,降低销售成本,形成明显的价格优势。目前,互联网上各种类型的虚拟商店和虚拟企业有很多,它们提供各种商品或与商品销售有关的服务。通过网上商店买卖的商品既可以是实体化的产品,如书籍、鲜花、服装、食品、汽车、电视等;也可以是数字化的商品,如新闻、音乐、电影、数据、软件及各类基于知识的商品;还可以是提供的各类服务,如旅游安排、在线医疗诊断和远程教育等。

(2) 企业与企业之间的电子商务(Business to Business,BtoB 或 B2B)。是电子商务应用最重要和最受企业重视的形式,企业可以使用网络寻找每笔交易最佳合作伙伴,完成从订购到结算的全部交易行为,包括向供应商订货,签约,接受发票和使用电子资金、信用证、银行托收等方式进行付款,以及在商贸过程中发生的其他问题如索赔、商品发送管理和运输跟踪等。BtoB 经营额大,所需的各种硬软件环境较复杂,安全性要求高,但借助 EDI 成功的经验,它发展得最快。

(3) 企业与政府之间的电子商务(Business to Government,BtoG 或 B2G)。这种商务活

动覆盖企业与政府组织间的各项事务。例如,企业与政府之间进行的各种手续的报批,政府通过互联网发布采购清单、企业以电子化方式响应;政府在网上以电子交换方式来完成对企业和电子交易的征税等,这成为政府机关政务公开的手段和方法。

(4) 消费者对政府机构的电子商务(Customer to Government,CtoG 或 C2G)。通过消费者对政府机构的电子商务,政府可以把电子商务扩展到福利费用发放和自我估税及个人税收的征收方面,通过网络实现个人身份的核实、报税、收税等政府对个人之间的行为。

(5) 消费者对消费者的电子商务(Customer to Customer,CtoC 或 C2C)。主要指消费者和消费者之间借助网络进行货物的拍卖。

(6) 企业内部的电子商务(Business in Business,BinB)。强调通过企业或集团内部的网络进行内部的产成品、半成品或者是原材料的转移或内部核算,有效地组织生产,降低产品生产成本。

2) 按交易涉及的商品内容不同分类

按照交易涉及的商品内容不同分类,电子商务主要包括两类商业活动。

(1) 间接电子商务。电子商务涉及商品是有形货物的电子订货,如鲜花、书籍、食品、汽车等,交易的商品需要通过传统的渠道如邮政业的服务和商业快递服务来完成送货,因此,间接电子商务要依靠送货的运输系统等外部要素。

(2) 直接电子商务。其涉及商品是无形的货物和服务,如计算机软件、娱乐内容的联机订购、付款和交付,或者是全球规模的信息服务。直接电子商务能使双方越过地理界线直接进行交易,充分挖掘全球市场的潜力。

3) 按电子商务使用的网络类型不同分类

根据开展电子商务业务的企业所使用的网络类型框架的不同,电子商务可以分为以下3 种形式。

(1) EDI 电子商务。EDI 主要应用于企业与企业、企业与批发商、批发商与零售商之间的批发业务。EDI 电子商务在 20 世纪 90 年代已得到较大的发展,技术上也较为成熟,但是因为开展 EDI 对企业有较高的管理、资金和技术的要求,因此至今普及性仍不高。

(2) 互联网(Internet)电子商务。是指利用连通全球的 Internet 开展的电子商务活动,在互联网上可以进行各种形式的电子商务业务,所涉及的领域广泛,全世界各个企业和个人都可以参与,正以飞快的速度在发展,其前景十分诱人,它是目前电子商务的主要形式。

(3) 内联网络(Intranet)电子商务。是指在一个大型企业的内部或一个行业内开展的电子商务活动,形成一个商务活动链,可以大大提高工作效率和降低业务的成本。例如,中华人民共和国国家知识产权局的主页,客户在该网站上可以查询到有关中国专利的所有信息和业务流程,这是电子商务在政府机关办公事务中的应用;已经开通的上海"网上南京路一条街"主页,包括了南京路上的主要商店,客户可以在网上"游览"著名的上海南京路商业街,并在网上南京路上的网上商店中以电子商务的形式购物。

4) 按开展电子交易的信息网络范围不同分类

按开展电子交易的信息网络范围不同,电子商务可以分为以下 3 类。

(1) 本地电子商务。通常是指利用本城市内或本地区内的信息网络实现的电子商务活动,电子交易的地域范围较小。本地电子商务系统是利用 Internet、Intranet 或专用网将下列系统联结在一起的网络系统:参加交易各方的电子商务信息系统(包括买方、卖方及其他各方的电子商务信息系统)、银行金融机构电子信息系统、保险公司信息系统、商品检验信息系统、税务管理信息系统、货物运输信息系统和本地区 EDI 中心系统(实际上,本地 EDI 中心系统联结各个信息系统的中心)等。本地电子商务系统是开展远程国内电子商务和全球电子商务的基础系统。

(2) 远程国内电子商务。指在本国范围内进行的网上电子交易活动,其交易的地域范围较大,对软硬件和技术要求较高,要求在全国范围内实现商业电子化、自动化,实现金融电子化,交易各方具备一定的电子商务知识、经济能力和技术能力,并具有一定的管理水平和能力等。

(3) 全球电子商务。指在全世界范围内进行的电子交易活动,参加电子交易各方通过网络进行贸易。全球电子商务涉及有关交易各方的相关系统,如买方国家进出口公司系统、海关系统、银行金融系统、税务系统、运输系统、保险系统等。全球电子商务业务内容繁杂,数据来往频繁,要求电子商务系统严格、准确、安全、可靠,应制定出世界统一的电子商务标准和电子商务(贸易)协议,使全球电子商务得到顺利发展。

1.2 电子商务的功能及特点

1.2.1 电子商务与传统商务

1. 传统商务及其局限性

传统商务起源于史前,当我们的祖先开始对日常活动进行分工时,商业活动就开始了。从最早面对面的易物交易到后来以货币为媒介的交易,其交易的基本原理并没有变化,即社会的某一成员创造有价值的物品,这种物品是其他成员所需要的,通过商务活动也就是至少有两方参与的有价物品或服务的协商交换过程来完成商品的交换。在传统模式下,商务活动往往采取面对面直接交易或纸面交易的物理方式来进行,即以直接或间接的物理交换或物理接触来完成业务交易,这是传统商务的运作特点。

由于传统商务活动大部分依靠面对面及书面文档传递方式为主,使传统商务具有信息不完善、耗费时间长、花费高、库存和产品积压、生产周期长、客户服务有限等局限性。

2. 电子商务与传统商务的区别

电子商务利用现代信息技术将传统商务活动中的物流、资金流、信息流的传递方式进行整合,以电子方式实现贸易数据和资料的交换,从而达到提高贸易伙伴之间商业运作效率的目的。它与传统商务相比较,有以下几点不同。

1) 交易效率高

电子商务可以采用商业数据报文标准化,使得商业数据报文的传递在全世界各地瞬间完成,无须像以前那样在原材料采购、产品生产、需求与销售、银行汇兑、保险、货运以及申报等过程中必须有人干预,所有数据能自动完成。电子商务克服了传统商务中费用高、易出错、处理速度慢等缺点，极大地缩短了交易时间，使整个交易过程变得更加快捷与高效；同时，交易效率高还可以体现在服务质量高和信息传播范围广上。

2) 交易虚拟化

在电子商务交易过程中，所有的经济资源并没有以其传统的物化形式出现，而是被虚拟地表示为数字形式的符号。在电子化过程中，无论是电子货币、电子提单，还是软件商品均是以数字化形式(常用"0"或"1"表示)被存储的。就存储的单个数字位("0"或"1")本身而言，没有任何价值，但当这些数字以一定的方式组合成信息后，可以表示成相应的含义和价值，甚至能满足完成整个交易活动的需要。

3) 交易方式透明化

由于整个交易过程是在网络上进行的，所有交易过程(包括洽谈、签约以及货款的支付、交货通知等)的各种信息必须符合相应的规范和标准才能实现各个系统的交易快捷和畅通，因此，合作伙伴及管理机构之间的各个系统数据必须随时审计和核对，才能保证数据的真实化，且整个交易过程是十分透明的。

4) 交易成本低

随着信息处理技术的进一步加快，自动化程度的进一步提高，很多商业信息以电子化的形式出现，使得商业业务运作可以以前所未有的方式进行，因此可以大大降低交易成本，提高经济效益。

1.2.2 电子商务的功能

电子商务是基于互联网而提供全过程的网上营销、交易、管理和服务，它充分利用了互联网的功能并结合商务活动的需要，对传统的商务功能进行了改造与扩展，形成了自身的功能。它主要包括广告宣传、咨询洽谈、网上订购、网上支付、电子账户、服务传递、意见征询、交易管理等多项功能。这些功能既是电子商务的主要内容，又是电子商务优势之所在。

1．广告宣传

广告宣传是电子商务的基本功能之一，主要是利用流量较大的门户站点或针对性强的专业站点的主页(Home Page)发布各类商业信息，也可利用电子邮件，注册大型搜索引擎等工具来传递商业信息。与传统各类广告相比，网上的广告成本低廉、传播范围广、信息互动、信息量丰富。

2．咨询洽谈

电子商务可借助非实时的电子邮件、新闻组(News Group)和实时的讨论组(Chat)来了解市场和商品信息、洽谈交易事务，如有进一步的需求，还可用网上的白板会议(White Board Conference)来交流即时的图形信息。网上的咨询和洽谈能超越人们面对面洽谈的限制，提供多种方便的实时交谈形式(如一对一、一对多、多对多)。

3．网上订购

网上订购通常都是在产品介绍的页面上提供十分友好的订购提示信息和订购交互格式的表单。当客户填完订购单后，通常系统会回复确认信息单来保证订购信息的收悉。订购信息也可采用加密的方式使客户和商家的商业信息不会泄露。电子商务也可借助邮件交互传送来实现网上的订购。

4．网上支付

网上支付是电子商务过程的重要环节。客户和商家之间可采用电子支票、数字现金和信用卡账户等形式进行支付。在网上直接采用电子支付手段可节约时间，降低交易成本。但网上支付需要更为可靠的信息传输安全性控制，以防止欺骗、窃听、冒用等非法行为。

5．电子账户

网上支付必须有电子金融来支持，即银行或信用卡公司及保险公司等金融单位要为金融服务提供网上操作的服务；而电子账户管理是其基本的组成部分。信用卡卡号或银行账号都是电子账户的一种标志；而其可信度需配以必要技术措施来保证，如数字证书、数字签名、加密等手段的应用，在一定程度上保证电子账户操作的安全性。

6．服务传递

对于已付款的客户，应将其订购的货物尽快地传递到他们的手中。有些货物在本地，有些货物在异地，电子邮件将能在网络中进行物流的调配。最适合在网上直接传递的货物是信息产品，如软件、电子读物、信息服务等；它能直接从电子仓库中将货物发到用户端。

7．意见征询

电子商务能十分方便地采用网页上的"选择""填空"等格式文件来收集用户对销售服务的反馈意见。这样使企业的市场运营能形成一个封闭的回路。客户的反馈意见不仅能提高售后服务的水平，而且还能使企业获得改进产品、发现市场的商业机会。

8．交易管理

整个交易的管理将涉及人、财、物多个方面，企业和企业、企业和客户及企业内部等各方面的协调和管理。因此，交易管理是涉及商务活动全过程的管理。电子商务的发展，将会提供一个良好的交易管理的网络环境及多种多样的应用服务系统，从而能保障电子商务获得更广泛的应用。

1.2.3 电子商务的特点

电子商务的特点主要包括商务性、方便性、集成性、安全性和协调性。

1．商务性

电子商务最基本的特性为商务性，即提供买卖交易的服务、手段和机会。可以说，电子商务是传统商务的一个分支或一种延伸。它的出现会打破传统商务下企业的市场竞争规则和格局，从而为不同规模的企业创造了相对平等竞争的机会。就商务性而言，电子商务可以扩展市场，增加客户数量；通过网络，企业可以跟踪客户的每次访问、销售、购买形式和购货动向以及客户对产品的偏爱，这样企业就可以通过统计这些数据获知客户的需求，用于改变自己的经营计划、改进自己的产品和改善自身的服务，更好地满足客户的需要和拓展市场。

2. 方便性

在电子商务环境中，方便性主要体现在客户可以足不出户，大范围地比较、选择和查询商品，消除或减少了信息的不对称，同时不再受时间和地域的限制，电子支付和网络银行使客户能全天候地存取资金，快速地查询支付过程及进行资金管理，这使得服务质量大大提高。

3. 集成性

电子商务是一种新兴产物，其中用到了大量新技术，通过协调新老技术，使用户能更加行之有效地利用他们已有的资源和技术，更加有效地完成他们的任务。电子商务的集成性，还在于事务处理的整体性和统一性，它能规范事务处理的工作流程，将人工操作和电子信息处理集成为一个不可分割的整体。这样不仅能提高人力和物力的利用率，而且还提高了系统运行的严密性。

4. 安全性

对于客户而言，无论网上的物品如何具有吸引力，如果他们对交易安全性缺乏把握，他们根本就不敢在网上进行买卖，企业和企业间的交易更是如此。在电子商务中，安全性是一个至关重要的核心问题，它要求网络能提供一种端到端的安全解决方案，如加密机制、签名机制、分布式安全管理、存取控制、防火墙、防病毒保护、安全电子交易的技术标准和方案等。

5. 协调性

商务活动本身是一种协调过程，它需要客户与公司内部、生产商、批发商、零售商间的协调。在电子商务环境中，它更要求银行、配送中心、通信部门、技术服务等多个部门的通力协作，才能保证电子商务的高效率。

1.3 电子商务产生的影响及带来的效益

1.3.1 电子商务产生的影响

随着电子商务魅力的日渐显露，虚拟企业、虚拟银行、网上营销、网上购物、网上支付、网络广告等一大批前所未闻的新词汇正在为人们所熟悉和认同，这些词汇同时也从另一个侧面反映了电子商务正在对社会和经济产生影响。

1. 电子商务将改变商务活动的方式

对商家而言，传统商务活动最典型的情景，就是"推销员满天飞""采购员遍地跑""说破了嘴、跑断了腿"。人们常用"千言万语、千山万水、千家万户、千方百计、千辛万苦"等词语来形容传统推销人员的工作辛苦。而对消费者来说，在商场中筋疲力尽地寻找自己所需要的商品,也不是一件轻松的事情。现在,通过互联网,只要动手点击鼠标,人们就可以进入网上商场浏览、比较、选择和采购各类产品,而且还能得到在线服务;商家则可以在网上与客户联系,利用网络进行货款结算服务;政府还可以方便地进行电子招标、政府采购等,从根本上改变原有传统商务活动的工作模式。

2. 电子商务将改变人们的思维、生活和工作方式

以信息技术为基础的电子商务,将从根本上改变和影响人的思维方式:一是终身教育观念。由于信息更新的加快,不断地学习是工作和生存的必要条件。二是新的时空观。电子商务消除了时间的间歇性和地域的局限性。三是低成本扩张观。这主要源于电子商务的高效与低成本的工作方式。四是新的营销观。即强调高效周到的直接服务,在非面对面交易中保持良好的信用。在生活方面,消费者能以一种轻松自由的自我服务方式来完成网上交易,可以进行购物、娱乐、学习、讨论和聚会等活动。在工作方面,人们的工作地点不再局限于办公室,家庭办公可能会形成一种时尚,它不仅可以节约时间费用,而且还可以降低交通成本。

3. 电子商务将改变企业的生产方式

由于电子商务提供了一种快捷、方便的互动购物功能,这样,不仅可以将消费者的个性化、特殊化需要传达给生产企业,而且通过电子商务的订单系统,企业可以实现按"订单生产",减少企业的经营风险。例如,美国福特汽车公司在1998年3月将分布在全世界的12万个电脑工作站与公司的内部网连接起来,并将全世界的1.5万个经销商纳入内部网。福特汽车公司的最终目的,是实现能够按照用户的不同要求进行个性化设计,做到按需供应汽车,实现订单生产。

4. 电子商务将给传统行业带来一场革命

电子商务是在商务活动全过程中,通过人与电子通信方式的结合,极大地提高商务活动效率,减少不必要的中间环节。传统的制造业借此进入小批量、多品种的时代,使"零库存"成为可能。传统的零售业和批发业开创了"无店铺"的"网上营销"新模式。各种在线服务为传统服务业提供了全新的服务方式。

5. 电子商务将带来一个全新的金融业

在线电子支付是电子商务的关键环节,也是电子商务能够顺利发展的基础条件。随着电子商务在电子交易环节上的突破,网上银行、银行卡支付网络、银行电子支付系统以及网上交易服务、电子支票、电子现金等服务,将传统的金融业带入了一个全新领域。1995年10月,全球第一家网上银行——安全第一网络银行在美国诞生,这家银行没有建筑物,没有地址,营业厅就是首页画面,员工只有10人,与总资产超过2 000亿美元的美国花旗银行相比,安全第一网络银行简直是微不足道,但与花旗银行不同的是,该银行所有交易都通过互联网进行,1996年就吸纳存款金额达到1 400万美元,而且发展迅猛。在中国,目前各大商业银行及中小城市银行,都正在积极开辟和完善网上银行业务,加快传统商业银行的服务转型。

6. 电子商务将转变政府的行为

政府承担着大量的社会、经济、文化的管理和服务的功能，尤其作为"看得见的手"，在调节市场经济运行，防止市场失灵带来的不足方面起着很大的作用。在电子商务时代，当企业应用电子商务进行生产经营、银行实现金融电子化，以及消费者实现网上消费的同时，将同样对政府管理行为提出新的要求，电子政府、电子政务或者说网上政府，将随着电子商务发展而成为一个重要的社会角色。

电子商务对社会经济的影响会远远超过商务的本身，除了上述这些影响外，它还将对就业、法律制度以及文化教育等带来巨大的影响。总之，电子商务将带来一场史无前例的革命，对整个社会产生深远的影响。

1.3.2　电子商务带来的效益

通过网络使企业面向全球，为全世界的用户提供"全天候"的服务，为商家提供更多的商机。电子商务的效益具体表现在以下几个方面。

1. 降低采购价格

物资或劳务的采购是企业经济活动的重要一环。目前，一些企业已经利用 EDI 自动地完成常规的采购，以减少采购过程中的劳动力和费用。互联网低廉的传输费用将使得企业在网上采购中获益。通过网上招标和采购可提高反应速度、改进服务质量、减少劳动力和材料成本，为企业提供最佳采购渠道。

2. 减少物资库存

原材料和产品库存量的大小直接影响企业的经济效益，科学地管理库存将降低资金的积压，减少储存与运输费用，改进对客户的服务质量。电子商务可以帮助企业保持最小库存量并能够满足生产和客户的需求。企业能够通过协同计划预测供给，供应商和零售商可以通过电子邮件传送对各类原材料和产品需求的最新预测，从而实现管理储存物资和节省管理费用的目的。

3. 缩短生产周期

生产周期是制造产品所需要的总时间。建立企业与供应商、零售商、客户之间的电子数据交换链路，可以使企业快速地发送和接收产品订单、发货单和发货通知。利用现代通信技术，可以使企业分布在不同地点的设计或生产部门方便地开展项目合作，在网上共享产品性能指标和技术资料，加快产品的设计、研制和生产过程，从而使生产周期进一步缩短。

4. 提高服务质量

电子商务可以通过互联网运用先进的信息传播手段对客户提供优质的服务。在网上以快捷、方便的方式介绍产品，全面提供技术支持，快速查询各种信息，及时反馈客户信息等，不仅可以提高企业服务人员的工作效率，而且可以"24h"提供服务，使客户的请求得到快速的响应，提高客户的满意程度。

5．降低产品价格

电子商务改变了传统的供销模式，其所具有的自动订购功能将大大减少销售人员数量，使销售代理人员可以将主要精力集中在建立和发展新客户上。电子邮件可以大大节省通信费用，电子数据交换可以节省管理过程和人员环节的开销，产品的电子分类目录和直接面向市场的联机服务也都将能降低产品的成本和销售价格。

6．开拓新的商机

在 Web 网站上的企业可以进入一个全新的、全球化的大市场。企业的营销或采购人员可以通过 Web 浏览器在网上寻找新的经销商、客户以及供应商，发布产品信息和促销广告，了解市场动向，从而可以树立和宣传企业形象，发现和开拓新的商机。

7．取得良好的社会效益

电子商务不仅可以为企业带来直接的经济效益，而且可以为整个现代社会创造巨大的社会效益。由于电子商务使贸易范围空前扩大，从而促进全球贸易活动的大幅度增加。电子商务将大大加快信息产业的发展，从而推动知识经济的进程。此外，为了配合电子商务的顺利运作，将会导致许多新行业的出现(如专业的物流配送、专业的产品目录服务等)，从而可以提供更多的就业机会，创造更多的社会财富。

📖 **小思考**

农家土货"网上赶集"直播全国

2016年5月30日，在全国"手机淘宝"用户首页的"淘宝直播"专区，淘宝客在置顶位置惊喜地发现：来自重庆秀山土家族苗族自治县的农副产品，以令人耳目一新的方式呈现给全国观众。

本次直播活动中，导购员"村红"带领观众深入秀山雅江镇桂坪村、边城洪安古镇、中和镇花灯美食街等地的村居民屋、田间地头、古镇老宅抓土鸡、捡土鸡蛋、寻农家腊肉、现场割蜂蜜、手工炒茶叶、人工刺苗绣、品武陵特色小吃等，让观众领略边城历史人文、寻找原汁原味农家土货，帮助农民朋友网销农产品；晚上，有50位农民挑着自家的土特产或手工艺品来到"村淘大集市"的直播点，在篝火、民族舞、民歌营造出的少数民族风情场景中，现场卖货、打包、装车、发货。为配合本次直播活动，5月30日和31日两天淘宝聚划算"武陵特产店"举行了"武陵遗风"土鸡蛋大促销活动，为秀山农特产汇聚人气。

思考：
电子商务相比传统的商务具有哪些优势？

1.4 电子商务的发展及关注点

1.4.1 电子商务的发展概况

1．国外电子商务的发展概况

随着 Internet 的出现与大规模应用，电子商务热潮正席卷全球，已成为各行各业竞争的焦点。为积极应对经济全球化趋势，利用计算机技术、网络通信技术和 Internet 实现商务活动的国际化、网络化、信息化，已成为各国商务发展的大趋势。电子商务因此获得了非常迅速的发展。截至 2015 年，全球网民总数 33.66 亿，网民渗透率为 46.4%。北美、欧洲、大洋洲网民比例分别为 87.9%、73.5%、73.2%，北美还是第一；中国、印度、美国网民比例则依次为 6.88%、3.75%、2.8%——中国是位于世界第一位的。

发达国家网民比例已接近饱和，但是发展中国家，如中国、印度、南美则保持了很高的增速。2015 年全球的网络市场交易额达到了 1.67 万亿美元，同比增长 20.9%，占全球零售的比重为 7.3%。预计未来五年网络负荷平均增长率为 13.5%，增长比例十分可观。

2015 年，消费者网购开支全球前三位依次是中国、美国、英国。其中中国的网购开支量，不仅在亚洲、在全球也是第一位的。从全球来看，北美地区发展历史相对较长、法律法规政策体系比较完善，电商发展比较稳定。北美地区 2015 年网络应收额 3 759 亿美元，同比增长 14.3%。欧洲地区是 2 067 亿美元，同比增长 11.2%。亚太地区人口多、分布比较集中，但是亚洲基础设施差别较大。另外，随着智能手机的普及，亚太地区的网络零售额增长速度加快，中日韩三国的网络零售占到 7 成以上。纵观全球互联网市场，目前形成中国和美国两强的格局。

2．国内电子商务的发展概况

中国是发展中国家，由于经济的快速发展及国内形势的持久稳定，目前电子商务的发展呈现以下特征。

1) 电子商务政策相继出台

2015 年，国务院出台了一系列政策文件来鼓励电子商务发展，加快增长经济新动力意见。例如国发 40 号文《关于积极推进"互联网+"指导意见》、国办发 46 号文《关于促进跨境电子商务健康快速发展的指导意见》、国办发 72 号文《关于推进线上线下互动加快商贸流通创新发展转型升级的意见》、国办发 77 号文《关于加强互联网领域侵权假冒行为治理的意见》、国办发 78 号文《关于促进农村电子商务加快发展的指导意见》。72 号文对农村电商起了重要指导作用。2016 年国办发 24 号文《关于深入实施"互联网+流通"行动计划的意见》，一系列政策的贯彻实施，有效地保障电子商务持续、快速、健康发展。

2) 电子商务持续快速发展

近年来，我国电子商务发展迅速，交易规模不断扩大，交易额不断提升。2015 年我国电子商务消费总额达到 20.8 万亿元，同比增长 27%；网络零售交易额是 3.88 万亿，同比增长 33.3%，其中 B2C 交易额首次超过了 C2C。2015 年消费者使用移动设备实现的网上交易额达到 2.12 万亿元，智能手机首次超过了 PC 端。统计数据显示，2016 年中国电子商务交易额达 26.1 万亿元，同比增长 19.8%。电子商务服务业市场规模实现新突破，达到 2.45 万亿元，同比增长 23.7%。截至目前，中国稳居全球规模最大、最具活力电子商务市场地位，未来，中国的电子商务行业也进入了一个平稳增长的发展阶段。

3) 网上消费潜力巨大

据统计，2015 年中国网络购物用户规模达到 4.13 亿，比 2014 年增加了 5 183 万，增长率 14.3%，其中移动端占到 3.4 亿，增长率是 43.9%，手机网络购物的使用比例从 42.4% 增长到 54.8% 左右。2016 年中国网络购物用户规模达到 4.67 亿，占网民比例为 63.8%，较 2015 年年底增长 12.9%。近年来网络购物用户规模稳步增长，网上消费潜力巨大。

4) 线上、线下 O2O 融合发展

目前中国百强企业中有 75 家开展了网络零售业务,包括餐饮、旅游、家政、养老、装修、出行等,这些领域的在线市场规模不断扩大。同时阿里、京东互联网+企业向线下发展,去年国务院下发了《关于推进线上、线下互动加快商贸流动创新发展转型升级的意见》,对 O2O 发展做出进一步重要部署。

5) 电商向三、四线城市延伸

以临汾为例,目前电子商务重心应向农产品方向拓展,这一点也很有利于农村电子商务发展。根据一些网络零售平台的数据,国内三四线城市的销售增幅已经超过了一二线城市,农村是电商发展的蓝海。

6) 跨境电子商务的发展

根据数字统计,目前国内外贸电子商务平台已经超过 5 000 家,开展跨境电商 20 万家。据海关数据统计公布,2015 年交易规模达到 4.8 万亿元,其中国内试点城市 B2C 的出口和进口涉及金额已达 176 亿元。据《2016 年度中国电子商务市场数据监测报告》显示,2016 年中国跨境电商交易规模 6.7 万亿元,同比增长 24%。其中,出口跨境电商交易规模 5.5 万亿元,进口跨境电商交易规模 1.2 万亿元。

1.4.2 电子商务发展存在的主要问题

电子商务的兴起,对中国来说是挑战大于机遇;中国在电子商务中遇到的问题,远比一般发达国家多得多,目前主要表现为以下几个方面。

1. 网络基础设施建设问题

网络是电子商务的基础,足够快的响应速度和较高的带宽是电子商务应用的基本条件。而我国由于经济实力和技术等诸多原因,网络的基础设施建设还比较缓慢和滞后,已建成的网络其质量与电子商务的要求相距甚远。因此,如何加大基础设施建设的力度,促进银行、税务、政府等诸多管理和服务部门的网络真正的互联,增加企业及民众网络的多种接入方式是改变网络通信方面的落后面貌,促进电子商务应用发展的首要问题。

2. 商家信誉问题

电子商务应用的两个主要领域即企业之间交易和个人消费者与企业之间的交易。就其发展过程来看,它又必然经历一个从简单的商情查询到网上购物并实现交易的过程。但要实现这个过程,商家的信誉起着决定性的作用,建立成熟可靠的消费体系和互相信任的市场运作方式,绝不是一蹴而就的事。当传统的购物方式引发的各种纠纷还在"3·15"消费者权益日频频曝光的环境下,消费者如何信任互不照面的网上交易?在这方面我们与国外的差距,技术手段上的原因是次要的,而人的基本素质与制度的完善程度却是根本的。

3. 企业信息化及管理问题

电子商务的一个重要特点是其高效性与集成性,对一个企业而言,内部的信息化建设是整个企业电子商务的核心,许多企业过分偏重于硬件建设和网络建设,而忽略了软件建设和数据建设与应用,或企业的外部系统与高效的内部信息化系统未充分集成与整合,企业的电子商务优势和企业的竞争优势未完全体现出来,因此,企业须重视内部的信息化建设与管理问题。

4. 安全问题

电子商务的安全建设包括计算机网络系统硬件和软件的建设。电子商务作为一个开放的交易平台，为了保障交易双方之间的诚信、平等以及交往信息的安全等，需要确保交易者身份的真实性、信息的完整性以及信息的保密性；而我国在电子商务的技术和信用体系建设上还不完善，交易中时常出现信誉问题。电脑黑客、病毒与各种手段的网上骗局、网上盗窃等也让人猝不及防。电子商务中时常发生的篡改、信息破坏、身份识别、信息泄密等问题都造成了人们对电子商务信任的降低。尤其在电子商务支付与结算问题上，由于我国目前在身份认证、数据加密、商用密码、通信安全控制措施等各种技术参数方面还没有形成比较完善的国家标准，各个商业银行所采用的网络平台并不统一，银行与银行之间的通信、支付与结算也存在这样那样的问题，这无疑增加了电子商务活动的交易风险。

5. 电子商务法律问题

由于电子商务快速的国际化发展，使得产品、劳务和信息全球流动。国际化的互联网电子商务平台运作中存在诸如国际民事诉讼、知识产权、签名认证、隐私权等法律风险。这就需要我国与时俱进，快速完善相关法律体系。只有建立起完善的法律法规制度，才能使电子商务更加健康、壮大地发展起来。

6. 电子商务税务发展的滞后

随着网上经营的急剧扩增，导致传统贸易数量的缩小，而我国还没有一个相对电子商务的税务标准。作为商业发展中的一个新兴模式，相应的税务征管电子化还未建立。作为开放的网络市场，网上贸易无法有效掌控，致使出现大量的"征税盲区"，造成税收流失问题严重。怎样解决电子商务中税源监管，提高税务稽查效率是我国政府当前主要面对的问题之一。

7. 物流配送问题

企业要想正常运营和可持续发展需要一套有效的物流管理体系作为保障。企业只有通过物质资料流入转化和流出才完成整个的生产经营活动。由此可见，物流系统在企业整体经营活动秩序中起到至关重要的作用。然而对于我国电子商务的物流管理，却还没有建立起完善的全国性货物配送体系，电子商务公司仅仅通过其内部建立效率低、规模小、平台分散的物流平台，致使物流状况与电子商务交易所需的一整套物流服务要求无法契合。

8. 电子商务人才缺乏

一个企业的电子商务应用，需要各个层次和各个岗位的人才。由于受到我国电子商务教育体系仍处于摸索过程中，且电子商务本身发展迅速等因素共同影响，使得我国电子商务人才缺口加大。

📖 小思考

跨境电商的税收问题？

目前快速发展的跨境电商一般都为小额外贸，经常利用样品、广告品，或者利用个人邮政免税政策来实现避税，这对各国海关收入必然造成影响。此外，跨境电商主要以快件投送为主，卖家无法提供报关单，也就无法享受到退税政策。随着跨境电商规模日益壮大，少量的小批量物品如何界定其属性，成为税务部门的一大难题，不解决好，也将影响跨境电商健康发展。

思考一下：跨境电商的税收问题解决的思路是什么？

1.4.3 电子商务的发展趋势及关注点

1. 全球电子商务的发展趋势

纵观电子商务的发展过程，从 20 世纪 90 年代初、中期开始发展，至 20 世纪 90 年代末形成第一个高潮，但好景不长，由于炒作过度，到 1999 年下半年和 2000 年，电子商务热急剧降温，许多 IT(信息技术)企业的股票价格急剧下跌，许多从事电子商务的企业严重亏损，有的甚至被淘汰出局。此后，又逐步回升。人们在 2000 年网络泡沫破灭后深刻体会到：企业，尤其是传统企业，才是电子商务的主体。经过了近 20 年的发展，从近年来电子商务的实践来看，其发展的趋势主要表现为以下几个方面。

1) 全球性的电子商务规模将不断扩大

电子商务的交易范围越来越广，规模越来越大，但增速有所放缓。图 1.1 所示为 2011—2016 年全球电子商务交易规模。

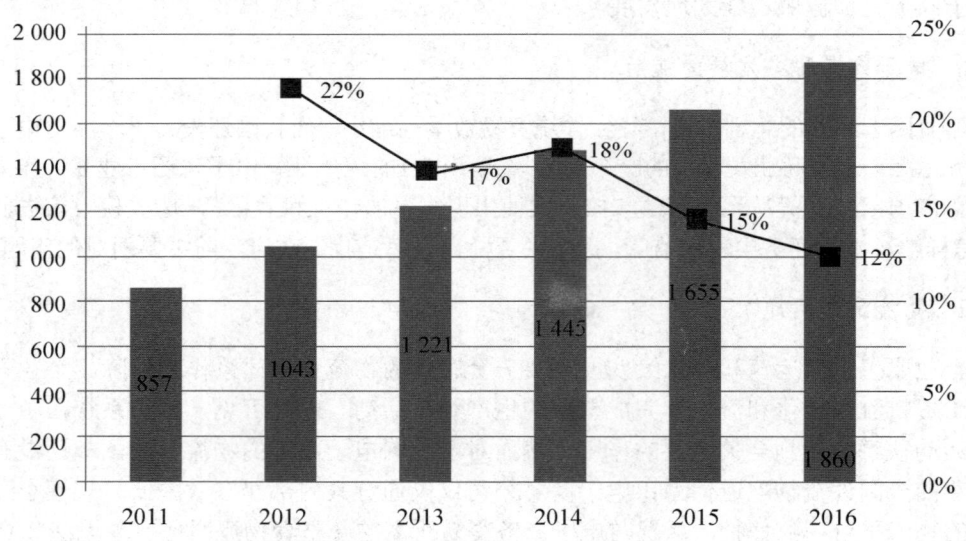

图 1.1　2011—2016 年全球电子商务交易规模(亿美元)

(资料来源：中国投资咨询网，2016)

2) 传统企业将成为电子商务的主体

电子商务是企业发展的一种具有高潜力的工具，在经济全球化和社会信息化的环境下，越来越多的传统企业结合自身的特点来制定具有针对性的电子商务实施办法，如产品特征、客户特性等，电子商务的实施也就是要以这些资源为中心来规划相应的战略，为企业提高核心竞争力、促进企业良性发展带来更好的效果。电子商务发展到今天，必须有大量传统企业的加盟，才能推动电子商务走向下一个高潮。

3) 大型企业主导的 BtoB 将成为全球竞争的重要组成

这是欧美及韩国等发达国家目前电子商务发展的重要趋势之一。例如，美国 BtoB 电子商务发展的特点是以大型企业为主导,以集成供应链管理为起点,以降低成本为主要目标。其主要表现形式为大型企业首先利用 ICT 信息平台(ERP、ISC、CRM、IPD 等),在整合企业内部流程和信息资源基础上,进一步向上游的供应商和下游的客户扩展,打通与上下游的信息流、资金流和物流,从而改善沟通效率和服务质量,大幅度降低交易成本、库存成本、生产成本和采购成本,通过全球化资源配置提高竞争优势,这构成了美国 BtoB 电子商务发展的主流模式,如戴尔公司、美国联合包裹公司、沃尔玛公司、思科公司等。

4) 提供更快、更便捷的服务,进行更高的整合

当今,时间、便利和信息已成为新的货币。据 IBM 近期研究发现,便捷已成为顾客满意度最重要的决定性因素。更快、更便捷、更直观、更高整合度是消费者对商品和服务的新要求,电子商务将针对这一要求进一步发展。

5) 实行精确营销,支持消费者参与

由于消费者的要求越来越高,如希望商家能提供更多在线可选择的商品、购物方式更加便捷、个性化的产品和服务、交易双方更好的交互方式等。因此在实施电子商务过程中,将更加注重以用户为中心,商品和服务都必须围绕用户建立,购物方式不断创新,而且支持消费者适当参与,使用各种工具协助购物,以便使消费者更好地了解商品、成本、报价等信息,尽量满足消费者的需求。实行精确营销,支持消费者参与,提供业务便捷是电子商务发展的一个趋势。

6) IT 平台具有更大可伸缩性、更优性能、更好灵活性

电子商务无限的想象空间让目前的平台无法满足性能、伸缩性、灵活性等各种严格的要求。因此,寻求一个能够支持卖方业务创新的基础架构是电子商务新的发展趋势。云计算是一种新兴的 IT 交付模式。在这种模式中,应用、数据和 IT 资源可以被迅速地供给并且以标准化产品灵活定价的方式通过网络提供给用户。云计算是一种管理大量高度虚拟化资源的方法,通过这种方法,从管理角度看,它们就像是一个单一的巨大资源。这样就可以用来交付具有弹性可扩展性的服务。

随着社会化媒体营销、移动网络以及电子商务的快速发展,更多创新的技术及营销模式被广为关注,新经济领域的发展更为多彩,电子商务的发展机遇与挑战并存。

2. 中国电子商务的发展趋势

从 1990 年电子商务诞生到 2015 年的全民电商时代,电子商务作为新兴行业快速发展至成熟稳定期。纵观将近 30 年的中国电子商务发展历程,我们可以发现 2015 年是非常具有代表性的一年,既是对上一阶段我国电子商务发展成绩的一个考核年,同时也是对电子商务行业发展的前瞻年。在政策、环境、市场的共同作用下,国内电子商务的发展呈现以下发展趋势。

1) 电子商务的下沉战略势在必行

在一线城市,各种形式的电商充斥着人们的生活,加之物流及网络的发达,"网购"俨然已成为一线城市的居民最热衷的生活方式,而相对于一线城市,从二三线城市到乡镇农村还有大规模的用户群体待挖掘。阿里、京东争相刷墙推广其电商业务,各大物流公司逐渐扩大派送范围,这些也都为电商下沉铺好了路。

2) 走向国际,扩大发展版图

越来越多的电商开始将自己的业务线向外延伸,例如淘宝全球购、天猫国际、聚美优品开放海淘专区、苏宁成立跨境电商项目组等。其中很重要的因素就是国内用户的海外购

物需求逐渐膨胀，而通过目前的海外代购，又存在诸多弊端。如果在物流、支付各方面都比较有经验和能力的电商平台加入进来，可让消费者享受更多海外购物的便利以及资金保障；另外，开拓海外市场以及引进外国品牌进驻都会起到一定积极作用，实现多方共赢。

3) 发展互联网金融，政策是关键

电商积极发展互联网金融，为百姓增添了更多可投资的渠道。尤其是拥有自己的支付平台的电商，无论是技术、安全还是资金，都给电商提供金融服务打好了基础。继阿里的余额宝之后，京东推出了包含京东白条、项目众筹等功能的京东金融平台。但是，目前最大的变数来自政府的政策是否会限制这种爆炸式发展的局面，当然必要的行业规定规范互联网金融也是十分必要的。

4) 产业群"互联网化"催生更多垂直电商

"互联网化"帮助各产业链缩减了其中一部分环节，甚至是促进了上游和终端的直接连接，削减了中间成本。生鲜电商就是非常不错的例子并颇具潜力，种植商可通过电商平台直接面对用户，用户可以通过电商平台了解生鲜产品的生长过程，买到更为放心的食品。

5) O2O 走多方合作的平台化战略

电商依托线上交易的互联网产物只有与线下建立联系，才能说是建立了完整的生态链。但是传统商务从线下走向线上容易，而在线上占据绝对优势的电子商务如何走向线下，铺好线下的路子，却需要面对的问题则十分具有挑战性。万达、百度、腾讯战略合作形成WBT 联盟就 O2O 展开合作，虽前途必将坎坷，但集合了万达的线下优势、百度的数据分析能力以及腾讯平台的社交优势，这将是一次非常值得借鉴的经验。

6) 微商生力军将进一步扩大

在支付平台日益完善，社交平台越来越优质的用户体验下，我们会发现你身边的朋友、家人都开启了微店，做起了生意，该类借助自身的口碑效益逐渐积累了不少忠实用户的微商群体在逐渐扩大，可以说我们目前进入到了人人皆电商的时代，与此同时，成熟的电商平台也在"微"平台开放入口，通过降低佣金等举措来网罗更多的卖家，这种趋势仍将保持强劲的增长态势。

7) 电商时尚路开启

天猫发布时尚战略，提供一系列时尚化解决方案，从时尚大片的定制、建立导购专题到发布时装秀打造其时尚圈生态链，京东也宣布将与《时尚芭莎》展开深度合作改变京东用户男女比例失调的局面。这些都与电商的用户群体属性的年轻化、个性化是分不开的。

8) 基础服务再成行业竞争焦点

在经历了价格战、电商"造节"等发展阶段之后，国内电商通过早期粗放式的抢夺用户开始到如今修炼内功，逐渐转变为精细化的发展模式。在基础服务方面，遭到消费者最多的诟病，于是新的竞争点就出现了，其实本质上消费者要求的就是一个快速响应的服务机制，这在物流及售后换修等方面体现尤其明显。

9) 物联网成为电商流量新入口

如今可穿戴设备、智能家居等热词不断上榜，越来越多的科技公司、创业新生军加入智能设备行列，智能手表、空气监测器、Siri 空调等不断涌现，这一大趋势使得电商将可从除互联网、移动互联网以外的更多平台获取新的流量，碎片化购物模式的形成更推动了物联网成为电商流量新入口的必然趋势。

10) 流量成本加大，追求更精准的营销

作为销售者，其实从始至终追求的就是精准化营销，花钱就要花在刀刃上，这是成本考量的第一要诀，对于电商来说，如何将产品定向推荐给需要的用户，这在近几年以及未来几年都将会是不变的趋势。

3．全球电子商务发展的关注点

电子商务已经是一种国际化的大趋势，它对人类社会将产生全方位的深远的影响。不过，电子商务毕竟是企业商务模式的一项根本性变革，其发展也是一个循序渐进的过程。就目前而言，电子商务还远没有达到它应有的高度，还存在相当多的问题有待人们在未来予以解决。要构建一个良好的电子商务发展环境，主要涉及以下 7 个方面的关注点。

1) 技术平台

电子商务的发展是以 Internet 的发展作为前提的。在全国以及全球范围内构建一个快捷的、简单易用的、方便连接的、稳定的 Internet，将形成电子商务运作的技术支撑，这是电子商务运作的基本需求。

2) 安全性

安全性是电子商务的灵魂，没有安全就没有商务。由于这一代 Internet 在技术上所使用的 IPv4 协议存在固有缺陷及松散的架构，给运作在其上的商务活动带来了安全隐患。这要求必须对 Internet 的网络通信协议进行优化或重新研发，并配合其他一些安全技术工具的应用，使网上商务的安全性问题得到可靠地解决。目前 IPv6 协议的研发应用、各种先进的防火墙系统及密码技术、数字签名等技术的应用正不断提升电子商务的安全性。

3) 法制与市场准入和信用体系建设

电子商务相关业务的开展除了给人们带来方便之外，也不可避免地带来交易实体之间的纠纷和诈骗事件，因此制定相关的电子商务法律体系并构建完善的信用体系势在必行。这涉及电子商务的准入机制，电子商务合同、单证，数字签名的认证以及争端解决规则等一系列制度的改革，各国的法律也必须随之修改，这就需要一个漫长的过程。

4) 财政与税务处理

Internet 是一种全球性媒体，没有明显的国家界线，而交易在网上进行，看不见，摸不着，海关难以监管。电子商务既包括有形的货物贸易，也包括无形的服务贸易，或两者同时兼有。这样，对于无形的服务贸易，按传统的方式，海关将难以根据交易的全部真实价格进行收税，关税税收会受到一定影响。而现在产品的价格构成中，无形贸易的比重日渐提高，因此必须找到一个既解决财政收入又不妨碍电子商务发展的办法。另外，电子与网络支付系统已经普及应用，信用卡、智能卡、网络银行服务迅速发展，其他形式的电子货币不断产生，会逐渐改变传统的银行支付制度，对货币调控和货币供应量的统计也会产生重大影响。

5) 观念更新

"眼看、手摸、耳听"的购物习惯在中国消费者的心目中已经根深蒂固，相对而言比较抽象的网上交易让顾客接受起来还需要一个过程。同样，中国的多数企业及企业管理层也习惯于面对面地与客户打交道。这是电子商务发展的主要障碍之一。有必要在全社会的范畴通过宣传、培训、实际体验等手段，尽快培育网上市场，并让它尽快成熟起来，以利于在电子商务中发现契机，壮大电子商务的规模。可喜的是，中国网民的消费习惯正在发生改变，越来越多的政府部门、企业无论是被迫的还是主动的也正在关注与发展网上业务。

6) 人才培养

在 21 世纪对国家与企业来讲最重要的财富就是人才。由于电子商务是新生事物，技术性强，安全性能要求高，营销方式和工具均与传统商务有了很大不同，因此培养出大量高素质的电子商务专业人才无疑是保证电子商务业务正常开展的决定性因素，而这也是当前中国很多开展电子商务的企业最为欠缺的地方。

7) 其他配套支持

实现快捷安全的网络支付与结算，构建跨区域的高效率、低成本的社会专业物流，可以为开展电子商务的企业提供强有力的配套支持。在这些方面，特别是在现代物流方面，中国与发达国家相比有很大差距，与支持高水平电子商务的要求还有很大距离，有待发展与加强。

1.4.4 中国电子商务的基本原则

中国发展电子商务不仅仅是技术问题，更是关系到国民经济和社会发展的重大问题，对生产力的发展、产业结构改善以至整个国民经济素质的提高，都具有十分重要的意义。经过多年实践，我国电子商务发展迅猛，并且越来越走向务实。为了顺应世界经济发展潮流，中国发展电子商务必须结合国情，立足实际，因地制宜，以应用为重点，坚持效益优先，并遵循以下 5 个方面的基本原则。

1. 引进与创新有机结合的原则

全球化与开放性是电子商务发展的趋势和特征，特别是我国已经加入 WTO，必须按照国际规则和国际惯例办事，因此，要结合我国的实际，积极借鉴与引进发达国家的做法经验，并进行中国化的改造和创新，为我所用，创造出符合实际的发展道路。与美国相比，我国电子商务起步在时间上虽然与其差不多，但是电子化和信息化的基础设施、企业条件与支撑环境差别很大。例如，美国拥有良好的全国性商业批发体系、高速公路运输网络和电子支付信用体系，因此，美国可以发展许多 BtoC(商家与消费者之间)网站，而这一点我国是不具备的。又如，美国各个市场几乎都形成几个大型企业存在的格局，这些企业规模大，而且实现了完整的企业资源计划(Enterprise Resource Planning，ERP)，只要通过网络将两边的企业联结起来，就可以实现 BtoB 电子商务。而中国企业规模比较小，绝大部分没有 ERP，中国的 BtoB 如果按照美国的模式就无法成功。电子商务发展在世界范围内都是刚刚开始，其发展速度极为迅速，传统的商业模式正不断地被新的商业模式所代替，无论什么模式都不具有固定性和成熟性。对于任何国家来说，都有一个探索与创新的问题，这也为我国加快和跨越发展提供了难得的机遇。我们要大胆创新，积极探索符合实际的商业模式，壮大企业的市场竞争能力，以适应全球化的激烈竞争。

2. 商务与电子有机结合的原则

在电子商务中，电子是手段，商务是核心。网络服务商和电子商务厂商要适应企业的商务选择和利益判断，防止过度技术化倾向，避免追求表面的商务"电子化"而忽视商务活动本身的需求。我国最早涉足电子商务的一般是 IT 企业，它们利用技术上的优势建立起电子商务系统，然后开始销售传统的产品。由于 IT 企业没有成熟的商业渠道和商业经验，并受制于网络支付、配送和网民数量等因素，到目前为止真正赢利的电子商务网站极少。这都是没有以"商务"为核心的结果。因此，要把电子与商务有机地结合起来，以商务应用为根本，信息技术和信息网络要立足于为传统产业服务，促进传统产业结构的优化与升级；传统企业要积极发展新的商业模式，适应信息革命的要求。

3. 务实与跨越有机结合的原则

一方面要根据我国目前的商务需求、技术手段和经济环境实际，制定发展电子商务的规划和计划，确定切实可行的商务模式，设计和开发实用有效的技术解决方案，在现有条件下最大限度地推动企业管理水平和经营效益的提高；另一方面，要着眼未来的发展需求和趋势，以世界眼光和战略思维，推出创新的电子商务体系，能够跨越的大胆跨越，以适应全球电子商务发展的需要。我国未完成工业化就开始进行信息化，面临工业化和信息化同时发展的双重任务，这与已经完成工业化并步入信息社会的发达国家有很大不同。这既是一个严峻的挑战，也为我们发挥后发优势，实现跨越式发展提供了可能和机遇。首先，信息技术和信息网络的开放性、易用性保证其具有广泛的适用性，以多样化的信息传递方式提高信息服务平台，使几乎所有企业都可以发展不同层次的电子商务；其次，电子商务可以促进粗放经济向集约经济的转变，转换经济的增长方式，扩大经济规模，提高经济质量。因此，我们要主动抓住机遇和迎接挑战，按照跨越式发展的思路，加快推进电子商务的发展，实现中央提出的"以信息化带动工业化，实现生产力跨越式发展"的战略目标。

4. 政府引导与企业运作有机结合的原则

发展电子商务涉及各行业各领域，是一项宏大的系统工程，有时非技术因素比技术因素还重要，只有把方方面面的力量调动起来，才能从整体上推动电子商务发展。这需要政府的鼓励、引导和协调。政府通过制定政策法规，从网络基础设施建设、与电子商务相关的技术发展和技术标准、税收、市场准入等方面着手，为电子商务创造良好的宽松的经营环境，引导企业和公众积极参与电子商务。同时电子商务属于民商活动，政府的干预应是最低限度的，以免由于政府的过度干预而阻碍电子商务的发展。要发挥市场机制作用，确定企业在电子商务中的主体地位，发动企业和社会投入电子商务，鼓励大中企业和民营企业积极参与企业信息化和电子商务建设。

5. 统筹规划与分层次推进有机结合的原则

发挥政府在统筹规划、统一标准、产业引导、市场监管和环境支持等方面的职能作用。既要考虑区域的统筹规划，也要考虑领域的统筹规划，保证区域和领域之间的互联互通与资源共享，体现各地区各领域的特色，避免重复投资和重复建设。我国地区经济发展的不平衡和城乡二元结构所反映出来的经济发展的阶梯性、收入结构的层次性十分明显。这就需要分层次推进，创造适合不同信息化基础环境和不同用户的电子商务商业模式和配套的技术实现模式。就目前技术看，电子商务商业模式经历了 3 个技术时代：第一代是企业注册域名，形成以企业与产品简介为内容的网站；第二代是企业将互联网服务器与后端系统连接起来，使客户能够在网上发送并跟踪订单；第三代是企业通过电子化形式将客户及供应商信息全部实时地管理起来,任何需求与供应的变化都迅速地传递给供应链中的其他环节,从而促使货物和服务能够更高效地流通与实施。我国企业的差别非常大,要根据不同情况,选择不同发展阶段的模式。

本章小结

本章介绍了电子商务的定义、电子商务的内涵与外延。定义的基本点包括商务活动、电子信息技术手段和商务效能的改善。电子商务的产生动力来自于两个方面:一是科学技术的发展(尤其是计算机网络与通信技术方面的科学成果的应用与发展);二是社会经济发展的需要。电子商务的应用分类分成广义与狭义,广义的应用强调电子商务应用的广泛性,即强调电子商务在各行各业不同层次与深浅(完全与不完全)的应用;而狭义的应用则仅强调电子商务的在线销售。电子商务的分类是为研究电子商务服务的,最具代表性的分类是按交易对象的不同进行分类。电子商务与传统商务有较大的差异,但主要是形式与效率上的差异,其商务的本质上并没有多大差异。电子商务的特点(或者称之为特性)是指完全的电子商务形式下应具有的特性与特点,而现实的电子商务是有层次的或不完善的,因而各特性中都会有不足之处,有待进一步完善。电子商务对社会和经济的影响是全方位的、深远的、逐步的改变过程,而且这种过程可能是漫长的。电子商务所带来的效益主要分为两个方面:一是对具体的企业所带来的直接经济效益;二是给宏观的社会带来的效益。电子商务发展中存在的问题是动态的,在不同的时期会有不同的问题。从电子商务发展的趋势来看,中国与其他国家在大的方面有相似的趋势,但也有符合国情的发展要求,因此,在中国发展电子商务,必须结合中国的国情,遵循电子商务发展的基本原则,努力推进中国电子商务发展的进程,加快电子商务在中国的发展与应用。

【关键术语】

电子商务(Electronic Commerce,EC)
商务效能(Efficiency of Business)
经济全球化(Economic Globalization)
虚拟电子交易(Virtual Electronic Trading)
电子政务(E-Government)
数字经济(Digital Economy)
互联网化(Internet Based)
线上线下(Online To Offline,O2O)

EC 动态

"十三五"时期电子商务应重点发展七大领域

近年来,我国电子商务发展迅速。尤其是 2015 年李克强总理提出"大众创业、万众创新"以来,电子商务发展更是日新月异。数据显示,2017 年 11 月 11 日阿里巴巴当天交易量达到 1 682 亿元人民币,比

2016年"双十一"成交额提升39%,而2009年阿里巴巴第一次"双十一"的销售额为5 200万元人民币。

2016年是"十三五"的开局之年,综观整个"十三五"规划建议,首次提出了"创新、协调、绿色、开放、共享"的发展理念。把创新放在发展理念之首,表明创新是引领发展的第一动力。

创新也是电子商务发展的根本推动力,各类技术创新和商业模式创新会成为"十三五"时期电子商务的基本特点。"十三五"期间,电子商务要避免盲目发展,发展要有所侧重,应重点发展以下7个领域。

(1) 电子商务与实体经济的融合发展,这种融合,既包括线上线下融合,也包括电子商务与传统流通产业的融合,电子商务与传统制造业的融合。

(2) 大力发展便民电子商务,鼓励便民O2O的商业模式创新和服务平台的建立,如养老、医疗类的电子商务和O2O平台的建立等,要使得电子商务发展能够使每个老百姓都受惠,获得消费便利,从而激发消费潜力。

(3) 要鼓励电子商务的品牌化发展,对于一些低质的、假冒的、侵犯知识产权的产品应该实行严格监管并逐渐淘汰,鼓励发展品牌电子商务平台、销售品牌产品,这些品牌既包括国内品牌,也包括国际品牌。要以品牌化发展来规范市场竞争,避免劣币驱逐良币的现象。

(4) 因地制宜发展农村电子商务,要通过发展电子商务使各地区的农产品都能获得网络营销渠道,通过电子商务促进农产品的标准化、优质化、科技化发展,通过电子商务使农民能更加便捷地购买各类商品,推动农产品网上期货交易、大宗农产品电子交易、粮食网上交易等,实现优质、特色农产品网上交易以及农产品网络零售等。

(5) 鼓励基于产业链和供应链布局营销网络,拓展运营渠道,鼓励各类电子商务综合服务企业,包括物流、配送、仓储、培训以及专业服务等电子商务产业链和供应链上各类企业的共同发展。

(6) 大力发展跨境电子商务,全面推行跨境电子商务的保税进口等模式,鼓励边境贸易、跨境直销,大力发展与"一带一路"国家的跨境电子商务;鼓励电子商务企业"走出去"建立海外营销渠道,创立自有品牌,多渠道、多方式建立海外仓储设施等。

(7) 大力发展电子商务物流配送产业。物流是电子商务发展的重要基础,要构建与电子商务发展相适应的现代快递、物流配送与全程供应链体系,以及加强农村物流配送体系的构建及物流企业的国际化发展。

(资料来源:全景网财经,http://www.p5w.net/news/gncj/201601/t20160107_1318948.htm)

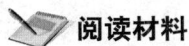
阅读材料

大佬眼中的2016年电商行业发展趋势

2015年,我国网络零售额达到4万亿元,位居世界第一。2016年,电商行业新政频出,这也与整个行业的规模相关。面对这种变化,阿里巴巴、苏宁等电商巨头又是如何看待行业发展方向的呢?

1. 年轻消费群体崛起——要从内容中挖掘消费机会

3月2日,阿里巴巴集团CEO张勇在"2016商业服务生态峰会"上表示,电商已经从运营货品走向运营内容,再以内容为纽带触达人群,获得消费者,最后转化为会员。张勇认为,2016年整个电商发展的趋势是在无线化、全渠道变革和数据变革三个方面。

张勇分析,随着无线化的发展,随着年轻消费一代族群的崛起,年轻的消费方式和整个生活方式的状态的结合发生了很多变化。现在出现崭新的推荐,以达人、账号传播内容,也因为对人的关注,而对内容的关注,进而关注内容当中所含商品元素,最后带来消费机会。

"这样的变化不仅仅是适用于我们今天称为的网红、达人,其实每个商家都是某种意义上的消费素材的生产者。"张勇说,只是原来他们最善于生产的是商品本身和与商品相关的信息。

但是如何把这些产品变成一种元素,如何创造与生活方式相关的内容当中最后吸引相关的人群,这是我们今天看到的会非常奇妙的,实际上会形成新的巨大的产业链,这当中我更愿意把以网红为代表的这样一些人称为内容生产者。

"大家可以看到这两年的变化,其实现在越来越多的原创的多媒体内容在整个消费过程中,对消费决策的拉动,是原来的传统文字和图片做不到的。"张勇总结,这样的方式变革在2016年会出现爆发式增长,会极大影响到在消费内容中的形态。

2. 电商需要创新——跨境电商O2O模式是趋势

越来越多的人认为电商行业的发展已经快触及天花板,需要进行突破创新。方向在哪里?苏宁云商董事长张近东认为"创新从来不是三天打鱼、两天晒网的事情,不仅需要创意,而且还需要资金、技术、人才等大量的资源整合,以及时间的积累。"他提到了跨境电商O2O的发展模式。

"跨境电商O2O的发展模式,既能让国内消费者不出国门就能享受到同等的产品和服务,又能带动国内制造业的转型升级,把海外消费留在国内,为国内企业增收创收。"苏宁控股集团董事长张近东在今年两会上建议,鼓励跨境电商O2O的发展模式,构建便捷的实体消费场景。

张近东说,商务部的数据显示,2015年中国游客在境外消费约1.2万亿元,继续保持世界主要旅游消费群体称号。今年我国跨境电子商务贸易总额有望突破6万亿元,并在未来几年保持每年30%的增长。2016年4月,跨境电商税制改革新政将正式实施,必将给行业带来积极的影响。

具体来说,张近东建议打造"前店后仓"式的O2O商业体,实现体验、提货一站式功能。择优选取一批平台型实体企业,把保税仓建在店里,将门店仓库作为保税仓监控管理,实现展示、体验、销售、支付、即买即提等多重功能。

(资料来源:新华网,http://news.xinhuanet.com/tech/2016-03-14/c_128797527.htm)

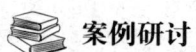 **案例研讨**

当当网:走自己的路才是对的路

上市初期当当网与麦考林的状况,那绝对是一样的。2010年刚上市的当当赢利1 480万人民币,收益还算不错。但接下来的两年却陷入了连续的亏损状态。

但说到亏损的原因,当当与麦考林却是截然不同。

IPO后的当当立即开始执行转型预案,力图从单一的"书商"转变成"网上超市"。但转型转到一半,却遭遇了一场飞来横祸。电商的"烧钱大战"战火开始蔓延,当当深陷其中无法自拔。先是血拼电商3C大战,后又被拖入电商图书价格战。图书降价导致毛利润率骤降,而当时当当的主要赢利渠道便是图书产品。销售品类单一,缺乏纵深防御,没有开放平台支撑赢利,使当当举步维艰。"转型价格战"的双重压力,让当当网经历了一段相当痛苦的转型期。

但好在当当坚持了转型的基调,同时走出了一条精细化经营的路子,其实就是精打细算,会过日子。这其中比较有代表性的就是"引进来""走出去"的战略。"引进来"比较好理解,就是向第三方商家或平台开放其当当网的流量,这是借鉴了天猫商城的做法;而"走出去"却需要勇气,作为B2C第五把交椅的当当网放弃尊严,跑到腾讯拍拍、淘宝网上开店。当当网这样的做法相当于是一种变相地获取用户的方法,其对财务最直接贡献应是销售费用的减少。

2013年,转型的当当终于迎来曙光,自2012年第4季度百货营收首次超过图书之后,2013年当当网图书、服装、母婴"三驾马车"都表现出强劲势头。产品结构更加合理,低毛利的自营百货得到优化,转化率升至全行业第一,自2010年后首次实现了赢利。如今的当当呈现出一派大好势头。

尽管如今当当10美元的股价大大低于16美元的发行价,市值也大幅度缩水,但当当转型正在逐步深入,今日的当当规模是当年上市时的5倍,有着更强的市场地位和赢利能力。但资本市场自有它的逻辑,当当也有着客单价的致命伤,而我们只能期待当当继续走自己的路,拿出持续超出资本市场预期的财报数据,来证明他们判断错误。

(资料来源:http://www.xuexila.com/success/chenggonganli/545994.html,有删减)

【问题及要求】

1. 根据上述案例资料,简述当当网电子商务有什么特点?分析当当网进行转型的主要原因是什么?
2. 简述当当网所走的电子商务之路给我们带来哪些启示?

思考与练习题

一、选择题

1. 下列不属于狭义电子商务应用的是(　　)。
   A．在线教育　　　B．网上证券　　　C．文件传输　　　D．网上银行
2. 最容易实现的电子商务类型是(　　)。
   A．本地电子商务　　　　　　　　B．远程电子商务
   C．全球电子商务　　　　　　　　D．间接电子商务
3. 衡量中国电子商务整体发展水平，主要看(　　)。
   A．传统企业电子商务化水平　　　B．新型的互联网企业的发展水平
   C．从事信息服务性企业的发展水平　D．互联网基础服务性企业规模与水平
4. 不属于全球电子商务关注点的是(　　)。
   A．信用体系建设　　　　　　　　B．网络购物
   C．安全问题　　　　　　　　　　D．电子商务人才培养
5. 目前制约 BtoC 和 CtoC 发展最大的障碍是(　　)。
   A．法律问题　　　B．信用问题　　　C．物流问题　　　D．安全问题

二、判断题

1. 从市场规模来看，BtoB 电子商务在电子商务中占主导地位。　　　　(　　)
2. 信用问题是制约电子商务发展的主要问题之一。　　　　　　　　　(　　)
3. 电子商务主要影响企业与消费者，对像银行一类的中介行业影响不大。(　　)
4. 目前中国网购的模式正从 CtoC 转向 BtoC 为主。　　　　　　　　　(　　)
5. 电子商务寓意高效的商务效能或效率。　　　　　　　　　　　　　(　　)

三、填空题

1. 根据交易的对象不同，电子商务最基本的分类有＿＿＿＿、＿＿＿＿、＿＿＿＿。
2. 电子商务的外延集中地体现在 3 个方面：＿＿＿＿、＿＿＿＿、＿＿＿＿。
3. 电子商务的特点主要有＿＿＿＿＿＿＿＿＿＿＿＿＿＿＿＿＿＿＿＿＿＿＿＿＿。
4. 电子商务界定中包含的基本要点有＿＿＿＿＿＿＿＿＿＿＿＿＿＿＿＿＿＿＿。
5. 中国电子商务发展的指导原则有＿＿＿＿＿＿＿＿＿＿＿＿＿＿＿＿＿＿＿＿。

四、简答题

1. 我国电子商务目前主要存在哪些主要问题？解决的思路是什么？
2. 电子商务发展的趋势及关注点有哪些？

五、实践题

通过搜索引擎检索电子商务的最新发展及电子商务发展的前沿性问题，对中国电子商务发展有一个较全面的了解。并写一份简要的关于中国电子商务发展现状与问题的总结报告。

六、案例分析

阿里巴巴公司采用的商业模式和 eBay 大同小异，只是交易主体是企业对企业而已，因此也是一种毛利率较高的电子商务模式，也采用网上信息交流、网下交易的办法，从而避开了不必要的成本麻烦。首先，专做信息流，汇聚大量的市场供求信息。阿里巴巴公司 CEO 马云曾多次阐述了他的电子商务观点，即中国电子商务将经历 3 个阶段：信息流阶段、资金流阶段和物流阶段。2005 年的中国电子商务当时还停留在信息流阶段。阿里巴巴网站是在国内外获得成功的为数不多的典型的网上交易市场之一。它实现了虚拟的网络商人社区，汇集众多商家参与，实现了商人最基本、最朴素的愿望——自由贸易。网上交易市场是多端企业间电子商务模式，它通过集合众多的买方与卖方的信息，在网上汇集和处理交易各方的信息，构筑网上市场平台，向相关的厂家和需求方公布，从而创造大量的商业机会，提高市场的运作效率。企业利用电子方式在采购商、销售商、合作伙伴之间实现在线交易、相互协作和价值交换，通过网上交易市场，开拓新的市场及客户群，提升运作效率，节约市场开拓方面的资金投入，赢得更高的投资回报。

案例分析：阿里巴巴在电子商务领域成功的原因有哪些？

第 2 章
电子商务的基本模式

学习目标

通过本章的学习,了解电子商务系统的基本结构,理解电子商务的总体框架和概念模型,了解电子商务的基本交易模式,掌握 BtoB、BtoC、CtoC 3 种典型电子商务模式的特点、运行机理和应用,了解电子商务的交易流程。

教学要求

能力模块	能力要求	相关知识点
电子商务的基本结构	(1) 电子商务的总体框架 (2) 电子商务的概念模型	(1) 网络基础设施 (2) 国家政策及法律法规 (3) 技术标准和网络协议 (4) 电子交易市场
电子商务的系统结构	(1) 电子商务系统的组成结构 (2) 企业电子商务系统的应用结构 (3) 电子商务的交易模式	(1) 电子商务系统 (2) 电子支付系统 (3) CA (4) 网络服务平台 (5) 企业内部信息系统
电子商务的交易模式	(1) BtoB 电子商务模式 (2) BtoC 电子商务模式 (3) CtoC 电子商务模式 (4) 其他电子商务模式 (5) 电子商务模式创新	(1) 供应链 (2) EDI (3) 网上商店 (4) 网络拍卖 (5) 电子商务新模式
电子商务的交易流程	(1) 传统商务的业务流程 (2) 电子商务的交易流程	(1) 业务流程 (2) 交易谈判

引 例

巴西最大的电商平台

里约奥运会的到来,电商们也关心起了巴西电子商务机会,据欧睿信息咨询公司近期发布的一份研究显示,近5年来,拉美地区线上销售额以年均两位数的速度增长,其中,巴西是最主要市场,占全地区线上销售额的42%。巴西最大的电子商务平台主要有以下几个。

1．Dafiti——巴西最大的时尚电商

公司成立于2010年,经营模式B2C,在德国新创企业孵化公司Rocket Internet的支持下,起初只是销售鞋类产品的Dafiti转型成为巴西最大的时尚电商网站,Dafiti在巴西、墨西哥、阿根廷等国合并运营,提供超过12.5万种产品及2 000个国内外品牌。2014年,公司创造1.9亿欧元的收入,被并入新兴建立的全球时尚集团GFG。2015年7月初,Dafiti收购体育与户外用品电商零售商Kanui和专注于婴幼儿电商的Tricae,以扩展销售品类。

2．Peixe Urbano——巴西最大的团购网站

公司成立于2010年,经营模式O2O,Peixe Urbano是巴西本土团购网站。2014年10月,百度将该网站招至旗下,在不到一年的时间里,Peixe Urbano的市场占有率从百度收购前的35%增至55%。目前,Peixe Urbano已经拥有超过250万的注册用户。

3．OLX——巴西当地的"58同城"

公司成于2006年,经营模式O2O,OLX是免费发布广告的全球知名分类信息网站。2014年年底,该平台就已拥有1 200名员工,业务范围拓展至全球40个国家。每月页面访问量达110亿、月平均发布2 500万条广告,并产生850万笔交易,起初,印度和波兰为其最大市场,自2013年起,OLX在巴西也开始迅速发展。

事实上,OLX自2011年开始赢利,但每年的利润增长率只有70%~80%。考虑到有可能出现的竞争压力,OLX公司决定把自己卖给跨国传媒集团Naspers,通过斥资做电视广告来推动业务更快增长。

4．Mercadolivre——巴西版"淘宝"

公司成立于1999年,经营模式C2C,Mercadolivre于1999年在阿根廷上线,同时进入巴西市场,之后快速扩张至厄瓜多尔、墨西哥等十余个国家和地区。该平台类似于中国的淘宝,产品种类繁杂,包括时尚配饰、鞋服、家居、高科技产品等。Mercadolivre生态系统除了本身的购物网站外,还发展了类似于支付宝的支付平台MercadoPago、中小企业电商服务平台MercadoShops等分支体系。为着力发展拉丁美洲市场,2011年,Mercadolivre与Ebay签署5年合作计划,Ebay成为Mercadolivre的两大控股方之一。

5．Buscape——巴西最大的比价网

公司成立于1999年,经营模式B2C。Buscape是巴西最著名的比价网站。该平台提供拉丁美洲100余家网站的价格信息,支持商家在网站展示产品,由顾客对比价格并进行交易,收入主要来自于商家的年费、网上广告、点击付费和交易佣金。随着该平台不断发展,其野心逐渐暴露出来。2006年,Buscape收购了总部位于里约热内卢的竞争对手Bondfaro。2009年,Naspers出资3.42亿美元收购BuscaPe 91%股份,将其纳入市场扩张计划的一部分。

(资料来源:亿邦动力网:http://www.ebrun.com/20160718/183340.shtml,2016-07-18 14:36:36 有改编)

巴西的电子商务企业在不断寻找生存空间,其实各国的电商企业都是如此。在越来越激烈的市场竞争中,这些企业能生存和发展起来,得益于对互联网环境的精准分析及对电子商务模式的合理选择。

2.1 电子商务的基本结构

电子商务是一个涉及范围较广、应用领域较多的复杂系统。电子商务与传统商务的最大差异是在参与实体、交易方式、交易环境、管理特点及运作方式等方面都大不一样。电子商务的出现不仅影响传统的交易过程,而且在一定程度上改变了市场的组成结构。本节分别从电子商务的总体框架和概念模型来描述电子商务的运行机理。

2.1.1 电子商务的总体框架

电子商务的实现需要一个综合运作平台,包括基础设施、政策、法规、技术标准等有关方面的相互支持和配合。电子商务总体框架由4个层次和两个支柱构成,如图2.1所示。4个层次分别是网络基础设施、多媒体信息发布、信息传播基础设施和商业服务基础设施;两个支柱是国家政策和法律法规、各种技术标准和安全网络协议。电子商务的总体框架描述了电子商务的各个层面和众多支持条件,以及实现电子商务的技术保证、应用环境和各种组成关系,可以帮助我们更好地理解电子商务。

图 2.1 电子商务的总体框架

1. 电子商务的4个层次

1) 网络基础设施层

该层次是实现电子商务的最底层的硬件基础设施,是信息传输系统。主要包括远程通信网(Telecom)、有线电视网(Cable TV)、无线通信网(Wireless)和互联网(Internet)。远程通信网包括公用交换电话网、公用数据网、综合业务数据网等;无线通信网包括移动通信系统、微波通信系统和卫星通信系统;互联网由骨干网、MAN、局域网 LAN 等层层搭建而成,这些不同的网络提供了电子商务信息传输的线路,而由于互联网的广泛应用,目前大多数电子商务应用都基于互联网,所以互联网是网络基础设施中最重要的部分。提供网络服务的是网络服务供应商(Internet Server Provider, ISP)，ISP 是 IAP(Internet Access Provider, 互联网接入服务提供商)和 ICP(Internet Content Provider, 内容服务提供商)的统称。

2) 多媒体信息发布层

网络基础设施的日益完善，使得通过网络来传递信息成为可能。但网络基础设施层只是保障了信息传输的物质基础，至于网络上传输什么信息、以什么样的方式传输、如何实现不同用户的不同要求，该层是无法获知和实现的，这就要交给多媒体信息发布层来完成。目前，在网上最流行的发布信息的方式是以 HTML(Hypertext Markup Language, 超文本链接语言)的形式将信息发布在 WWW 上，通过 HTML 可以将多媒体内容组织得易于检索和富于表现力。这样，企业可以利用网上主页、电子邮件等在 Internet 上发布各类商业信息，客户可借助网上的检索工具迅速地找到所需商品信息。

3) 信息传播基础设施层

该层次主要提供传播信息的工具和方式，是电子商务信息传播的主要工具。网络基础设施层提供信息的发布，但信息如何从一台计算机传送到另一台计算机，需要报文和信息传播层来完成。信息传播工具提供了两种交流方式：一种是非格式化的数据交流，如用 FAX 和 E-mail 传递的消息，它的对象一般是人，需要人来干预；另一种是格式化的数据交流，如 EDI，它的传递和处理过程可以是自动化的，无需人的干涉，可以全部自动化，也就是面向机器的。订单、发票等比较适合格式化的数据文流。HTTP(Hypertext Transfer Protocol, 超文本传输协议)是 Internet 上通用的信息传播工具，它以统一的显示方式，在多种环境下显示非格式化的多媒体信息。目前，大部分互联网使用者在各种终端和操作系统下通过 HTTP 使用 URL(Uniform Resource Locator, 统一资源定位器)查找到所需要的信息。

4) 商业服务基础设施层

商业服务基础设施层主要是实现标准的网上商务活动服务，以方便网上交易。该层次是所有企业、个人做贸易时都会使用到的服务，如网上广告、网上零售、商品目录服务、电子支付、客户服务、电子认证、商业信息安全传送等。这些商业服务基础设施的健全与否直接影响到电子商务开展的可能性和便利性。

电子商务应用是在上述 4 个层次基础上实现的。在这些条件具备后，就可以逐步建设实际的电子商务应用，如网上购物、网上银行、电子市场、网络广告、视频点播、供应链管理、信息增值服务等。

2．电子商务的两个支柱

电子商务的总体框架中有两个支柱，它们是电子商务的总体框架结构得以存在并能应用的重要因素。第一个支柱是社会人文性的国家政策及法律法规；第二个支柱是自然科技性的各种技术标准和安全网络协议。

1) 国家政策及法律法规

电子商务是对传统商务的彻底革命，也由此带来了一系列新的问题。国家和政府通过制定各种政策来引导与规范各种问题的解决，采用不同的政策可以对电子商务的发展起到支持或抑制作用。具体说来，政府的相关政策制定围绕电子商务基础设施建设、税收制度、信息访问的收费、信息传输成本、电子商务安全、隐私保护等问题进行。例如，对于咨询信息、电子书籍、软件等无形商品是否征税，如何征税；税收制度是否应与国际惯例接轨，如何接轨等。这些问题处理得好坏，关系到电子商务能否快速和健康的发展。

法律法规维系着商务活动的正常运作，对市场的稳定发展起到了很好的制约和规范作用。进行商务活动，必须遵守国家的法律、法规和相应的政策，同时还要有道德和伦理规范的自我约束与管理，二者相互融合，才能使商务活动有序进行。

政策法规的建立还要考虑各国的不同体制和国情，而这同 Internet 和电子商务的跨国界性是有一定冲突的，这就要求加强国际的合作研究。例如，在制定政策法规时，美国政府必将向私有企业倾斜，政府只是参与到电子商务活动中，尽量减少政府的宏观控制；而在中国，由于社会体制的差异，通常是采取政府为宏观主导的经营政策。此外，由于各国的道德规范不同，也必然存在需要协调的方面。

由于种种原因，目前国内有关电子商务的法律法规还有待不断地健全和完善，尤其在电子交易、电子合同、数据与隐私权保护、消费者保护等涉及交易环节的有效性、安全性和相关方权益保护等方面。专家呼吁：政府应优化政策环境，增强发展电子商务吸引力。

2) 各种技术标准和网络协议

技术标准是信息发布和传递的基础，是网络上信息一致性的保证。技术标准定义了用户接口、通信协议、信息发布标准、安全协议等技术细节。技术标准不仅仅包括硬件的标准，如规定光纤接口的型号等，还包括软件的标准，如程序设计中的一些基本原则；通信标准，如目前常用的 TCP/IP 协议就是保证计算机网络通信顺利进行的基石；还包括系统标准，如信息发布标准 XML 或专门为电子商务制定的 ebXML，以及 VISA 和 Mastercard 公司同业界制定的电子商务安全支付的 SET 标准。各种类型的标准对于促进整个网络的兼容和通用十分重要，尤其是在十分强调信息交流和共享的今天，这样的国际信用卡组织已经同各界合作制定出用于电子商务安全支付的 SET 协议等。

3．电子商务的支撑环境

电子商务支撑环境是指为保证电子商务活动的开展而必须建立的一系列环境，主要包括电子商务的支付环境、电子商务的物流环境、电子商务的信用环境和电子商务的安全环境。具体内容分别在其他相关章节作详细的介绍。

2.1.2 电子商务的概念模型

电子商务的概念模型是对现实世界中电子商务活动的一般抽象描述，它由电子商务实体、电子市场(Electronic Market，EM)、交易事务和物流、资金流、信息流等基本要素构成，如图 2.2 所示。

在电子商务交易过程中，每个交易主体都要在电子交易市场中选择相应的交易主体和交易事务，来完成商品交易。也可以说，每个交易主体都面对一个交易市场。因此，电子商务的概念模型，可以描述为交易主体和电子交易市场之间进行的各项交易事务，而这个过程中，伴随着物流、商流、资金流和信息流的流动。

1．电子商务实体

在电子商务概念模型中，电子商务实体是指能够从事电子商务的客观对象。电子商务实体也称交易主体，它可以是企业、银行、商店、政府机构和个人等。

2．电子市场

电子市场是指电子商务实体从事商品和服务交换的场所，它由各种各样的商务活动参与者，利用各种通信装置，通过网络连接成一个统一的整体。

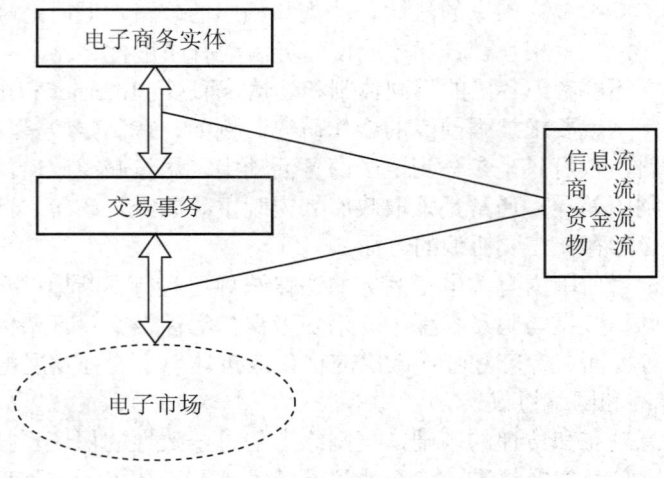

图 2.2　电子商务的概念模型

3．交易事务

交易事务是指电子商务实体之间所从事的具体的商务活动的内容，如询价、报价、转账支付、广告宣传、商品运输等。

4．电子商务中的"四流"

电子商务中的任何一笔交易，都包含着 4 种基本的"流"，即信息流、商流、资金流和物流。其中，信息流是电子商务交易各个主体之间的信息传递与交流的过程，既包括商品信息的提供、促销营销、技术支持、售后服务等内容，也包括诸如询价单、报价单、付款通知单、转账通知单等商业贸易单证，还包括交易方的支付能力、支付信誉、中介信誉等。商流是指商品在购、销之间进行交易和商品所有权转移的运动过程，具体是指商品交易的一系列活动。资金流主要是指资金的转移过程，包括付款、转账、汇兑等过程。以上 3 种"流"的处理都可以通过计算机和网络通信设备实现。物流主要是指物资实体(商品和服务)的配送与传输过程，它由一系列具有时间和空间效用的经济活动组成，具体包括运输、装卸、储存、配送、保管、物流信息管理等多项基本活动。少数商品和服务可以直接通过网络传输的方式进行配送，如各种电子出版物、信息咨询服务、有价信息软件等；而大多数商品和服务仍然需要借助于传统的流通渠道，即经由物理方式传输。

📖 小思考

"四流"之间的互为因果关系

信息流、商流、资金流和物流是流通过程中的四大相关部分，由这"四流"构成了一个完整的流通过程。"四流"互为依存、密不可分、相互作用。它们既有独立存在的一面，又有互动的一面。从电子商务角度讲，"四流"之间的有效互动构成了一个完整的电子商务模型。将商流、物流、资金流和信息流作为一个整体来考虑和对待，会产生更大的能量，创造更大的经济效益。

思考：

"四流"之间有什么样的互为因果关系？为什么说在电子商务中信息流占有核心地位？

2.2 电子商务的系统结构

电子商务系统是保证以电子商务为基础的网上交易实现的体系。随着电子商务整体框架模型的建立和完善，传统商务运作逐步向电子商务运作方向演化，逐渐形成了电子商务条件下的商务系统。本节从电子商务系统角色的角度阐述电子商务系统的基本结构，并在此基础上分析电子商务系统的组成以及企业电子商务系统的应用结构。

2.2.1 电子商务系统的组成结构

电子商务系统是一个多方参与、互相支持、互为条件的大系统，各参与者在其中扮演着不同的角色，完成各自不同的功能。与传统商务最大的区别是，参与商务活动的各方是完全通过网络等电子技术手段进行信息沟通和业务合作的，因此需要一些与传统商务活动不同的角色，如用于网上身份验证的 CA、完成商品配送的物流中心和提供电子商务相关服务的电子商务服务商等。即使是另外一些与传统商务中相同的角色，在电子商务系统中其功能和定位也发生了巨大的变化，如提供网上支付服务的银行、消费者等都与传统意义下角色意义不同。因此，从电子商务参与角色出发，可以将电子商务系统的组成结构表示为如图 2.3 所示。

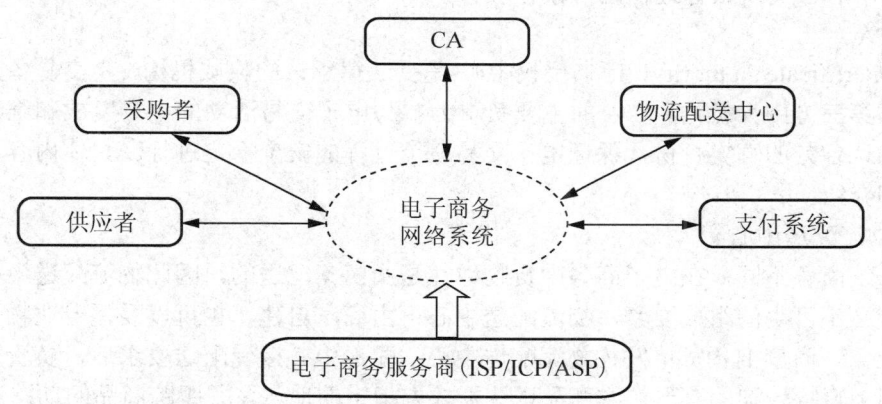

图 2.3 电子商务系统的组成结构

1. 电子商务系统的基本组成要素

由于电子商务的覆盖面很广，因此不同的电子商务应用系统涉及的具体对象也各不相同。但总体看来，电子商务系统的基本组成要素一般包括采购者、供应者、支付系统、CA、物流配送中心和电子商务服务商。电子商务活动以网络系统为基础，涉及多方参与和支持，相互协作开展业务，共同完成电子商务系统的功能。

1) 电子商务网络系统

电子商务网络系统包括互联网、内联网和外联网。互联网是电子商务的基础，是全世界范围内进行商务、业务信息传送的载体；内联网是企业内部商务活动和经营管理的网络平台；外联网是企业与企业自己及企业与客户之间进行商务活动的纽带。

2) 采购者

电子商务系统中的采购者，即需求方，是指那些通过电子商务系统购买有形、无形商品或服务的企业用户或个人消费者。无论是个人用户还是企业用户都可以通过网络来实现电子商务交易，包括通过网络选择商家和商品、实现电子支付、选择适当的商品配送方式等。企业用户还可以通过企业内联网、外联网和企业管理信息系统，对人、财、物、供、销、存进行科学管理。

3) 供应者

通过电子商务系统提供商品(包括有形、无形商品和服务)的企业或个人，都是电子商务系统中的供应者。一般情况下，供应者是通过电子邮件、电子广告、网站商品目录等形式发布商品和服务信息，并提供可供消费者选择的支付方式和送货方式，其中的无形商品和咨询服务可以通过网络直接传送给购买者。供应者可以用自建服务器、租用服务器、主机托管等方式建立电子商务网站或在其他的电子商务网站上建立网页。

4) 支付系统

相对完整的电子商务过程应该有电子支付系统，以提供方便的支付方式和银行业务。电子支付系统的功能是为电子商务系统中的采购者和供应者等其他系统角色提供资金支付方面的服务，并保证支付的安全性。电子商务中的支付系统一般由网上银行承担。网上银行就是应用网络技术提供在线金融服务的银行系统。支付系统一般包括计算机网络系统、网络支付工具、安全控制机制等。网上银行有两种模式：一种是完全在网上运作的纯网上银行；另一种由传统银行提供网上银行服务。

5) CA

CA(Certificate Authority，证书授权中心)是受法律承认的权威机构，是交易各方都信任的公正的第三方中介机构。CA 的主要负责为参与电子交易活动的各方发放和维护数字证书，以确认各方的真实身份，保证电子交易整个过程的安全稳定进行。具体内容将在第 8 章中详细介绍。

6) 物流配送中心

与传统商务不同，在电子商务中货物往往是由商家配送的，因此物流配送中心是电子商务系统必不可少的组成要素。物流配送中心可由商家自建，也可以委托专业物流公司完成配送业务。商家把备货单发往物流配送中心，配送中心接受配送要求后，负责及时地将无法从网上直接传递的有形实物商品送达需求方指定的地点，并跟踪商品的动态流向。

7) 电子商务服务商

电子商务服务商(ISP/ICP/ASP)专指提供网络接入服务、信息服务及应用服务的 IT 商家。ISP 指专门为用户提供互联网接入服务或互联网信息服务的公司和机构，如我国的中国电信集团公司、中国移动通信集团公司、中国联合网络通信集团有限公司等；ICP 指互联网的内容提供商，提供互联网信息搜索、整理加工等服务，如搜狐、新浪等；ASP(Application Service Provider)是应用服务提供商，主要是为企事业单位进行信息化建设和开展电子商务提供各种基于互联网的应用服务组织。

2．电子商务系统的网络服务平台

1) 各类网络平台

网络平台是支持电子商务系统运行的技术基础。电子商务必须在一定的网络平台上运行。例如，Internet、Intranet、Extranet 和商业增值网(Value Added Network，VAN)等，一般都可作为电子商务网络平台。

在基于互联网的电子商务系统中，网络平台的功能一般由互联网服务商 ISP 承担。ISP 的主要业务包括个人用户接入服务、企业上网服务、域名注册服务、主机托管服务、服务器租用等。目前国内有数百家 ISP，最有名的是 CHINANET，此外还有上海热线、首都在线等。ISP 包括 Internet 的接入服务 IAP(Internet Access Provider)和平台服务 IPP(Internet Presence Provider)。互联网接入服务商 IAP 主要为交易主体提供 Internet 接入服务，分为两个层次：底层是物理网络提供商(Internet 接入服务的批发商)；上层是网络接口的提供商(Internet 接入服务的零售商)。互联网平台服务商 IPP 的业务主要包括向普通上网企业提供 Web 服务器的维护，或在自己的服务器上建立并维护委托企业的主页，也提供对普通上网企业的服务平台的安全性、性能、资源维护与备份、应急、扩展等方面的服务。

2) 网络平台的特点

电子商务系统赖以运行的网络服务平台，支撑着电子商务活动的全过程。因此，一个完善的电子商务系统的网络服务平台应该具备以下特点。

(1) 连接性。连接性是指每个角色的内部网络和外部网络的连接性，要求网络连接通畅无断点，数据传输可靠无差错。

(2) 协同工作。协同工作指的是电子商务系统中各个角色之间的协作，网络不仅要求物理上"互联"，更为重要的是电子商务系统的各个角色之间的协同工作，实现真正的"互联"。

(3) 网络管理和系统管理。由于电子商务涉及的角色比较多，与之相适应的网络一般都比较复杂，因此要求既能易于管理，又能安全可靠。对于每个角色来说，其自身的电子商务系统必须考虑到保证内部网络及与外部网络连接的安全可靠性所需的网络管理和系统管理。

(4) 过渡策略和技术。随着电子商务系统对网络需求的不断变化、信息技术与产品的发展与换代，因此必须制定电子商务系统的网络过渡策略，并提供相应的技术。

(5) 多选择性。指的是电子商务系统的网络技术平台和网络产品与服务的多选择性。电子商务所依赖的网络服务环境所涉及的不仅仅是买卖双方，也不仅仅是软硬件的购买，而是在 Internet、Intranet、Extranet 等网络基础上，将电子商务系统中的各个角色紧密结合在一起，从而消除时间与空间带来的障碍。

随着 Internet 技术的发展，通信速度的提高和通信成本的降低给电子商务向大范围扩展提供了广阔的天地。更为重要的是，利用 Internet 进行电子商务，其成本比其他任何一种方式都低廉，因此，未来的电子商务的主体将是以 Internet 为基础的。

2.2.2 企业电子商务系统的应用结构

企业是实施电子商务的主体。对企业而言，基于互联网的电子商务意味着极大地降低成本、降低库存和缩短生产周期，互联网使得企业可以获得新的管理、新的价值、新的增长、新的商机。

企业电子商务活动的开展需要特定的电子商务系统的支持。企业电子商务系统是建立在外部电子商务环境之下的，支持企业电子商务系统的外部环境主要是电子化银行支付系统、CA 等。该系统以提高企业的核心竞争力、增加利润为目标，在功能上要满足企业的采购、生产、销售、管理和对外业务协作的需要，并能为企业提供分析、决策及商业智能服务。企业电子商务系统内部具有一定的层次结构,同时它要受到社会环境的影响,要与外部电子商务设施相关联。企业电子商务系统的应用结构如图 2.4 所示。

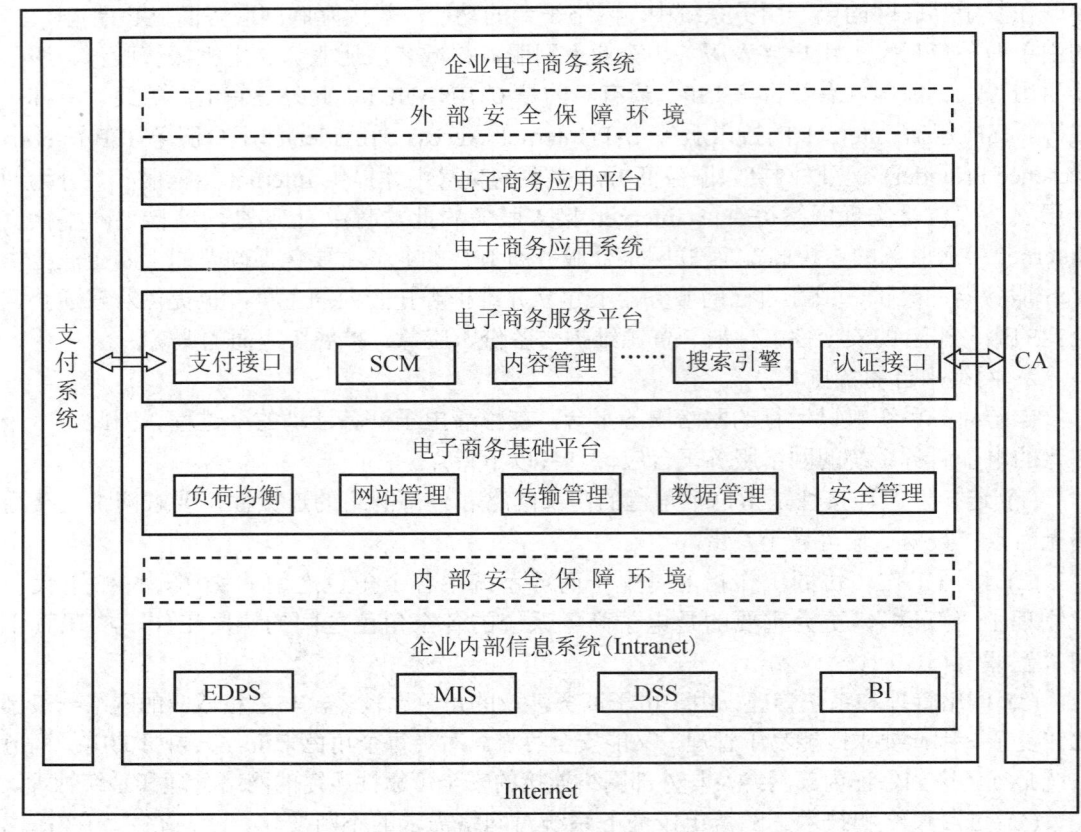

图 2.4　企业电子商务系统的应用结构

1．企业内部信息系统

企业电子商务系统的最底层是基于 Intranet 的企业内部信息系统,该部分主要是实现企业内部生产管理和信息管理的电子化与自动化,它面对的是企业内部的用户。它利用 TCP/IP 协议、Web 等互联网技术进行企业内部信息系统的构建,包括企业内部电子数据处理系统 (Electronic Data Processing System,EDPS)、MIS、DSS 和商务智能(Business Intelligence,BI)等。

2．电子商务基础平台

在企业内部信息系统之上的是电子商务基础平台。电子商务基础平台主要为企业提供系统管理、安全管理、负荷均衡、站点管理、传输管理和数据管理等功能。电子商务基础平台必须具备高扩展性、高可靠性和集中控制等特性,以使电子商务系统能在 24 小时内不停地运转。

3．电子商务服务平台

在电子商务基础平台之上的是电子商务服务平台。电子商务服务平台的主要功能是提供各种应用系统平台，为电子商务系统提供公告服务，为企业的商务活动提供直接支持，以增强系统的服务功能，简化应用软件的开发等。电子商务服务平台的这些功能是通过集成一些成熟的应用软件来实现的，主要包括支付网关接口、CA接口、客户关系管理、内容管理、搜索引擎和商务智能工具等。

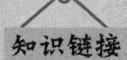

商务智能

　　商务智能指利用数据仓库、数据挖掘技术对客户数据进行系统地储存和管理，并通过各种数据统计分析工具对客户数据进行分析，提供各种分析报告，如客户价值评价、客户满意度评价、服务质量评价、营销效果评价、未来市场需求等，为企业的各种经营活动提供决策信息。

　　商务智能是企业利用现代信息技术收集、管理和分析结构化与非结构化的商务数据及信息，创造和累计商务知识及见解，改善商务决策水平，采取有效的商务行动，完善各种商务流程，提升各方面商务绩效，增强综合竞争力的智慧和能力。

　　商务智能一般由数据仓库、联机分析处理、数据挖掘、数据备份和恢复等部分组成。商务智能的基本体系结构包括数据仓库、联机分析处理和数据挖掘三个部分。

　　因此，把商务智能看成是一种解决方案应该更为恰当。目前提供商业智能解决方案的著名IT厂商主要有微软、IBM、Oracle、SAP、Informatica、Microstrategy、SAS、Royalsoft等。

（资料来源：http://baike.baidu.com/view/557579.htm.）

4．电子商务应用系统

电子商务应用系统位于电子商务服务平台之上，是企业电子商务系统的核心，它是企业电子商务的具体应用和表现形式。电子商务应用系统是由应用开发人员根据企业特定的应用背景和需要来建立的，它是以实现企业的商务目的为目标，使用各种与Internet有关的技术手段，在Web上建立起自己的电子商务应用系统。

5．电子商务应用平台

电子商务系统的顶层是电子商务应用平台，它是直接面对电子商务系统的最终用户。电子商务系统有两个作用：一是作为和用户的接口，接受用户的各种请求，并将各种请求传递给应用系统；二是将应用系统的成立结果以不同的形式进行表达，将其提供给不同的用户形象终端。该平台是以Web服务器为核心，其支持的形象终端为个人电脑、无线移动通信设备、个人数字助理、掌上电脑和其他信息终端等。

6．安全保障环境

安全保障环境是保障企业商务活动安全的一整套方案，主要包括安全策略、安全体系和安全措施等内容。安全策略是企业保障电子商务系统安全的指导原则，负责系统安全的提高。安全体系由保障系统安全所需的技术和设备构成，利用各种手段设置安全防线，防范不速之客的攻击。企业内部信息系统与电子商务基础平台之间设置了内部安全保障环境，以实现内部信息系统与外部网络之间的隔离。在电子商务应用平台之上设置了外部安全保证环境,以保障电子商务系统的安全应用。

2.3 电子商务的交易模式

电子商务的基本模式是指电子商务的基础技术在不同商务领域中的应用层面,同时也是按照参与交易主体的不同对电子商务活动进行分类的一种方式。

电子商务可以按照不同的标准划分为不同的类型,若按参与交易的主体进行划分,目前参与电子商务活动的主体主要有 4 部分,即企业、个人消费者、政府和中介方,而其中的中介方只是为电子商务的实现与开展提供技术、管理与服务支持。由此电子商务的基本模式就可分为以下 6 种类型。

(1) 企业对企业的电子商务模式(BtoB)。
(2) 企业对消费者的电子商务模式(BtoC)。
(3) 消费者对消费者的电子商务模式(Consumer to Consumer,CtoC)。
(4) 企业对政府的电子商务模式(Business to Government,BtoG)。
(5) 消费者对政府的电子商务模式(Consumer to Government,CtoG)。
(6) 政府对政府的电子商务模式(Government to Government,GtoG)。

以上 6 种基本模式如图 2.5 所示。

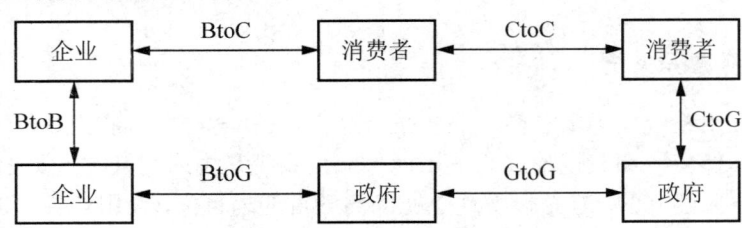

图 2.5 电子商务的基本模式

2.3.1 BtoB电子商务模式

1. BtoB电子商务的含义

BtoB 电子商务是指企业对企业的电子商务模式,即进行电子商务交易的供需双方都是企业,企业之间依托互联网等现代信息技术手段进行各种商务活动,如谈判、订货、签约、付款,以及索赔处理、商品发送管理等。BtoB 也可表示为 B2B 或 B-B 等形式。BtoB 电子商务,在早期是企业通过 VAN 采用 EDI 方式所进行的商务活动,这种电子商务系统具有很强的实时商务处理能力。BtoB 模式可以整合企业在采购和销售过程中的上下游产业以及银行等相关组织,构成一个完整的电子商务供应链。

BtoB 模式一直是电子商务的主流,也是企业面临激烈的市场竞争、改善竞争条件、建立竞争优势的主要方法。无论从交易额来看,还是从交易范围看,BtoB 都有着举足轻重的地位。目前基于互联网的 BtoB 的发展速度十分迅猛,据艾瑞咨询(iResearch)最新数据显示,

2015年电子商务市场细分行业结构中，B2B电子商务合计占比超过七成，B2B电子商务仍然是电子商务的主体。在市场主体方面，核心运营商们也开始发力海外市场，大力拓展国内新市场，通过一系列营销措施，不断降低中小企业利用电子商务的门槛，并且为中小企业提供更加精准有效的服务，解决其发展中的困难问题。艾瑞咨询分析认为，未来中国BtoB电子商务将逐渐从营销服务向交易服务转变，将为中国的中小企业提供更加有效地服务。

2．BtoB电子商务的特点

1) 交易次数少，交易金额大

BtoB电子商务是企业与其供应商、客户之间大宗货物的交易与买卖活动，其一个比较明显的特点是规模大，但交易次数相对较少。最新数据显示，2016年电子商务市场细分行业结构中，B2B电子商务合计占比超过七成，仍然是电子商务的主体；中小企业B2B、网络购物、在线旅游交易规模的市场占比与2015年相比均有小幅提升。艾瑞预测未来几年中国中小企业B2B运营平台营收增速仍保持10%以上，预计2018年营收规模将超过300亿元。

2) 交易对象广泛

BtoB电子商务活动的交易对象可以是任何一种产品，可以是中间产品，也可以是最终产品，涉及石油化工、水电、运输、仓储、航空、国防、建筑等许多领域。因此，BtoB电子商务活动是目前电子商务发展的推动力和主流。

3) 交易操作规范

BtoB电子商务活动是各类电子商务交易中最复杂的，主要涉及企业间原材料、产品的交易以及相应的信息查询、交易谈判、合同签订、货款结算、单证交换、库存管理和物品运输，如果是跨国交易还要涉及海关、商检、国际运输、外汇结算等业务，企业间信息交流和沟通比较多。因此交易过程中，对合同及各种单证的格式要求比较严格，操作比较规范，同时比较注重法律的有效性。

3．BtoB电子商务给企业带来的效益

从总体看，BtoB电子商务为企业提供了巨大的市场潜力和商业机遇，降低了企业的成本，改善了供应链管理，缩短了企业交易的时间，提高了企业交易的效率。具体来说，BtoB电子商务给企业带来了以下明显的效益。

1) 改善供应链管理

供应链(Supply Chain)是指围绕核心企业，通过对信息流、物流、资金流的控制，从采购原材料开始，到制成中间产品和最终产品，最后由销售网络把产品送到消费者手中的将供应商、制造商、分销商、零售商、最终用户连成一个整体的功能网链，如图2.6所示。

供应链是企业赖以生存的商业循环系统，是企业电子商务管理最重要的环节。有关统计数据表明，企业供应链可以耗费整个公司高达25%的运营成本。由此可见，降低供应链耗费，对企业提高利润率有重要影响。BtoB电子商务模式利用ERP、客户关系管理等手段，可以将上下游企业组成一个供应链，并且与其他企业、供应链连接，组成了一个动态的、虚拟的、全球的供应链网络，真正做到了降低企业的采购成本和物流成本，在整个供应链网络的每个过程实现最合理的增值，并且最重要的是提高企业对市场和最终客户需求的响应速度，从而提高企业的市场竞争力。

2) 增加商业机会和开拓新的市场

BtoB电子商务模式帮助企业打破了时空的界限，使企业可以随时随地宣传自己的企业形象，发布自己的产品信息并与客户、合作伙伴进行全方位的信息交流和沟通。从时间上，企业的网站可以全天候为客户、合作伙伴提供企业相关信息；从地域上，企业可以跨越国界把自己的市场拓展到世界上的任一个角落，增加了企业的国际机遇。

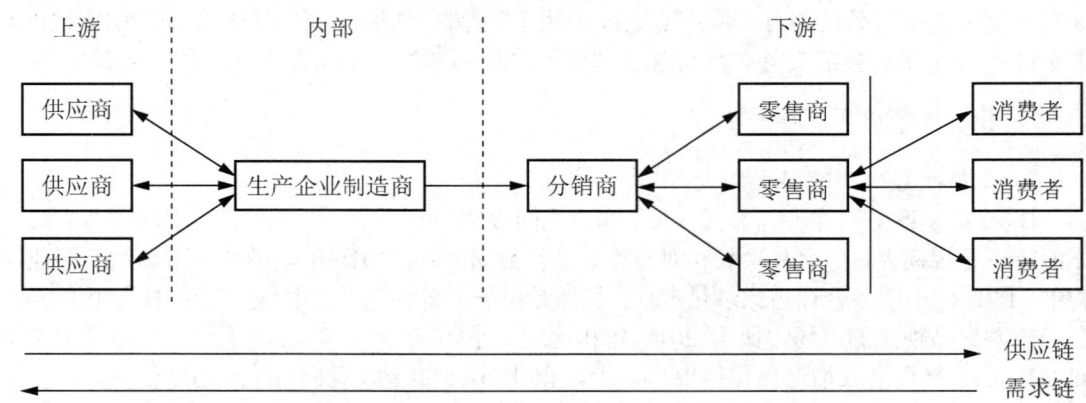

图 2.6 供应链结构

利用 Internet 销售产品的公司，在全球性、网络化交易中，更容易吸引新客户和新供应商，开拓新产品市场。通过网络企业可以获得对本企业和产品感兴趣的客户群，同样企业也可以通过这种途径来开发对自己更有利的供应商。例如，在戴尔公司 Web 站点上采购产品的，有 80%的消费者和一半的小公司过去从未购买过戴尔公司的产品。有 1/4 的人说，如果没有这一 Web 站点，他们将不会进行这次采购，而且他们的平均采购量高于戴尔公司的其他顾客。

3) 降低成本

对于企业而言，千方百计地降低成本是提高自己竞争力的重要策略，电子商务对于企业降低成本是行之有效的途径。由于 BtoB 企业在经营活动中具有交易规模大、交易规范等特点，因此，BtoB 中介服务业发展较为成熟，为企业降低运营成本提供了良好的环境。第一，为客户降低发布信息成本和获取信息成本。BtoB 服务企业为卖方提供信息发布平台，虽然目前的 BtoB 门户服务企业往往采取会员制或者平台收费制的方式，但其实也有许多更好的方式来为卖方提供这样的服务，甚至提供免费的信息发布服务，从而降低其交易成本。第二，为采购方解决信息不对称问题从而降低决策成本。例如，阿里巴巴公司为 BtoB 企业着力解决了买卖双方的诚信机制问题和买方格外关注的质量问题，通过自主或者联合其他机构建立买卖双方的全面质量评估体系，确保买卖双方的信息基本对称，降低了企业决策成本。第三，为国内外贸易企业提供了全程专业增值服务。国际贸易整个过程包括贸易前的预备调研阶段、比较甄别阶段、询盘和洽谈过程、合同签订和交易过程、合同履行和物流阶段、售后服务和支持阶段，BtoB 服务企业服务保证了各环节顺畅与运营整体成本的降低。例如，通用电气公司，利用 BtoB 电子商务模式，通过网络采购，节省了 30%的采购费，60%的采购人员被重新安置工作，材料费用下降了 20%。

4) 缩短订货和生产周期

更快、更准确的订单处理，可以降低安全库存量，提高库存补充自动化程度和增加客户满意度。另外，电子商务的应用加强了企业联系的深度和广度，使分布在不同地区的人员可以通过网络协同工作，共同完成一个研究和开发项目。通过电子商务可以改变过去的信息封闭的分阶段合作方式为信息共享的协同工作，从而最大限度地减少因信息封闭而出现等待的时间。因此，BtoB 电子商务可以缩短产品的生产周期，以同等的或降低的费用生产更多的产品。

4．BtoB电子商务的实现方式

BtoB 电子商务有基于电信增值网(Value added Network，VAN)的 EDI 方式、基于 Internet 的方式和基于 Internet 的 EDI 方式 3 种方式。

1) 基于电信 VAN 的 EDI 方式

EDI 就是按照商定的协议，将商业文件标准化和规格化，并通过计算机网络在贸易伙伴的计算机网络系统之间进行数据交换和自动处理。EDI 主要应用于企业与企业、企业与批发商、批发商与零售商之间的批发业务。传统的 EDI 是在专用网络上实现的，这类专用网络称为 VAN，使用专用网络的目的主要是考虑到安全问题，但由于租用 VAN 的费用较高，因而成为大企业、大银行及其大的合作伙伴之间的专利。由于需要有专业的 EDI 操作人员，不同行业的 EDI 标准不一致，且比较复杂，所以传统的 EDI 正逐渐被互联网取代。

2) 基于 Internet 的方式

随着 Internet 的快速发展，基于 Internet 的电子商务也得到了迅速发展并表现出了对社会经济生活的巨大影响，因此已经引起了人们的广泛关注。目前，根据市场控制者，可以把基于 Internet 的 BtoB 电子商务分成买方集中模式、卖方集中模式和中立的网上交易市场模式。

(1) 买方集中模式。买方集中模式也称为集中销售模式，或者卖方解决方案，是指一个卖家与多个买家之间的交易模式。卖方如生产供应商在网上发布欲销售的产品信息(产品名称、规格、数量、交货期、参考价格)，吸引买方前来认购，如图 2.7 所示。

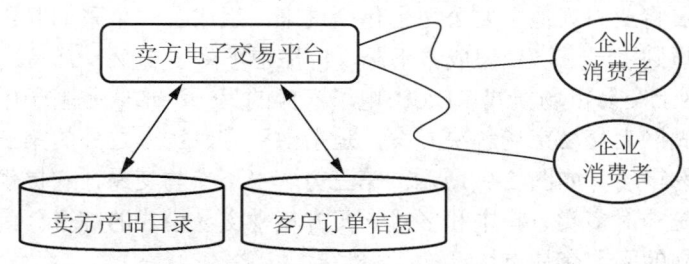

图 2.7　买方集中模式

买方集中模式可以实现企业加快产品的销售过程，特别是新产品的推广，降低销售成本、扩展卖方渠道(包括数量与区域)等目的。这种模式的一个显著特征是它比较偏向于为卖家提供服务，而不会更多兼顾到买家的利益。

目前在这种模式中，也出现了几家大型的卖家联合起来组建交易平台面向多个买家的形式。例如，位于芝加哥的固安捷公司(Grainger)，主要是供应工程设备，但并不是什么都有，所以 Grainger 就与其他的供应商联合。如果制造商 A 供应锤子，而与 A 联合的供应商 B 供应钉子，作为房产建造商的买家 C 到 A 的网站上来寻找他所要的产品就容易许多了。

(2) 卖方集中模式。BtoB 电子商务最普通的模式是卖方集中模式，也称为集中采购模式或者买方解决方案，是指一个买家与多个卖家之间的交易模式，买方发布需求信息(产品名称、规格、数量、交货期)，召集供应商前来报价、洽谈、交易，如图 2.8 所示。对于一些大型的公司，查看、比较供应商的信息成本是相当高的，因此，一些大型用户在自己的服务器上建立一个市场，邀请广大的供应商进行竞价。

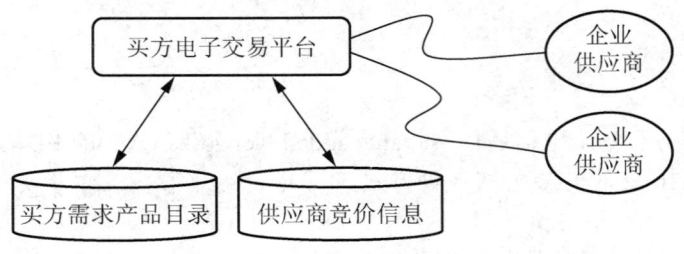

图 2.8　卖方集中模式

通常企业自建的、服务于本企业的电子采购就是这种模式，一般以大型企业为主。因为该类公司负责管理其下属所有企业的统一采购。通过物资采购网能使采购过程公开化、规范化，实现了信息共享，加快了信息流动速度，扩大了询价比价范围，节省了交易费用，强化了监督控制体系，提高了整个运营环节的工作效率。它不仅产生了规模效益，而且由于公司掌握整个数据流，对整个交易的监督、管理、考评、分析等工作有着无法估量的价值。

这种模式也可以由几家大买家共同构建平台用来联合采购，因为投资者希望通过联合买家的议价力量得到价格上的优惠。这类网站最适合的是企业的非直接性物料采购，如办公文具等；该类网站有一个显著的特征，它比较偏向于为买家提供服务，而不会更多兼顾到供应商的利益。例如，World Wide Retail Exchange(零售业交换市场)，就是由大约 27 家零售商联合创办的。再如，通用电气公司(GE)的信息服务公司和托马斯出版公司(Thomas Publishing)的一家合资企业 TPN Register 公司，它始自通用电气公司内部有关合并采购的举措，开始仅限于一个分公司(通用照明公司)，接着扩大到所有分公司，最后它越出通用电气公司的范围扩展将业内其他主要公司也包括进来，组成了一个采购联盟，结果处理订货的时间从一周缩短到了一天，处理成本下降，价格也下降了 10%～15%。

(3) 中立的网上交易市场模式。BtoB 电子商务的另一种形式是基于中立的网上交易市场模式，也可叫做网上交易市场解决方案，是指由买方、卖方之外的第三方投资建立起来的中立的网上交易市场，如图 2.9 所示。第三方本身不参与交易，它提供买卖多方参与的竞价撮合模式，是一对多卖方集中和多对一买方集中交易模式的综合。例如，阿里巴巴网站就是典型的中立的网上交易市场。

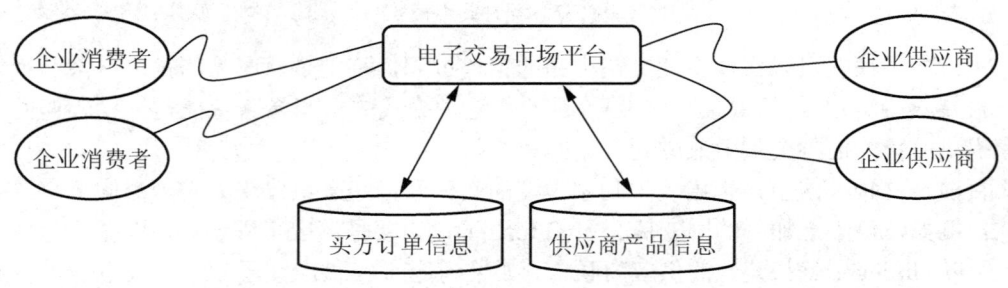

图 2.9　中立的网上交易市场模式

通过网上交易市场这个平台，企业可以搜索或发布产品或交易信息、寻找贸易合作伙伴、进行价格或交易方式的磋商，平台则为交易提供所有的服务，包括规则的制定、交易的监督、对商品配送进行追踪和监控、提供第三方支付的便利直至完成整个交易的远程。中立的网上交易市场模式无疑可以克服一对多模式中的许多弊端，体现了信息对称、流畅、互动，是实现公平交易的理想模式。阿里巴巴就是一个典型的例子，如图 2.10 所示为阿里巴巴中国网主页(http://www.1688.com/)。

图 2.10　阿里巴巴中国网主页

3) 基于 Internet 的 EDI 方式

传统的 EDI 主要通过 VAN 进行，存在技术复杂、费用高的缺陷，使得 EDI 在企业中尤其是在中小企业中的普及和发展受到严重制约。基于 Internet 的 EDI 容易实现，技术上并不复杂，使商业用户可以使用其他一些电子商务工具，如多媒体能力和交互式 EDI 通信等，还可帮助与那些没有 EDI 的小交易伙伴进行 EDI 活动。基于 Internet 的 EDI 方式主要有 3 种基本形式：使用 E-mail 进行的 EDI、使用 Web 页面进行的 EDI、使用 FTP 进行的 EDI。从技术上讲，XML(eXtensible Markup Language，可扩展标记语言)的应用所引导的 Web 革命，将推动基于 Internet 的 EDI 方式的应用与发展。

2.3.2　BtoC电子商务模式

1．BtoC电子商务的含义

BtoC 电子商务指的是企业通过互联网为消费者提供一个新型的购物环境——网上商店，消费者通过网络在网上购物、在网上支付。换句话说，就是需求方和供给方在网络所构造的虚拟市场上开展的买卖活动，相当于电子版的零售。这是大众最为熟悉的一类电子商务类型，也是最吸引媒体关注的一种电子商务形式。与 BtoB 类似，BtoC 也可表示为 B2C、B-C 等形式。从目前发展的趋势来看，BtoC 电子商务呈现加速发展的态势，有较大的发展空间。这主要得益于电子商务环境的不断改善，一方面，电子商务企业向 BtoC 模式不断渗透，如淘宝商城；另一方面，传统企业不断涉入电子商务领域，如国美电器、苏宁易购(图 2.11)等。

图 2.11 苏宁易购主页

BtoC 电子商务模式一般以网络零售业为主,主要借助于互联网开展在线销售活动。目前网上商店提供的商品几乎涵盖了人们日常生活中所需的各类商品,如食品、鲜花、服装、书籍、计算机软硬件、音像制品、家具、汽车等各种消费商品。在互联网上有很多这种电子商务类型的例子,如世界上最大的网上书店亚马逊、戴尔公司、海尔集团、著名的当当网(图 2.12)等。

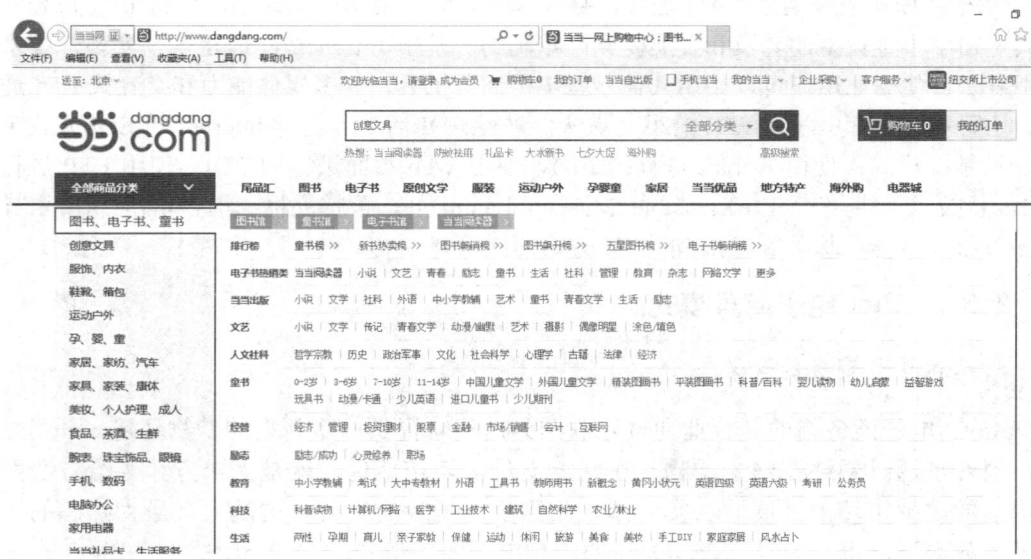

图 2.12 当当网主页

在电子商务领域中,很多企业是 BtoB、BtoC 模式并存的。例如,新浪、搜狐、网易等门户网站分别为企业或个人提供新闻、邮件、广告、短信、游戏等服务活动,门户网站通过 BtoB 和 BtoC 服务经营电子商务活动获得经济收入;中国工商银行(http://www.icbc.com.cn)等金融机构的在线银行通过网络为企业和个人提供金融服务(图 2.13),从事的是

BtoB、BtoC 电子商务活动；光大证股份有限公司等证券机构的在线交易通过网络为企业和个人提供证券服务，从事的是 BtoB、BtoC 服务经营电子商务活动。

图 2.13　中国工商银行对企业、个人银行服务页

2．BtoC 电子商务的特点

企业与消费者之间的电子商务引发了商品营销方式的重大变革，无论是企业还是消费者，都从中获益匪浅。由于 Internet 提供了强大、直观、安全的交互式功能，这种交易模式大大节省了客户和企业双方的时间与空间，提高了交易效率，因而逐渐得到了人们的广泛认同。

对于消费者而言，BtoC 电子商务的优点主要体现在以下几个方面。

(1) 购物不受时间和空间的限制。Internet 的发展以及网上商店的出现，使消费者可以足不出户，通过自己的计算机在网上寻找、购买所需的商品，获得商家提供的一系列服务，这对于当今生活节奏异常快捷的人们具有极大的便利性，特别对于工作忙碌的上班族，这种模式可以为其节省宝贵的时间。同时，网络零售没有时间的限制，真正的一年 365 天、每周 7 天、每天 24 小时的全天候营业，没有"打烊"的担心。

(2) 经济性。除了方便之外，低价格是吸引消费者光顾的主要原因。网络零售实际上是一种直接销售，一方面，由于不需要中间环节介入，而是把订单直接转给生产商和分销商，由他们直接把商品运送到消费者的手中；另一方面，网络商店基本不设仓库或铺面，没有房租、不需要装修、没有大量的店员工资，仅有网络维护费用，相比传统商店而言，销售成本能够实现最低化。

(3) 有更多的选择机会。电子商务提供给消费者更多的选择机会，他们可以从互联网上众多的销售商和众多的产品中选择最合适自己的。网上商店无需实际店面，企业可以在网上展示销售上千万种产品。例如，亚马逊网上书店可提供 310 万册图书目录，比世界上任何一家书店的存书都多 15 倍以上；网络多媒体技术还可将商品由内到外进行全面介绍，便于消费者选择。

(4) 个性化的服务。网上购物为现代社会消费时尚的个性化进一步提供了便利，消费者不再是只能被动地购买已有的商品，而且可以通过网络向商家提出个人要求进行预订，甚至可以虚拟出自己想要的商品，商家获取信息后，就可能满足消费者独特的消费愿望。例如，美国著名的戴尔公司为顾客提供电脑定制服务，允许顾客自定义设计其喜欢的产品，顾客可以自由选择和配置计算机的各种功能、型号和参数，戴尔公司根据客户的要求进行生产，满足客户的个性化需求。

对于商家而言，BtoC 电子商务的优点主要体现在以下几个方面。

(1) 建立网上商店，完全更新了原有的市场概念，传统意义上的商圈被打破，客户扩展到了全国乃至全世界，形成了真正意义上的国际化市场，赢得了前所未有的商机。

(2) 有效地减少交易环节，大幅度降低交易成本，从而降低消费者所得到的商品的价格。对于产品的制造商来讲，网上直销和借助于中介服务的销售方式，大大减少了传统商品的流通渠道，BtoC 电子商务的销售渠道如图 2.14 所示。此外，对于传统的销售商来说，这种新型的销售方式可以很便利扩展其销售渠道，而不像传统方式那样为了扩展产品的销售范围，就需要企业和商家拿出很多钱来拓展分销渠道，这就意味着更多的分销商的加入，无形中产品的价格就会上升。这样，在电子商务条件下，由于中间环节的减少和销售范围的扩大，一方面降低了产品价格；另一方面使商家或厂家的销售额大幅度提高，竞争力也不断增强。

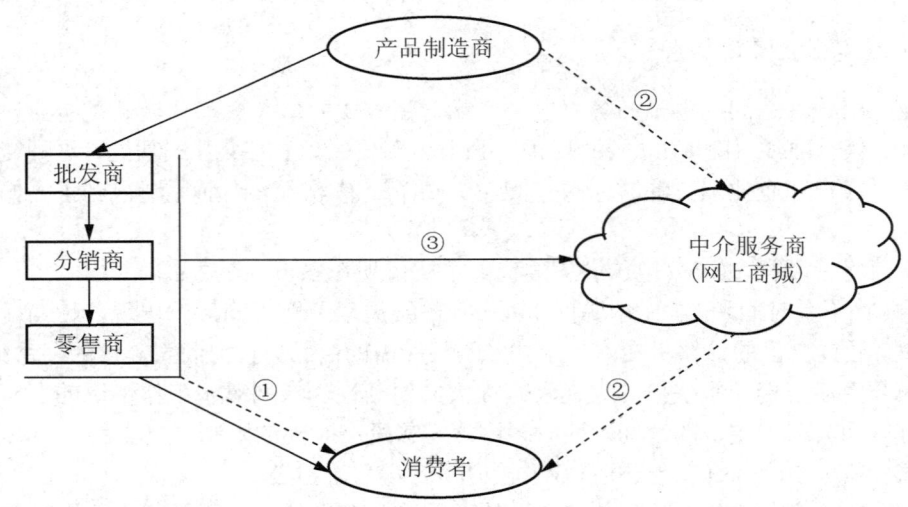

图 2.14　BtoC 电子商务的销售渠道

注：———▶ 表示传统销售渠道；　-----▶ 表示电子商务销售渠道。

(3) 减少了售后服务的技术支持费用。许多使用上、技术上的问题，消费者可以通过 Internet 来获取在线的技术支持，或者通过电子邮件与厂家技术人员直接交流，这样减少了技术服务人员的数量与技术服务人员的出差费用，从而降低了企业的经营成本。

此外，BtoC 电子商务还具有比较明显的特点：企业与消费者通过网络进行的商品销售与购买活动，发生较为频繁，交易次数较多，同时 BtoC 电子商务属于一种个体消费行为，其交易金额一般不会太大。BtoC 交易的对象一般是最终产品，企业在网上销售给消费者的产品主要集中在图书、CD、鲜花等标准化产品上，交易额不是很大。

3．BtoC电子商务的基本流程

网上购物是BtoC电子商务的很重要的一个模式。在此以网上购物为例说明BtoC电子商务交易模式的基本流程。网上购物与传统购物的流程有很大的区别，网上购物以互联网作为媒介，操作过程比较简单，但涉及的参与者较多，并且以电子工具作为操作的基础，其流程原理比传统购物复杂一些。参与网上购物活动的除了商家和消费者外，一般还涉及银行、电子商务服务器和CA等角色。

对于消费者来说，在大部分网上商店进行网上购物的基本消费流程大致相同，一般可以分为以下6个步骤。

(1) 消费者通过Internet上的广告、产品目录、搜索引擎检索等方式得到对自己有用的信息，进入有关的网站并查询自己所需要的产品或服务。

(2) 消费者通过网站提供的订货单填入需要购买的商品或服务的内容，包括商品品种、规格、数量、价格等，以及送货方式、地址等信息。

(3) 消费者选择付款方式，如信用卡、电子现金或电子支票等。

(4) 商家或企业的电子商务服务器自动检查支付方服务器，确认汇款额是否被认可。

(5) 商家或企业的电子商务服务器确认顾客付款后，通知销售部门或物流公司送货上门。

(6) 顾客所在的开户银行将支付款项转到顾客的信用卡公司，信用卡公司负责发给消费者收费清单。为保证交易过程的安全性，还需要一个认证机构对网上交易的双方进行认证，以确认他们的真实身份。

4．BtoC电子商务模式的典型运作方式

BtoC电子商务模式主要适用于网上商店(在线零售商店)，但是网上销售无形产品和劳务与销售实物商品的方式有较大的区别。为了充分利用互联网达到最佳的商业效果，不同的企业应根据自身的经营特点，开发适合企业发展的电子商务战略模式。可以将BtoC电子商务分为3种发展模式，即实物商品的电子商务模式、无形产品的电子商务模式和综合的电子商务模式，每一种发展模式都具有自身的特色，下面分别加以介绍。

1) 实物商品的电子商务模式

实物商品指的是传统的有形商品，如电脑产品、书籍、旅游、服饰、食品饮料、礼品鲜花等。这种商品的物流配送不是通过计算机的信息载体，而仍然通过传统的方式来实现。虽然目前在互联网上所进行的实物商品的交易还不十分普及，但网上成交额在不断增加。

实物商品的电子商务模式主要是网上商店模式，消费者通过网上商店购买商品是BtoC电子商务的典型应用之一。网上商店的主要构成一般包括商品目录、购物车、付款台和后台管理系统4个部分。

(1) 商品目录。相当于网上商店的货架陈列，作用在于使顾客通过最简单的方式找到所需要的商品，内容的丰富程度、美观性、方便性是关键。消费者在访问网上商店的时候，必须方便地寻找到所需要的商品，因此网上商店还必须配备商品搜索引擎。对于商品数量较多的网上商店，必须建立商品数据库，以便更好地管理商品。

(2) 购物车。是用来衔接商店和消费者的工具，是方便消费者选购商品的暂放处，当消费者选择了合适的商品时，可将其点击放入购物车，也可将放入购物车中的商品取出(改变购物决定)，直到最后付款确认。

(3) 付款台。是顾客网上购物的最后环节，是网上商店的结算处。首先，消费者要对所订购内容进行确认，生成订单；其次，在付款台选择付款方式，目前国内消费者可以选择网上银行支付、购物卡、微信、支付宝、财富通、货到付款等方式。

上述过程均可在 Internet 上实现，而支持网上商店正常运转还需要后台管理系统。

(4) 后台管理系统。用来管理网上消费者的订购业务，如处理顾客订单、组织货源、安排发货、监控库存、处理客户投诉、开展销售预测与分析等。后台管理系统是顾客看不见的部分，它一般由网上商店的管理人员来运用，为网上商店的正常运转提供支持，但顾客可以查询订购商品的处理过程和结果。后台管理系统在处理商品订单时，系统会自动地发出订单通知，在顾客确认或支付后进入下一个环节，在发货时还会通知顾客，以提醒顾客注意接收；在估计顾客收到货物时还会发出确认信件，请顾客进行服务质量的评价。

2) 无形产品的电子商务模式

网络本身具有信息传递的功能，又有信息处理的功能，因此，无形产品，如信息、计算机软件、视听娱乐产品等，往往就可以通过网络直接向消费者提供。无形产品的电子商务模式主要有网上订阅模式、付费浏览模式、广告支持模式和网上赠与模式 4 种类型。

(1) 网上订阅模式。指的是企业通过网页向消费者提供网上直接订阅，消费者直接浏览信息的 BtoC 电子商务模式。网上订阅模式主要被商业在线机构用来销售报纸杂志、有线电视节目等。网上订阅模式主要有以下几种方式。

① 在线服务(Online Services)。是指在线经营商通过每月向消费者收取固定的费用而提供各种形式的在线信息服务。例如，美国在线(AOL)和微软网络(Microsoft Network)等在线服务商都使用这种形式，让订阅者每月支付固定的订阅费以享受其所提供的各种信息服务。

② 在线出版(Online Publications)。指的是出版商通过网络向消费者提供除传统纸面出版之外的电子刊物。在线出版一般仅在网上发布电子刊物，消费者可以通过订阅来下载刊物的信息。由于消费者基本上可以从其他途径获取相同或类似的信息，订阅方式往往存在一定的困难。因此，近年来大多数出版商开始尝试免费和订阅相结合的双轨制，这样既能吸引一般的访问者，保持较高的访问率，同时又有一定的营业收入。

③ 在线娱乐(Online Entertainment)。是无形产品和服务在线销售中令人注目的一个领域。在线娱乐指的是一些娱乐网站向消费者提供在线游戏、在线电影、在线音乐等，并收取一定订阅费的电子商务模式。目前看来，该领域还比较成功。例如，网络游戏"传奇"在中国开始收费后 1 个多月就收回了投资，"联众世界"、中国游戏在线等游戏平台现在也比较流行。

(2) 付费浏览模式。指的是企业通过网页安排向消费者提供计次收费性网上信息浏览和信息下载的电子商务模式，是目前电子商务中发展较快的模式之一。付费浏览模式让消费者根据自己的需要，在网站上有选择性地购买想要的文章与报告等，在数据库中查询的内容也可以付费获取。

(3) 广告支持模式。是指在线服务商免费向消费者或用户提供信息在线服务，而营业活动全部用广告收入支持。此模式是目前最成功的电子商务模式之一。例如，雅虎(Yahoo)和 Lycos 等在线搜索服务网站就是依靠广告收入来维持经营活动的，新浪(Sina)和搜狐(Sohu)在某种程度上也是依靠广告收入来支持运作的。很多企业愿意在门户网站上设置广告，特别是设置旗帜广告(Banners)，有兴趣的上网者点击旗帜广告就可直接到达广告企业的网站，了解更多更详细的内容。

(4) 网上赠与模式。指的是企业借助于互联网全球性和广泛性的优势，向互联网上的用户赠送软件产品，以扩大企业的知名度和市场份额。网上赠与模式的实质就是"试用，然后购买"，首先让消费者使用该产品，随后让消费者下载一个新版本的软件或购买另外一个相关的软件，从而实现收益。由于所赠送的是无形的计算机软件产品，而用户是通过互联网自行下载，无须配送等服务，因而企业所投入的成本很低。因此，如果软件确有其实用特点，那么很快就会得到消费者的接受。

3) 综合的电子商务模式

实际上，多数企业网上销售并非只采用单一的商务模式，而往往将各种模式结合起来实施电子商务。例如，CBS sports.com 是一家有 3 500 页有关高尔夫球信息的网站，这家网站采用的就是综合模式，其中 40%的收入来自于订阅费和服务费，35%的收入来自于广告，还有 25%的收入是该网址专业零售点的销售收入。该网址已经吸引了许多大公司的广告，如美洲银行(Bank of America)、美国电报电话公司(AT&T)、雷克萨斯公司(Lexus)等。专业零售点开始两个月的收入就高达 10 万美元，该网站既卖服务和产品还卖广告，一举三得。由此可见，在网上销售中一旦确定了电子商务的基本模式，企业不妨考虑采取综合模式的可能性。例如，一家旅行社的网页向客户提供旅游在线预订业务，同时不妨也接受度假村、航空公司、饭店和旅游促销机构的广告，如有可能还可向客户提供一定的折扣或优惠，以便吸引更多的生意。一家书店不仅销售书籍，而且可以举办读书俱乐部，接受来自于其他行业和其他零售商店的广告。在网上尝试综合的电子商务模式，有可能会带来额外的收入。

2.3.3 CtoC电子商务模式

CtoC 电子商务模式是个人消费者之间的电子商务模式。同样，CtoC 也可表示为 C2C 或 C-C 等形式。CtoC 这种模式的思想来源于传统的"跳蚤市场"，通过为个体买卖双方提供一个在线交易平台，使卖方可以在网上发布商品的拍卖消息，而买方可以自行选择商品进行竞价，或是由需购买商品的个人在网上发布求购信息，由多个卖者竞卖，或与买者讨价还价，最终达成交易的电子商务模式。这也是俗称的"网络拍卖"或"个人拍卖"模式。

这种模式为消费者提供了便利与实惠，成为电子商务迅速普及与发展的重要环节。目前该类模式的典型代表是美国的 eBay，国内的 eBay 易趣、淘宝网(图 2.15)等拍卖网站，拍卖的物品种类有计算机软硬件、家电、图书、影视等。

网络拍卖主要是通过一个网络拍卖平台来进行的，由这个平台提供拍卖场地、有关技术支持，以及知名度。网络拍卖网站的收入主要来自于以下几个方面。

(1) 交易服务费。包括商品登录费、底价设置费、预售设置费、额外交易费、安全支付费、在线店铺费等。这笔费用根据交易的发生及内容收取，从零点几元到数元不等。

(2) 特色服务费。包括字体功能费、图片功能费、推荐功能费，属于促进交易活动的额外服务费，交易者可以根据需要使用。

(3) 增值服务费。信息发布费、辅助信息费，以及网络广告费等，也是根据需要选择使用项目。

(4) 成交手续费。又叫成交提成费，这是拍卖网站收入的最大来源，一般根据拍卖成交额的百分比提取。

图 2.15 淘宝网主页

2.3.4 其他电子商务模式

1. BtoG电子商务模式

BtoG 电子商务模式,即企业与政府之间的电子商务。BtoG 电子商务涵盖了政府与企业间的各项事务,包括政府采购、税收、商检、管理条例发布,以及法规政策颁布等。

在 BtoG 电子商务模式中,政府一方面作为消费者进行网络采购,即通过网络发布招标公告,供应商在线浏览招标书并在线发送标书投标,政府在网络公开投标结果,整个采购过程均在网上完成;另一方面,政府通过这种方式对企业进行宏观调控和监督管理。BtoG电子商务模式如图 2.16 所示。

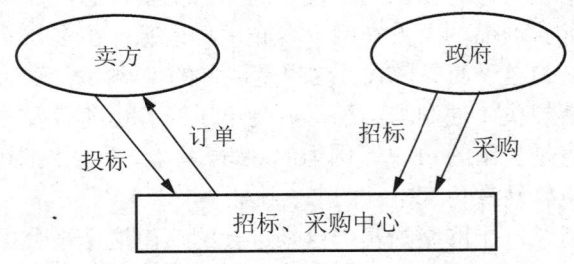

图 2.16 BtoG 电子商务模式

政府网络采购可以通过政府的政务网站,也可以建立独立的政府采购网站,集中发布采购信息、处理招投标业务。例如,江苏省政府 2004 年政府采购额只有 181.60 亿元,到 2014 年达 1 725.16 亿元,10 年间,通过政府采购网站不断拓宽采购范围、扩大采购规模;政府采购的范围从开始的办公设备等几种货物,发展到现在的货物、工程与服务并重。由于活动在网上完成,使得企业能随时随地了解政府的动态,减少中间环节的时间延误和费用,提高政府办公的公开性和透明性,减少政府的腐败现象,还有助于引导生产和流通企业积极采用电子商务。

除了网络采购之外,政府还通过这种模式实施对企业的宏观调控、指导规范、监督管理等，如通过电子商务方式商务部发放进出口配额许可证，国家税务总局进行增值税发票稽核，国家质量监督检验检疫总局进行网上防伪打假。企业可以通过网络办理电子报税、电子报关、查询其他企业数据等。随着政府对电子商务的重视，企业与政府间的电子商务活动将越来越广泛。

2．CtoG电子商务模式

CtoG电子商务模式指的是消费者对政府的电子商务模式。在政府提供的各种服务中，有许多都能够通过网络媒体来实现，如居民登记、统计和户籍管理，征收个人所得税，发放养老金、失业救济、其他社会福利等。为公众提供电子服务，不仅能为公民提供省时、高质量的服务，还能提高效率和节约成本。此外，还有利于促进电子商务的发展。例如，上海信息港工程的上海万隆劳动保障服务网就是这样的工程，社会保险制度的电子化网络使每个公民在提取、支付、查询等保障业务方面取得了便捷的服务。

3．GtoG电子商务模式

GtoG电子商务模式指的是政府机构与政府机构间的电子商务活动。各级政府机构间可以利用Internet实现政府应用系统的互联，从而使政府各职能部门紧密结合，并形成相互协作、相互制约的关系。政府部门实现电子办公，建立"电子政府"，可以提高办公效率，克服部门之间的拖拉现象，更好地为老百姓服务。

4．CtoB电子商务模式

CtoB电子商务模式就是消费者对企业(Customer to Business)的商业模式，这里强调的是消费者的主导性和以消费者为中心的特点。CtoB电子商务模式的关键在于通过Web 2.0的聚合技术将规模庞大的消费者聚集起来，形成一股合力，摆脱传统上消费者处于弱势地位的状态。CtoB网站本身作为交易平台，采用Web 2.0方式，聚集大量消费者，聚合消费者信息，以消费者为中心，作为消费者和企业的桥梁为消费者服务。CtoB电子商务模式主要可以应用于消费者联盟、个性化、定制化产品、个人经纪人3方面。

5．ASP电子商务模式

ASP电子商务模式基于Internet的应用服务模式。真正有效的电子商务有赖于企业内部的信息化建设。内部信息化建设对于大企业来说可能还承担得起，而对于中小企业来说，可能是一个沉重的负担，很可能是得不偿失。

如何利用ASP电子商务模式通过Internet为中小企业提供的软件和应用程序租赁服务，将是中小企业开展电子商务的一项重要内容。ASP电子商务模式可以解决企业很多头疼的问题：高额的软件购买费用、应用程序的整合完善、技术支持和日常维护等。而且ASP电子商务模式实行租用的价格策略，可大大降低用户由于买来的软件可能不是最佳解决方案而带来的经济风险。同时，ASP电子商务服务的提供需要一定的基础，如足够的带宽、企业的硬件基础，以及可靠的安全保证等。我国的用友集团已经确定了互联网战略框架，用友集团的软件产品将全面基于Web平台，即提供基于Internet的在线应用软件服务，如"伟库网"(www.wecoo.com，现更名为http://www.hapibuy.com/，如图2.17所示为用友伟库网主页)说明ASP模式的应用。

图 2.17　ASP 应用服务提供商——伟库网主页

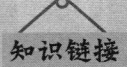

软件即服务

软件即服务(Software-as-a-Service，SaaS)是随着互联网技术的发展和应用软件的成熟，而在 21 世纪开始兴起的一种完全创新的软件应用模式。它与按需软件(on-demand software)，应用服务提供商(the Application Service Provider，ASP)，hosted software(托管软件)所具有相似的含义。它是一种通过 Internet 提供软件的模式，厂商将应用软件统一部署在自己的服务器上，客户可以根据自己实际需求，通过互联网向厂商定购所需的应用软件服务，按定购的服务多少和时间长短向厂商支付费用，并通过互联网获得厂商提供的服务。用户不用再购买软件，而改用向提供商租用基于 Web 的软件，来管理企业经营活动，且无须对软件进行维护，服务提供商会全权管理和维护软件。有些软件厂商在向客户提供互联网应用的同时，也提供软件的离线操作和本地数据存储，让用户随时随地都可以使用其定购的软件和服务。对于许多小型企业来说，SaaS 是采用先进技术的最好途径，它消除了企业购买、构建和维护基础设施及应用程序的需要。

在这种模式下，客户不再像传统模式那样，花费大量投资用于硬件、软件、人员，而只需要支出一定的租赁服务费用，通过互联网便可以享受到相应的硬件、软件和维护服务，享有软件使用权和不断升级；公司上项目不用再像传统模式一样，需要大量的时间用于布置系统，多数经过简单的配置就可以使用。Saas 是网络应用最具效益的营运模式。

(资料来源：360 百科，http://baike.so.com/doc/5924595-6137516.html，节选)

6．ESP电子商务模式

随着电子商务的深入发展，BtoB 电子商务模式将在企业之间实现端到端(End to End)的综合电子商务解决方案，该解决方案可使企业在上游供应商和合作伙伴、内部员工以及下游客户之间实现电子数据共享和一体化运作。ESP(电子商务解决方案提供商)将为企业提供一个端到端的完整解决方案，从而使企业面向供应商和合作伙伴的 Extranet、面向内部员工的 Intranet，以及面向客户的 Internet 无缝集成。一个完整的端到端的解决方案将使企业的采购、内部管理和销售等完全实现网上自动化运作。

7．BtoBtoC电子商务模式

传统的电子商务模式将 BtoB、BtoC、CtoC 分得比较清晰，表面上看这是一种市场细分行为，而实际上任何一件商品从"供应商—生产商—经销商—消费者"，都是一个无法分割的有机体，也就是说没有真正意义上完全独立的 BtoB、BtoC、CtoC 模式。随着支付方式的多样化和无线商务市场的不断成熟，BtoBtoC 模式是必然的趋势，它将企业与单个客户的不同需求完全地整合在一个平台上。中国电信集团公司贵州分公司的"多彩商桥"网站于 2007 年 10 月开通上线并开始试运营，借助中国电信集团公司强大的品牌优势和原已拥有的客户资源，吸引了华为技术有限公司、中兴通讯股份有限公司等一大批知名企业进驻。

2.3.5 电子商务模式创新

1．电子商务模式创新途径

电子商务模式创新的关键是不断为客户提供价值。电子商务模式创新要从电子商务模式的构成要素和内容出发，针对企业电子商务所处的环境、资源、经营目标等多个因素进行考量，寻找最适合的电子商务模式。目前，根据大量学者的研究，电子商务模式创新的途径主要有以下几个方面。

1) 基于技术层面的电子商务模式的创新

电子商务是基于计算机网络的商务活动。一切与电子商务活动要素有关的技术都可能成为电子商务模式创新的源泉。例如，即时通信技术(如 QQ)的应用，即为电子商务企业的客户服务带来了巨大的变化，推动了某些服务行业电子商务模式的创新。

2) 基于管理方法的电子商务模式的创新

在电子商务企业的业务过程管理中，某些管理过程与方法严重影响电子商务的发展与客户价值的传递，于是可能形成电子商务模式创新的突破点。例如，为了解决中国个人的信用缺失和支付的安全问题，淘宝公司创造了"支付宝"工具，作为一种信用支付工具，成功地应用于实践并取得了较好效果。

3) 基于产品特征的电子商务模式创新

充分考虑商品的特征：细分市场；树立品牌；培养顾客对品牌的忠诚度。

4) 基于 5P4F 理论的电子商务模式创新

以 5P4F 理论和方法进行系统的拓展，为电子商务模式的分类体系提供新的思路。其中，5P 即产品(Product)、价格(Price)、渠道(Place)、促销(Promotion)和公共关系(Public relationship)；4F 是指信息流(Information Flow)、资金流(Capital Flow)、物流(Logistics Flow)和商流(Business Flow)。例如，戴尔公司的直销模式就是对渠道的一种创新，曾经推动了戴尔公司的快速发展。

5) 基于电子商务发展瓶颈的电子商务模式创新

为解决网上支付安全问题及对二手产品交易人工鉴别问题，58 同城网与百姓网都极力推崇同城面对面交易，其发展也不失为一种模式的创新。

6) 基于用户需求的电子商务模式创新

用户的需求是多样化的,个性化需求是电子商务时代人们需求变化的新趋势。为满足人们的要求,戴尔公司电脑产品个性化网上订购成为当今电子商务成功的一个范例,同样给一些企业进行模式创新提供了一种思路。

2．电子商务模式最新发展

电子商务正在如火如荼地推进,从众的规模不断扩大,就算拥有丰富运营经验的商城平台亦致力于改进用户体验,通过价格、服务提升活跃用户数,增强可信度。传统制造企业更是纷纷试水抢占份额以布局解决长远业务发展瓶颈。目前电子商务模式主要出现了以下新的变化。

1) 社交电子商务

在人人网、开心网等社交网站(SNS)的推动下,SNS 如雨后春笋般迅猛现身。SNS 聚合庞大用户,且用户间存在某种置信关系,通过置信度较高的口碑宣传,能有效缓解电子商务市场诚信危机的现状,同时 SNS 可以作为电子商务宣传途径,树立品牌影响力。但 SNS 间的内容雷同、形式单一和缺乏创新,导致新用户进入不足,老用户黏性丧失,令 SNS 开始面临生存考验,因此,未来 SNS 在自我完善的同时需融入新概念拯救其商业模式。

2) 移动电子商务

移动网络正在带来商业模式变革和产业链的利益重构,将线上虚拟经济与线下实体经济融合的商业模式将会酝酿巨大产业机会。

移动电子商务的快速发展,必须基于企业应用的成熟。移动电子商务的业务范畴中,有许多业务类型可以让企业用户在收入和提高工作效率上得到很大帮助。企业应用的快速发展,将会成为推动移动电子商务的最主要力量之一。无论是互联网企业还是传统企业,在发展过程中都需要不断更新自己的电子商务发展模式。在充分理解现有电子商务的资金流、物流和信息流的优势与劣势之后,才有可能利用移动电子商务的技术优势开拓出一片市场。

3) OtoO 模式电子商务

目前,团购模式红透了国内电子商务行业,并吸引了多笔巨额风险投资。分众传媒控股有限公司董事长江南春认为,从千团到百团,再到五团的产业竞争整合完成后,中国的团购模式和 OtoO 商业将会出现多家上市公司。李开复曾经指出:"你如果不知道 OtoO 至少知道团购,但团购只是冰山一角,只是第一步。"

所谓 OtoO(Online to Offline)商业模式,是指线上营销线上购买带动线下经营和线下消费。从线上到线下,让更广泛的实体店分享线上汹涌的客流,同时又让在线顾客以更实惠的价格享有线下商品和服务。OtoO 是继 BtoB、BtoC 等成功的电子商务模式之后,第一个全面将线上虚拟经济与线下实体店面经营相融合的商业模式,也是移动网络技术发展扩散到人们日常生活中的必然结果。

📖 **小思考**

发展中的社交电子商务

随着经济和技术的发展,互联网走进越来越多的普通中国百姓家中,人们在日渐习惯从互联网获得资讯、享受娱乐的同时,也通过互联网这个平台扩展自己的人脉,和其他人分享自己的生活。如人人网、百合网、珍爱网等社交网络正是顺应这样的潮流并在借鉴国外 SNS 网站发展经验的基础上产生的。

思考：
社交网发展电子商务的核心是什么？

2.4 电子商务的交易流程

应该说电子商务的模式不同，其各种产品与服务的交易流程也千差万别，因此无法用统一的流程去描述它们。本节以企业之间的商务活动为背景，通过分别介绍传统商务的业务流程和电子商务的业务流程，以对比的形式来帮助我们更好地理解电子商务与传统商务的区别。

2.4.1 传统商务的业务流程

传统商务交易过程中的实务操作一般由交易前的准备、贸易磋商、合同的签订与执行、资金的支付与清算等环节组成。

1．交易前的准备

该阶段主要是买卖双方和参加交易的各方在签约前的各种活动。对于商务交易过程来说，交易前的准备就是供需双方如何宣传或者获取有效的商品信息的过程。对于商品的供应方来说，主要是召开商品新闻发布会，制作广告进行宣传，全面进行市场调查和市场分析，制定各种销售策略和销售方式，了解各个买方国家的贸易政策，通过报纸、电视、户外媒体等各种广告形式宣传自己的商品信息。而对于商品的需求者企业和消费者来说，则是尽可能得到自己所需要的商品信息，来充实自己的进货渠道。因此，交易前的准备实际上就是一个商品信息的发布、查询和匹配过程。

2．贸易磋商

在商品的供需双方都了解了有关商品的供需信息后，就开始进入具体的贸易磋商过程。贸易磋商实际上是贸易双方进行口头磋商或纸面贸易单证的传递过程。纸面贸易单证包括询价单、价格磋商、订购合同、发货单、运输单、发票、收货单等，各种纸面贸易单证反映了商品交易双方的价格意向、营销策略、管理要求及详细的商品供需信息。在传统商务活动的贸易磋商过程中使用的工具有电话、传真或邮寄等，由于传真件不足以作为法庭仲裁依据，所以各种正式贸易单证主要通过邮寄方式传递。

3．合同的签订与执行

在传统商务活动中，贸易磋商过程经常是通过口头协议来完成的，但在磋商过程完成后，交易双方必须以书面形式签订具有法律效力的商务合同，以便确定磋商的结果和监督执行，并在产生纠纷时依据合同由相应机构进行仲裁。

4．资金的支付与清算

传统商务中的支付一般有支票和现金两种方式。支票方式多用于企业之间的商务活动，用这种方式支付涉及双方单位及其开户银行。现金方式常用于企业对个体消费者的商品销售过程。

2.4.2 电子商务的业务流程

与传统商务不同，电子商务是以计算机网络平台为基础，在信息技术、软件技术和相关技术的支持下从事商务交易活动的。但在业务流程上，电子商务交易流程与传统的商务流程相似，也是从寻找和发现客户开始，企业利用网络发布自己的买卖、合作、投标等商业信息，同时，借助网络企业也可以方便地了解其他企业或组织的购买信息。接下来的一步就是信息交流，进行交易，买方进入产品质量认证专业机构的网络平台要求认证服务；卖方进入信用调查机构申请买方信用调查。通过服务商的资源整合，实现网络平台的无缝连接。对于用户来说，整套商务流程都是在一个网站完成的，也就是所谓的"一站式"服务。电子商务通用的交易过程具体可以分为以下4个阶段。

1．交易前的准备

该阶段主要是指买卖双方和参加交易的其他各方在进行交易前的各项准备活动。买方根据自己的实际需要确定所要购买的商品，利用网上丰富的信息资源进行货源市场调查和市场分析，选择商品和商品提供商，制订购买计划，确定所要购买商品的种类、数量、规格、价格、购货地点和交易方式等。卖方利用网上丰富的信息资源了解市场变化，他们可以利用定向的、电子化的查询工具，了解对手、了解自己、了解市场，从而根据市场和用户的需要确定所要生产的商品或提供的服务，根据市场调查和市场分析的结果，制定销售策略和销售方式，利用Internet和各种电子商务网络发布商品广告，寻找贸易伙伴和交易机会，扩大贸易范围和商品所占市场的份额。其他参加交易各方，主要是一些中介机构，它们为交易的完成提供各种服务，在买方和卖方之间起桥梁作用，在该阶段也都为进行电子商务交易做好了准备。

2．交易谈判和签订合同

一旦买卖双方通过Internet和各种电子商务网络相互回应，互为交易伙伴后，双方就开始进行交易谈判。该阶段主要是指买卖双方对所有交易细节进行谈判，将双方磋商的结果以电子文件形式签订贸易合同。交易双方可以利用现代电子通信设备和通信方法，经过认真谈判和磋商后，将双方在交易中的权利、所承担的义务，以及对所购买商品的种类、数量、价格、交货地点、交货期、交易方式和运输方式、违约和索赔等合同条款，全部以电子交易合同作出全面详细的规定，合同双方可以利用EDI签约，并可以通过数字签名等方式进行确认。电子商务环境下的网络协议和电子商务应用系统保证了交易双方所有的贸易磋商文件的正确性和可靠性，并且在第三方授权的情况下，这些文件具有法律效力，可以作为处理执行过程中所产生纠纷的仲裁依据。

3．办理交易进行前的手续

该阶段主要是指买卖双方签订合同后到合同开始履行之前办理各种手续的过程。这一过程涉及有关各方，如银行金融机构、安全 CA、信用卡公司、税务系统、商检系统、保险公司、运输公司等，交易双方要利用 Internet 和各种电子商务网络与上述各方进行各种电子票据和电子单证的交换，按照约定办理完履行合同前的一切手续。

4．交易合同的履行和索赔

该阶段是从交易双方办理完履行合同所需各种手续之后，卖方要根据合同规定备货、组货，将商品交付给运输公司包装、起运、发货，交易双方可以通过电子商务服务器跟踪发出的货物，银行和金融机构按照合同规定处理双方贷款的收付，进行结算出具相应的单据，直到买方收到所购商品，提供相应的售后服务，就完成了整个交易过程。索赔是在交易过程中出现违约时，需要进行违约处理的工作，受损方要向违约方索赔。电子商务中交易的资金支付采用信用卡、电子支票、电子现金或电子钱包等电子支付方式进行。

参加交易的买卖双方在做好交易前的准备之后，通常都是根据电子商务标准规定开展电子商务交易活动的，如图 2.18 所示。

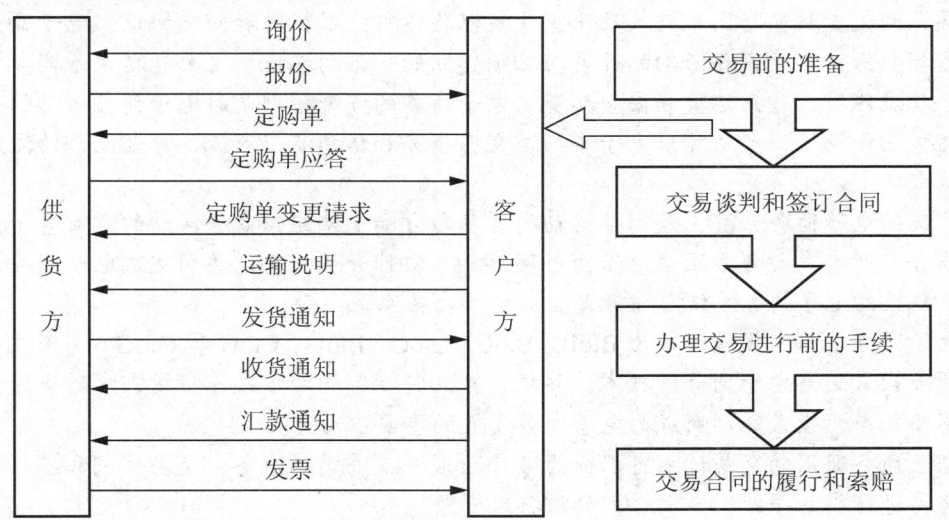

图 2.18　商务的业务流程

电子商务标准规定的电子商务交易应遵循以下基本流程。

(1) 客户方向供货方提出商品报价请求，说明想购买的商品信息。
(2) 供货方向客户方回答该商品的报价，说明该商品的报价信息。
(3) 客户方向供货方提出商品定购单，说明初步确定购买的商品信息。
(4) 供货方向客户方对提出的商品定购单的应答，说明有无此商品及规格型号、质量等信息。
(5) 客户方根据应答提出是否对定购单有变更请求，说明最后确定购买商品信息。
(6) 客户方向供货方提出商品运输说明，说明运输工具、交货地点等信息。
(7) 供货方向客户方发出发货通知，说明运输公司、发货地点、运输设备、包装等信息。
(8) 客户方向供货方发回收货通知，报告收货信息。
(9) 交易双方收发汇款通知，买方发出汇款通知、卖方报告收款信息。

(10) 供货方向客户方发送电子发票，买方收到商品，卖方收到货款并出具电子发票，完成全部交易。

本章小结

本章介绍了电子商务的总体框架和概念模型，分析了电子商务系统的组成以及企业电子商务系统的应用结构。并从理论的角度结合案例讲述了电子商务的 6 种基本模式，重点剖析了 BtoB、BtoC、CtoC 3 种典型的电子商务模式的运行机理、特点和应用。最后在介绍传统商务流程的基础上，分析了电子商务的业务流程。

电子商务的总体框架包括 4 个层次和两大支柱。4 个层次是电子商务的应用基础，由下而上分别为网络基础设施层、多媒体信息发布层、信息传播基础设施层、商务服务基础设施层；两大支柱包括国家政策及法律法规以及各种技术标准和网络协议。电子商务支撑环境是指为保证电子商务活动的开展而必须建立的一系列环境，主要包括电子商务的支付环境、物流环境、信用环境和安全环境。电子商务的概念模型是对电子商务活动的一般抽象描述，它由电子商务实体、电子市场、交易事务和信息流、商流、资金流、物流等基本要素构成。

广义的电子商务系统，是商务活动的各参与方和支持组织商务活动的所有电子技术手段的集合，所有参与各方围绕电子商务网络相互协作开展业务，共同完成电子商务系统的功能；狭义的电子商务系统可看做是企业电子商务系统。

电子商务的基本模式可分为 BtoB、BtoC、CtoC、BtoG、CtoG 和 GtoG 6 种类型。其他电子商务模式随着电子商务的技术、环境、产品特性、管理方式、市场需求等多因素的改变而不断创新，模式的创新成为电子商务发展的重要推动力。

电子商务通用的交易过程可以分为 4 个阶段：交易前的准备、交易谈判和签订合同、办理交易进行前的手续、交易合同的履行和索赔。

【关键术语】

电子商务框架(Electronic Commerce Framework)

电子商务概念模型(Electronic Commerce Concept Model)

电子商务系统(Electronic Commerce System)

电子商务模式(E-commerce Model)

BtoB(Business to Business)

BtoC(Business to Customer)

CtoC(Customer to Customer)

BtoG(Business to Government)

CtoG(Customer to Government)

GtoG(Government to Government)

EC 动态

电子商务十大发展趋势

电子商务最近一年面临巨大拐点：以马云主导的淘宝系，以及京东、1 号店等，这些以产品为主要形式的实物型电商；以马化腾为主导的腾讯系，以及美团、要啥网商信等，这些以服务为主要形式的服务型电商。电子商务有以下十大发展趋势。

1. 移动购物

2015 年年底，手机用户已经达到 5 亿，PC 用户为 5.9 亿，而手机的渗透率增速是远大于 PC 的渗透率的。也就是说在 2017 年，手机用户将超过 PC 用户，即电子商务将来的主战场不是在 PC，而是在移动设备上。移动用户有很多的特点，首先购买的频次更高、更零碎，购买的高峰不是在白天，是在晚上和周末、节假日。因此移动购物将会革 PC 电子商务的命，要做好准备来迎接这场新的革命。而做好移动购物，不能简简单单地把 PC 电子商务搬到移动上面，要充分地利用这种移动设备的特征，比如说它的扫描特征、图像、语音识别特征，感应特征，地理化、GPS 的特征，这些功能可以真正地把移动带给千家万户。

2. 平台化

大的电商都开始有自己的平台，其实这个道理很清楚，就是因为这是最充分利用自己的流量、自己的商品和服务最大效益化的一个过程，因为有平台，可以利用全社会的资源弥补自己商品的丰富度，增加自己商品的丰富度，从而增加自己的服务和地理覆盖。

3. 电子商务将向三四五线城市渗透

来源于移动设备继续的渗透，很多三、四、五线城市接触互联网是靠手机、Pad 来上网的，而且这些城市首先经济收入提高，再加上本地的购物不便，商品可获得性很差，零售比先进国家落后。

随着一、二线城市网购渗透率接近饱和，电商城镇化布局将成为电商企业发展的重点，三、四线城市、乡镇等地区将成为电商"渠道下沉"的主战场，同时电商在三、四线欠发达地区可以更大地发挥其优势，缩小三、四线城市、乡镇与一、二线城市的消费差别。阿里在发展菜鸟物流，不断辐射三、四线城市；京东 IPO 申请的融资金额为 15 亿～19 亿美元，但是京东在招股书中表示，将要有 10 亿～12 亿美元用于电商基础设施的建设，似乎两大巨头都将重点放在三、四线城市。事实上，谁先抢占三、四线城市，谁将在未来的竞争中占据更大的优势。

4. 物联网

试想一下这些可穿戴设备和 RFID 的发展，大家想象，将来的芯片可以植入在皮肤里面、衣服里面，可以在任何的物品里面，任何物品状态的变化可以引起其他相关物品的状态变化。可以想象，如果你放一个牛奶到冰箱，进冰箱时自动扫描，自动地知道这个保质期，知道什么时候放进去，知道你的用量，当用完的时候，马上可以自动下订单，商家接到订单马上给你送货，刚好下订单可能又会触发电子商务，从供应商那里下订单，而那个订单触发生产，也就是说所有的零售、物流和最后的生产可以全部结合起来。

5. 社交购物

希望听到亲人、朋友、意见领袖的意见，作为参考、推荐。社交购物可以让大家在社交网络上面更加精准地去为顾客营销，更个性化地为顾客服务。

6. O2O

沃尔玛全球 CEO 来上海，他去中远两湾城参观，那里建了一个社区的服务点，有三类功能，一是集货的区域，由那个地方集散到顾客手中；二是那个地方为顾客取货的点；三是那个地方为营销的点。展示我们的商品，为社区的居民进行团购，帮助他们上网，帮助他们使用手机购物，起到三种作用。传统零售在往线上走，电子商务往线下走，最后一定是 O2O 的融合，为顾客提供多渠道、更大的便利。

7. 云服务和电子商务解决方案

大量的电子商务企业发展了很多的能力，这些能力包括物流的能力、营销的能力、系统的能力、各种各样为商家、供应商、合作伙伴提供电子商务解决方案的能力，这些能力希望最大效率地发挥作用。例如推出一个 SBY(Service by Yihaodian，1号店对传统企业的一种服务模式)，这里面有营销服务、数据服务、平台服务、物流服务。接着又推出了金融服务，还会有更多的服务。也就是说我们把自己研发出来的，为电子商务本身提供的能力，提供给全社会。

8. 大数据的应用

实际上从电子商务的盈利模式逐渐作为一个升级。低级的盈利是靠商品的差价。下一个能力是为供应商商品做营销，而做到返点，即营销所带来的盈利。下一个盈利方面是靠平台，有了流量、顾客，希望收取平台使用费和佣金提高自己的盈利能力。下一个能力是金融能力，也就是说为供应商、商家提供各种各样的金融服务，得到的能力。再下一个能力是数据，也就是有大量电子商务顾客行为数据，利用该数据充分产生其价值，该能力也是为电子商务盈利的最高层次。而数据也是一个逐渐升级的过程，原始的数据是零散的，价值非常小，而这些数据经过过滤、分析而成为信息，而在信息的基础之上建立模型，来支持决策，这就成了知识，而这些知识能够做预测，能够举一反三，能够悟出道理，成为我们的智慧。所以在整个升级，数据升级和数据价值的升级，从中就充分地体现这个大数据的价值。

9. 精准化营销和个性化服务

C2B 号称商业模式终极形态，一切重心以消费者为中心。C2B 有几大不可战胜的优势：省时，消费者不必为了买一件商品东奔西跑地浪费时间，只需在 C2B 网站上发布一条需求信息，就会有很多商家来竞标；省力，不用再费心思到店里跟商家砍价，只要在 C2B 网站上发布需求时报一个自己能够承受的价钱，凡是来竞标的商家就是能接受这个价钱的；省钱，C2B 模式网站会帮助消费者找很多有实力的商家来围着买家(消费者)竞价钱、比效劳，买家可以从中选择性价比好的商家来交易。目前国内只有要啥网商信在主动实践。

10. 互联网金融

这个平台可以说上面有演员、有观众，有很多的戏，这个戏就是这里面的一些内容，也就是说含有保险、基金、小贷，有各种各样的服务，是戏的内容。演员就是那些银行、金融机构、保险公司等。观众就是所有的大宗顾客，还有商家、供应商、合作伙伴。该平台最好地为所有的大众服务，所有的这台戏上面的观众服务，也就是该平台的作用。

(资料来源：全景网财经，http://www.p5w.net/news/gncj/201601/t20160107_1318948.htm，稍作整理)

📖 阅读材料

全新理念的新型电子商务模式——BMC

BMC——新型电子商务模式。BMC 是英文 Business-Medium-Consumer 的缩写，率先集量贩式经营、连锁经营、人际网络、金融、传统电子商务(BtoB、BtoC、CtoC、CtoB)等电子商务模式优点于一身，解决了 B2B、B2C、C2C、C2B 等电子商务模式的发展瓶颈。

B = Business，指企业；C = Customers，指消费者，终端；M = Medium，在这里指的是在企业与消费者之间搭建的一个空中的纽带与桥梁。它是一个多维的、可以无限转换的连接点，是将网站与消费者、机构与终端、企业与渠道代理商根据不同的需求，有机、立体地结合，形成利益互动，打造共赢的一个大同的平台。

国内新近出现的一家电子商务网站"派客星潮"就是这一模式的典型代表，"派客星潮"本着"人脉即财脉""商道即人道"的核心价值观构建"社交"和"电子商务"两大功能体系，从而实现"为人们找朋友"(满足用户的社交需求和价值实现)、"为企业找客户"(满足企业的营销需求和价值拓展)、"为消费者找商品"(满足人们的生活需求和品质提高)的三重价值。

最为常见的电子商务模式是 B2C、C2C，但是在这个网络信用、市场信用、商品质量严重缺失的年代，消费者可以对网上经营的企业或个人完全相信吗？答案是否定的，那么适时需要进入第三方监管和保证的时代了，第三方的 Medium 可有效地帮助消费者去专业化的监管、检验商品的质量、服务的质量，从而保障消费者的权益，BtoM、MtoC 应运而生，就是说企业在网络经营中首先要通过第三方的质量审查、样品审核、资质验证等方可上架销售，消费者通过第三方平台支付购买审核通过的放心商品，由第三方收取货款来保障消费的资金、商品质量。那么 BtoM + MtoC 就是新模式的电子商务模式——BMC。

BMC 集成 B2C、C2C 等传统电子商务模式优点于一身,同时又解决了 B2C、C2C 的发展瓶颈,是 BtoM 和 MtoC 的一种整合电子商务模式,即 BtoM + MtoC = BMC(M = Medium)。其中的 Medium 就是第三方管理平台,具有 Monitor(监控)、Media(多媒体)、Middleman(经纪人)等多重属性,就是通过第三方的平台为企业提供第三方质量监控、多媒体整合推广、全民参与经营、保障企业/消费者权益、改变网络诚信危机、降低企业运营成本等的新型电子商务模式。

(资料来源:http://bbs.admin5.com/thread-4314296-1-1.html 2012-05-02,选编.)

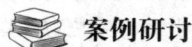 案例研讨

盈利模式的创新点——以阿里巴巴为例

阿里巴巴的成功得益于其不可复制的盈利模式,近年来不少学者分别从盈利模式的基本要素、阿里巴巴的成长之路等方面分析其盈利模式,总结了几点可供其他企业借鉴的盈利模式的创新点,包括建立"消费者蓄水池"、培养消费习惯、建立动态盈利链、兼顾利益相关者等。

1. 建立"消费者蓄水池",采用关系自利用盈利模式

根据"人力资源蓄水池"的概念,此处提出"消费者蓄水池",即消费人群储备,企业在发展初期通过一系列的市场推广方式吸引大量忠诚的消费者,为企业发展后续开展各种收费的增值业务服务奠定用户基础。阿里巴巴通过两个"三年免费"政策吸引了大量的"眼光",几百万的注册会员给阿里巴巴带来巨大的商机和信息流,并通过一系列基于满足用户需求而推出的增值服务培养用户的忠诚度,形成了大量的"消费者蓄水池",其收费会员制和其他收费项目的成功也就顺理成章了。阿里巴巴关系资源自利用的盈利模式不仅仅适用于电子商务,如今蒸蒸日上发展的服务业也可以很好地借鉴这一模式,只有保证了忠诚客户的数量才能谈盈利。

2. 培养消费习惯,抢占未来商机

阿里巴巴一直将免费的淘宝作为它的核心业务发展的基础,并且阿里巴巴在它的产品线上增加越来越多的体验类业务,比如阿里博客、阿里学院、网络杂志、网商评选等。究其原因是阿里巴巴正在致力成为中国消费者日常生活中的一个环节,成为全球消费者日常生活中的一个工具。正如微软通过 IE 控制了全球网民 90% 以上的眼球,阿里巴巴也意识到只有控制消费者网络贸易的习惯,才能培养其可持续发展的能力。如曾经的阿里巴巴和腾讯的一段打车软件之争,不管其日后是否盈利,盈利模式又如何,这种诱之以利,培养消费习惯的抢占市场方式是值得电子商务和面向大众的商品行业借鉴的。经过三个月的补贴和推广,很大一部分用户已经习惯使用微信支付和支付宝钱包,用户消费习惯由此培养起来。

对于电子商务和大众消费品而言,较高市场占有率和固定的消费模式是其成功的首要条件,而将产品或服务渗透到用户的生活中,使消费该商品或服务成为用户的一种习惯,这无疑是最有效最稳固地占有市场、获得忠诚客户的方式。

3. 摆脱单一盈利模式,建立动态盈利链

动态盈利链即通过一系列的收入模式创新,形成一个盈利组合,并伴随着企业的发展和外部环境的变化进行动态发展,最终形成一个难以模仿的盈利链。阿里巴巴的成功在很大程度上与其难以模仿的动态盈利链是分不开的。

(1) 抢先快速圈地。阿里巴巴成立时,根据自己服务于中小企业的定位,考虑到中小企业的经济承受能力,通过三年免费会员制度在短时间内争取到了 700 万的企业。

(2) 收费的增值服务。如果客户在阿里巴巴上找到了合作伙伴,想进一步了解他们的详细资料和联系方法,阿里巴巴推出的收费服务产品——中国供应商,可以满足他们的需求。

(3) 开展企业信用认证。为解决企业的信用问题推出了一套企业信用量化认证的工具:诚信通。诚信通的推广将阿里巴巴打造成一个安全、诚信的平台,从而诚信通会员费也成为阿里巴巴的一个重要的盈利来源。

(4) 第三方支付业务。为解决电子商务在线支付的问题,阿里巴巴同银行等金融机构合作,推出了支

付宝业务,摆脱了电子支付领域完全由国外掌控的局面,增加了其安全性,成为中国电子商务发展的一个里程碑。

由此可见,阿里巴巴的盈利得益于其在满足客户需求基础上建立起来的动态盈利链,因其准确的定位和多样化的盈利途径,而具有不可复制的优势,是阿里巴巴的核心竞争力之一。

4. 关注利益相关者的需求,进行价值链的优化

如果客户能从阿里巴巴赚到 100 元或者 1 000 元,他们不会拒绝分给阿里巴巴 1 元。因此阿里巴巴的各项主营业务和增值业务无不注重于满足客户个性化、差异化的需求,帮助客户实现价值。

关注用户的需求,为客户提供越来越多的增值服务,不断创新的增值服务是企业成长的必要条件,但与此同时企业也要关注除客户之外其他利益相关者的利益。身处市场,任何一个企业都将受其他利益相关者的影响,企业在获得社会资源进行生产的同时,也就承担了对社会各方面利益相关者的责任,因此,只有兼顾供应商、员工、股东、消费者及其他利益相关者的利益需求和权利,进行可持续发展的利益相关者管理,企业才能取得更多的支持和依赖。

(资料来源:http://www.docin.com/p-1629833730.html,2016-06-09 07:35,有改编)

【问题及要求】

1. 浏览阿里巴巴系的相关网站,指出其业务的盈利点有哪些,其盈利点与现有盈利模式是什么关系,是否有新的盈利模式,并给出你的分析或理由。

2. 根据上述阿里分析思路,进入腾讯网站比较它与阿里在盈利模式上的异同点并写成研究报告。

思考与练习题

一、选择题

1. 为扩大电子商务市场,目前基础硬件建设的重点是(　　)。
   A. 有线(Internet)　　　　　　　B. 有线电视网(Cable TV)
   C. 无线网(Wireless)　　　　　　D. 有线电话网(Telecom)
2. 下列不属于电子商务服务商的是(　　)。
   A. ASP　　　　B. IAP　　　　C. ICP　　　　D. SCM
3. 阿里巴巴属于(　　)运作模式。
   A. 买方集中　　B. 卖方集中　　C. 中立网上交易　　D. 网上商店
4. 当当网属于(　　)运作模式。
   A. 买方集中　　B. 卖方集中　　C. 中立网上交易　　D. 网上商店
5. 目前最容易实施电子商务的企业能回避(　　)。
   A. 物流配送　　　　　　　　　　B. 电子支付
   C. CA 认证　　　　　　　　　　D. 信息加密

二、判断题

1. 企业在做电子商务之前有一个内部的办公自动化系统,这个系统不属于电子商务系统的组成部分。(　　)
2. 对个人而言,BtoC 电子商务模式最大的优点是不受时空限制、更多的选择机会、经济等。(　　)

3．银行不可能成为电子商务交易的主体。　　　　　　　　　　　　（　）
4．淘宝网采用的是 CtoC 电子商务模式。　　　　　　　　　　　　（　）
5．在 BtoC 电子商务系统中，购物车是必备的功能之一。　　　　　（　）

三、填空题

1．电子商务的支撑环境主要有_____。
2．确认网上交易各方身份的机构是_____。
3．基于互联网的 BtoB 电子商务交易模式主要有_____。
4．BtoB 电子商务模式的特点有_____。
5．电子商务总体框架中的两大支柱是_____。

四、简答题

1．为什么 BtoB 电子商务模式在电子商务中占主导地位？
2．电子商务模式创新有什么意义？模式创新有哪些主要途径？

五、实践题

登录淘宝网，通过实践比较 CtoC 与 BtoC 两种模式在购物流程与安全保障机制上有什么不同，并完成一份实践总结报告。

六、案例分析

长风汽车公司是全国最大的 3 家汽车制造企业之一。随着 Internet 在商业上的应用逐渐普及，长风汽车公司建立了自己的 BtoC 网站。为了吸引网上用户来购买，长风汽车公司花重金将公司网页设计得非常精美：公司产品的图片清晰度高，可以 360°旋转浏览。为了给公司的网站赋予创造价值的能力，公司应用了最新的电子商务系统以便顾客直接从网上购买长风汽车。然而，长风汽车公司电子商务网站到目前为止的状况是，虽然网站吸引了大批参观者，但通过网站购买汽车的人却寥寥无几。

负责电子商务的副总裁唐池因此非常苦恼。现在摆在唐池面前的问题是目前网站的定位是否有问题，进一步扩大电子商务的投入是否有必要。为解开心中的迷惑，他再一次调查和分析了网站的历史运行情况。他发现，虽然公司的网页里有产品外观和内部设施的详细说明及图片，大多数网上浏览者也有购买汽车的愿望，但他们并不愿意在网上直接购买，而是宁愿亲身体会，直接接触要购买的车。再看看一些同行的网站，他发现几乎所有的汽车销售网站都大同小异，靠精美的图片展示吸引人气，网站外观华丽，而较少顾及可操作性、方便性。以自己公司的网站为例，长风汽车公司在各地的代理商资料都不甚详细。有的代理商已经有自己的网页，唐池想，为什么不能建立直接的链接呢？他发现很多浏览者倾向于先在网上查找当地代理商的网页资料，挑选两三款自己中意的产品，然后去现场试一试车，最后再确定要购买的款式。最后，唐池发现公司提供的在线交易方式很简单，没有提供各种车型的比较和财务贷款等内容丰富的辅助服务，从而让浏览者无法即时作出决策。当然在传统店面或代理商那里，消费者可以很满意地得到这些服务，经过这些调查，唐池对如何改进网站大体有了一些意见，但对网站在整体市场营销战略中的定位仍然有些迷惑。

案例分析：请用所掌握知识分析长风公司 BtoC 网站达不到预期效果的主要原因。

第3章 电子商务环境

学习目标

通过本章的教学,了解电子商务应用的环境,包括组织环境、社会环境、信用环境、政策法规环境以及技术、物流、金融等相关环境,了解国内外电子商务有关的政策法规、技术发展。

教学要求

能力模块	能力要求	相关知识点
电子商务的组织环境	(1) 了解国际电子商务相关组织机构 (2) 了解国内电子商务相关组织机构	(1) 国际电子商务相关组织机构 (2) 国内电子商务相关组织机构
电子商务的社会环境	(1) 理解社会环境的重要性 (2) 了解和掌握经济环境的主要内容 (3) 了解和掌握文化环境的主要内容 (4) 了解电子商务中道德伦理存在的问题	(1) 社会的经济环境 (2) 社会的文化环境 (3) 电子商务与社会道德伦理
电子商务的信用环境	(1) 理解电子商务信用的重要性 (2) 了解电子商务信用环境建设内容	(1) 电子商务信用 (2) 电子商务信用环境建设
电子商务的政策法律环境	(1) 了解电子商务中的法律问题 (2) 了解国内外电子商务的立法情况 (3) 了解我国电子商务的政策环境 (4) 了解电子商务的税收问题及各种观点	(1) 电子商务的国内外立法情况 (2) 我国电子商务的政策环境 (3) 电子商务的税收问题
电子商务的其他相关环境	(1) 了解电子商务的软硬件平台 (2) 了解最新技术(如蓝牙技术、IPv6、数据挖掘等) (3) 了解相关的几种技术标准	(1) 电子商务的软硬件平台 (2) 通信技术 (3) 网络技术 (4) 数据库技术 (5) 技术标准

引例

电商借势"互联网+"成供应链金融新主角

"互联网+"时代,有需求就有供给,巨大的需求催生了供应链金融的蓬勃发展。2015年,互联网金融、大数据金融、供应链金融相互渗透,可谓是千帆竞发,百舸争流。

回望2015年,作为互联网金融的分支,供应链金融这一创新性服务得到了政府部门的高度重视。依托政府的大力扶持,2015年物流行业的供应链金融市场用炙手可热来形容已不为过。

阿里、京东、苏宁、百度、腾讯等这些互联网电商巨头们纷纷布局供应链金融,有的忙着收购关联平台,有的忙着申请牌照,有的忙着拓展产业链,总之是不亦乐乎。2015年,蚂蚁金服的金融生态圈可以说是稳中有升,将原先战略上的布局一步步落地,如成立股权众筹平台蚂蚁达客,推出蚂蚁聚宝以及蚂蚁金融云等。而2015年的京东供应链金融,主要专注于自身产业链生态圈b端的产品,如京保贝、京小贷、"云仓京融",对标阿里系金融模式,甚至多次叫板阿里,从而稳坐同行业第二把交椅,并逐渐走向新金融形态下的金融科技公司模式。而苏宁的2015年,其苏宁云商"供应链金融+基金保险+消费信贷"的全产业链金融已初步成型,这也将令苏宁云商在上、中、下游建成了一条全产业金融链条,主要为产业链上游供应商提供包括小额信贷、综合授信、票据贴现等供应链金融服务。

(资料来源:推一把网《2015年互联网供应链金融三流并发的局面和发展态势明显》http://www.tui18.com/a/201601/08106107.shtml,已作整理)

"互联网+"为金融业提供了新的发展平台,因此也进一步推动电子商务的更好发展。电子商务的健康、快速发展需要有良好的环境,包括组织、社会、政策及信用环境,还需要物流、支付及技术等相关环境的支持。

3.1 电子商务的组织环境

电子商务自产生以来,无论是从最早的EDI时代的起步阶段,还是发展到如今全网全程的电子商务成熟期,都呈现出迅猛的发展势头,这除了其自身具有传统贸易所无法比拟的种种优点和客观的便利条件外,还得益于全球各主要国家政府机构与国际组织的大力支持,为电子商务的发展提供了十分必要的组织管理环境。本节对国际和国内的电子商务相关组织机构进行必要的概述。

3.1.1 国际电子商务相关组织机构

与电子商务的实行和发展有较密切关系的国际组织机构主要有以下几个。

1. ISO和IEC

1) 国际标准化组织

国际标准化组织(International Organization for Standardization,ISO)是由各国标准化团体(ISO成员团体)组成的世界性的联合会。制定国际标准工作通常由ISO的技术委员会完成。ISO的主要功能是为人们制定国际标准达成一致意见提供一种机制。

2) 国际电工委员会

国际电工委员会(International Electrotechnical Commission，IEC)成立于1906年，至今已有100多年的历史。它是世界上成立最早的国际性电工标准化机构，负责有关电气工程和电子工程领域中的国际标准化工作。IEC的宗旨和目标是促进电工、电子和相关技术领域有关电工标准化等所有问题上(如标准的合格评定)的国际合作。目前IEC的工作领域已由单纯研究电气设备、电机的名词术语和功率等问题扩展到电子、电力、微电子及其应用、通信、视听、机器人、信息技术、新型医疗器械和仪表等电工技术的各个方面。

ISO与IEC在电工技术标准化方面保持密切合作的关系。

2．国际电信联盟

国际电信联盟(International Telecommunications Union，ITU)是主管信息通信技术事务的电信标准部门，是联合国下属专门机构。ITU的前身是国际电报电话咨询委员会，成员是各个国家的政府。ITU负责协调全球电信网络和电信服务，其最重要的工作就是制定电信的全球标准。ITU的使命是使电信和信息网络得以增长和持续发展，并促进普遍接入，以便世界各国人民都能参与全球信息经济和社会并从中受益。ITU与ISO、IEC等机构有着密切的合作关系，在数据通信与公用数字网络标准方面互相支持，共同为电子商务的发展提供重要的技术标准支持。

3．EDI国际标准化组织

EDI国际标准化组织与国际电工委员会第一联合技术委员会(JTC1)30分会，是JTC1下设的开放式EDI标准的分技术委员会。该组织主要从事开放式EDI的各项标准的研究工作，提出的开放式EDI的概念模型、参考模型等成为建设开放式EDI的重要基础。

4．国际互联网协会

国际互联网协会(Internet Society，ISOC)创建于1992年，它是一个最权威的"Internet全球协调与合作的国际化组织"。ISOC是由Internet专业人员和专家组成的协会，致力于调整Internet的生存能力和规模。ISOC的重要任务是与其他组织合作，共同完成Internet标准与协议的制定。

3.1.2 国内电子商务相关组织机构

电子商务在中国发展的十多年来，得到各种相关组织机构的支持，这些机构为电子商务的发展提供了政策、组织和技术等方面的保障，从而推动了电子商务的快速发展。

1．工业和信息化部信息化推进司

工业和信息化部(原信息产业部)信息化推进司的主要职能是研究制定推进国民经济和社会信息化发展规划，指导各地区、各行业的国民经济信息化工作；协助业主推进重大信息化工程；组织协调和推进全国软件产业的发展；研究制定有关信息资源的发展政策与措施，指导、协调信息资源的开发利用和信息安全技术开发；推动信息化普及教育。

2. 商务部信息化司

商务部信息化司的主要职责是跟踪国际经济贸易中电子商务发展趋势,根据国家推进信息化的方针政策,研究拟定我国在国际经济贸易中电子商务应用和对外经济贸易信息化建设的总体规划、发展战略,起草相关法律法规、规则并组织实施;统一组织国家"金关工程"的相关工作;拟定国际经济贸易领域中运用电子商务开拓国际市场的相关政策、措施;承担与国际经济贸易相关的电子商务规则和标准的对外谈判;拟定规划实施外经贸领域电子政务网络化建设,协调解决外经贸信息化工作的重大问题。

3. 国际商会中国国家委员会电子商务委员会

国际商会中国国家委员会电子商务委员会于2002年9月在北京成立。这是我国电子商务领域第一个由商界组成的兼有自律和促进职能的机构。其宗旨是通过各种方法和途径促进会员在电子商务领域的发展,同时推动电子商务在中国的发展。

4. 中国电子商务协会

中国电子商务协会(China Electronic Commerce Association,CECA)是由工业和信息化部(原信息产业部)申请,经国务院领导同意,民政部核准登记注册的全国性社团组织。协会于2006年6月21日在北京成立。协会业务范围是协助政府部门推动电子商务的发展;进行与电子商务相关业务的调查和研究,为政府部门制定相关法律法规和政策提供参考建议;开展电子商务交流与合作,组织推广国际、国内电子商务技术及应用成果,举办国际、国内技术交流活动及项目洽谈会;开发信息资源,编辑出版电子商务书刊及声像资料;为会员提供相关法律与法规指导;开展信息化人才及电子商务培训;组织专家在电子商务及相关领域开展咨询服务;完成业务主管单位和政府部门授权委托及会员单位委托的工作事项。

5. 中国金融认证中心

中国金融认证中心(China Financial Certification Authority,CFCA)是经中国人民银行和国家信息安全管理机构批准成立的国家级权威的安全认证机构,是重要的国家金融信息安全基础设施之一。CFCA专门负责为电子商务的各种认证需求提供数字证书服务,为参与网上交易的各方提供信息安全保障,建立彼此信任机制,实现互联网上电子商务交易的保密性、真实性、完整性和不可否认性。同时参与制定有关网上安全规则,确立相应技术规范和动作规范,提供网上支付,特别是网上跨行支付的相互认证等服务。

6. 全国信息技术标准化技术委员会

对应ISO/TC 97、ISO/TC 74和IEC/TC 83,我国于1983年5月由中国国家标准局(现国家质量监督检验检疫总局)与电子工业部(现工业和信息化部)联合成立了"全国计算机与信息处理标准化技术委员会",后改名为"全国信息处理标准化技术委员会"。该委员会下设14个分委员会,已经起草了100多个信息技术方面的标准,对中文信息处理的标准化工作也在加紧进行。

7. 中国电子商务产业联盟

中国电子商务产业联盟是由中国境内从事电子商务行业的企业、机构、社团、教育机构、学术机构、行业组织等自愿组成的联盟组织。联盟的宗旨是：通过长效、严格的联盟机制，探索电子商务产业发展规律，促进企业守法经营、加强自律、加强电商行业沟通、促进企业之间合作、推动电商产业发展、全心全意为联盟会员服务。该联盟为非营利组织，经费来源于会员会费。

3.2 电子商务的社会环境

电子商务的健康和快速发展需要一个良好的社会环境。电子商务的社会环境包括社会的经济环境和文化环境，还涉及社会的道德伦理等方面的问题。

3.2.1 社会的经济环境

社会的经济环境主要是指一个国家或地区的社会经济制度、经济发展水平、产业结构、劳动力结构、物资资源状况、消费水平、消费结构及国际经济发展动态等。

经济环境与电子商务的发展有着密切的关系，良好的社会经济环境对电子商务的发展起到巨大的支持作用。电子商务的经济环境可以从宏观、中观和微观3个层面来考查。宏观经济环境主要包括宏观经济增长状况，如GDP(Gross Domestic Product，国内生产总值)、CPI(Consumer Price Index，消费者物价指数)、恩格尔系数等；宏观经济结构和市场化水平，如产业结构和分布；政府调控能力和对外开放程度。微观经济环境包括生产要素禀赋及其初始配置和再配置状况，如收入分配、消费需求等；微观主体经济活动，如规模经济等。中观经济环境主要包括行业状况和区域经济状况等。

电子商务的顺利发展需要一个良好的经济环境：在宏观经济方面，电子商务所依托的全球或国民经济体系能够稳定、健康、持续发展；经济结构合理，市场化程度高；政府宏观经济调控能力强、效率高；就业比较充分，物价相对稳定；具有成熟的宏观金融条件，对外开放程度大，经济体系的整体抗风险能力强。在中观经济方面，区域经济的快速发展、行业的良性竞争需要一个现代化的良好环境，因而形成电子商务应用和发展的趋势。而在微观经济方面，企业内部环境、企业面临的微观市场环境及企业面临的消费需求等方面都有利于推动电子商务的快速发展。

3.2.2 社会的文化环境

社会的文化环境是指人们所处的社会结构、社会风俗和习惯、信仰和价值观念、行为规范、生活方式、文化传统、人口规模与地理分布等因素的形成和变动。

电子商务活动是企业或个人依托电子信息环境完成的，它不仅是一个技术系统，也是一个社会系统。因此，社会发展阶段的各种特征和人文环境必然会对电子商务行为产生重要作用。

电子商务平台的开放性将商务活动的范围扩展到全球，突破了传统交易对时间、语言、地域、性格、文化等许多限制。但不同的国家或地区由于其文化背景不同，因而有着不同的观念意识、不同的风俗习惯和不同的道德标准。企业作为电子商务中的主体之一，在开展电子商务过程中对于社会文化因素，包括人们的生活方式、价值观念、风俗习惯、购买行为、闲暇时间分配、社会阶层的差异、相关群体的特征、道德伦理标准、语言文化、传统文化艺术、现代与西方文化艺术、宗教信仰及地域差异等，必须予以密切关注。

例如，可口可乐公司老板曾经提到这样的问题：可口可乐在中国已经获得了一定的市场份额，但是远没有实现他们让世界每一个角落都喝上可口可乐的目标，因为它还没能融入中华文化。因为从"饮"的角度来讲有代表性的中华文化是茶文化，这种文化渗透于人们日常的生活习惯或者消费习惯当中。中国人的消费习惯是饮料以茶为主，如果能够改成以可乐为主，可口可乐在中国的市场份额将会提高3～5倍，甚至10倍都不止。现在，外国企业进入中国市场开始注重培养中国人的消费习惯。

另外，文化不仅仅表现在价值观念、消费习惯方面，而且还表现在宗教方面。宗教的传统继承性非常强，而且不容易改变。因此，在营销活动中必须考虑，不同的目标市场有不同的宗教信仰，必须以该目标市场宗教信仰所能接受的方式来开展促销活动，只有这样才容易成功。

文化方面还有一个语言问题。语言对营销的影响，表现在促销活动离不开语言，品牌的命名要使用语言。例如，"奔驰"这个名字，良车和动感蕴含其中；又如"雪碧"，意味着晶晶亮、透心凉，凉爽的感觉沁人肺腑。这些名称翻译得非常符合中国的文化特色。所以在给品牌命名时，就应该考虑到这一点，让这些文化精粹为我所用，为营销业绩作出贡献。这就是文化环境的作用。另外，有些语言和文化的微妙差异却造成了误解甚至导致更为严重的后果。例如，通用汽车公司不理解为什么雪佛莱的"Nova"车型在拉丁美洲卖不出去，后来发现"nova"在西班牙话中是"开不动"的意思。百事可乐"come alive"的广告活动在中国彻底失败了，因为它被翻译成"百事把你的祖先从坟墓中叫出来"了。

3.2.3　电子商务与社会的道德伦理

电子商务是建立在Internet之上的一种商务活动方式，电子商务的兴起，冲击了传统的文化，并形成一种独具风格的新的文化形式——网络文化。这种文化使人们传统的思维方式和交往模式发生了巨大的变化，也冲击了传统的道德观念，形成了其不同于传统道德规范的网络道德规范，也因此引发了各种社会的道德伦理问题。

1．电子商务引发的道德伦理问题

由于网络的开放性、虚拟性和无约束性，在电子商务发展的过程中，不可避免地发生种种道德失范现象，严重影响电子商务的发展进程。例如，网络病毒、网络垃圾邮件、网络色情、网络欺诈、网络黑客等一些新的违背道德的行为纷纷出现，还有一些别有用心的人挖空心思设置网上陷阱，让上网者防不胜防，在不知不觉当中就被骗走了钱财。无论是商家还是消费者，都可能面临以下问题。

1) 对个人隐私的挑战

由于网站能够收集访问者的浏览习惯、产品选择和兴趣爱好等大量信息，因此在人们渴望获得电子商务快捷方便、高效低成本带来的好处的同时，又担心自己的隐私被无端泄露。那么在网络经济活动中，人们如何来界定个人隐私的范畴？如何来切实保护合法的个人隐

私？如何防止把个人隐私作为谋取经济利益的手段？这对个人隐私的保护带来严峻的挑战。

2) 知识产权问题

由于信息技术的快速发展，电子商务在给人们的工作和生活带来便利的同时，也给某些人利用网络进行非法复制、侵犯他人知识产权等不道德的行为带来了方便，这是一种不公平的行为。网络的普及越来越强烈地要求政府或社会处理好知识产权保护与网络资源共享、合理利用两者相互矛盾的难题。

3) 网络犯罪

网络盗窃、网络洗钱、网络诈骗等网络性犯罪已成为社会的一大公害，严重地破坏了网络环境。由于网络的虚拟特点，一般消费者即使在被虚假信息蒙骗以后，也很难向发布信息的企业进行追究。所以一些不法之徒也就利用网络来坑害消费者和蒙骗供应商，使本应是公平高效的交易网络，变成了令人望而生畏的欺诈之地。

4) 网络信用障碍

利用电子商务进行交易必然会涉及信用问题，如商品的品质、网上购物时的支付手段以及商家的物流配送等环节都会与"信用"二字挂钩。首先，由于电子商务的全虚拟化，消费者在购物时无法看到商品的实物，以致出现许多"货不对版"的情况；其次，在电子商务的交易过程中还有一个很重要的环节，就是如何支付。但也由于网络信用的缺失，使得目前国内大部分的消费者都选择货到付款的方式，可这却违背了电子商务"简便快捷"的初衷；在物流配送这一环节中，同样也是由于没有良好的商业伦理，对消费者没有实行真正负责的态度，使得消费者最终还是对电子商务这样一种先进的商业运作方式丧失了信心。

5) 公共信息安全

信息高速公路同样存在"交通事故"与"交通安全问题"。网络病毒以及黑客行为的频频发生，网络犯罪的侵袭，对网络安全构成威胁，严重危及网络环境的安宁，加上网络安全技术发展滞后和网络服务商的安全意识淡薄，使人们对网络技术安全缺乏必要的信任。

2．解决电子商务道德伦理问题的对策

1) 利用法律法规约束管制

针对电子商务中出现的道德伦理问题，很多国家都颁布了相关法律，利用法律和法规来约束电子商务道德规范，控制了大部分问题的发生。美国早在1996年就颁布了《国家信息基础设施保护法》，对计算机黑客非法闯入、盗窃数据传输、传播计算机病毒等行为加重惩罚并加强联邦执法力度。欧洲联盟1998年10月生效的《欧洲联盟隐私保护指令》对网上贸易涉及的敏感性资料及个人数据给予法律保护。我国1997年10月1日实行的新《中华人民共和国刑法》(以下简称《刑法》)，第一次增加了计算机犯罪的罪名(包括非法进入计算机系统罪、破坏计算机系统功能罪、破坏计算机系统数据、程序罪，制作、传播破坏计算机程序罪等)。我国第一部专门的互联网内容著作权保护法规——《互联网著作权行政保护办法》于2005年5月30日起实施。然而，由于互联网的开放性和隐蔽性等许多复杂的因素，导致相关的立法存在滞后性，我国相关的法律法规目前还不够健全，如对发送垃圾邮件要承担什么样的后果、对利用计算机和网络技术等手段侵犯个人隐私者的处罚尚没有具体的法律法规或应有的执法力度。事实上，在利用法律法规约束管制电子商务道德伦理问题上，国内外都有待进一步完善。

2) 加强电子商务伦理规范

电子商务伦理是传统商业伦理的新内容和新发展，它的建设的好坏对于目前中国市场经济的规范化运作起着至关重要的作用，因此加强电子商务伦理的教育和新的道德伦理的建设是非常迫切的。除了法律法规的约束，电子商务道德问题还应该从社会角度加以控制，网络行业自律是一个防止电子商务道德问题的途径，通过行业的整体行为来阻止或消除类似行为。首先，政府有关部门、行业协会和大学的商学院等教育机构需要做大量的基础性研究工作，重建符合市场经济的、积极向上的新经济状态下的商业伦理；其次，对在电子商务活动中处于主体地位的群体加强电子商务伦理道德教育，提高他们在电子商务活动中的自觉和自律性，让他们了解要遵循的伦理规范应包括无害、公正、尊重、诚信等原则。

3) 利用技术手段加强预防

安装和更新杀毒软件可以把网络入侵的损失降到最低，甚至可以杜绝；安装新的计算机系统时，要注意打系统补丁，防止震荡波一类的恶性蠕虫病毒感染；防火墙的设置也很重要，可以隔绝病毒跟外界的联系，防止木马病毒盗窃资料；家庭可以安装过滤装置以限制未成年人接触有害的网络信息。

3.3 电子商务的信用环境

3.3.1 我国电子商务信用状况

在电子商务实施过程中，由于网络的开放、虚拟和隐匿等特点，不可避免地出现一些不守信用现象，如虚假交易、假冒行为、合同诈骗、网上拍卖哄抬标的、交易资金缺乏安全保障、侵犯消费者合法权益等各种违法违规行为屡屡发生。这些现象在很大程度上制约了我国电子商务的快速、健康发展。

由于网上购物无法像传统交易那样可以眼见、耳闻、手触，实实在在感受商品的存在，所能了解的信息仅限于网上图片及文字说明，交易的手段又往往是通过银行转账支付和邮局寄送商品，这就使不法之徒有机可乘，消费者受骗后即使投诉也由于地域上的跨度和卖家真实情况的不确定性而难以得到妥善处理与保障。中国消费者协会提供的数据显示，全国消协2015年共受理投诉63.9万件，在具体服务投诉中，投诉量居前的分别为远程购物、移动电话服务、经营性互联网服务、美容美发服务、保养和修理服务等领域。以网络购物为主体的远程购物的投诉量在服务投诉中遥遥领先。

我国电子商务的发展与欧美国家电子商务的发展历程有很大的不同。欧美国家的企业经由MRP、ERP再到CRM，其信息化程度高，并且网络普及率高，社会信用体系良好，这些都为电子商务的发展铺平了道路。我国企业的信息化程度没有欧美国家企业高，企业应用意识不强，社会应用整体水平较低；我国的电子商务尚未形成成熟的法律体系和统一的标准；还没有形成高效的物流配送体系；社会的信用体系也尚未建立起来。

3.3.2 建立电子商务信用体系的意义

早在2001年的珠海"全球化时代的电子商务"论坛上，中国电子商务协会就提出了"加快电子商务认证体系、现代支付系统和信用制度建设，大力发展电子商务"目标，明确勾画了信用制度建设的蓝图。大量事实证明，电子商务与传统的交易相比对信用的要求更高，要发展电子商务必须先加强信用建设。

在实现电子商务过程中人们往往只关注交易成功与否，常常忽略了信息服务的重要性。其实良好的信用服务是帮助电子商务蓬勃发展的重要基础，只有建立在良好信用服务之上的电子商务，才能提高电子商务的竞争力，扩大电子商务的赢利空间。我国经济的发展需要高水平实施电子商务，电子商务的发展需要信用的保障，因此，建立完善的电子商务信用体系，是保障电子商务安全实现的前提。

阿里巴巴集团董事局主席马云在首届网商交易大会上称，"未来10年，电子商务的发展将改变世界经济的格局"，"未来5年，我们将推动网商的力量，再5年，我们将推进网规，网络必须有规矩，如果没有诚信，没有网规，我们绝对不相信互联网有未来。未来的网商、网货、网规将是未来商业文明的基础"。

市场经济是信用经济，信用是市场经济的基础和生命线，社会信用体系是市场经济体制中的重要制度安排。在经济全球化的过程中，信用是进入国际市场的通行证。电子商务作为一类商业活动，信用同样是其存在和发展的基础。在网络经济时代，信用服务作用的范围已经突破了传统商务领域，大量应用于电子商务领域。随着电子商务在全球范围内的兴起，如果不尽快改变种种不守信用的现象，将会失去更多的市场份额和竞争优势。因此，通过各种手段从根本上解决在电子商务中的诚信缺失问题，建立电子商务信用管理体系，为电子商务的发展营造一个良好的信用环境，对推动我国电子商务市场的健康发展，具有很现实的意义。

近年来，随着电子商务的发展，国家对电子商务信用体系建设愈加重视。2014年6月14日，国务院正式发布了《社会信用体系建设规划纲要(2014—2020年)》，社会诚信建设及信用评价工作被提升到了新的高度。2015年8月商务部信用办、国资委协会办联合印发了《关于进一步做好行业信用评价工作的意见》，明确提出了加快构建行业协会商会组织第三方机构合作，会员企业参与，政府指导推动，社会监督的五位一体的行业性体系。

电子商务的发展需要信用的保障。通过建立完善的社会信用保障机制，形成"诚信为本、以德经商"的商务环境，可以有效地降低企业经营的风险，提升企业的经济竞争力，以保障电子商务的交易可靠性和安全性，促进电子商务的迅速发展。

3.3.3 电子商务信用环境建设

电子商务作为虚拟经济、非接触经济，如果没有良好的信用环境将很难生存和发展。建立完善的信用体系是营造良好信用环境的基本环节，也是电子商务健康快速发展的重要保障，建立相对完善的电子商务信用体系主要考虑以下几个方面。

1. 健全电子商务的法律法规

电子商务交易环境和交易手段的特殊性决定了需要一套健全的法律体系来保证每个相关主体都能遵守网上交易规则。我国现有的《中华人民共和国电子签名法》和《电子认证服务管理办法》等尚不能满足不断发展的网络技术和电子商务的需求，要不断完善现行的法律体系，如在《中华人民共和国专利法》《中华人民共和国商标法》《中华人民共和国著作权法》《中华人民共和国反不正当竞争法》等相关法律法规的制定或修改过程中，充分考虑电子商务的法律需求。另外，根据电子商务的环境和交易特点，建立电子交易法律和制度、电子支付制度、信用卡制度等，为电子商务的健康发展奠定基础。

2. 加强网络的规范管理

网络应用的规范化和标准化管理可以在一定程度上防范交易中的不守信行为，防止不法之徒利用互联网、电子商务进行诈骗，保证网络以及各交易系统正常有效的运行，提供真正良好的服务，有利于电子商务信用体系的建设。

3. 完善监督管理系统

完善监管体系的意义在于能够及时发现并惩戒不诚实的行为。国家可以对数据交换、电子化交易等进行有效的监管，由于很多电子商务企业在 Internet 上进行交易，国家基于对电信通信信道的监管权而同时可以对 Internet 上的电子交易进行监管。对电子商务信用的监管主要的方式和途径是规范企业信用制度、搭建企业信用公共信息平台。加强和完善电子认证，有助于保证电子商务交易的安全性。此外，强化电子签名也是一个重要的方面。

4. 完善第三方支付

第三方支付是以银行的服务为基础，与银行合作，向大大小小的企业提供个性化的电子支付服务，为银行发展面向用户的增值服务。第三方支付优势在于：利益中立，商业模式比较开放，能够满足不同企业的商业模式变革，帮助商户创造更多的价值。很显然，银行的个性化服务成本仍然较高，一些银行操作起来成本高的业务，对第三方支付服务商可能是赢利的业务。建立和实现安全、简单、大众化的电子支付功能，是国内电子商务发展的要求，这应该是政府、银行和支付服务商共同的责任。

5. 构建网上信用销售评估模型

在电子商务交易之前，首先通过两种方式评估客户信用：一种方式是根据客户的财务报表进行评估；另一种方式是开发出适合本行业特点和本企业特征的信用评估系统。目前我国大多数企业还只是停留在感性认识阶段，只有一部分外贸企业吸收了最近几年的经验教训，已经开始重视收集客户的信息资料，并取得了良好的效果：应收账款逾期率、坏账率大幅下降，企业效益明显回升。

6. 加强电子商务行业自律

在信用体系建设中，要大力发挥社会中介组织和行业自律的作用，逐步健全电子商务的社会信用体系。加强电子商务行业自律，促进恪守职业道德，遵守行业公约和诚信经营，形成有效的诚信风险防控机制。中国电子商务协会有责任和义务制定各会员必须共同遵守的商业规则，切实保护消费者的权益。

我国电子商务信用环境与西方发达国家相比，差距还很大，在建立电子商务信用保障体系中，还存在着许多制约因素。应当在信用监督机制、信用评价机制、信用奖惩机制等方面加强建设，此外，还应当建立电子商务信用人才培养机制，进一步完善电子商务信用体系。

> **小思考**
>
> **建立完善的电子商务信用体系最大的困难**
>
> 电子商务在带给人们方便快捷、物美价廉的购物体验的同时,也带来了各种各样的问题。在电子商务实施过程中,各种假冒仿造、合同诈骗、哄抬标价、侵犯隐私等有失诚信的行为大量发生,禁而不止。在B2C快速发展的今天,"双十一"电商购物节已真正成长为一个节日,但据相关报道,2015年"双十一"期间仍然曝光了一系列问题,质量评价出现高差评率、高退货率和高投诉率;电商变相调价格设陷阱,促销商品中有52.99%出现了事先提价、当天降价的情况,少数商品甚至提价高达200%;电子产品和服饰行业是失信重灾区,失信案例占比分别达35.28%和23.97%。显然,信用问题已成为关注的热点,诚信缺失成为电子商务发展的最大瓶颈。由此可见,信用体系建设亟待加强。信用问题已成为关注的热点,诚信缺失成了电子商务发展的最大瓶颈。
>
> **思考:**
> 在我国,建立完善的电子商务信用体系面临的最大困难是什么?主要存在哪些制约因素?

3.4 电子商务的政策法律环境

3.4.1 电子商务的法律问题

1. 电子商务涉及的法律问题

电子商务的法律问题比较复杂,涉及电子合同、网上税收、知识产权、个人隐私、消费者权益保护、电子交易的竞争规则、电子消费信用征信、电子资金支付、电子交易安全保障等方面。

1) 电子合同的法律效力

对于电子合同,目前国际上通行的做法是引入"电子签名"制度。这种电子签名是由代码和符号组成的,具有唯一性和可识别性。同时,各国建立的电子CA起到了对于合同的认证和见证作用。

《中华人民共和国合同法》第十一条规定:"书面形式是指合同书、信件以及数据电文(包电报、电传、传真、电子数据交换和电子邮件)等可以有形地表现所载内容的形式。"因此,无论合同采用什么载体,只要可以有形地表现所载内容,即视为符合法律对"书面"的要求,这实际上已赋予了电子合同与传统合同同等的法律效力,但对电子商务合同在哪种情况下形成尚缺乏具体规定。因此,如何来认定网上电子商务合同已构成并对合同双方具有约束力成为电子商务法律问题中的一个主要问题。

2) 税务问题

税务(包括关税和税收)是一个国家重要的财政来源。由于电子商务的交易活动是在没有固定场所的国际信息网络环境下进行,造成国家难以控制和收取电商务的税金。因此立法机关要尽快制定相关法律法规加以控制。

3) 网上支付问题

网上支付是电子商务的关键环节，网上支付需要具备 4 个方面的条件，即商务系统、电子钱包、支付网关和安全认证，其中安全认证是目前必须解决的核心问题。

4) 商业信用

电子商务由于其基于网络的特殊环境，在商业信用上的问题比较突出，信用风险与传统商务相比更加明显。因此立法机关应当加快立法步伐，建立权威的商业信用认证制度和法律法规，为电子商务的健康发展奠定基础。

5) 安全与保密

在电子数据传输的过程中，安全和保密是电子商务发展的一项基本要求。目前，一些国际组织已先后制定了相关法规，以保障网络传输的安全可靠性。

6) 知识产权

在互联网上存在大量的电子文件、电子新闻、电子书籍及软件，这些都可被任意下载，无疑构成了对原著作权人著作权的侵犯。故著作权的保护成为极受人们关注的一个焦点，公众对网上著作权的认识和观念也有待提高和更新。如何对被指控侵权的人实施有效的制裁是一个亟待解决的难点问题。

知识产权法

知识产权法是指因调整知识产权的归属、行使、管理和保护等活动中产生的社会关系的法律规范的总称。知识产权法的综合性和技术性特征十分明显，在知识产权法中，既有私法规范，也有公法规范；既有实体法规范，也有程序法规范。但从法律部门的归属上讲，知识产权法仍属于民法，是民法的特别法。民法的基本原则、制度和法律规范大多适用于知识产权，并且知识产权法中的公法规范和程序法规范都是为确认和保护知识产权这一私权服务的，不占主导地位。

2005 年中国成立了国家知识产权战略制定工作领导小组，正式启动了国家知识产权战略制定工作，同时中国政府也不断地加大了知识产权保护的力度。知识产权法律制度主要由著作权法、专利法、商标法、反不正当竞争法等若干法律行政法规或规章、司法解释、相关国际条约等共同构成。随着知识产权领域的制度创新、法律修订以及理论研究引人注目，知识产权保护的新问题、新案件不断出现，这极大地丰富了知识产权法学研究内容，知识产权法学获得了长足的发展和厚实的积淀。

电子商务将使网络上经常性地涉及知识产权的问题，如软件及数据库的著作权的保护、商标权、专利权、商业秘密与专有技术在网上的使用和保护问题。

(资料来源：http://baike.baidu.com/view/161285.htm.)

7) 隐私权保护

满足消费者在保护个人资料和隐私方面的愿望是构建电子商务框架必须考虑的问题。欧洲联盟 1998 年 10 月生效的《欧洲联盟隐私保护指令》对网上贸易涉及的敏感性资料及个人数据给予法律保护，对违规行为追究责任。最近，世界互联网大会通过了保护隐私技术。以上这些均体现了隐私权保护的法律要求。我国在这方面的法律制度有待加强。

建立一个良好的法律环境是网上交易的前提和保障，是电子商务健康发展的关键。建立电子商务法律体系，目的是要营造一个有利于电子商务发展的内外部环境，为 21 世纪经济发展和电子商务的快速、深入发展提供坚实基础。

2. 电子商务法的立法原则

为了保证电子商务有序发展，电子商务在立法时应该遵循以下原则。

1) 开放、中立原则

电子商务立法对所有涉及的诸如电子商务、签名(字)、认证、原件、书面形式、数据电文、信息系统、相关技术等有关范畴应保持开放、中立的姿态以适应电子商务不断发展的客观需要，而不能将其局限于某一特定的形态，以免厚此薄彼，防止因电子商务立法对特定范畴的偏爱而损害法的连续性、稳定性，阻碍电子商务的健康发展。电子商务的跨国界性使其交易过程涉及多国的法律和法规，各国在处理电子商务及有关事务时，应该尽可能寻求开放、中立方式以适应电子商务不断发展的客观需要等，应该兼顾国际上多数国家对电子商务的态度。

2) 确定性和简单性原则

为了便于相关人员理解和执行法律与政策，电子商务的立法必须具有明确的针对性，力求简单和明确易行。类似电子商务税收等法规更应使纳税人明确其结果并明了其行为的产生、地点、结果和履行等。

3) 安全原则

电子商务立法应充分考虑电子商务对交易安全的需要，安全是电子商务的生命之所在，没有安全，就没有电子商务的存在与发展。安全性原则要求与电子商务有关的交易信息在传输、存储、交换等整个过程不被丢失、泄露、窃听、拦截、改变等，要求网络和信息应保持可靠性、可用性、保密性、完整性、可控性和不可抵赖性。

4) 协调性原则

电子商务立法既要与现行立法相互协调，又要与国际立法相互协调，同时还应协调好电子商务过程中出现的各种新的利益关系，如版权保护与合理使用、商标权与域名权之间的冲突、国家对电子商务的管辖权之间的利益冲突等，尤其是要协调好电子商家与消费者之间的利益平衡关系。电子商务具有全球性特点，这就决定了各国在制定电子商务法时，首先要考虑的是与国际组织以及其他国家已有立法协调一致，与国际接轨。

5) 保护消费者权益原则

电子商务活动新的特点要求对消费者的权益进行更为有力的保护，所以电子商务法必须为电子商务建立相应的保护消费者权益的规定，还必须协调立场，制定国际规则，让消费者能够明确对某一类贸易应该如何操作以及其所适用的消费者权益保护法。此外，还需要制定具有预见性的法规，以便明确解决争端的方式及所负责的部门。

6) 弹性原则

由于电子商务在不断的发展变化中，任何法律和法规对其进行严格的界定和定义都会具有局限性而不能满足其发展的需要，因此政府在制定相关法律法规时应力求弹性与动态，以保证其适应科技和商业社会的发展，与时俱进。

3. 电子商务税收问题

电子商务的迅速发展开拓了广阔的税源空间，同时又对传统的税收制度、政策和国际税收制度产生了前所未有的冲击。因此，电子商务税收政策如何制定，是电子商务能否快速发展的重要影响因素。

1) 国际电子商务税收政策

(1) 美国对电子商务采取的税收政策。美国财政部于 1996 年下半年颁布了《全球电子商务税收政策解析》(Selected Tax Policy Implications of Global Electronic Commerce)白皮书，提出为鼓励互联网这一新兴技术在商务领域的应用，各国税收政策的制定和执行应遵照"中立的原则"，即不提倡对电子商务征收任何新的税收。美国财政部认为，没有必要对国际税收原则做根本性的修改，但是要形成国际共识，以确保建立对电子商务发展至关重要的统一性。美国作为电子商务应用最广、普及率最高的国家，已对电子商务制定了明确的税收政策，该政策的出台，不仅对其本国电子商务发展产生影响，也对全球贸易产生了冲击。

(2) 经济合作与发展组织(Organization for Economic Co-operation and Development，OECD)对电子商务的税收政策。OECD 是税务领域里处于领先地位的国际组织，具有制定国际税务规范的长期专业经验。1997 年，OECD 受国际委托制定使用于电子商务的税务框架条件，提出题为《电子商务：税务政策框架条件》的报告。该报告制定了适用于电子商务的税务原则：中立、高效、明确、简便、有效、公平和灵活；概述了税务政策框架公认的条件，其中包括纳税人服务机会、身份确认、信息需求、税收和税管、消费税，以及国际税务安排和合作等内容。

2) 我国电子商务税收政策

我国电子商务税收政策的制定遵循国际上公认的电子商务税收的几条最基本原则，即为促进新兴的电子商务的发展，网上交易的税率至少应低于实体商品交易的税率；网上税收手续应简便易行，便于税务部门管理和征收；网上税收应当具有高度的透明性，有利于互联网用户的了解和查询；对在互联网上进行的电子商务的课税应与国际税收的基本原则相一致，应避免不一致的税收管辖权和双重征税。

为进一步完善我国的电子商务税收政策，有专家建议，应根据我国国情制定电子商务税收的一些优惠政策。例如，具备高新技术产业特征的电子商务系统的建设和使用，应享受国家对高新技术产业的特殊优惠税收政策。另外，应单独制定特殊优惠税收政策，因为电子商务活动的开展，首先需要一定的投入，但对于广大商品流通企业和生产企业而言，在投资初期往往效益不明显，而购买电子商务工具按通常规则既要上缴增值税，又要被列入国家固定资产折旧，这种投资活动既上税，又折旧，对企业的投资积极性势必产生消极影响，不利于采用先进工具、技术来武装企业，开展电子商务活动，所以应该采取对采购电子商务工具的优惠征税和特殊折旧政策。

📖 小思考

电子商务税收如何有效实施

政府对互联网履行其权力时，发现自身处于两难境地，即政府在作为基本职能之一的税收方面，因其无征税依据而无法征税。目前，各国政府的税收制度都没有对此作出调整，不少国家目前都规定鼓励电子商务的税收政策，包括签署了一些双边或多边的电子商务的协议，明确对电子商务不征收关税。但建立一种完全服务于电子商务税收的切实可行模型仍亟待解决，首先面对的问题即是如何确定以网络为基础的电子商务中的税务管辖权。

思考：
对于电子商务税收问题在法律和政策方面政府应作哪些方面的考虑？电子商务税收如何才能有效实施？

3.4.2 国际电子商务法律环境

国际电子商务法律环境主要体现在国际电子商务立法状况上。国际电子商务立法主要指有关的国际电子商务条约、国际电子商务惯例及重要国际组织的决议、指南和示范法，内容主要涉及规范国际电子商务的交易性内容的商事法律规范和对国际电子商务进行管理的管理法律规范。其中规范国际电子商务的交易性内容的商事法律规范是其核心组成部分。

1．联合国

(1) 1996年6月14日，联合国国际贸易法委员会(United Nations Commission on International Trade Law，UNCITRAL)在研究 EDI 规则的基础上，颁布了《电子商务示范法》(Electronic Commerce Model Law)，这是世界上第一部关于电子商务的法律。该示范法的目的是促进协调和统一国际贸易法、消除因贸易法不充分和差异而对国际贸易造成不必要的阻碍，为各国在制定相关法律时提供一个值得参考的示范法规。它的出台，使电子商务的主要法律问题有了法律依据，起到了有关电子商务法规的示范作用，并为各国制定本国的电子商务法律法规提供了框架和示范文本。

(2) 2002年1月24日，联合国国际贸易法委员会通过了《电子签字示范法》。《电子签字示范法》的制定，是对《电子商务示范法》的补充，促进了电子签字所产生的法律效力，有助于各国加强利用现代化核证技术的立法，为尚无这种立法的国家提供参考，并对发展和谐的国际经济关系作出了贡献。

(3)《国际合同使用电子通信公约》于2005年7月在联合国国际贸易法委员会第三十八届会议上审议和通过，第60届联合国大会也于2005年11月通过了该公约，并自2006年1月1日起开放供各国签署。

2．美国

(1) 1995年，美国的犹他州颁布的《数字签名法》(Utah Digital Signature Act)，是美国乃至全世界范围的第一部全面确立电子商务运行规范的法律文件。

(2) 1997年7月1日，克林顿总统公布了《全球电子商务纲要》，直接涉及了关税、电子支付、安全性、隐私保护、基础设施、知识产权保护、未成年人保护、加密技术和审查制度等发展电子商务的关键性问题，并就如何保证 Internet 继续成为自由竞争的、消费者自主选择的、不受管理的媒介提出了具体的原则。美国统一州法全国委员会于1999年7月通过《统一计算机信息交易法》并向各州推荐采纳。

(3) 以电子商务为主要内容的法律法规还有《国际与国内商务电子签章法》《统一电子交易法》《统一计算机信息交易法》和《网上贸易免税协议》等。

3．欧洲联盟

(1) 1997年制定了《欧洲电子商务行动动议》，为规范欧洲电子商务活动制定了框架；同年，欧洲联盟还颁布了《远程销售指令》。

(2) 1998年11月18日发布了《发展电子商务法律架构的指令》。该指令之目的在于清除欧洲联盟境内对电子商务造成障碍的不合宜法律，特别是在经由电子方式来缔结合同及进行商业行为方面，许多成员国仍有许多法律限制或者根本否定其效力的做法。

(3) 1999 年颁布了《欧洲联盟电子签名法律框架指南》。

(4) 1999 年 12 月 7 日通过了《电子签名统一框架指令》，由 15 个条款和 4 个附件组成，主要用于指导和协调欧洲联盟各国的电子签名立法。其中比较有特色的主要的 4 个方面：电子认证服务的市场准入、电子认证服务管理的国际协调、认证中的数据保护、电子认证书内容的规范。

(5) 2000 年 5 月通过《电子商务指令》，该指令试图对电子商务作出综合性的规范。

4．其他国家

新加坡 1998 年颁布了《电子交易法》，1999 年又相继制定了《新加坡电子交易(认证机构)规则》和《新加坡认证机构安全方针》；俄罗斯 1995 年颁布了《俄罗斯联邦信息法》；德国 1997 年颁布了《信息与通用服务法》；日本颁布了《电子签名与认证服务法》；马来西亚 1997 年颁布了《数字签名法》；作为信息产业界后来居上的印度，也不失时机地在 1998 年推出《电子商务支持法》等。

上述电子商务立法虽然国家不同、时间各异，但总体来看，各国国内的电子商务立法却有 3 个非常明显的共同特征：第一是迅速。在短短几年，已有几十个国家、组织和地区制定了电子商务的相关法律或草案，无论是美国、德国等发达国家，还是马来西亚等发展中国家，对此反应都极为迅速。第二是兼容。在电子商务高速发展并逐步打破国界的大趋势下，电子商务立法中任何"闭门造车"的行为不仅是画地为牢，更会严重阻碍电子商务与相关产业的发展，所以，各国在进行电子商务立法时，兼容性是首要考虑的指标之一。第三是法律的制定及时有力地推动了电子商务、信息化和相关产业的发展。

经过十多年的立法实践，世界各国和国际电子商务立法都有了长足的进步，一些基本原则得到广泛应用，在一些细节的处理上也已比较成熟。起步较早的国家在完成了针对电子签章和电子交易的相关立法之后，更多地把注意力转移到一些更具体的问题上，如完善交易规则、反欺诈、打击垃圾邮件和查处网络犯罪等，并同时加大了推广国际规则的力度。

3.4.3 我国电子商务法律与政策环境

1．电子商务的立法概况

随着电子商务的不断发展，国务院以及有关部门结合我国国情，陆续制定和颁布了一系列相关的法律法规，经过十多年的实践，这些法律法规正在不断地趋向完善。主要包括以下法律法规。

1997 年 10 月 1 日实行的新《刑法》中，第一次增加了计算机犯罪的罪名，包括非法进入计算机系统罪，破坏计算机系统功能罪，破坏计算机系统数据、程序罪，制作、传播破坏计算机程序罪等。

1999 年颁布的新《中华人民共和国合同法》，其中涉及电子商务合同的有 3 个部分：一是将传统的书面合同形式扩大到数据电文形式；二是确定了电子合同的到达时间；三是确定了电子合同的成立地点。

1999 年国务院发布的《商用密码管理条例》。

2001—2009 年国务院、信息产业部、中国人民银行，以及各相关部门相继出台的相关法律法规主要包括：《网上银行业务管理暂行办法》《电子商务监督管理暂行办法》《中国互联网络信息中心域名注册实施细则》《中国互联网络域名管理办法》《中华人民共和国电子签名法》《国家税务总局关于出口货物专用税票电子信息审核有关问题的通知》《中华人民共和国对外贸易法》《中国互联网络域名管理办法》《电子认证服务管理办法》《互联网上网服务营业场所管理条例》《商用密码科研管理规定》《电子银行业务管理办法》等。

2010—2014年,陆续补充制定和颁布了以下相关的法律法规:《电子商务示范企业创建规范》《关于开展国家电子商务示范城市创建工作的指导意见》《第三方电子商务交易平台服务规范》《网络交易管理办法》《关于促进电子商务健康快速发展有关工作的通知》《商务部关于利用电子商务平台开展对外贸易的若干意见》《证券投资基金销售机构通过第三方电子商务平台开展业务管理暂行规定》《消费者权益保护法》等。

最近两年,为进一步促进电子商务在不同领域的发展,国务院及相关部门又相继出台各种法律法规,其中包括:

2015年:《互联网用户账号名称管理规定》《网络安全法(草案)全文》《网络商品和服务集中促销活动管理暂行规定》《非银行支付机构网络支付业务管理办法》等。

2016年:《互联网广告管理暂行办法》《网络出版服务管理规定》《移动互联网应用程序信息服务管理规定》等。

注意:上述所列只是与电子商务有关的部分法律法规,其他法律法规详见"中国电子商务法律网"。

此外,有关部门还结合实际需要制定了与电子商务相关的法律法规,如最高人民法院和最高人民检察院公布的《关于办理利用互联网、移动通信终端、声讯台制作、复制、出版、贩卖、传播淫秽电子信息刑事案件具体应用法律若干问题的解释》;国家食品药品监督管理局公布的《互联网药品信息服务管理办法》;交通部办公厅发布的《关于启用国际海运网上备案系统的通知》和《关于实施电子舱单数据接收工作的通知》等。

然而,现有的这些法律法规还不够全面,还存在许多方面的缺陷。例如,对于电子商务运行中最为核心的问题,如电子交易、数据与隐私权保护、消费者保护等涉及交易环节的有效性、安全性和相关方权益保护等问题,目前还未有比较完善的法规。

2. 电子商务的政策环境

自从20世纪90年代电子商务进入我国以来,我国政府陆续出台了一系列相关政策,这些政策对推进电子商务的快速和持续发展起到了指导性的作用。近年来,电子商务的政策环境也在逐步完善。

1998年11月8日,时任国家主席江泽民在吉隆坡举行的亚太经合组织(Asia-Pacific Economic Cooperation,APEC)领导人非正式会议上指出:"电子商务代表着未来贸易方式的发展方向,其应用推广将给各成员带来更多的贸易机会。"这是我国政府领导人首次在国际论坛上表达我国对电子商务发展所持的观点。

2000年2月中,我国政府公布了《中国电子商务发展战略纲要》(以下简称《纲要》),这是我国企业利用互联网进行电子商务活动的指导性文件。《纲要》主要阐述在全球信息化革命潮流中,中国企业应如何利用网际网络提高企业竞争力的问题。《纲要》还提出建立电子商务认证中心,推出一些具体的管理办法,并批准一些电子商务试点单位,从政策、资金、技术上加以扶持和推广。此外,成立一些机构,负责网上交易的仲裁。为推进信息化进程，《纲要》还对政府部门联网、跨行政区域的信息化系统以及在大中型企业中发展电子商务采取推进措施，尤其要充分利用现代信息技术改造传统产业，在大中型企业中逐步建立集生产、制造、研发、管理、决策为一体的内部信息网络系统，引导其发展企业对企业的电子商务。

2000年10月11日，在中共十五届五中全会通过的《中共中央关于制定国民经济和社会发展第十个五年计划的建议》中，首次在党的文件中用一章的内容专门论述了如何加快国民经济和社会信息化，并具体提出："政府行政管理、社会公众服务、企业生产经营要运用数字化、网络化技术，加快信息化步伐。面向消费者，提供多方位的信息产品和网络服务，加快发展电子商务。"

2001年3月5日，九届人大四次会议通过了《关于国民经济和社会发展第十个五年计划纲要的报告》，其中一部分专门谈到"加快发展信息产业，大力推进信息化"。该报告明确提出："加快电子认证体系、现代支付系统和信用制度建设，大力发展电子商务。"这是我国政府对电子商务发展的指导方针在新高度上的进一步确定，为电子商务健康发展奠定了坚实的政策基础。

2003年10月14日召开的中共十六届三中全会确立了"要完善市场体系，规范市场秩序，要大力发展电子商务、连锁经营、物流配送等现代流通方式"的市场建设方针，对运用现代电子网络技术和现代交易方式改造传统专业市场，提升商品交易市场的档次和水平起到了纲领性的作用。

2005年1月8日，国务院发布了《国务院办公厅关于加快电子商务发展的若干意见》(以下简称《若干意见》)。这是我国第一个专门指导电子商务发展的政策性文件，它将发展电子商务提升到国家战略高度，明确了我国发展电子商务的指导思想和原则。《若干意见》第一次从政策、法律法规、财税、投融资、信用、认证、标准、支付、物流、企业信息化、技术与服务体系、宣传教育培训、国际交流与合作等多个层面明确了国家推动电子商务发展的具体措施。《若干意见》的发布结束了我国长期以来缺乏对电子商务发展明确指引的状况，在我国电子商务发展的历史上具有重要的意义。

2006年5月8日，中共中央办公厅、国务院办公厅印发了《2006—2020年国家信息化发展战略》，提出了我国电子商务发展的"行动计划"：营造环境、完善政策、发挥企业主体作用，大力推进电子商务；加快信用、认证、标准、支付和现代物流建设；完善结算清算信息系统；探索多层次、多元化的电子商务发展方式。

2007年6月，国家发展和改革委员会、国务院信息化工作办公室联合发布我国《电子商务发展"十一五"规划》，进一步明确了电子商务的产业地位，明确了我国电子商务发展的总体目标，同时，还从提高电子商务水平、培育电子商务服务体系、提升企业创新能力和完善支撑环境4个方面提出了我国电子商务发展的具体目标。

2007年12月17日，国家商务信息化的主管部门商务部公布了《商务部关于促进电子商务规范发展的意见》。该意见出台的目的在于促进电子商务规范发展，引导交易参与方规范各类市场行为，即防范市场风险、化解交易矛盾、促进电子商务健康发展。

2008年4月24日，为规范网上交易行为，促进电子商务持续健康发展，商务部起草了《电子商务模式规范》和《网络购物服务规范》。

2009年12月9日，商务部发布了《关于加快流通领域电子商务发展的意见》。

2012年2月3日，商务部与工业和信息化部印发了《电子商务发展"十二五"规划》，继续推进电子商务应用普及与深化，大力促进电子商务自主创新，加快电子商务支撑体系建设。

2013年，国家发展改革委同相关部门印发了《关于进一步促进电子商务健康快速发展有关工作的通知》《商务部关于促进电子商务应用的实施意见》《关于跨境电子商务零售出口税收政策的通知》。

2014年，国务院办公厅印发了《国务院关于界定中央和地方金融监管职责和风险处置责任的意见》，其中明确地方政府要加强对民间借贷、新型农村金融合作组织的引导和规范，防范和打击金融欺诈、非法集资等违法违规行为。

2014年6月14日，国务院正式发布了《社会信用体系建设规划纲要(2014—2020年)》，社会诚信建设及信用评价工作被提升到了新的高度。

2015年8月商务部信用办、国资委协会办联合印发了《关于进一步做好行业信用评价工作的意见》，明确提出了加快构建行业协会商会组织第三方机构合作，会员企业参与，政府指导推动，社会监督的五位一体的行业性体系。

2015年还出台了一系列有效保障电子商务持续、快速、健康发展的政策。例如：《国务院关于大力发展电子商务加快培育经济新动力的意见》，该意见提出主要目标是到2020年，统一开放、竞争有序、诚信守法、安全可靠的电子商务大市场基本建成。电子商务与其他产业深度融合，成为促进创业、稳定就业、改善民生服务的重要平台，对工业化、信息化、城镇化、农业现代化同步发展起到关键性作用。

此外，中国人民银行、工业和信息化部、公安部、财政部、工商总局、法制办等相关部门还出台了一系列的政策，如《关于促进互联网金融健康发展的指导意见》《关于积极推进互联网+指导意见》《关于促进跨境电子商务健康快速发展的指导意见》《关于推进线上线下互动加快商贸流通创新发展转型升级的意见》《关于促进农村电子商务加快发展的指导意见》等。

2016年4月21日，国务院办公厅印发了《关于深入实施"互联网+流通"行动计划的意见》，这对推进流通创新发展、推动实体商业转型升级、拓展消费新领域具有重要意义，同时，"互联网+流通"的良好环境也将进一步促进电子商务的快速发展。

在这些方针与政策措施的指引和推进下，我国正在从宏观上加强对电子商务的协调和指导，重点推动流通领域电子商务的应用，创造适合于电子商务发展的有利条件，进一步改进和加强信息基础设施建设，制定相关的政策，尽快形成电子商务的发展框架。随着政策环境的不断完善，电子商务的模式正呈现出传统商务与电子商务融合、互补，跨地区、跨国界的电子商务活动趋于活跃频繁，面向普通消费者的电子商务应用高潮迭起的喜人景象。近年来我国的电子商务与企业信息化取得了较快的发展，也从而加快了我国国民经济信息化的进程。

但是，也必须同时看到，我国发展电子商务还面临许多障碍，其中政策、法律法规、标准、信用等保障环境不健全等因素都直接影响电子商务在我国的普及、应用和发展。例如，税务问题，由于电子商务的交易活动是在没有固定场所的国际信息网络环境下进行，造成国家难以控制和收取电子商务的税金；还有比较突出的电子商务管理、信用、安全、标准、支付、配送等问题。国家的政策应当从电子商务投资、电子商务税收、信用体系建设、虚拟市场监管和电子商务人才培养等方面进一步完善，制定适合我国国情、有利于电子商务快速和持续发展的政策。

3.4.4 电子商务的发展呼唤法制化

曾有法律界专家提出:"也许未来十年是电子商务立法的一个很好的时期。"

全国人大代表、浙江纺织服装职业技术学院院长王梅珍在 2010 年"两会"期间提出立法建议:通过电子商务构建的网上市场为社会就业提供新的选择渠道,使大量并不富裕的人群开始尝试通过电子商务的方式实现个人的就业和创业。

电子商务的发展呼唤法制化。通过一系列"网规"的自发或者自觉形成,使电子商务的发展能够从根本上打破以前固有的发展的模式,改变现有的经济生态。

针对目前我国电子商务政策法律环境的实际情况和具体问题,还需要从以下几方面进一步完善。

(1) 尽快出台专门针对电子商务交易的法律法规,为电子商务活动提供一个透明的、和谐的商业法律环境,应着眼于保护交易公平、平等竞争,维护消费者利益,保护知识产权和个人隐私,制定一套鼓励监督、有助调节、打击犯罪的行之有效的办法。

(2) 急需制定内容修改或范围扩充的有关电子商务的法律法规主要有电子合同的合法性程序、电子支付系统安全措施、信息保密规定、知识产权侵权处理规定、税收征收办法,以及广告的管制和网络信息内容过滤等。

(3) 强化法律法规的可操作性,使具体规定与企业实际状况密切结合,把握不同类型电子商务企业的共性与个性的法律问题,针对产业发展的具体法律问题作出明确规定,形成良好的法制环境。

(4) 通过发展网上法庭、网上仲裁、网上公证、网上律师等司法辅助机制,建立灵活的法制环境,以弥补传统法律环境的灵活性不足的缺点。

(5) 认可商业惯例在交易中的作用,使商业惯例成为法制的重要补充,将成熟的商业惯例及时上升为法律法规。

(6) 协调管理、技术、法律、标准和商业惯例的关系,使其成为一个有机的整体,互为补充、共同发展,为电子商务的运行和发展提供全面有效的保障。

我国在电子商务的立法上起步较晚,还有大量的实际问题和法律技术问题需要解决,有很多的国际规则需要研究消化。因此,应当及时研究和跟踪国际电子商务立法的发展进程及特点,掌握国际电子商务立法的发展趋势,促进中国国内电子商务立法,积极参与国际电子商务立法,一方面可以进一步健全和完善我国电子商务的法律,另一方面可以劝止大国对电子商务立法的控制。

3.5 电子商务的其他相关环境

3.5.1 电子商务的技术环境

电子商务的技术环境是电子商务实施的重要基础,对电子商务活动有着非常重要的支持作用。技术环境主要包括以下内容。

1. 电子商务的软硬件平台

1) 硬件平台

电子商务应用系统的物理运行平台主要由计算机、计算机网络、数据存储设备数据通信系统、无线通信及其他相关辅助设备组成。

(1) 计算机。是电子商务运行硬件平台的核心部分。目前占主导地位的 C/S 体系架构主要包括服务器和客户机部分。

服务器是整个网络的核心部件，根据服务器在网络系统中的作用分为文件服务器、Web 服务器和通信服务器等。

客户机是网络上共享资源的计算机，是用户向服务器申请服务的终端设备，用户可以在客户机上处理日常事务，并随时向服务器索取各种信息及数据，请求服务器提供各种服务，如文件传输、文件打印等。

(2) 计算机网络。电子商务以计算机网络为基本运行环境。计算机网络由服务器、客户机、网络连接设备和通信介质等部分组成。互联网是应用最为广泛的计算机网络，而因特网是最有代表性也是目前最为流行的 WAN。因特网可以为电子商务提供跨越时空的各种资源和服务。

(3) 数据存储设备。数据存储是指数据流在加工过程中产生的临时文件或加工过程中需要查找的信息，这些信息数字化后以电、磁或光学等方式的媒体加以存储。利用电能方式存储信息的设备如 RAM、ROM 等各式存储器；利用磁能方式存储信息的设备如硬盘、磁带、磁芯存储器、U 盘等；利用光学方式存储信息的设备如 CD 或 DVD 等。随着云计算、大数据等技术的迅速发展，数据存储的技术和方式不断更新，数据在座设备的功能、性能和存储速度也有了更大的高度。

(4) 数据通信系统。数据通信系统包括 ISDN、ADSL、ATM、无线通信系统、卫星系统等。数据通信的传输介质是信息交换的物理基础，目前常用的传输介质有双绞线、同轴电缆、光纤、无线电波、红外线等。

无线通信的应用很广泛，包括日常使用的手机、无线电话等，其中 3G(3rd Generation，第三代移动通信技术)、无线局域网络(Wireless Local Area Networks，WLAN)、UWB、蓝牙(Bluetooth)、宽带卫星系统、数字电视都是 21 世纪最热门的无线通信技术的应用。在电子商务方面，用户可以利用手机实现网上购物与在线支付，商家也可以把增值服务内容通过移动通信方式送达用户。

2) 软件平台

(1) 网络操作系统。是网络的心脏和灵魂，是使所有网络上的计算机能方便有效地共享网络资源，为网络用户提供所需的各种服务的特殊的操作系统。目前较为流行的网络操作系统主要有 Netware、UNIX、Window NT、Linux 4 种。

(2) 网络通信协议。是一种网络通用语言，为连接不同操作系统和不同硬件体系结构的互联网络提供通信支持。常用的网络通信协议有 TCP/IP、IPX/SPX 等。

(3) 网络应用软件。是指能够为网络用户提供各种服务的软件，如浏览器、远程登入软件等。

(4) 数据库。是按照数据结构来组织、存储和管理数据的仓库。数据库的主要作用是有效地管理和存取大量的数据资源。

(5) 电子商务应用平台。直接面对电子商务系统的最终用户。主要作用是作为和用户的接口，接受用户的各种请求，并将各种请求传递给应用系统；将应用系统的处理结果以不同的形式进行表达，将其提供给不同的用户终端。

2．网络技术

网络技术是从 20 世纪 90 年代中期发展起来的新技术，它把互联网上分散的资源融为有机整体，实现资源的全面共享和有机协作，使人们能够透明地使用资源的整体能力并按需获取信息。各种信息的传输和交换都离不开通信网络的支持，在进行电子商务活动中网络的发展也是促进电子商务发展的必要条件。目前大多数人将 Internet 看做电子商务最好的承载网络，但实际上电子商务同样可以架构在其他的通信网络之上，如移动通信网络等。网络的高带宽和安全性是进行安全电子商务活动必不可少的条件。

1) 网络及其功能

计算机网络就是将大量分散的具有独立功能的计算机，通过通信设备和线路连接起来，以实现资源共享的系统。

随着社会经济的迅速发展以及通信和计算机技术取得的长足进步，计算机网络应用逐渐渗透到政治、经济、军事、教育、生产及科学技术的各个领域，并在其中发挥着越来越大的效用，其应用可归纳为以下几个方面。

(1) 数据通信。这是计算机网络的最基本的功能之一，利用这项功能就可以实现分散在不同地理位置的计算机相互传送信息，人与人进行远程通信交流将变得非常容易，"地球村"正在成为现实。

(2) 资源共享。是计算机网络最有吸引力的功能，内容包括硬件、软件以及数据资源。共享的目的是避免重复投资，提高资源的利用率和整个系统的性价比。

(3) 远程信息处理。计算机应用的发展，已经从科学计算到数据处理，从单机到网络，分布在不同位置的用户可以互相传输信息，互相交流，协同工作。

(4) 分布式处理。网络技术的发展使得分布式计算成为可能。对于大型的课题，就可以分为许许多多的小题目，由不同的计算机分别完成，然后再集中起来，最终解决问题。

此外，利用网络技术，还可以将多台计算机连成高性能的计算机系统，以并行的方式共同处理一个复杂的问题，这就是当今称之为协同式计算机的网络计算模式。

2) 网络的分类

(1) 局域网(LAN)是指在一个有限的范围内使用的专用网络，如一所学校、一个企业等。LAN 的覆盖范围比较小，因此，具有传输延迟小并且出错率低的特点。最初，LAN 的传输速度范围为 10Mb/s～100Mb/s，由于技术的提高，现在 LAN 的传输速度已经达到了每秒数百兆位甚至千兆位。

(2) 广域网(WAN)是一种跨越范围更大的网络，如一个国家、一个省，以数据通信为主要目的，WAN 可以被看做是 LAN 与 LAN 的结合。

(3) 无线网。利用电磁波在空气中发送和接收数据，而无需各种介质。它的数据传输速率可以达到 11Mb/s，传输距离可远至 20km 以上。它是有线连网方式的一种补充和扩展。随着网络基础设施建设逐渐完善，移动网络速率大幅提高，带动手机 3G/4G 网络、Wi-Fi 等使用率不断提升。

LAN 和 WAN 具有布线受限、线路易损坏、网络中各结点不可移动的缺点。特别是当要把相距较远的节点连接起来时，铺设专用通信线路难度大、费用高、耗时长。因此，无线网的出现解决了这些问题。

(4) 内部网(Intranet)是企业使用基于互联网的协议，在 LAN 的基础上建立的低成本企业内部专用网络，用于传播企业信息。因为企业的 Intranet 和互联网是兼容的，企业外部的消费者可以共享 Intranet 的信息。

Intranet 的成本很低，如果企业的 PC 已经接入与互联网相连的 LAN，Intranet 基础设施的要求就已经满足了。此外，由于建设成本较低，Intranet 目前发展很快。企业有了 Intranet，既可以节省文件往来时间、方便沟通和降低管理成本，又可以提供与客户的双向沟通和提升服务品质。

(5) 外部网(Extranet)把企业及其供应商或者其他贸易伙伴联系在一起。也可以被看做一个能被企业成员访问或与其他企业合作的企业 Intranet 的一部分，然后通过互联网进行连接。企业管理层将 Intranet 数据向互联网用户开放，Extranet 通常与 Intranet 一样位于防火墙之后，但不像 Internet 为大众提供公共的通信服务和 Intranet 只为企业内部服务和不对公众公开，而是对一些有选择的合作者开放或向公众提供有选择的服务。

3．通信技术

计算机通过网络连接起来后，由于每台计算机的软硬件环境不一样，如果它们之间需要相互通信，则必须使用相同的通信规则。例如，不同国家的人进行信息交流或商务沟通，他们必须选择一种都能理解并且能够沟通的语言进行交流，如英语、法语、汉语或其他语言。下面简单介绍与计算机网络密切相关的一些通信协议、规则和技术。

1) TCP/IP

TCP/IP(Transfer Control Protocol/Internet Protocol)是连网的计算机之间通信的基础协议，是传输控制协议(Transfer Control Protocol，TCP)和网际协议(Internet Protocol，IP)。这两种协议是互联网的先驱文森特·瑟夫和罗伯特·卡恩开发的。通常用缩写字母 TCP/IP 来表示这两种协议。

TCP/IP 是一种计算机之间的通信规则，它规定了计算机之间通信的所有细节。它规定了每台计算机信息表示的格式与含义，规定了计算机之间通信所要使用的控制信息，以及在接到控制信息后应该做出的反应，TCP/IP 是 Internet 中计算机之间通信所必须共同遵循的一种通信规定。

TCP/IP 是网际互联的通信协议，其目的在于通过它实现网际中异构网络或异种机之间的互相通信。TCP/IP 同样适用于在一个 LAN 中实现异种机的互联通信。TCP/IP 是目前最完整、最被普遍接受的通信协议，其中包含了许多通信标准，用来规范各计算机之间如何通信、网络如何连接等操作。

2) 其他协议或技术

其他与计算机网络密切相关的通信协议或技术还有 HTTP、简单邮件传输协议(Simple Mail Transfer Protocol，SMTP)、点到点协议(Point to Point Protocol，PPP)、无线应用协议(Wireless Application Protocol，WAP)、通用分组无线业务(General Packet Radio Service，GPRS)、Bluetooth 技术等。

4．数据库技术

数据库技术研究和解决了计算机信息处理过程中大量数据有效组织和存储的问题。数据库技术对电子商务的支持主要表现在存储和管理各种商务数据与决策支持这两个方面。因此，数据库技术是电子商务的一项支撑技术，在电子商务的建设中占有重要的地位。

数据库技术涉及的具体内容主要包括数据库、数据模型、数据仓库和数据挖掘等。

1) 数据库

数据库主要具有以下特征。

(1) 实现数据共享。数据共享包含所有用户可同时存取数据库中的数据，也包括用户可以用各种方式通过接口使用数据库，并提供数据共享。

(2) 减少数据的冗余度。与文件系统相比，由于数据库实现了数据共享，从而避免了用户各自建立应用文件。减少了大量重复数据，减少了数据冗余，维护了数据的一致性。

(3) 数据的独立性。包括数据库中数据库的逻辑结构和应用程序相互独立，也包括数据物理结构的变化不影响数据的逻辑结构。

(4) 数据实现集中控制。文件管理方式中，数据处于一种分散的状态，不同的用户或同一用户在不同处理中其文件之间毫无关系。利用数据库可对数据进行集中控制和管理，并通过数据模型表示各种数据的组织以及数据间的联系。

(5) 数据一致性和可维护性，以确保数据的安全性和可靠性。主要包括：①安全性控制。以防止数据丢失、错误更新和越权使用。②完整性控制。保证数据的正确性、有效性和相容性。③并发控制。使在同一时间周期内，允许对数据实现多路存取，又能防止用户之间的不正常交互作用。④故障的发现和恢复。由数据库管理系统提供一套方法，可及时发现故障和修复故障，从而防止数据被破坏。

2) 数据模型

最常见的数据模型主要有层次模型、网状模型和关系模型 3 种。

(1) 层次模型：用层次或树形结构来表示数据以及数据之间的联系。在实际应用中，可表示实体之间的联系及其层次关系，如企业或学校中的高层、中层、基层之间的关系等。

(2) 网状模型：用网状结构描述数据以及数据之间的联系。在网状模型中，一个事物和另外的几个都有联系，构成一张网状图。网状结构取消了层次模型中树形数据结构的限制，允许没有父节点的节点存在，允许一个节点有多个父节点，允许两个节点之间有多个联系。

(3) 关系模型：在关系模型中，数据存放在一种称为二维表的逻辑单元中，而整个数据库是由若干个相互关联的二维表组成的。关系模型是一种理论最成熟、应用最广泛的数据模型。从 20 世纪 70 年代起，关系数据库管理系统已经逐渐地控制了市场，如 Sybase、SQL Server、Oracle、DB 2、Access 等。

3) 数据仓库

美国著名的信息工程专家 W·H. 因曼博士在 1991 年出版的《建立数据仓库》(*Building the Data Warehouse*)一书中提出了数据仓库的概念："一个数据仓库通常是一个面向主题的、集成的、随时间变化的、但信息本身相对稳定的数据集合，它用于对管理决策过程的支持。"

数据仓库中包含了大量的历史数据，经集成后进入数据仓库的数据是极少更新的。数据仓库内的数据时限为 5～10 年，主要用于进行时间趋势分析。数据仓库的数据量很大，一般 10GB 左右。它是一般数据库数据量(100MB)的 100 倍，大型数据仓库可达到 TB 级。与一般的数据库相比，数据仓库面向主题的查询具有一定的智能性，数据仓库中的数据具有时间性，数据和时间的结合有利于分析和决策。

数据仓库具有以下特点。

(1) 面向主题。操作型数据库的数据组织面向事务处理任务，各个业务系统之间各自分离，而数据仓库中的数据是按照一定的主题域进行组织。主题是一个抽象的概念，是指用户使用数据仓库进行决策时所关心的重点方面，一个主题通常与多个操作型信息系统相关，如产品、客户、销售额等。

(2) 集成的。面向事务处理的操作型数据库通常与某些特定的应用相关，数据库之间相互独立，并且往往是异构的。而数据仓库中的数据是在对原有分散的数据库数据抽取、清理的基础上经过系统加工、汇总和整理得到的，必须消除源数据中的不一致性，以保证数据仓库内的信息是关于整个企业的一致的全局信息。

(3) 相对稳定的。操作型数据库中的数据通常实时更新，数据根据需要及时发生变化。数据仓库的数据主要供企业决策分析之用，所涉及的数据操作主要是数据查询，一旦某个数据进入数据仓库以后，一般情况下将被长期保留，也就是数据仓库中一般有大量的查询操作，但修改和删除操作很少，通常只需要定期的加载、刷新。

(4) 反映历史变化。操作型数据库主要关心当前某一个时间段内的数据，而数据仓库中的数据通常包含历史信息，系统记录了企业从过去某一时点(如开始应用数据仓库的时点)到目前的各个阶段的信息，通过这些信息，可以对企业的发展历程和未来趋势作出定量分析和预测。

企业数据仓库的建设，是以现有企业业务系统和大量业务数据的积累为基础。数据仓库不是静态的概念，只是把信息及时提供给需要这些信息的使用者，辅助他们作出改善其业务经营的决策。

4) 数据挖掘

(1) 数据挖掘的概念。数据挖掘(Data Mining)是从大量的、不完全的、有噪声的、模糊的、随机的数据中获取有效的、新颖的、潜在有用的、最终可理解的模式的过程。数据挖掘又称为数据库中的知识发现(Knowledge Discovery in Database，KDD)，简单地说，数据挖掘就是从大量数据中提取或"挖掘"知识。

数据挖掘是能够自动搜索出数据仓库中的模式和关系的信息分析工具，它代表了决策支持解决方案的发展趋势。数据挖掘所使用的技术包括模式识别技术、联机分析处理(OLAP)、大批量并行处理(MPP)、对称多重处理(SMP)以及统计学等。

(2) 数据挖掘在电子商务中的应用。电子商务具有很多虚拟和不确定的因素，如客户购买的心理、动机、能力、欲望等。数据挖掘要解决的问题就是如何从零散的无规则的网络数据中找到有用的和有规则的数据和知识。基本方法之一是进行数据抽取，把最原始、基本的信息数据从低层次抽象到高层次，以便于企业决策。应用举例如下。

① 在信息智能搜集中的应用。电子商务企业在活动过程中面临的问题之一是如何通过Internet全面、准确、及时地收集到企业内、外部的环境信息，尤其是一些隐性的、关系到企业经营成败的关键信息，以提高竞争力。将数据挖掘技术应用于搜索引擎，使之成为智能搜索引擎，从而提高信息搜集的性能，满足电子商务企业的需要。

② 在客户关系管理中的应用。数据挖掘能够帮助企业确定客户的特点，使企业能够为客户提供有针对性的服务。例如，通过对日志数据项进行统计，筛选出用户频繁访问的页面、单位时间的访问数、访问数量随时间分布图等；对日志中的客户访问信息进行挖掘，利用分类技术在日志中找到潜在的客户。

③ 在商业信用评估中的应用。发达的社会信用水平是发展电子商务的重要基础。通过数据挖掘技术对企业经营进行跟踪，开展企业的资产评估、利润收益分析和发展潜力预测，构建完善的安全保障体系。

5) 大数据

"大数据"指规模大到在获取、存储、管理、分析方面大大超出了传统数据库软件工具能力范围的数据集合，具有海量的数据规模、快速的数据流转、多样的数据类型和价值密度低四大特征。企业组织利用相关数据和分析可以帮助它们降低成本、提高效率、开发新产品、作出更明智的业务决策等。

5．技术标准

在开展电子商务过程中，为了保证商务活动数据或单证能被不同国家、行业贸易伙伴的计算机识别处理，数据格式需要有统一的标准，这是电子商务活动中标准化所要解决的主要问题。目前我国电子商务技术标准包含了 6 个方面的内容：EDI 标准、商品编码标准(HS)、识别卡标准、通信网络标准、安全技术标准和其他相关的标准。目前涉及的我国标准约有 1 250 多项。我国把采用国际标准和国外先进标准作业作为一项重要的技术经济政策积极推行。

1) EDI 标准

国际上从 20 世纪 60 年代起就开始研究 EDI 标准。1987 年，联合国欧洲经济委员会综合了经过 10 多年实践的美国 ANSI X.12 系列标准和欧洲流行的"贸易数据交换(TDI)"标准，制定了用于行政、商业和运输的电子数据交换标准(EDI FACT)。

该标准的特点，一是包含了贸易中所需的各类信息代码，适用范围较广；二是包括了报文、数据元、复合数据元、数据段、语法等，内容较完整；三是可以根据自己需要进行扩充，应用比较灵活；四是适用于各类计算机和通信网络。

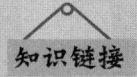知识链接

EDI 标准

EDI 是将商业或行政事务处理(Transaction)按照一个公认的标准，形成结构化的事务处理或报文(Message)数据格式，从计算机应用系统到计算机应用系统的电子传输方法。

EDI 标准具体包括以下 9 个方面的内容。

(1) EDI FACT 语法规则(ISO 9735)。
(2) 报文设计指南。
(3) 语法应用指南。
(4) EDI FACT 数据元目录(EDED)。
(5) EDI FACT 代码表(EDCL)。
(6) EDI FACT 复合数据元目录(EDCD)。
(7) EDI FACT 段目录(EDSD)。
(8) EDI FACT 标准报文格式(EDMD)。
(9) 贸易数据交换格式构成总览(UNCID)。

(资料来源：http://wiki.mbalib.com/wiki/EDI.)

2) 商品编码标准

商品编码标准化的目的在于方便商品在国内外的流通，起到唯一标志的作用；便于各行业在商品质量监督、标准制定、商品检验、新产品开发、新产品审批、学术交流、教学、科研、生产、经营、流通、招标投标、存储、使用、信息化管理、互联网、防伪打假、条码、电子标签、电子政务、电子商务、信息资源开发、军用物资管理、国民经济统计和医疗保险等领域中的应用。

3) 识别卡标准

ISO 从 20 世纪 80 年代开始制定识别卡及其相关设备的标准，至今已颁布了 37 项。我国于 20 世纪 90 年代从磁条卡开始进行识别卡的国家标准制定工作。现有 6 项磁条卡国家标准，基本齐全，等同采用 ISO 7810《识别卡物理特性》和 ISO 7811《识别卡记录技术》系列标准；3 项触点式集成电路卡(IC)国家标准，等同采用 ISO 7816《识别卡带接触件的集成卡》系列标准。另外，有 5 项国家标准涉及金融卡及其报文、交易内容，采用其相应的 ISO 标准。目前，我国尚未将无接触式集成电路卡、光存储卡，以及使用 IC 卡金融系统的安全框架等国际标准转化制定为我国标准。

4) 通信网络标准

通信网络是电子商务活动的基础，目前国际上广泛应用的通信网络标准有 MHS 电子邮政系统和美国 Internet 电子邮政系统。前者遵循 ISO、IEC、CCITT 联合制定(个别是单独制定)的开放系统互联(OSI)系列标准，后者执行美国的 ARPA Internet 系列标准。这两套标准虽然可兼容，但还有差异。因此，我国制定通信网络国家标准时，主要采用 OSI 标准，但没有采用 ARPA Internet 标准。现在我国有 146 项网络环境国家标准，其中有 99 项标准分别采用 ISO、IEC 标准，占 67.8%。我国现有的网络环境国家标准还不配套。例如，对于网络管理，我国仅有两项国家标准，而 ISO/IEC 有 40 多项标准。其中系统管理、管理信息机构、系统间信息交换是我国标准空白。

5) 安全技术标准

安全技术标准主要包括数据加密标准、密钥管理标准、安全技术协议等内容。

(1) 数据加密标准(DES)。由美国国家标准局提出，是目前广泛采用的对称加密方式之一，主要应用于银行业中的电子资金转账(EFT)领域。DES 的密钥长度为 56 位。三重 DES 是 DES 的一种变形。这种方法使用两个独立的 56 位密钥对交换的信息(如 EDI 数据)进行 3 次加密，从而使其有效密钥长度达到 112 位。RC2 和 RC4 方法是 RSA 数据安全公司的对称加密专利算法。RC2 和 RC4 不同于 DES，它们采用可变密钥长度的算法。通过规定不同的密钥长度，RC2 和 RC4 能够提高或降低安全的程度。一些电子邮件产品(如 Lotus Notes 和 Apple 的 Open Collaboration Environment)已采用了这些算法。

(2) 密钥管理标准。目前国际有关的标准化机构都着手制定关于密钥管理的技术标准规范。JTC1 已起草了关于密钥管理的国际标准规范。该规范主要由 3 部分组成：第一部分是密钥管理框架；第二部分是采用对称技术的机制；第三部分是采用非对称技术的机制。该规范现已进入到国际标准草案表决阶段，并将很快成为正式的国际标准。

(3) 安全技术协议。目前应用比较广泛的电子商务安全协议主要有 SSL 和 SET。具体内容将在第 8 章详细介绍。

6) 其他相关标准

与电子商务活动有关的标准，还有术语、信息分类和代码、计算机设备、软件工程、安全保密等标准，约有440项国家标准，其中采用ISO标准的有164项，占37%。这些相关标准中许多标准仅描述我国特有的信息，如民族代码、汉字点阵模集等，因此不能也不应该采用外国标准。

我国电子商务技术标准，一是起步晚，EDI等领域内的技术标准工作在20世纪90年代才开始；二是标准未成体系，EDI标准、EDI FACT有170项，ANSI X.12有110项，我国仅有13项，其中租赁计划询价单、税务情况报告等还是空白；三是积极采用国际标准，90年代前制定的电子商务国家标准约有600项，采用国际标准占30%；90年代制定的电子商务国家标准约650项，采用国际标准占50%。这表明我国进一步重视电子商务标准的国际化。

3.5.2 电子商务的物流环境

20世纪90年代初电子商务才刚起步，但却以跨越式的速度向前发展，并且快速地影响各个行业，特别是物流行业。电子商务的发展离不开物流的支持，现代物流的基本功能都与电子商务有着息息相关的联系。

1. 物流与电子商务的关系

物流与电子商务是既相互促进又相互制约的关系。随着网上购物的不断发展，电子商务得到了更好的应用，而同时也带动了现代物流的发展，因为物流是电子商务的最终价值体现，顾客在网上选购自己的商品、下单、付款这些都是需要借助电子商务来实现的，而商品到顾客的手里这一阶段却是由物流来实现的。物流业的完善，能够对电子商务的发展起到很好的促进作用。电子商务的实践证明，高质量的物流服务是电子商务成功的保障。反过来，如果没有一个完善的物流体系，电子商务尤其是网上有形商品的交易就难以得到有效发展，这时落后或不完善的物流就成为电子商务发展的瓶颈。

2. 我国电子商务与物流配送现状

我国的物流业经过最近几年的发展，取得了显著的进步。但相对国际物流而言，目前我国的物流还处于初级的发展阶段，在许多活动中都是以传统的物流活动为主要方式。有关专家在这方面进行了大量的分析研究，将存在的主要问题归纳为以下几个方面。

(1) 电子商务与物流配送的配合程度有差异。主要为我国当前物流配送的发展还不能满足电子商务的快速发展，且各种软硬件设施尚未到位。

(2) 物流配送的成本高、效率低、信息化程度低，无规模优势。

(3) 管理混乱、行业分布零散；行业发展的标准化程度低。

(4) 从事物流配送的专业人才紧缺。

物流配送体系的严重滞后已成为电子商务发展的瓶颈，因此必须突破电子商务与物流配送发展的限制，利用先进技术建立现代化的物流体系，以促进电子商务的快速发展。

3. 建立电子商务物流发展的新环境

电子商务物流要快速、健康地发展，需要建立一个良好的环境。

(1) 建立先进的网络基础系统，完善电子商务环境下的物流配送体系所需的各种软硬件设施，为电子商务物流的快速发展提供必要的基础平台。

(2) 充分利用电子商务平台，推进物流配送供应链的科学化发展，重视供应链环节的利益合理分配。

(3) 创新电子商务物流模式，利用新的电子商务平台实现整个行业的标准化。

(4) 注重技术创新。根据物流行业产品创新、管理创新的需要，整合先进的信息技术、全球定位系统(Global Positioning System，GPS)、地理信息系统(Geographic Information System，GIS)、条码技术、EDI、数据仓库技术和网络技术等，形成互联物流市场信息系统，实现业务流程标准化，从而提高自身的业务受理、库存管理、调度分配、统计分析、财务结算、配送管理水平。

(5) 创新企业文化，提高物流团队素质。首先是提高人们对发展物流业的重要性、紧迫性认识；其次是加强对电子商务条件下物流配送操作人员的培训与管理，从而提高电子商务环境下物流的整体水平。

3.5.3 电子商务的金融环境

电子商务的兴起，推动了金融业发展进程，使世界金融业进入有史以来最深刻、最广泛的金融变革年代。电子商务的发展也非常需要金融服务提供基础架构。

1．电子商务与新时代金融发展

电子商务网络里频繁地流动着交易数据流、资金流和物流3种信息流，电子商务活动涉及对这3种"流"的业务处理、经营管理和安全监控。其中的资金流是通过电子银行提供的网上支付服务来完成的。银行在电子商务中扮演两种角色：一方面银行要通过网上银行为从事电子商务的各方提供网上支付服务，是电子商务的有力推动者；另一方面银行也是电子商务的积极参加者，要通过网上银行为其客户提供广泛的金融服务。

电子金融是电子商务条件下金融创新的产物，数字化经济时代的到来，由网上电子货币带动的网上金融服务正在迅速发展。由于突破了地域与时间限制的电子商务正在迅速发展，金融业为了在信息时代求生存，必须要适应新时代电子商务发展的需要，尽可能为网上交易的市场主体提供优质服务。

近年来，互联网金融成为热门话题。互联网金融(Internet Finance，ITFIN)是指以依托于支付、云计算、社交网络，以及搜索引擎、APP等互联网工具，实现资金融通、支付和信息中介等业务的一种新兴金融，是一种新型金融业务模式。随着信息通信技术和互联网的发展，互联网金融信息对金融市场的影响已经越来越不容忽视，互联网金融也对电子商务的进一步发展提供了更新的金融服务架构。

2．电子商务发展需要的金融环境

1) 金融服务信息化

金融服务信息化是指金融机构在其为客户提供金融服务和进行经营管理的过程中，通过对信息资源的深入开发和广泛运用，使金融服务更加及时、便捷、安全、多功能和全球化。在金融信息化的条件下，金融机构通过信息网络开展业务。金融信息化使网上银行应运而生。电子化票据、电子化现金传递，把理想的"瞬间传递"变为现实，而且大幅度提高了银行服务的准确性和精确度，提高了银行的服务质量。同时，金融信息化还丰富了银行服务的内容。在网上，银行客户只需访问相应金融机构的网站就可以办理所需的各种业务：可以进行支付、转账、存款、取款；可以买卖证券、期货、股票、外汇、基金等；可以修改密码、挂失存单和购买股票；可以查询账户信息、交易明细账、对账单及各种金融交易情况；可以了解政府金融政策、金融组织动态、风险控制等各种金融信息。金融信息化既是电子商务的支撑点，也是金融业新的增长点。

2) 支付工具现代化

支付是电子商务活动中的关键环节，通过网上的支付工具进行的电子支付与结算，起着联结网上交易双方的纽带作用。随着微电子技术、计算技术、通信技术和信息技术的更大突破，一批更加安全高效的新型工具将不断出现，为金融变革的发展提供新的物质、技术基础。金融现代化将向电子化、虚拟化、信息化和智能化方向推进，企业结构和金融体制的转型将进一步加快。支付工具现代化是为电子商务提供优质金融服务和高水平发展的重要保障。

本章小结

本章主要介绍了电子商务的相关环境。从组织、社会、法律、信用、技术、物流和金融等方面分别阐述了电子商务的相关环境；重点介绍了国外主要国家和我国的电子商务法律环境、技术环境；分析了电子商务政策环境、经济环境；讨论了各国政府在电子商务发展中的主要作用。

网络的出现比历史上任何一次技术革命对社会、经济、政治、文化等带来的冲击更为巨大，它将改变社会生产方式、生活方式以及工作和学习方式。随着网络的发展，也带来了许多政治、法律、伦理道德和社会问题。电子商务是一种全新的商业运作模式，在虚拟的网络空间环境中进行，就涉及网络交易的管辖权、网络交易的资金划拨、网络知识产权、网上交易合同、网络交易税收以及网络犯罪和道德等一系列的问题，对现有的法律、税收等体制都提出了新的挑战、新的要求。

【关键术语】

电子商务(E-commerce)

社会环境(Social Environment)

管理环境(Management of the Environment)

技术环境(Technology Environment)

法律环境(Legal Environment)

信用环境(Credit Environment)

网络技术(Network Technology)

大数据(Big Data)

EC 动态

商务部：积极营造环境 大力推进电子商务持续健康发展

2016年2月5日，商务部发布2015年商务工作年终综述。近年来，我国电子商务持续保持快速发展，对生产、流通、消费乃至人们的生活带来了变革性影响，不仅为中小企业创造了更多的发展机会和空间，而且在促进就业、带动传统产业转型升级、推动全球贸易便利化等方面发挥了日益重要的作用。

《中国电子商务报告(2015)》核心数据显示，2015年全年电子商务交易额为20.8万亿元，同比增长约27%。2015年全国网络零售交易额为3.88万亿元，同比增长33.3%，其中实物商品网上零售额为32 424亿元，同比增长31.6%，高于同期社会消费品零售总额增速20.9个百分点，占社会消费品零售总额(300 931亿元)的10.8%。商务部高度重视电子商务工作，2015年先后启动了"促进发展规范电子商务专项行动"和"互联网+流通"行动计划，积极营造发展环境，大力促进应用推广，取得了较好成效。

一是加强电子商务发展环境建设。针对当前电子商务领域的突出问题，逐步完善电子商务法规和相关标准。积极参与和推进《电子商务法》立法及相关法律的修订。制定出台《网络零售第三方平台交易规则制定程序规定》。研究制定《无店铺管理办法》和《电子商务物流发展专项规划》。印发《关于加快推进中小城市电子商务发展有关工作的通知》。发布《电子商务模式规范》《第三方电子商务交易平台服务规范》《电子合同在线订立流程规范》《电子商务企业资质认定规范》等标准规范。

二是积极促进电子商务应用。首先，推进线上线下融合发展。牵头起草并以国务院办公厅名义印发了《关于推进线上线下互动加快商贸流通创新发展转型升级的意见》，会同有关部门落实促进商业模式创新、支持实体店转型的政策措施，加快推进传统零售业、批发业、物流业、生活服务业、商务服务业深化互联网应用，实现转型升级。其次，加快发展农村电子商务。加强顶层设计和指导，牵头起草并以国务院办公厅名义印发了《关于促进农村电子商务加快发展的指导意见》，会同19个部门联合出台了《关于加快发展农村电子商务的意见》，编制发布了《农村电子商务服务规范》和《农村电子商务工作指引》。推进农村商务信息服务，建立完善农产品电子商务标准规范和物流配送体系，组织开展农村电子商务创新大赛和农村电子商务百万英才计划。会同财政部在全国256个县开展电子商务进农村综合示范，其中国家扶贫开发重点县和集中连片贫困县103个，占40.2%。推动工业品下乡、农产品进城，帮助农民增收，实现精准扶贫。最后，促进跨境电子商务发展。

牵头起草并以国务院办公厅名义印发了《关于实施支持跨境电子商务零售出口有关政策的意见》《关于促进跨境电子商务健康快速发展的指导意见》等促进跨境电子商务发展的政策文件，会同相关部门积极推动落实相关政策措施。推动设立"中国(杭州)跨境电子商务综合实验区"，并按照国务院要求将先行试点的杭州跨境电子商务综合试验区初步探索出的相关政策体系和管理制度向更大范围推广，将在天津、上海等12个城市新设一批跨境电子商务综合试验区，用新模式为外贸发展提供支撑。

三是打造电子商务示范体系和支撑服务体系。开展国家电子商务示范城市、示范基地和示范企业创建工作，加大宣传推广力度，总结推广典型经验做法，以示范城市、示范基地和示范企业为依托，通过先行先试、聚集发展、模式创新，形成全方位的电子商务示范体系；开展电子商务与物流快递协同发展试点，完善配送车辆通行管理有关政策和标准，推动解决电子商务配送"最后一百米"问题。启动商务大数据应用试点。推进国家电子商务专业技术人才知识更新工程，依托国家电子商务人才继续教育基地平台，设立15家电子商务人才培训分院，累计培训学员8.5万人次。

四是积极维护网络市场秩序。加强信用体系建设，开展电子商务信用评价指标、信用档案等标准研究。建设电子商务信用基础数据库。健全部门信息共享和协同监督机制，建设商务信用信息交换共享平台。净化网络市场环境，2014年启动打击互联网领域侵权假冒专项整治行动，查处侵权假冒案件11 000余件，关闭屏蔽网站3 400余家。2015年继续开展专项行动，会同14个成员单位推动综合治理。

五是积极参与国际交流与合作。积极参与联合国、世界贸易组织、亚太经合组织等国际组织中的电子商务工作，推动建立电子商务多双边交流合作机制。在上海合作组织、"金砖国家"等区域经济合作框架下，建立了电子商务对话机制。积极推进中韩、中澳、中日韩、区域全面经济伙伴关系等自贸区电子商务议题谈判。积极推进与"一带一路"沿线国家的电子商务合作。

(资料来源：中国国际电子商务网，http://www.ec.com.cn/article/dszc/zdbw/ 201602/8122.html，商务部，2016-02-14。稍作整理)

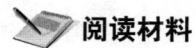 **阅读材料**

中央一号文件：引导互联网金融在农村发展

2016年，"互联网金融"一词首次被中央一号文件(以下简称"一号文件")提及。

1月27日晚，新华社授权发布《关于落实发展新理念加快农业现代化实现全面小康目标的若干意见》。文件中提到，引导互联网金融、移动金融在农村规范发展。

业界认为，农村互联网金融蓬勃发展的趋势已经非常明显，2016年中央一号文件再次聚焦农业现代化，无疑为整个行业的发展注入了催化剂。未来，随着监管政策的逐步完善，农村互联网金融将进入高速发展期。此外，随着互联网金融监管政策的不断明晰，过去一年经历爆发式增长的互联网金融行业将加速规范与洗牌。

未来五年将有更多的互联网金融和民间金融机构进入农村，完善、补充金融市场。与此同时，随着全面小康任务的推进，农民收入增加、消费能力加大，完善的金融服务将进一步释放农村内需。

一号文件全文约15 000字，共分6个部分30条。互联网金融在第24节"关于推动金融资源更多向农村倾斜"中出现，全文表述如下：

推动金融资源更多向农村倾斜。加快构建多层次、广覆盖、可持续的农村金融服务体系，发展农村普惠金融，降低融资成本，全面激活农村金融服务链条。进一步改善存取款、支付等基本金融服务。稳定农村信用社县域法人地位，提高治理水平和服务能力。开展农村信用社省联社改革试点，逐步淡出行政管理，强化服务职能。鼓励国有和股份制金融机构拓展"三农"业务。

此外，深化中国农业银行三农金融事业部改革，加大"三农"金融产品创新和重点领域信贷投入力度。发挥国家开发银行优势和作用，加强服务"三农"融资模式创新。强化中国农业发展银行政策性职能，加大中长期"三农"信贷投放力度。支持中国邮政储蓄银行建立三农金融事业部，打造专业化为农服务体系。创新村镇银行设立模式，扩大覆盖面。引导互联网金融、移动金融在农村规范发展。扩大在农民合作社内部开展信用合作试点的范围，健全风险防范化解机制，落实地方政府监管责任。开展农村金融综合改革试验，探索创新农村金融组织和服务。发展农村金融租赁业务。在风险可控前提下，稳妥有序推进农村承包土地的经营权和农民住房财产权抵押贷款试点。积极发展林权抵押贷款。创设农产品期货品种，开展农产品期权试点。

文件指出，支持涉农企业依托多层次资本市场融资，加大债券市场服务"三农"力度。全面推进农村信用体系建设。加快建立"三农"融资担保体系。完善中央与地方双层金融监管机制，切实防范农村金融风险。强化农村金融消费者风险教育和保护。完善"三农"贷款统计，突出农户贷款、新型农业经营主体贷款、扶贫贴息贷款等。

不难看出，未来五年将有更多的互联网金融和民间金融机构进入农村，完善、补充金融市场。与此同时，随着全面小康任务的推进，农民收入增加、消费能力加大，完善的金融服务将进一步释放农村内需。互联网金融必然成为县域农村经济发展的一种有效手段，相关的互联网金融机构也将受到资本和政府的重视。

(资料来源：新浪财经，2016-02-01，国际金融报，稍作整理)

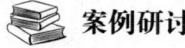 **案例研讨**

从苏宁转型成功看电子商务的发展趋势

经济转型期，"不变是等死，变了可能是找死"，企业的转型之路不亚于沼泽地，苏宁三次转型都能成功，真地来之不易。转型也是创新创业，在这个创新创业成为潮流的时代，苏宁的成功经验或许能够看到更多不一样的内容。

1. 求变

2009年苏宁开始转型直至今天全过程。苏宁在转型期也曾有过焦虑，这是零售业乃至实体经济面对互联网大潮时的焦虑。只是，这种焦虑并非是旁观者的"被动焦虑"，这种焦虑是在苏宁业绩最好的年份产生的"主动求变"。

这种焦虑来自于电商的竞争对手，也来自于O2O时代线上线下快速融合带来的压力。开始的苏宁仅仅只是一个卖电器的连锁店，后来遭电商平台冲击，再到后来，美团、大众点评乃至bat都发力O2O，苏宁面临着再从电商适应O2O的压力。

这种焦虑体现在国家和社会这个高度时也是有体现的，总理在多个场合提到"互联网+"这个概念，其实某种程度上印证了实体经济乃至决策层对于"互联网"这三个字时的敏感——另一方面抓不住互联网，一方面又要拥抱互联网。虽然保持着优势，但是对未来又心存恐惧。

像苏宁这样焦虑的企业比比皆是，张近东是具有前瞻性的企业家，他们在面对新时代时，明知公司具备盈利能力，但是却要"拽着自己的头发离开地球"。

这种焦虑心态在罗辑思维创始人罗振宇2016年跨年演讲《时间的朋友》曾经有这样的表示表述——"互联网恐慌"。虽然互联网企业盈利能力比起传统行业还差得远，但是传统行业的危机感是前所未有的。

很多人都认同马云说过的这样一句话：开始你是看不见，等你看到了你会觉得看不起；等你看得起了，你会觉得看不懂；等你真看懂了，你就来不及了。

苏宁的思路始终是清晰的，真正的阻力和障碍在于扼腕转型。但是张近东也曾经这样说过——趋势取代优势是任何一个企业都不可能逃脱的宿命。也正是如此，转型是必需的。

2．底蕴

当然，现在的苏宁已经不再是传统企业了。苏宁已经形成了"店商+电商+零售服务商"的O2O零售模式。这一模式不仅仅只是商业模式，而是拥有技术积淀和大数据作为指导的内功作为后盾的。

苏宁转型过程中真正的底蕴不在于此。多数人看来，苏宁这样的企业在技术上不具实力，但苏宁接近5 000人的IT团队低调而神秘，他们在智能搜索、大数据、高性能计算等方面的黑科技一点也不比bat少。

除了技术之后，苏宁还有自己的存量作为支撑。所谓的存量，是苏宁分布全国大中城市的1 600家门店和遍布农村地区的数千家直营店，这部分"存量资源"是苏宁O2O落地的基石，也是相比于互联网公司最大的财富。

这里又要回到《苏宁为什么赢》这本书的副标题——"从+互联网到互联网+"。这个"+"号的位置不同，却存在本质的不同。《苏宁为什么赢》中还谈到了苏宁未来的三个方向：资源平台化、商品服务化、渠道内容化。

通俗来讲，"+互联网"是自下而上的颠覆式展开，而"互联网+"则是自上而下的逐步引导。两者探求转型的速度和欲望不可同日而语，无论是技术、人才，还是体制及运营管理有太大的区别。苏宁作为有存量支撑的企业，其实是在转型大路上最具代表性的企业。

3．未来

"互联网+"是需要实体经济作为支撑的。曾经看过这样一段文字：中国经济依托互联网，经济虚拟化，是中国经济形态全球化的一场博弈豪赌。

在德国、美国开展工业4.0的时候，中国却走上了经济网络化的路，但是未来一定还会回归实体经济，互联网只能是手段，而不能解决人们生存的真实需求——衣食住行！

互联网公司的机会未来30年一定在线下，因为互联网经济不是虚拟经济，而是虚实结合。传统企业或者线下企业的希望一定是在线上，双方在未来30年必须融合。

到苏宁总部演讲的凯文·凯利也说过：未来线上和线下一定是互相融合的，10～20年后，世界上最大的电子商务公司也会成为世界上最大的实体店。

其实，不管是从线上到线下，还是从线下到线上，都是商业的殊途同归。所不同的是，从线下到线上容易，而从线上到线下则十分艰难。

电商巨头亚马逊看重中线下的价值，而零售巨头沃尔玛也在不断高筑城墙。今年1月，沃尔玛宣布关闭269家门店的背后是，2016年沃尔玛将在美国开设50～60家购物中心、85～95家社区市场、7～10家山姆俱乐部。

这种做法和苏宁十分类似，每年都在关闭门店，大家也看到苏宁在关闭门店，而忽视苏宁也在大规模新开门店，仅在 2015 年就新开了 1 011 家苏宁易购直营店，2016 年将再新开 1 500 家。

毫无疑问，苏宁在花大力气发展电商的同时，也在构筑线下实体零售更高的壁垒，这也就是凯文·凯利所说的"未来最大的电商一定拥有最大的实体店"。

（资料来源：推一把网《看苏宁如何提高零售壁垒》http://www.tui18.com/a/201604/06111985.shtml，有删减、整理）

【问题及要求】
1．分析苏宁电子商务发展与环境的关系，分析苏宁电子商务的发展战略。
2．苏宁的成功转型说明了什么？给我们哪些启示？写一份简单的分析报告。

思考与练习题

一、选择题

1．电子合同较传统合同复杂之处在于（　　）。
　　A．订立　　　　　B．履行　　　　　C．技术　　　　　D．形式
2．《电子商务示范法》是世界上第一部关于电子商务的法律，由（　　）于 1996 年 6 月 14 日颁布。
　　A．美国　　　　　B．欧盟　　　　　C．中国　　　　　D．联合国
3．在电子商务的"四流"中，（　　）处于领导和核心地位。
　　A．资金流　　　　B．技术流　　　　C．信息流　　　　D．物流
4．电子商务法的调整对象是（　　）。
　　A．电子商务的各参与方
　　B．电子商务交易活动中发生的各种社会活动
　　C．CA 与被认证者之间的关系
　　D．虚拟银行与参与交易者之间的关系
5．目前我国电子商务技术标准包含了 6 个方面的内容，即 EDI 标准、商品编码标准、识别卡标准、（　　）、安全技术标准等。
　　A．互联网技术标准　　　　　　　B．信息化标准
　　C．通信网络标准　　　　　　　　D．电子合同标准

二、判断题

1．ISOC 的重要任务是与其他组织合作，共同完成 Internet 标准与协议的制定。
（　　）
2．所谓数据仓库，实际上就是大型的数据库。（　　）
3．物流是电子商务的最终价值体现，顾客在网上选购的所有商品都必须通过物流配送环节。（　　）
4．TCP/IP 是网际互联的通信协议，但也同样适用于在一个局域网中实现异种机的互联通信。（　　）

5．信息高速公路不会存在"交通事故"与"交通安全问题"。　　　　　　（　）

三、填空题

1．网络通信协议是一种网络通用语言，常用的网络通信协议有＿＿＿＿＿＿、＿＿＿＿＿＿等。
2．数据挖掘所使用的技术包括模式识别技术、＿＿＿＿＿＿＿、大批量并行处理(MPP)、对称多重处理(SMP)以及＿＿＿＿＿＿＿等。
3．用于电子合同的电子签名由＿＿＿＿＿＿和＿＿＿＿＿＿组成，具有唯一性和可识别性。
4．在电子数据传输的过程中，＿＿＿＿＿＿和＿＿＿＿＿＿是电子商务发展的一项基本要求。
5．客户机是网络上＿＿＿＿＿＿＿的计算机，是用户向服务器申请服务的终端设备。

四、简答题

1．电子商务环境的重要性是什么？举例说明。
2．法律环境和政策环境对电子商务的发展有什么影响？
3．分别简述国际组织和我国有哪些电子商务的相关立法。
4．查阅资料文献，分析我国电子商务基础设施环境现状。
5．分析解决电子商务税收难题的可能方法。

五、实践题

湖南某乡村主要生产柑橘，乡镇领导计划利用电子商务平台拓宽柑橘销路，推广农村特色产业，为此还专门成立了项目小组进行策划。但是项目负责人在计划、实施和应用电子商务时感到有些理不出头绪，假设你是该项目的顾问，请你对该项目的负责人提出应完成任务的建议(不少于800字)。

第4章 电子商务的支付技术

学习目标

通过本章的学习,掌握电子商务支付系统的构成和功能,同时了解电子商务交易模式;学会使用电子商务支付工具,熟悉网上银行的现有业务、功能和营销手段;掌握国内外电子支付的现状和电子支付的安全性问题。

教学要求

能力模块	能力要求	相关知识点
电子商务支付系统概述	(1) 掌握电子商务支付系统的构成和功能 (2) 掌握电子商务交易模型	(1) 电子商务支付系统的构成 (2) 电子商务支付系统的功能 (3) 电子商务交易模型
电子支付工具	掌握电子商务交易的主要支付工具	(1) 电子信用卡 (2) 电子支票 (3) 电子钱包 (4) 电子现金
网上银行	(1) 了解网上银行发展的背景、分类、与传统银行相比的优势 (2) 掌握网上银行的主要业务和功能及如何开展网上银行的营销	(1) 网上银行发展的背景和发展阶段 (2) 网上银行的分类及优势分析 (3) 网上银行的主要业务和功能 (4) 网上银行的营销
电子支付现状和发展趋势	掌握国内外电子支付的现状和电子支付的安全性问题	(1) 国内外电子支付现状 (2) 电子支付的安全性问题

> **引例**

"星巴克"的移动支付

"星巴克"移动支付尝试始于 2009 年，起先只在美国西雅图和海湾地区的 16 家门店推行。通过此番尝试发现，"星巴克"移动支付的支付系统不仅提高了效率，而且还可以让其与合作伙伴和顾客之间建立一种额外的联系。

2011 年 1 月，"星巴克"正式在美国推出了具备支付功能的 iPhone 和黑莓版移动 APP，同年 6 月发布了安卓版本。随后，年末数据统计发现，"星巴克"移动支付规模达到 2 600 万笔，成为美国当时最大的移动支付项目。

据"星巴克"2015 年第四季度的财报数据显示，"星巴克"在美国移动支付端的交易额，占总销售额的 21%，仅第四季度移动支付额就达到约 10 亿美金。全美"星巴克"连锁店每周的移动支付金额能达到约 700 万美金，年增长率近 50%。

据了解，"星巴克"在美国的手机 APP 除提供移动支付之外，还可以直接充值、搜索附近门店促销信息，近期还在尝试"手机预定、到店提货"等功能。

(资料来源：亿邦动力网，http://www.ebrun.com/20140613/101641.shtml；http://www.ebrun.com/20160309/168340.shtml，稍作整理)

电子支付是电子商务系统的重要组成部分，也是提升电子商务功能完善的重要环节。如今，电子商务的支付技术不断发展，尤其是移动支付技术的发展和普及应用，使广大消费者享受到了电子商务更多的便利、更大的实惠。

4.1 电子商务支付系统概述

4.1.1 电子商务支付系统的构成

电子商务支付系统是电子商务系统的重要组成部分，它指的是消费者、商家和金融机构之间使用安全电子手段交换商品或服务，即把新型支付手段包括电子现金(Electronic Cash)、信用卡(Credit Card)、借记卡(Debit Card)、智能卡(Smart Card)等的支付信息，通过网络安全传送到银行或相应的处理机构，来实现电子支付，是融购物流程、支付工具、安全技术、认证体系、信用体系以及现在的金融体系为一体的综合大系统。

电子商务支付体系的基本构成如图 4.1 所示。

其中，客户是指与某商家有交易关系并存在未清偿的债权债务关系(一般是债务)的一方。客户用自己拥有的支付工具(如信用卡、电子钱包等)来发起支付，是支付体系运作的原因和起点。

商家则是拥有债权的商品交易的另一方，他可以根据客户发起的支付指令向金融体系请求获取货币给付。商家一般准备了优良的服务器来处理这一过程，包括认证以及不同的支付过程。

客户的开户行是指客户在其中拥有账户的银行，客户所拥有的支付工具就是由开户行提供的，客户开户行在提供支付工具的同时也提供了一种银行信用，即保证支付工具的兑付。在卡基支付体系中，客户开户行又被称为发卡行。

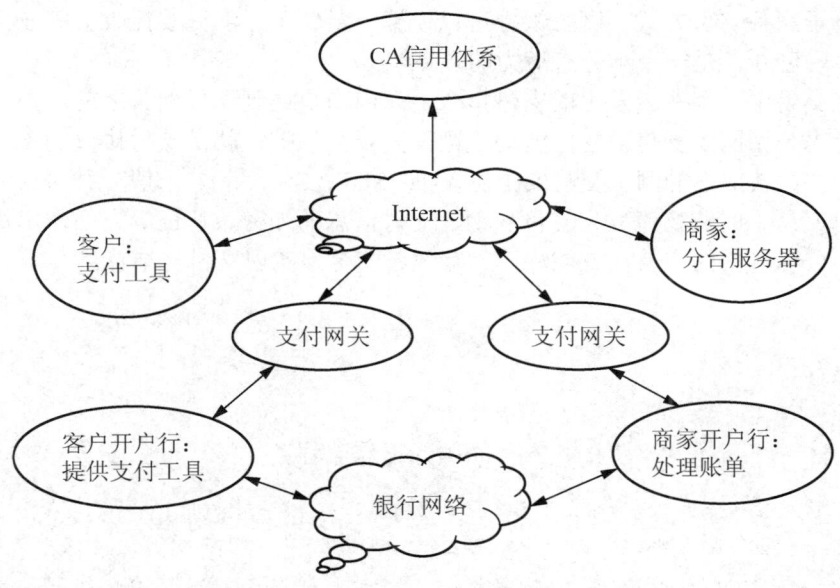

图 4.1 电子商务支付体系基本构成

商家开户行是商家在其中开设账户的银行，其账户是整个支付过程中资金流向的地方，商家将客户的支付指令提交给其开户行后，就由开户行进行支付授权的请求以及行与行间的清算等工作。商家的开户行是依据商家提供的合法账单(客户的支付指令)来工作的，因此又称为收单行。

支付网关是公用网和金融专用网之间的接口，支付信息必须通过支付网关才能进入银行支付系统，进而完成支付的授权和获取。支付网关的建设关系着支付结算的安全以及银行自身的安全，关系着电子商务支付结算的安排以及金融系统的风险，必须十分谨慎。因为电子商务交易中同时传输了两种信息：交易信息与支付信息，必须保证这两种信息在传输过程中不能被无关的第三者阅读，包括商家不能看到其中的支付信息(如信息卡号、授权密码等)，银行不能看到其中的交易信息(如商品种类、商品总价等)。这就要求支付网关一方面必须由商家以外的银行或其委托的卡组织来建设；另一方面网点不能分析交易信息，对支付信息也只是起保护与传输的作用，即这些保密数据对网关而言是透明的。

金融专用网则是银行内部及银行间进行通信的网络，具有较高的安全性，包括中国国家现代化支付系统、中国人民银行电子联行系统、中国工商银行电子汇兑系统、银行卡授权系统等。我国银行的金融专用网发展很迅速，为逐步开展电子商务提供了必要的条件。

认证机构则负责为参与商务活动的各方(包括客户、商家与支付网关)发放数字证书，以确认各方的身份，保证电子商务支付的安全性。认证机构必须确认参与者的资信状况(如通过在银行的账户状况，与银行交往的信用历史记录等)，因此认证过程也离不开银行的参与。

除以上参与各方外，电子商务支付系统的构成还包括支付中使用的支付工具以及遵循的支付协议，是参与各方与支付工具、支付协议的结合。其中目前经常被提及的电子支付工具有银行卡、电子现金、电子支票等。银行卡的发展已有一段时间，但多数只用在专用网络中，公用网络上的银行卡支付还有待发展。电子现金常被称为全新的网上支付工具，能离线操作，但其实际上是对传统现金交易的模拟。电子支票也是对传统纸基支票支付的全部处理过程的电子化，目前在专用网上的应用已较为成熟。除此之外，还常将网上银行看做一种电子商务支付方式，网上银行可以模拟资金转账、汇兑委托收款等业务，还可以有不断的金融创新，是一个十分有潜力的领域。

在网上交易中，消费者发出的支付指令，在由商户送到支付网关之前，是在公用网上传送的。考虑公用网上支付信息的流动规则及其安全保护，就是支付协议的责任。目前已经出现了一些比较成熟的网上交易安全协议(如 SET、SSL 等)。一般一种协议针对某种支付工具，对交易中的购物流程、支付步骤、支付信息的加密、认证等方面作出规定，以保证在复杂的公用网中的交易双方能快速、有效、安全地实现支付与结算。

支付网关的工作流程

支付网关的工作流程：第一步，商业客户向销售商订货，首先要发出"用户订单"，该订单应包括产品名称、数量等一系列有关产品问题。第二步，销售商收到"用户订单"后，根据"用户订单"的要求向供货商查询产品情况，发出"订单查询"。第三步，供货商在收到并审核完"订单查询"后，向销售商返回"订单查询"的回答。基本上是有无货物等情况。第四步，销售商在确认供货商能够满足商业客户"用户订单"要求的情况下，向运输商发出有关货物运输情况的"运输查询"。第五步，运输商在收到"运输查询"后，给销售商返回运输查询的回答，如有无能力完成运输及有关运输的日期、线路、方式等要求。第六步，在确认运输无问题后，销售商即刻给商业客户的"用户订单"一个满意的回答，同时要给供货商发出"发货通知"，并通知运输商运输。第七步，运输商接到"运输通知"后开始发货。接着商业客户向支付网关发出"付款通知"、支付网关和银行结算票据等。第八步，支付网关向销售商发出交易成功的"转账通知"。

(资料来源：http://baike.baidu.com/view/992811.htm。)

4.1.2 电子商务支付系统的功能

虽然货币的不同形式会导致不同的支付方式，但安全、有效、便捷是各种支付方式追求的共同目标。对于一个支付系统而言(可能专门针对一种支付方式，也可能兼容几种支付方式)，它应具有以下功能。

1．使用数字签名和数字证书实现对各方的认证

为实现交易的安全性，对参与贸易的各方身份的有效性进行认证，通过认证机构或注册机构向参与各方发放数字证书，以证实其身份的合法性。

2．使用加密技术对业务进行加密

可以采用单钥体制或双钥体制来进行消息加密，并采用数字信封、数字签字等技术来加强数据传输的保密性，以防止未被授权的第三者获取消息的真正含义。

3．使用消息摘要算法以确认业务的完整性

为保护数据不被未授权者建立、嵌入、删除、篡改、重放，而是完整无缺地到达接收

者一方，可以采用数据杂凑技术；通过对原文的杂凑生成消息摘要一并传送给接收者，接收者就可以通过摘要来判断所接受的消息是否完整。若发现接收的消息不完整，要求发送方重发以保证其完整性。

4．当交易双方出现纠纷时，保证对业务的不可否认性

这用于保护通信用户对付来自其他合法用户的威胁，如发送方否认他所发的消息，接收方否认他已接收的消息等。支付系统必须在交易的过程中生成或提供足够充分的证据来迅速辨别纠纷中的是非，可以用仲裁签名、不可否认签名等技术来实现。

5．能够处理贸易业务的多边支付问题

由于网上贸易的支付要牵涉到客户、商家和银行等多方，其中传送的购货信息与支付指令必须连接在一起，因为商家只有确认了支付指令后才会继续交易，银行也只有确认了支付指令后才会提供支付。但同时，商家不能读取客户的支付指令，银行不能读取商家的购货信息，这种多边支付的关系就可以通过双重签名等技术来实现。

4.1.3 电子商务交易模型

最初的网上购物不包括电子支付功能，只负责商品浏览和下订单，付款是通过其他途径(如电话、传真等)完成的。电子支付功能作为网上购物的关键问题，既要使消费者感到方便快捷，又要保证交易各方的安全保密，就需要一个比较完善的电子交易模型。目前，电子商务交易模型有以下 5 种。

1．支付系统无安全措施的模型

1) 流程

用户从商家订货，信用卡信息通过电话、传真等非网上传送手段进行传输。也可在网上传送信用卡信息，但无安全措施。

2) 特点

(1) 风险由商家承担。
(2) 商家完全掌握用户的信用卡信息。
(3) 信用卡信息的传递无安全保障。

这种模式至少有两大弱点：第一，商家得到了用户的信用卡信息，这样商家就有义务妥善保护用户的这些信息，否则用户的隐私权很容易遭到侵犯。事实上，有些商家并未履行这项义务，而是为了商业利益把信息透露给第三方。第二，信用卡信息的传递没有安全保障，这样就很容易被人截获或篡改。由此可见，这种模型是很不安全可靠的。

2．通过第三方经纪人支付的模型

用户在第三方付费系统服务器上开设一个账户，用户使用这个账户付款。这种方法交易成本很低，对小额交易很适用。

1) 流程

用户在网上经纪人处开立账号，网上经纪人持有用户账号和信用卡号。用户用账号从商家订货，商家将用户账号提供给经纪人，经纪人验证商家身份，给用户发电子邮件，要求用户确认购买和支付后，将信用卡信息传给银行，完成支付过程。

2) 特点

(1) 用户账户的开设不通过网络。

(2) 信用卡信息不在开放的网络上传送。

(3) 通过电子函件来确认用户身份。

(4) 商家自由度大、风险小。

(5) 支付是通过双方都信任的第三方(经纪人)完成的。

这种方式的关键在于第三方，交易双方都对它有较高的信任度，风险主要由它承担，保密等功能也由它实现。

此支付系统方案由 First Virtual Corp.(FVC)提出，1994 年 10 月开始使用。

3．电子现金支付模型

用户在现金服务器账户中预先存入现金，就可以得到相应的电子现金，可以在电子商业领域中进行流通。电子现金的主要优点是匿名性和不可追踪性；缺点是需要一个大型数据库来存储用户的交易情况和电子现金的序列号，以防止重复消费。这种模式适用于小额交易。

1) 流程

用户在电子现金发布银行开设 E-Cash 账号，购买电子现金，然后使用 PC 电子现金终端软件从电子现金银行取出一定数量的电子现金存在硬盘上，通常少于 100 美元。用户从同意接收电子现金的商家订货，使用电子现金支付所购商品的费用。接收电子现金的商家与电子现金发放银行之间进行清算，电子现金银行将用户购买商品的钱支付给商家。

2) 特点

(1) 银行和商家之间应有协议和授权关系。

(2) 用户、商家和电子现金的发行都需要使用电子现金软件。

(3) 适用于小额交易。

(4) 身份验证是由电子现金本身完成的。电子现金的发行银行在发放电子现金时使用数字签名，商家在每次交易中，将电子现金传送给银行，由银行验证电子现金的有效性。

(5) 电子现金的发行银行负责用户和商家之间实际资金的转移。

(6) 电子现金与普通现金一样，可以存、取和转让。

3) 使用情况

DigiCash 公司提供了一种电子现金模式的系统。目前使用该系统发行电子现金的银行有 10 多家，包括美国马克•吐温银行(Mark Twain Bank)、芬兰 Eunet 银行、德国银行(Deutsche Bank)、德国 Advance 银行等世界著名银行。IBM 的 Mini-pay 系统提供了另一种电子现金模式。该产品使用 RSA 公共密钥数字签名，交易各方的身份认证是通过证书来完成的，电子货币的证书当天有效。该产品主要用于网上的小额支付。

4．简单加密支付系统模型

这是现在比较常用的一种支付模式。用户只需在银行开设一个普通信用卡账户。在支付时，用户提供信用卡号码，但传输时要进行加密。采用的加密技术有 SHTTP、SSL 等。这种加密的信息只有业务提供商或第三方付费处理系统能够识别。由于用户进行网上购物时只需提供信用卡号，这种付费方式带给用户很多方便。但是，一系列的加密、授权、认证及相关信息传送，使交易成本提高，所以这种方式不适用于小额交易。

1) 特点

(1) 信用卡等关键信息需要加密。
(2) 使用对称或非对称加密技术。
(3) 可能要启用身份认证系统。
(4) 以数字签名确认信息的真实性。
(5) 需要业务服务器和服务软件的支持。

这种模型的关键在于业务服务器，保证业务服务器和专用网络的安全就可以使整个系统处于比较安全的状态。由于商家不知道用户信用卡的信息，商家泄露用户隐私的可能性就被杜绝了。

以 CyberCash 安全 Internet 信用卡支付系统为例，支付流程如下：CyberCash 用户从 CyberCash 商家订货后，通过电子钱包将信用卡信息加密后传给商家服务器；商家服务器验证接收到的信息的有效性和完整性之后，将用户加密的信用卡信息传给 CyberCash 服务器，商家服务器看不到用户的信用卡信息；CyberCash 服务器验证商家身份后，将用户加密的信用卡信息转移到非 Internet 的安全地方解密，然后将用户信用卡信息通过安全专网传送到商家银行；商家银行通过与一般银行之间的电子通道从用户信用卡发行银行得到证实后，将结果传送给 CyberCash 服务器，CyberCash 服务器通知商家服务器交易完成或被拒绝，商家通知用户。整个过程大约历时 15~20s。

交易过程每进行一步，交易各方都以数字签名来确认身份。用户和商家都需使用 CyberCash 软件。签名是用户、商家在注册系统时产生的，而且本身不能修改。用户信用卡加密后存在微机上。加密使用工业标准，使用 56 位 DES 和 7 681 024 位 RSA 公开/私人密钥对来产生数字签名。

2) 使用情况

CyberCash 支持多种信用卡，如 Vista Card、Master Card、American Express Card、Diners 和 Carte Blanche 等。目前授权处理 CyberCash 的系统有 Globe Payment System、Global Payment System、First Data Corporation 和 Visanet 等。IBM 等公司也提供这种简单加密模式的支付系统。使用 IBM 电子商务系统的有 Charles Schwab 股票公司(采用该系统后一年内的收入超过前 13 年的总和)、L.L.Beans(全美最大邮购公司)、日本航空公司订票系统、日本富士银行、瑞士铁路售票系统以及中国商品交流中心的电子商务系统等。

5．SET模型

SET 是在开放的互联网上实现安全电子交易的一个国际协议和标准。SET 最初是由 VisaCard 和 MasterCard 合作开发完成的，其他合作开发伙伴还包括 GTE、IBM、Microsoft、Netscape、SAIC、Terisa 和 VeriSign 等。

SET 是以信用卡支付为基础的网上电子支付系统规范，为了满足用户、银行、商家和软件厂商的多方需求，它必须实现以下目标。

(1) 信息在互联网上安全传输，不能被窃听或篡改。
(2) 用户资料要妥善保护，商家只能看到订货信息，看不到用户的账户信息。
(3) 持卡人和商家相互认证，以确定对方身份。
(4) 软件遵循相同的协议和消息格式，具有兼容性和互操作性。

1) 使用技术

SET 规定了交易各方进行安全交易的具体流程。SET 使用的主要技术包括对称密钥加密、公开密钥加密、Hash 算法、数字签名，以及公开密钥授权机制等。SET 通过使用公开密钥和对称密钥方式加密保证了数据的保密性，通过使用数字签名来确定数据是否被篡改，保证数据的一致性和完整性，并可以防止交易方抵赖。交易各方之间的信息传送都使用 SET 协议以保证其安全性。电子钱包是 SET 在用户端的实现，电子商家是 SET 在商家端的实现，支付网关是银行金融系统和 Internet 网之间的接口，负责完成来往数据在 SET 协议和现存银行卡交易系统协议(如 ISO 8583 协议)之间的转换。

2) 使用情况

IBM 公司宣布其电子商务产品 Net.Commerce 支持 SET。IBM 建立了世界第一个 Internet 环境下的 SET 付款系统——丹麦 SET 付款系统，此外微软公司、CyberCash 公司和 Oracle 公司也宣布他们的电子商务产品支持 SET。目前，SET 已获得 IETF 标准的认可，是电子商务的发展方向。

4.2 电子支付工具

虽然电子支付系统发展的方向是兼容多种支付工具，但事实上做到这一点是比较困难的。因为各种支付工具之间有着较大的差距，都有自己的特点和运作模式，适用于不同的交易过程。从目前已经开发出来的各种支付系统来看，一般也只是针对某一种支付工具设计的。例如，SET 针对的是信用卡，FSTC 针对的是电子支票，Mondex 针对的是电子现金。根据系统中使用的支付工具不同，大致可以将电子支付系统分为以下 3 大类。

(1) 数字化电子现金系统(Mondex/NetCash/Digicash)。

(2) 电子信用卡系统(CyberCash/First Virtual Holding)。

(3) 电子资金传输/电子支票系统(E-check/NetBill/Netcheck)。

4.2.1 电子信用卡

1．信用卡付款系统

信用卡型电子货币是电子支付中最常用的工具，信用卡可在商场、饭店、车站等许多场所使用。可采用刷卡记账、POS 结账、ATM 提取现金等方式进行支付。

信用卡(包括现金卡、记账卡、购物卡、支票卡等)的起源可以追溯到 19 世纪 80 年代，当时只是作为商店进行赊销的购物凭证。现代信用卡兴起于 20 世纪 50 年代，随着经济发展和现代科技水平的提高，信用卡不断向高效能方向发展，使用范围不断扩大并冲破了国界，运用形式逐渐趋向现代化。世界上最早的信用卡是美国富兰克林国民银行于 1952 年发行的信用卡。此后，美洲银行在 1958 年开始发行"美洲信用卡"，并吸收中小银行参加联营，发展成为今天的 Visa Card International。美国西部各州银行组成联合银行卡协会，于 1966 年发行 MasterCard，发展成为今天的 MasterCard International。中国首张信用卡是 1985 年出现的珠江卡(中国银行珠江分行发行)，1986 年，中国银行北京分行开始发行"长城信用卡"。随后，中国银行、中国工商银行、中国建设银行、中国农业银行等也发行了自己的信用卡。

2016年上半年,各大银行新增发卡总量为4 976万张,各大银行累计发卡总量为59 274万张,工行以11 779万张的累计发卡量仍旧稳居"铁王座",为唯一一家信用卡发卡量破亿的上市银行,国际权威机构Payments Source公布数据称,工商银行成为全球最大的信用卡发卡银行。第一梯队由工行、建行、招行、农行及中行构成,第二梯队中信、光大、浦发、兴业尽管在体量上与第一梯队仍有较大差距,但是在增长势头上好于第一梯队。目前的持卡人群以"80后"和"90后"为主,"80后"持卡用户占比高达42.15%,堪称主力;"90后"持卡用户紧随其后,占比为28.04%。

当前,信用卡型电子货币在全球范围内尤其是发达国家已形成一定规模。作为电子货币载体的信用卡,也逐步向高层次演变,从只能读写的磁卡,向装有集成电路、具有逻辑运算功能、可脱机运行的智能卡转化。随着ATM和POS的广泛分布,商业卡和银行卡将合而为一,电子货币的功能将大大地扩展。例如,法国的IC卡,被广泛地用于记载持卡人的信息资料,充当个人身份证、医疗证、运输通行证、执照、办公设备使用卡,而且可用于保险、维修、通信领域,至于在特约商号采购、赊销或是从银行提现、转账、透支、查询等,更是它的基本功能了。

2.信用卡付款系统的优点

信用卡付款系统与其他形式的付款相比,具有以下优点。

(1) 信用卡被广泛发行,使用简单,而且信用卡被全世界所接受。

(2) 信用卡系统提供了良好的消费者保护,因为用户有权在一定时间范围内退货并拒绝支付费用,这些费用不是直接从用户账户中支取的。

(3) 信用卡不一定是本国货币。无论客户在哪里购买商品,货币兑换都会为顾客自动完成。

(4) 在互联网上使用信用卡简单易学,几乎每个人都能够在几秒钟之内学会如何使用。用户浏览一个站点,在决定了他们所需要的服务或商品后,将他们的信用卡信息输入并发送到该站点(在那里,这些信息要么被收集起来并每天向银行发送一次,要么站点的所有者与银行建立起一个直接连接),由此,如果用户有足够的存款支付所选的商品,就可以即时结账。

3.信用卡付款系统中的4个角色

在信用卡付款系统中有4个角色:顾客、贸易商、发行器和捕获器。为了使用一张信用卡,顾客和贸易商必须与捕获器相应的发行器建立联系。发行器发给顾客一张信用卡,贸易商向捕获器请求能接受一个或多个信用卡品种的能力。顾客到贸易商那里购买商品或服务,并将他们的信用卡呈现给贸易商。贸易商把信用卡信息发送给捕获器来验证信用卡的合法性。然后,请求就会通过金融网络传输到顾客所在的银行,银行验证发送过来的信息,并通过捕获器向贸易商返回授权。

4.信用卡付款系统的两个标准

为了保证信用卡付款的安全,在过去的几年中已经建立起了两个标准:SSL和SET。SSL与SET之间的区别是很明显的。SSL只加密Web浏览器和Web服务器(顾客的计算机和贸易商的计算机)之间的通信。而SET提供了一个完全的付款安全解决方案,这个方案不仅包括顾客和贸易商,而且还包括信用卡付款所需的银行。

4.2.2 电子支票

电子支票是一种借鉴纸质支票转移支付的优点，利用数字传递将钱款从一个账户转移到另一个账户的电子付款形式。目前电子支票是网络银行常用的一种电子支付工具，它与纸质支票一样是用于支付的一种合法方式。

电子支票的支付是在与商户及银行相连的网络上以密文方式传递的，多数使用公开密钥加密签名或个人身份证号码(PIN)代替手写签名。用电子支票支付，事务处理费用较低，而且银行也能为参与电子商务的商户提供标准化的资金信息，应该是最有效率的支付手段。使用电子支票进行支付，消费者可以通过 Internet 将电子支票发向商家的电子邮箱，同时把电子付款通知单发到银行，银行随即把款项转入商家的银行账户。这一支付过程在数秒内即可实现。然而，这里面也存在一个问题，那就是如何鉴定电子支票及电子支票使用者的真伪？因此，需要有一个专门的验证机构来对此作出认证，同时该验证机构还应像 CA 那样能够对商家的身份和资信提供认证。

电子支票交易的过程可分为以下几个步骤。

(1) 消费者和商家达成购销协议选择用电子支票支付。

(2) 消费者通过 Internet 向商家发出电子支票，同时向银行发出付款通知单。

(3) 商家通过验证中心对消费者提供的电子支票进行验证，验证无误后将电子支票送银行兑付。

(4) 银行在商家兑付时通过验证中心对消费者提供的电子支票进行验证，验证无误后即向商家兑付或转账。

1996 年，美国通过的《改进债务偿还方式法》成为推动电子支票在美国应用的一个重要因素。该法规定，自 1999 年 1 月起，政府部门的大部分债务将通过电子方式偿还。1998 年 1 月 1 日，美国国防部以及银行和技术销售商组成的旨在促进电子支票技术发展的金融服务技术财团(Financial Services Technology Consortium，FSTC)，通过美国财政部的财政管理服务支付了一张电子支票。

向 Internet 站点提供后端付款和处理服务的 PaymentNet 已开始处理电子支票。PaymentNet 采用 SSL 标准保证交易安全，美国最大的支票验证公司 Telecheck 通过对存储在数据库中的购物者个人信息及风险可信度进行交叉检验来确认其身份。

尽管电子支票可以大大节省处理的费用，但是，对于在线支票的兑现，人们仍持谨慎的态度。电子支票的广泛普及还需要一个过程。

4.2.3 电子钱包

电子钱包是电子商务活动中购物顾客常用的一种支付工具，是在小额购物或购买小商品时常用的新式钱包。

网上购物使用电子钱包，需要在电子钱包服务系统中进行。电子商务活动中电子钱包软件通常都是免费提供的。用户可以直接使用与自己银行账号相连接的电子商务系统服务器上的电子钱包软件，也可以通过各种保密方式利用 Internet 上的电子钱包软件。目前，世界上有 Visa Cash 和 Mondex 两大电子钱包服务系统，其他电子钱包服务系统还有 MasterCard Cash、EurlPay 的 Clip 和比利时的 Proton 等。

使用电子钱包的顾客通常要在有关银行开立账户。在使用电子钱包时将电子钱包应用软件安装到电子商务服务器上,利用电子钱包服务系统就可以把自己的各种电子货币或电子金融卡上的数据输入进去。在发生收、付款时,如果顾客需用电子信用卡付款,如用 Visa 卡或 Mondex 卡等付款时,只要单击相应项目(或相应图标)即可完成。这种电子支付方式称为单击或点击式支付方式。

在电子钱包内只能装电子货币,即装入电子现金、电子零钱、电子信用卡、在线货币、数字货币等。这些电子支付工具都可以支持单击式支付方式。

在电子商务服务系统中电子货币和电子钱包的功能管理模块,叫做电子钱包管理器(Wallet Administration)。顾客可以用它来改变保密口令或保密方式,用它来查看自己银行账号上收付往来的电子货币账目、清单和数据。电子商务服务系统中还有电子交易记录器。顾客通过查询记录器,可以了解自己都买了什么物品,购买了多少,也可以把查询结果打印出来。

利用电子钱包在网上购物,通常包括以下几个步骤。

(1) 客户使用浏览器在商家 Web 主页上查看商品目录浏览商品,选择要购买的商品。

(2) 客户填写订单,包括项目列表、价格、总价、运费、税费。

(3) 订单可通过电子化方式传递或由客户的电子购物软件建立。有些在线商场可以让客户与商家协商物品的价格(如出示自己是老客户的证明或给出竞争对手的价格信息)。

(4) 顾客确认后,选定用电子钱包付钱。将电子钱包装入系统,单击电子钱包的相应项目或电子钱包图标,电子钱包立即打开;然后输入自己的保密口令,在确认是自己的电子钱包后,从中取出一张电子信用卡来付款。

(5) 电子商务服务器对此信用卡号码采用保密算法加密后,发送到相应的银行,同时销售商店也收到经过加密的购货账单,销售商店将自己的顾客编号加入电子购货账单后,再转送到电子商务服务器上。商店对顾客电子信用卡上的号码是看不见的,不可能知道,销售商店无权也无法处理信用卡中的钱款。因此,只能把信用卡送到电子商务服务器上处理。经过电子商务服务器确认这是一位合法顾客后,将其同时送到信用卡公司和商业银行。在信用卡公司和商业银行之间要进行应收款项和账务往来的电子数据交换与结算处理。信用卡公司将处理请求再送到商业银行请求确认并授权,商业银行确认并授权后送回信用卡公司。

(6) 如果经商业银行确认后拒绝并且不予授权,则说明顾客的这张电子信用卡上的钱数不够用或者是没有钱或者已经透支。遭商业银行拒绝后,顾客可以再单击电子钱包的相应项目再打开电子钱包,取出另一张电子信用卡,重复上述操作。

(7) 如果经商业银行证明这张信用卡有效并授权后,销售商店就可交货。与此同时,销售商店留下整个交易过程中发生的财务数据,并且出示一份电子收据给顾客。

(8) 上述交易成交后,销售商店就按照顾客提供的电子订货单将货物交到顾客或其指定的人手中。

如上所述即为电子钱包购物的全过程。购物过程中虽经过信用卡公司和商业银行等多次进行身份确认、银行授权、各种财务数据交换和账务往来等,但这些都是在极短的时间内完成的。实际上,从顾客输入订货单后开始到拿到销售商店出具的电子收据为止的全过程仅用 5~20s,这种电子购物方式十分省时;而且,对于顾客来说,整个购物过程自始至终都是十分安全可靠的。在购物过程中,顾客可以用任何一款浏览器进行浏览和查看。由于顾客的信用卡上的信息别人看不见,因此保密性很好,用起来十分安全可靠。另外,有了电子商务服务器的安全保密措施，就可以保证顾客购物的商店必定是真的，不会是假冒的，从而保证顾客可以安全可靠地购买货物。

总之，这种购物过程彻底改变了传统的面对面交易和一手交钱一手交货的购物方式，是一种很有效而且安全可靠的电子购物过程，是一种与传统购物方式根本不同的现代高新技术购物方式。

世界上最早的电子钱包

英国的国民西敏士银行(National-Westminster Bank)开发的电子钱包 Mondex 是世界上最早的电子钱包系统，于 1995 年 7 月首先在有"英国的硅谷"之称的斯温顿市试用。起初，名声并不那么响亮，不过很快就在斯温顿打开了局面，被广泛应用于超级市场、酒吧、珠宝店、宠物商店、餐饮店、食品店、停车场、电话亭和公共交通车辆之中。电子钱包使用起来十分简单，只要把 Mondex 卡插入终端，三五秒钟之后，一笔交易即告结束。读取器将从 Mondex 卡的钱款中扣除本次交易的花销。此外，Mondex 卡还具有现金货币的诸多属性，如作为商品尺度的属性、储蓄的属性和支付交换的属性。通过专用终端还可将一张 Mondex 卡上的钱转移到另一张 Mondex 卡上。而且，Mondex 卡内存有的钱一旦用光、遗失或被窃，Mondex 卡内的钱款不能重新发行，也就是说持 Mondex 卡的人必须负起管理上的责任。有的 Mondex 卡如被别人拾起照样能用，有的 Mondex 卡写有持 Mondex 卡人的姓名和密码锁功能，只有持 Mondex 卡的人才能使用，比现金更安全。Mondex 卡损坏时，持卡人可以向发行机关申报 Mondex 卡内所余余额，由发行机关确认后重新制作新 Mondex 卡发还。

Mondex 卡终端支付只是电子钱包的早期应用，从形式上看，它与智能卡非常相似。而今天电子商务中的电子钱包则已完全摆脱了实物形态，成为真正的虚拟钱包。

(资料来源：http://blog.tianya.cn/blogger, 2010-09-20.)

自 1995 年 7 月电子钱包面世以来，电子钱包已经在英国的斯温顿、中国香港、加拿大的多伦多和新西兰等 10 多个国家和地区进行了试用。1998 年 Mondex 在美国纽约试用，还将以合同连锁方式在其他城市进行实验，参加的银行有曼哈顿银行、芝加哥银行和法戈壁银行等。美国也并非只有 Mondex 一种电子货币，也有其他公司开发的不同技术体系的电子货币在发行，如 Visa Card 公司在 1996 年亚特兰大奥运会期间，就发行了 200 万张智能卡(内含的钱数分别为 10 美元、20 美元、50 美元、100 美元)，特约商店有 2 300 家，共进行了 20 万次的付款，总计超过 110 万美元。所有这些都表明，围绕电子支付开展的竞争刚刚开始。

4.2.4 电子现金

电子支票、电子汇票、电子钱包、信用卡的使用，大大方便了电子商务在线支付活动的开展。但是这些都不可能代替现金，因为这些支付工具都具有审计跟踪的功能，运用这些支付工具，用户无法隐瞒钱给谁以及用钱干什么的信息。这些都可能导致用户的隐私泄露。电子现金能够保证用户在网络上进行支付能够像现实中使用匿名现金一样，不被跟踪、隐私不会泄露。

电子现金是一种以数据形式流通的货币。它把现金数值转换成为一系列的加密序列数，通过这些序列数来表示现实中各种金额的币值。用户在开展电子现金业务的银行开设账户并在账户内存钱后，就可以在接受电子现金的商店购物。

当用户进入网上银行，使用一个口令(Password)和个人识别码来验明身份，直接从其账户中下载成包的低额电子"硬币"时，这时电子现金才起作用。然后，这些电子现金被存放在用户的硬盘中，直到用户从网上商家进行购买为止。为了保证交易安全，系统还为每个硬币建立随机选择的序号，并把这个号码隐藏在一个加密的信封中，这样就没有人可以搞清是谁提取或使用这些电子现金。按这种方式购买实际上可以让买主无迹可寻，提倡个人隐私权的人对此很欢迎。

总部设在荷兰的 Digicash 是一家提供真正电子现金系统的公司，CyberCash 和数字设备公司(Digital Equipment Company，DEC)也紧随其后。Digicash 于 1995 年 10 月就开始在美国圣路易 Mark Twain 银行试验一种名为 CyberBucks 的电子现金系统。大约有 50 家厂商和 3 000 名客户使用这种电子现金。据 Mark Twain 银行的高级副行长兼国际市场主管弗兰克·特罗特称："第一阶段是零售商业系统，然而真正的潜力在第二阶段，这一阶段将形成一个全球性的面向商业的支付网络。"他还说，用户一直认为电子现金使用起来非常方便。

电子现金的支付过程及特点详见 4.1.3 电子交易模型下 3. 电子现金支付模型，此处不再赘述。

然而，电子现金支付方式也存在一些问题：只有少数商家接受电子现金，而且只有少数几家银行提供电子现金开户服务，成本较高。电子现金对于硬件和软件的技术要求较高，需要一个大型的数据库存储用户完成的交易和电子现金序列号以防止重复消费。因此，尚需开发硬、软件成本低廉的电子现金。由于电子硬币仍以传统的货币体系为基础，因此，德国银行只能以德国马克的形式发行电子现金，法国银行发行以法郎为基础的电子现金，诸如此类，因此从事跨国贸易就必须要使用特殊的兑换软件，风险较大。如果某个用户的硬盘损坏，电子现金丢失，钱就无法恢复，这个风险许多消费者都不愿承担。更令人担心的是电子伪钞的出现，美国联邦储备银行电子现金专家彼得·莱丁厄姆在他的论文《电子支付实施政策》一文中告诫说："似乎可能的是，电子现金的发行人因存在伪钞的可能性而陷于危险的境地。使用某些技术，就可能使电子付款的收款人，甚至发行人难于或无法检测电子伪钞。复杂的安全性能将意味着电子伪钞获得成功的可能性将非常低。然而，考虑到预计的回报相当高，因此不能忽视这种可能性的存在。一旦电子伪钞获得成功，那么发行人及其客户所要付出的代价则可能是毁灭性的。"

尽管存在种种问题，电子现金的使用仍呈现增长势头。因此，随着较为安全可行的电子现金解决方案的出台，电子现金一定会像商家和银行界预言的那样，成为未来网上贸易方便的交易手段。

📖 小思考

电子现金的匿名消费和丢失处理

电子现金其实是一种用电子形式模拟现金的技术。电子现金系统企图在多方面为在线交易复制现金的特性：方便、费用低(或者没有交易费用)、不记名以及其他性质，其也是一种比较成熟的电子支付手段，适用于那些通过网络进行支付的小额交易。但由于电子现金在其生命周期中要经过提取、支付和存款 3 个过程，因此涉及用户、商家和银行等三方。

> 思考：
> 电子现金在使用过程中如何做到匿名消费？如果电子现金丢失，将如何处理？

4.3 网上银行

银行业在经济社会中处于重要的战略地位，它们在资本这一稀缺性资源的配置中扮演重要的中介角色，是资金流通中的重要一环。随着IT行业的发展，人们经济生活中新事物的出现，各行各业都在发生巨大变化，银行业也不可避免地受到影响。网上银行业务内容、形式、服务手段也不断变化，出现了在传统银行基础上发展起来的电话银行、家庭银行、企业银行、个人银行等。

4.3.1 网上银行发展的背景和发展阶段

网上银行也称为网络银行，它的实质是为客户提供网上支付结算和各种金融服务。服务对象可以是任何个人、家庭、企业、机构，其中通过Internet进行商务活动的网上交易者是重要的服务对象。客户只要拥有账号和密码便能在世界各地与Internet联网，进入网上银行，办理储蓄、转账等简单业务和信用卡、证券交易、保险、付款申请、跟踪收支等复杂业务，并且可以查询个人账户信息、查询各种银行信息，进行现金分析和财务状况分析。网上银行则完全可以在消费者认为合适的任何时间(Whenever)，任何地方(Wherever)，对任何账户(Whomever)，用任何方式(Whatever)进行安全支付和结算，提供所需的金融产品与服务。

1. 网上银行发展的背景

1) 技术背景

计算机技术，包括软件和硬件技术的突飞猛进和通信技术的日新月异，共同构成了网上银行发展的坚实的技术背景。计算机处理器的信息处理速度大大加快，硬盘、内存等各种存储设备的容量以几何级数增长，极大地改善了信息处理的水平，计算机硬件设备价格的急剧下降使电脑走进了越来越多的普通人家庭。同时，通信设备、网络的建设突飞猛进，信息传输的质量和性能大大增强。两个领域的携手共进领导着IT行业的革命，连接世界各地、各个领域的网络以惊人的速度发展起来，目前仍然困扰人们的网速问题在不久的将来即可得到解决，网络正在改变人们的思想、行为，以及包括人们经济生活在内的社会生活的方方面面。这些新的技术手段应用于银行业，引起了这一领域的巨大变化，包括信用卡、数字支票、数字货币、电子资金转账系统等更适应于网上支付的支付工具出现了，银行业从传统的手工操作、账簿登记向计算机自动处理、通过金融网络完成数据传递、资金清算等业务转变。

2) 交易模式改变和消费者需求变化

电子商务蓬勃兴起，而作为商务活动的最终环节——实现实时安全的网上支付以最终完成交易成为关键性问题，也正因为如此，它也孕育着巨大的商机和良好的市场前景。作为在传统商业模式中承担重要支付结算功能的银行将积极抢占这一市场。同时电子商务模式也影响着消费者对银行业务需求的变化。

人们不再满足于传统的银行柜台服务和相对滞后的金融服务。消费者希望银行提供更加便利的服务，希望可以随时随地存取款，转移不同账户中的资金，在网上购物时实时完成支付结算，在银行停业时间也可以得到账户的有关信息。而银行则希望与消费者建立更稳固、更长期的关系以保持经营业绩。与此同时，人们对信息的安全性和保密性也有更高的要求。

人们越来越关心自己的私人财务状况。随着投资工具的增多和人们投资能力的增强，人们更加关心股票、债券、期货、地产等的收益。对未来预期发生变化，人们开始实施养老、医疗、人寿等保险计划和教育储蓄计划。此外，住房贷款、汽车信贷、个人综合消费信贷等新的金融产品不断出现，个人理财服务需求大大增加。

充分利用这个契机，瞄准最佳顾客群，提供最优的产品和服务的银行将拥有持久的竞争优势，网上银行将提供这些服务和金融产品。

3) 人们认知程度上升

各种应用软件界面日趋友好，人们能够轻易地掌握计算机应用技术，尤其是正日益成为重要消费力量的20世纪80年代后成长起来的年轻人对于IT业更显示出浓厚的兴趣和较好的技能，他们对基本电子服务的了解也正日益加深。加上新闻媒体的轰炸，人们开始加速认识到传统银行服务的可替代性，对网上购物、网上银行等虚拟经济中的行为开始认同。

2．金融业务电子化发展的4个阶段

1) 银行的传统业务处理电子化阶段

在此阶段内，建立了柜员联机系统，将银行包括对私人客户、公司客户和往来银行的交易电子化处理，尽量减少手工操作，提高劳动生产率，改善对客户的服务水平，降低银行的运行成本。具体来说，柜员联机系统应能实现以下主要目标。

(1) 提高分行操作效率。通过采用联机柜员终端和管理终端，以简化交易处理，把键入的数据直接输入到计算机系统去处理。这不仅可以获得快速的联机响应，而且还可以实现一次输入的数据供多次使用，可免除手工操作时的一些重复操作。

(2) 要允许交易源分散分布。即将柜员终端在地理上分散分布，所有的金融交易信息，都通过金融网络送到银行计算机系统进行集中处理。这样既可以扩大银行服务的地理区域，又可以方便客户。

(3) 采用高性能的计算机系统和通信网，用户接口要友好，以使交易处理既方便，又经济。

2) 开发大量新的自助银行项目阶段

银行柜员联机系统的建立，为银行开发一系列新型的自助银行服务打下了良好的物质基础。自助银行服务项目主要包括诸如ATM服务、POS服务、HB(家庭银行)服务等。

3) 为客户提供各种金融信息服务阶段

银行除了向客户提供传统的金融业务服务以及新的自助银行劳务服务外，电子化银行还能从各种金融交易中提取各种有用的信息，向客户提供各种能增值的金融信息服务。这是现代银行的一个实质性的变化，是银行真正进入电子银行时代的标志。

4) 网上银行阶段

伴随着互联网技术在经济领域的全面渗透，银行业也悄然兴起一场革命，经历从传统银行到电子化银行到网上银行的转变。1995年出现第一家办理网络支付和交易业务的"网上银行"。在传统观念比较强的华人社会,人们也已经普遍地接受了"网上银行"的概念。1990年,花旗银行在中国台湾地区开通网上银行,引起网上银行之风。迄今为止,我国除一部分业务量较小的区域银行外,绝大多数银行都开通了网上银行业务,而且大部分提供网上金融服务。

4.3.2 网上银行的分类及优势分析

1. 网上银行的两种模式

1) 完全基于Internet的全新电子银行

这种银行没有营业网点、大厅、众多的银行职员,它在现实世界中的形象是一个网址。当用户通过Internet进入了银行的主页,可以看见模拟传统银行的营业大厅、各个服务台、咨询台等,可以到提供所需服务的柜台前请求服务,并按照提示完成服务过程。安全网络第一银行就属于这一种类型,其具体内容将在后面述及。

2) 在现有传统银行基础上发展的网上银行服务

确切地说,这属于银行的网上服务。它利用Internet,在网上建立银行网站,提供各种服务,它和传统银行业务、柜台交易形式同时并存,以满足不同细分市场顾客的需要,同时获得两个市场的利益。美国和欧洲是这种网络银行发展最为迅速的国家和地区,其网络银行业务量之和约占世界市场的90%以上,也是目前看来前途较明朗的一种。因为毕竟人们还没有接受、习惯完全虚拟的东西。

2. 网上银行的优势分析

1) 顾客的利益

随着网上银行的逐步成熟和推广,顾客只需要坐在家中操作鼠标和键盘,享受全天候的服务,并且不需看服务人员的脸色,不需要排队等待,大大节约了客户的时间和交通费用。

2) 网上银行的优势

(1) 节约成本。传统银行界认为,大量建设分支结构、基层营业网点是储蓄额增长的重要手段。建造大楼需要巨额的资金,支付职员薪水同样需要资金支出。增加网上银行服务,不需要营业大厅、分支机构建设投资,从而大大降低了经营费用。

当然在系统建设期需要各种软件开发和硬件的建设(包括计算机相关设备、网络设施的购买、安装和调试),也会引起巨额投资,但是一旦建成后,日常运营的成本可以降低。经美国一家咨询公司计算,由银行出纳员经手的每笔交易所需费用为1.07美元;相比之下,在Internet上进行一笔交易所需费用仅为3~4美分。当然网上银行也不得不支付相当的费用在Internet上做广告,并且需要投资开发技术水平很高的软件,为数量很少的职员支付高薪,但网上银行在费用方面还是拥有一定的优势。

(2) 提供更优质、个性化的服务和友好的界面以吸引新顾客、维护老顾客。网上银行拉近了银行与客户的距离。由于进入障碍少、接触客户面广,在客户与银行间开辟了新的沟通渠道。这样有助于银行利用顾客资料分析发掘潜在的顾客源,制定适当的营销战略,针对客户需求开发设计新的金融商品。这样,银行经营将不再以产品为导向,而主要以客户为导向。利用互联网和银行支付系统,容易满足客户咨询、购买和交易多种金融产品的需求,客户除办理银行业务外,还可以很方便地进行网上买卖股票债券等。

(3) 业务市场大,服务功能全,获取更高的报酬。与节约费用成本相比,扩大客户、增加收入则更具有诱惑力。

(4) 行业竞争加剧,便于优胜劣汰。银行提供的服务越来越多,但是银行间的差异却会越来越小。进入网络时代,客户在自己家中的电脑上很容易比较各银行提供的金融产品,同时,网上金融产品极易被竞争对手模仿,因而各银行提供的金融产品将大同小异,银行不可能再靠价格吸引客户。因此,银行将从存放款的中介机构蜕变为投资理财中心。银行必须向客户提供特殊的、高附加值的投资理财服务。

4.3.3 网上银行的主要业务内容和功能

网上银行业务包含了传统的银行业务,并在此基础上拓宽了服务领域。

1. 传统银行业务

银行的业务可以分为几大部分。

(1) 通过吸引存款、同业拆借,向中央银行申请贴现以及向国际资金市场借入资金等方式获得资金。

(2) 向客户发放贷款,满足客户借款需求,通过存放款利差获得收益。具体方式有抵押贷款、担保贷款、信用贷款和票据贴现等。

(3) 通过证券投资业务获得收益。但在我国采取银行、证券分业经营制度。

(4) 银行根据各种凭证,以客户的名义代收各种款项,包括代理客户收取,其他银行的支票、商业票据、有价证券等;银行代理客户把现金转交给收款人,从中获取手续费。

(5) 银行可为客户代保管有价证券、金银珠宝、字画等贵重物品,代保管业务是银行收取服务费的另一种来源。

(6) 信用证业务是银行接受客户委托,并根据客户所指定的条件向卖主开具支付货款保证书的一种业务,它实际上是银行向客户提供的一种担保服务,以银行的信用保证客户的信用,从而促进国际贸易的发展。

(7) 信托业务是指银行接受客户委托,代客户管理财产、发行证券等业务。

(8) 信息咨询业务是指银行利用自身优势,为客户提供有关金融利率等各种投资信息、咨询等服务以收取服务费的一项业务。

从业务内容上看,传统的银行包括开户、授权、业务服务、顾客信息管理、风险控制等工作。相应地,网上银行开户业务模块负责受理开、闭户档案管理;授权业务模块负责在各种情况下的支付授权及授权记录管理;支付业务模块负责客户的资金支付、控制和记录管理;精算业务模块负责辖区内外跨行的资金清算及往来账目核销,最后生成各方需求的对账单;系统管理业务模块负责管理各项业务参数、网上黑名单、安全与风险控制,以及报表管理和稽核管理。

2. 网上银行新的服务领域和新的服务特点

网上银行业务不仅涵盖传统银行业务,而且突破了银行经营的行业界限,深入到证券、保险甚至是商业流通等领域。网上银行代表了未来银行业的方向,网上银行业务的迅速发展必将推动着银行业新的革命。

目前,一般商业银行的网上银行业务分为以下3种类型。

(1) 信息服务。主要是宣传银行能够给客户提供的产品和服务,包括存贷款利率、外汇牌价查询、投资理财咨询等。这是银行通过互联网提供的最基本的服务,一般由银行一个独立的服务器提供。该类业务的服务器与银行内部网络无链接路径,风险较低。

(2) 客户交流服务。包括电子邮件、账户查询、贷款申请、档案资料(如住址、姓名等)定期更新。该类服务使银行内部网络系统与客户之间保持一定的链接,银行必须采取合适的控制手段,监测和防止黑客入侵银行内部网络系统。

(3) 交易服务。包括个人业务和公司业务两类。这是网上银行业务的主体。个人业务包括转账、汇款、代缴费用、按揭贷款、证券买卖和外汇买卖等。公司业务包括结算业务、信贷业务、国际业务和投资银行业务等。银行交易服务系统服务器与银行内部网络直接相连,无论从业务本身或是网络系统安全角度来看,均存在较大风险。

4.3.4 网上银行的营销

营销战略的核心理念是满足顾客需求,也就是说要分析顾客需求、引导需求,设计适当的产品和服务,以正确合理的价格,通过一定的手段、渠道来满足顾客需求。营销战略包括4个部分:产品策略、价格策略、促销策略、渠道策略。

具体到网上银行的营销管理,应注重以下几点。

(1) 要使网上银行界面设计友好、方便、容易掌握,能正确回答网上银行对顾客的好处,以增强顾客的信心。

(2) 满足顾客对于安全性能的心理需求。采用各种安全措施确保个人信息的安全。

(3) 提供具有吸引力的产品、服务组合,并体现个性,给顾客深刻的印象。

(4) 在线银行的定价问题。顾客对价格非常敏感,当上网费和服务费稍高时,顾客便失去了兴趣。

(5) 比便利更重要的是银行长期控制与管理个人金融事务的能力的提高。

(6) 采用先进技术保证服务的质量。

从目前来看,网上银行的发展中还存在很多问题,仍需解决一些关键性的技术难题,如金融专用网络和Internet的连接、网络安全技术,保证实时的服务质量,后台的批处理方式作业的办公系统和前台的实时服务系统的融合等。

采用多家银行联合开发的合作方式可以使加盟银行降低投资成本和风险,而且能确保对未来金融交易网络系统的支配权,更重要的是,能够参与相关网络技术标准的制定。

📖 **小思考**

如何提高网上银行的安全性

随着网上银行业务的蓬勃开展,网上交易量和交易速度大幅度提升。中国互联网络信息中心(CNNIC)在京发布第39次《中国互联网络发展状况统计报告》,据统计数据显示,截至2016年12月,我国使用网上支付的用户规模达到4.75亿,较2015年12月增加5 831万人,年增长率为14.0%,我国网民使用网上支付的比例从60.5%提升至64.9%。其中,手机支付用户规模增长迅速,达到4.69亿,年增长率为31.2%,网民手机网上支付的使用比例由57.7%提升至67.5%。

可见，网上银行是电子商务交易的主要支付手段。但互联网的开放性和虚拟性给作为传统银行的延伸和创新的网上银行带来复杂性与多样性的风险，从信息安全角度分析，主要有三类：一是基于网上银行基础架构环境所引发的技术风险；二是基于网上银行金融业务特征所形成的业务安全风险；三是网上银行管理体系信息安全风险。如何有效防范网上银行风险，成为银行和监管部门面临的新的挑战。

思考：
你认为在技术上可采取哪些措施提高网上银行的安全性？解决网上银行的安全问题应从哪些层面着手？

4.4 电子支付现状和发展趋势

4.4.1 国内外电子支付的发展概况

1．国外电子支付发展概况

20世纪90年代以来，欧美国家大部分传统银行纷纷推出网上银行服务，还有一些不具备任何传统商业银行背景的小型公司，也在互联网上推出了没有银行传统营业柜台的所谓虚拟银行，如CompuBank、SFNB、TeleBank等，争夺未来的网络金融市场。网上银行作为银行未来的发展方向已经得到几乎所有商业银行的认同，甚至一些非金融业公司，如微软、索尼、新力等也计划开设网上银行或以别的形式介入网上银行领域，分享利润。

1) 安全第一网上银行

1994年4月美国的三家银行联合在互联网上创建了美国第一联合国家银行(First Union National Bank)，这是一种新型的网上银行，也称为美国安全第一网上银行(Security First Network Bank)、美国证券第一网上银行，是得到美国联邦银行管理机构批准，在互联网上提供金融服务的第一家银行，也是在互联网上提供大范围和多品种金融服务的第一家银行，其前台业务在互联网上进行，其后台处理只集中在一个地点进行。该银行可以保证安全可靠地开办网上银行业务，业务处理速度快、服务质量高、服务范围极广。1995年10月美国第一联合国家银行在网上开业。开业后的短短几个月，有近千万人次上网浏览，给金融界带来极大震撼。1996年年初，美国第一联合国家银行在互联网上正式营业开展金融服务，用户可以采用电子方式开出支票和支付账单，可以上网了解当前货币汇率和升值信息。由于该银行提供的是一种联机服务，因此用户的账户始终是平衡的。从1998年1月起，美国第一联合国家银行通过互联网为用户提供一种称为之为环球网Invison的服务。环球网Invison系统是建立在美国第一联合国家银行PC Invison之上的一种金融管理系统。利用该系统，用户能够通过互联网访问自己最新的账目信息，获取最近的商业报告或通过直接拨号实时访问资金状况和投资进展情况，不需要在用户端安装特殊的软件。环球网Invison系统主要是为小企业主和财会人员设计的。这些人可以利用环球网Invison系统了解公司资金的最新情况，还可以利用环球网Invison系统使用他们的电子邮件与美国第一联合国家银行联系，访问全国或地区性的各种经济状况和各种相关数据。

2) 美洲银行

通过http://www.bankamerica.com进入美洲银行的主页，最显著的两个项目就是家庭银行业务和建立客户自己的银行。

家庭银行的目的是让客户在家里就能处理各种商业银行交易。它通过方便快捷的方式把客户与美洲银行的支票账户服务连接起来、客户可以在任何时候、任何地点根据自身的需要通过互联网或美洲银行自行开发的管理自己财务的软件来使用及管理自己的账户。美洲银行的家庭银行服务提供24小时的不间断服务，包括快速余额查询、账户信息、票据支付、转账、客户服务和各种信息下载等。

3) 第一芝加哥银行

据统计，第一芝加哥银行(First Chicago Bank)的在线银行客户的账户是不在线客户的两倍。与传统银行客户相比，在线银行客户的未偿贷款余额是前者的3倍。所以总体而言，对银行来说，在线银行客户更有利可图。

第一芝加哥银行为投资、抵押，以及其他银行业务提供在线应用。至1997年第二季度，第一芝加哥银行客户能够在线查看其支票、信用卡及其他账户信息。至1997年夏天，客户能在线支付账单。

4) 德国 Gries&Heissel 银行

Gries&Heissel银行于2007年宣布开设德国第一家网上银行，网址为http://www.guh.de。

Gries&Heissel银行成功地应用了"Pocket—Banking"——回答关于账户的存款问题，完成银行转换和贷款，日常操作(如整理标准订单、订购支票和银行信用卡或地址的变化等)。

5) 美国 Mark Twain 银行

Mark Twain银行是美国一家只有35年历史的地区性中小型商业银行，是美国第一家提供电子货币业务的银行，早在1996年4月，它就获得了第一万个电子货币的客户。

Mark Twain银行设计推出了world currency access账户服务，使电子货币成为自己的业务特色，它不仅提供了一种在互联网上进行购销活动的安全、方便、可靠的支付手段，而且很容易与商户现有的服务器应用相集成，支付成本很低；而同时，通过互联网进行商务活动可以大幅度地扩展商户的影响和客户群体。

客户使用Mark Twain的电子货币业务手续非常简单，只需要开立专门的world currency access账户，存入一些金额，安装DigiCash公司的有关软件，然后与Mark Twain银行的网址连接就可以了。可以开立25种货币的账户，方便进行网上跨国购物。

目前Mark Twain银行提供的是免费服务。通过提供电子货币服务增加客户，客户又使用银行其他的服务项目给银行带来的额外收益。

电子货币业务还是Mark Twain银行市场营销的一个重要手段。

随着欧洲银行的信贷紧缩、电子商务的环球化以及欧洲支付服务指引(Payment Services Directive)的实施，消费者对电子商务市场的大型服务商已逐步建立了信任，再配合支付服务指引允许这些服务商有限度进入金融服务，成千上万的网络购物者对大型服务商如PayPal、Amazon和Google等从过去的支付、购物、搜寻等服务建立的信任将延伸至附加的金融服务上。

根据美国电子营销者研究机构的公布，2016年美国移动电子商务销售额达到1 231.3亿美元。

近年来，随着科技的发展，针对实体零售店的支付工具也出现了很多不同的改进，在支付业务上产生很多非银行的支付服务商，成为银行业支付业务的竞争对手，甚至部分第三方支付服务供应商更逐步进入有限度的金融服务领域。

2．我国电子支付现状

随着互联网的广泛应用及电子商务的快速发展，作为电子商务的核心环节，电子支付也得到了迅速发展。近年来网络购物的流行与快递行业的火爆，预示我国已开始加速步入电子支付时代。

央行数据显示，2016年网上支付业务461.78亿笔，金额2 084.95万亿元，同比分别增长26.96%和3.31%。移动支付业务257.10亿笔，金额157.55万亿元，同比分别增长85.82%和45.59%。随着支付宝、微信支付、百度钱包等第三方支付机构对日常消费场景的不断覆盖，2016年非银行支付机构累计发生网络支付业务1 639.02亿笔，金额99.27万亿元，同比分别增长99.53%和100.65%。

据中国产业调研网发布的《2015—2020年中国电子支付市场现状研究分析与发展前景预测报告》显示，目前国内电子支付市场主要有几大阵营：一是独立的第三方支付企业，例如快钱、易宝支付等；二是国内电子商务交易平台价值链延伸的在线支付工具，例如支付宝、财付通、百付宝等；三是银行阵营，例如中国银联的ChinaPay以及各个银行自己的网上银行等；四是以中国移动等电信运营商为代表的移动支付企业。

目前，我国的电子支付状态主要体现为以下几个方面。

1) 电子支付行业的政策环境不断完善促进电子支付的规范化发展

自2005年以来，我国电子支付市场快速发展，监管也面临着更大的挑战，需要改变现有监管模式，更好地适应市场发展的需求。2006年中国银监会发布的《电子银行业务管理办法》《电子银行安全评估指引》有利于规范电子银行业务的健康、有序发展；2010年人民银行颁发的《非金融机构支付服务管理办法》有利于促进非金融机构在平等竞争的规则下有序发展；2015年《国务院关于实施银行卡清算机构准入管理的决定》进一步深化了我国银行卡清算市场的开放，加快中国支付服务市场的改革开放和创新转型。电子支付行业政策环境的不断完善，大大促进了我国电子支付的规范化发展。

2) 网络经济市场规模发展迅速为电子支付行业提供了良好的交易环境

据《2017中国网络经济年度报告》数据显示，网络经济营收规模达到14 707亿元，同比增长28.5%。网络经济营收中，电商营收规模8 946.2亿元，占比超过60%，是推动网络经济增长的主要力量。据艾瑞咨询预测，2017年将达到17 421.8亿元、2018年将达到20 202.6亿元。中国网络经济市场规模发展迅速，为电子支付行业的发展提供了良好的交易环境。

3) 行业技术标准不断完善为电子支付行业健康发展保驾护航

中国电子支付行业的技术标准不断完善，为促进电子支付行业的健康发展提供了技术支持和保障。首先，安全性上，通过数据加密技术、数据签名技术、安全应用协议及安全认证体系等基础安全技术，使得电子支付过程中的用户信息及交易信息得到保护，确保安全；其次，便捷性上，通过支付应用技术、网络技术、设备技术、认证技术等多种支付技术相结合，能够在确保支付交易安全进行的前提下，提高电子支付的便捷性，使得电子支付的效率大大提高。

4) 电子支付服务主体不断丰富形成较完善的电子支付格局

中国电子支付核心参与方中，由银联和央行支付系统所组成的支付清算处于电子支付体系最核心的位置，其为整个电子支付产业的枢纽。商业银行、线上线下的第三方支付机构、通信运营商是电子支付体系主要的参与主体，其参与者数量和交易规模都在电子支付行业中领先。支付软硬件提供商和收单代理商是电子支付产业中起到辅助作用的主体，整个体系由中国人民银行等监管方进行监督管理，为中国的用户和商户进行服务。其中有由四大行、股份制银行和城商行等商业银行；有银联商务、杉德、汇付天下等第三方线下收单机构；有支付宝、财付通为代表的互联网支付和移动支付第三方支付机构；有资和信、市政交通卡等预付卡发行第三方支付机构；有中国移动、中国联通、中国电信等运营商及其下属的第三方支付机构。还有为电子支付的软硬件及设备技术提供商如苹果、三星、华为等。电子支付服务主体不断丰富，形成了较完善的电子支付格局。

5) 互联网在线支付市场进入成熟期市场规模增速趋于平缓

从中国第三方支付市场整体发展趋势来看，经过了十几年的发展壮大，第三方支付市场已成为互联网金融领域最为成熟的行业，并作为基础服务广泛应用于各行业。目前，第三方支付市场已形成由支付宝、中国银联、财付通三大巨头占主导的市场竞争格局。互联网在线支付市场进入成熟期，未来市场规模增速趋于平缓，市场格局保持稳定。

6) 手机/平板成为普及程度最高的电子支付终端

中国网民在不同时段可能接触的电子支付终端中，手机和平板的普及度最高，几乎涵盖了用户生活中的各个时段。对于用户来说，主要的支付类型是第三方移动支付和手机银行支付，未来该如何提高用户的黏性将成为第三方移动支付和手机银行的战略重点；而用户能够接触到电脑的机会较多，主要支付类型是第三方互联网支付和网银支付；用户能够接触到线下 POS 机的机会较少，主要支付类型是现金、刷卡机移动支付；用户能够接触到电视的机会最少，主要支付类型是电视支付。

7) 各支付路径推广难度具有较大差异

经过较长时间的发展，中国电子支付行业的支付路径涵盖了远程网络支付、二维码支付、手刷支付、声波支付、NFC 支付、地理围栏支付、条码支付、光子支付等在内的多种支付路径。从适宜场景、使用条件及便捷性、安全风险等角度对比不同的支付路径，可看出在现有的支付路径中，远程网络支付、二维码支付较容易普及，手刷支付、声波支付较难普及，NFC 支付、地理围栏支付难普及；条码支付易普及，光子支付较难普及。未来，各支付路径必将面临优胜劣汰的局面。

4.4.2 电子支付面临的问题

1．安全问题

电子支付的安全直接关系到电子交易各方的利益。例如，买方存在信用卡密码被窃或泄露从而导致资金流失的风险；商家是虚假的从而造成钱付了却收不到货的局面；卖方存在未能识别电子伪钞进而向不真实的买主交货而导致"钱货两空"的结果；银行则存在向虚假商家兑现后因买方收不到从而拒付的风险等。

由于种种风险的存在，各方当事人对在 Internet 上从事电子交易就不免心存疑虑。网上交易所能带来的巨大机遇和丰厚利润也无时无刻不在吸引着那些喜欢冒险入侵者，买方、卖方和银行都必须承担来自外部的风险。

2．支付方式的统一问题

在电子支付中存在若干种支付方式，每一种方式都有其自身的特点，且有时两种支付方式之间不能做到相互兼容，因此，当电子交易中当事人采用不同的支付方式且这些支付方式又互不兼容时，双方就不可能通过电子支付的手段来支付，从而也就不能实现 Internet 上的交易。

目前仍存在多种支付方式并存的局面，为满足电子商务进一步发展的需求，支付方式的统一将是大势所趋。

3．三流之间的协调性问题

物流、资金流和信息流是电子商务的三要素。网上下单、网上支付并在网上指定配送方式，才构成一个完整统一的电子商务体系。企业开展 B2B 电子商务业务时，会产生大量订单，如何通过电子支付实现资金流和订单/信息流的统一，从而便利收款企业的对账发货，也是企业非常现实的需求。对于 B2B 电子支付而言，并不仅仅是在网上进行一次付款便完成了的事情，它背后涉及的是物流、库存、信息流等的对接。

第三方支付网关无法对网上交易的货物进行监督，也就不能为买家保证货物的安全，在资金监管、信息流的提供等方面都有不足，在 B2B 电子支付过程中发展尤其艰难。

4．法律问题

目前电子支付相关法律法规尚不健全。我国在有关电子支付的法律的制定方面还有以下大量的法律新问题需要研究。

(1) 电子支付的定义和特征。电子支付是通过网络而实施的一种支付行为，与传统的支付方式类似，它也要引起涉及资金转换方面的法律关系的发生、变更和消灭。美国及其他国家提出的电子支付的法律定义是否适合我国的情况，需要做哪些修改等都应该加以研究。

(2) 电子支付权利。电子支付的当事人包括付款人、收款人和银行，有时还存在中介机构。各当事人在支付活动中的地位问题必须明确，进而确定各当事人的权利的取得和消灭。涉及这方面的问题相当复杂。

(3) 涉及电子支付的伪造、变造、更改与涂销问题。在电子支付活动中，由于网络黑客的破坏，支付数据伪造、变造、更改与涂销问题越来越突出，对社会的影响越来越大。

5．接口问题

由于电子支付渠道不统一，目前银行之间还不可能互相提供接口。

📖 **小思考**

微信等新型支付手段的安全标准

类似微信这样不直接占用使用者现金资源只提供支付平台的新型便捷支付手段是否可以从类似于信用卡这样的传统支付手段中借鉴具有可靠性的安全标准？

4.4.3 电子支付发展趋势

据权威机构数据统计及相关领域专家的分析,未来电子支付将呈现以下发展趋势。

1. 账户简单化同一化趋势

多种多样的账户给人的支付活动造成困扰,还引起社会运行效率低下。账户本质上是服务与权益的存储和支取,账户的权益人是账户的主体。账户就是人的体现,账户属性对应着人的特定属性,如身份证和公共缴费账户对应着人的身份和社会属性,通信账户和SNS账户对应着人的真实和虚拟社交属性,银行等金融机构账户对应着人的金融属性等;而人的生物属性就是能贯通和验证这些属性的标识。随着电子支付的发展和账户虚拟化的趋势,账户越来越呈现简单化统一化的趋势。这种趋势会先从机构内部发生(如中国平安一账通),然后会向行业横向发展,并统一化(如证券一码通账户),最后行业和行业之间可以逐步达成共识,向着账户全息化和唯一化迈进。

2. 支付场景和入口多样化

未来更多的支付将通过电子支付的方式进行交易,而电子支付场景和进入支付场景的方式将越来越复杂,线上、线下、O2O 的支付方式的界限越来越不清晰。各种场景的支付方式将不再单一,选择会更加多样化。同时,进入某一支付场景的方式也会有更多种方式,由从网页或者 APP 进入到更简单快捷的扫码、NFC、地理、光子等。这些看似复杂新兴的支付进入方式,都将配合更简单的流程和操作,以及更加安全的认证方式。

3. 数据让支付企业更有价值

利用支付数据打造一个更有价值,更坚挺的商业模式,而不仅仅是依赖交易费用,线下商务和在线广告的格局也将被颠覆。挖掘维度包括:使用时间、功能选择、支付金额、支付频次、消费标的、交易对象、地理位置、软件系统、资金来源、支付方式;应用领域包括:安全验证和身份确认、产品研发和个性定制、信贷支持、个人征信、安全验证、营销支持产品研发等。

本章小结

电子支付,是以金融电子化网络为基础,以商用电子化设备和各类交易卡为媒介,以计算机技术和通信技术为手段,以电子数据形式存储在分行的计算机系统中,并通过计算机网络系统以电子信息传递形式实现流通和支付。

本章主要讲述了电子商务支付系统的构成和功能,并介绍了在电子商务交易中常用的支付工具,这些工具包括电子现金、电子信用卡、电子钱包等,这些电子支付工具各有不同的特色和不同的技术要求,适合在特定的场合使用,这也是电子商务与传统贸易在"资金流"上的一个重要区别。特别对网上银行的优势、主要业务、功能等作了系统的介绍,让我们进一步了解电子商务在银行业中的应用,也了解了网上银行在业务上与传统银行的不同。同时，通过本章的介绍，我们了解了国内外电子支付现状，以及为了更好地使用电子支付工具，我们所需注意的安全问题。网上支付是金融电子化的必由之路，也是支持电子商务的基础平台条件。网上支付对金融电子化提出了更高的要求，没有网上支付手段支撑的电子商务只能是电子商情。从技术上讲，电子商务最关键的问题是如何完全地实现在线支付功能，并保证交易各方的安全保密。

【关键术语】

电子支付(Electronic Payment)
支付工具(Payment Instruments)
网上银行(Internet Bank)
支付安全(Payment Security)
移动支付(Mobile Payment)

EC 动态

新型的十种支付方式

各种新型支付手段正在不断涌现，给支付市场带来了革命性冲击。至少十种曾经的"未来支付"已在国内外支付平台的努力下成为现实。

1．二维码扫描 即拍即付

打开手机支付客户端中的二维码，拍摄、识别商品的二维码信息，可以看到详情，单击"付款"就能在网络账户中完成交易。相对于条形码，二维码编码更加复杂，不容易仿制。任意两家店的二维码都不兼容，扫描一家获取的就是一家商品，专卖店也可利用二维码来验证发行的商品电子券的准确性。有了复杂的二维码防伪算法，手机轻松扫描，联网后就可以显示正品的详细信息。二维码应用对于移动手机用户提供了便利的手机访问方式，对电子商务的营销提供了多种新模式和渠道。

2．NFC 技术 电子钱包

NFC(Near Field Communication)是一种近场无线通信技术。可以在移动设备、消费类电子产品、PC 和智能控件工具间提供轻松、安全、迅速、近距离、非接触式的识别，采取独特的信号衰减技术，通常是在十厘米之内交换数据，具有距离近、带宽高、能耗低等特点，并且与现有非接触智能卡技术兼容。与其他连接方式相比，NFC 是近距离的私密通信。在手机中植入 NFC 芯片或在手机外增加 NFC 贴片等，NFC 信息通过频谱中无线频率部分的电磁感应耦合方式传递银行卡信息。付钱时对着接收器，刷一下就完成，整个过程像在刷公交卡。

此外，NFC 还提供设备间的数据传输，以往手机之间传输文件需要蓝牙配对，有了 NFC，两台手机"背靠背"就可以直接传输资料。

3．"摇一摇"轻松转账

不必再输入支付账号，双方只需"摇一摇"手机，近距离范围内的账号就会自动识别接收，输入金额确认即可完成收款付款。这么神奇的功能集中了很多手机新技术，比如 GPS、蓝牙、重力加速感应等。当两位用户一起摇动手机时，支付宝就会得到指令，作为中介把周围的支付宝账号显示到对方屏幕上，无须手动输入账号。是朋友聚餐凑份子、小店老板结账的"利器"。

4．短信提醒 自动缴费

短信支付由来已久，发送一串字符到指定号码，就可完成各种支付。不过现在有了更多演绎，如缴纳水电费，初次使用需在第三方支付网站登录账户，交费后选择"缴费提醒"，此后每到缴费时，将收到短信提示，回复验证码，只需 3 秒，家里水电不断。短信支付的技术架构很简单，通过短信处理平台与移动支付接入平台交互完成支付处理。交易过程中，包含支付信息的短信指令从用户的移动终端发送到短信处理平台，通过识别、审核和交换后，支付信息被转发到移动支付接入平台与账户管理系统完成相关业务。

5．"地理围栏"识别照片

在手机中，"地理围栏"指的是利用 GPS 或射频识别(Radio Frequency Indentification，RFID)构筑虚拟的地理边界，当手机进入、离开某个特定地理区域，或在该区域内活动时，可以接收自动通知和警告。

当你到达咖啡厅百米之内，咖啡厅会启动"地理围栏"技术，感知你的到来、调出你的账户，同时向你发出通知，确认购买咖啡。进店后你只需说出名字，对方核对完照片，按下"确认"键完成支付，你就可以端走咖啡了。很快你将收到一个推送通知，告知消费并得到电子发票。不过，地理围栏技术以培养用户地理位置后台分享为前提，用户不得不暴露个人行踪。

6．语音识别 电视购物

把语音信号转变为相应的文本或命令的高技术，让机器通过识别和理解语音、听懂人类的语言。在系统中配置"语音辨识"的程序组，当你的声音通过一个转换装置输入系统内部、以数位方式存储后，语音辨识程序便开始以你输入的声音与事先储存好的声音样本进行对比。对比之后，系统就会输入一个它认为最"像"的声音样本序号，可以知道你的声音是什么意义，进而执行此命令。服务商在电视广告中嵌入特定的语音命令用来"说"，手机上安装相应的支付应用用来"听"。看电视时打开应用，手机就能接收、识别语音波段，客户端会发出一条通知，询问是否购买此商品，接下来引导你到达付款页面。不过这项技术尚未完全投入商用。

7．图像识别 读取信息

将摄像头变成信用卡信息阅读设备，这项新技术名为 Netswipe。使用安全的视频数据流来识别、验证信用卡信息，用户使用几乎任何一种摄像头刷卡即可进行在线移动付款，无须安装任何额外硬件。用户在相应网站购物后，会收到打开手机、"拍摄"信用卡的提示，手持信用卡对准摄像头，等待初始化，程序会自动辨识信用卡信息，随后输入 3 位 CVN 码即可。通过 Netswipe 为物品及服务进行付款的信用卡并不会被"拍摄下来"，扫描是通过视频流技术操作的。对于消费者来说：可让公司识别并核实信用卡详情，同时又不会存储任何关于客户的资料；对于商家来说：缩短消费者决定在线购买到进行交易这一过程的时间，使商家及顾客之间的摩擦减至最低。

8．超声波识别 近场确认

Zoosh 新超声波移动支付技术，不需依赖 NFC 芯片，通过移动应用程序就可运作。实际操作中，Zoosh 同 NFC 技术并无二致：将两只手机靠在一起"碰一碰"，交易即可完成。稍有不同的是，NFC 是通过芯片发出响应，而 Zoosh 则是通过装备来监听超声波通信。利用超声波，手机通过麦克风、扬声器就能完成近距离"相认"，而不必改造手机。除了通过超声波付款外，这项 Zoosh 技术还可以完成数据交换，两个手机相碰即可完成数据交换过程。在安全方面，Zoosh 技术使每台手机都具备一个识别 ID，且每次支付后都会动态变换，保证安全。

9．轻扫商户宝随身刷卡 迷你支付

轻扫商户宝不同于读卡器的手机刷卡器，它不需要外接任何东西，就是一部单纯的手机，同时支付银行卡磁条刷卡和芯片刷卡，它整个采用安卓系统，系统安全有保障，同时支持多种渠道的移动支付，例如微信支付、支付宝支付、百度钱包、易付宝等，支付的形式有扫码支付、刷卡支付、声波支付等，方便快捷。轻扫商户宝材料选取的是环保型、无毒、无味、耐冲击、耐磨、耐油性的 ABS 塑料，可反复充电使用，充手机、缴费、充点券都方便，相当于自己有了 POS 机，真正实现我的银行卡我做主。

10．"条码收款" 快捷时尚

该支付方式更像是"条码收款"。用户安装手机客户端之后，可以生成为一个条形码，通过收银员的条码枪一扫，单击"同意支付"的按键，付款就完成了，支付非常简单。商户利用手机或条码枪扫描，可以实现商户与消费者间的低成本、便捷收付款。买卖双方无需任何硬件改造，一举打破了之前近场支付模式的最大应用障碍。更灵活的移动收款方式则是直接启动客户端中"我要收款"扫描对方条码，手机既能付款也能收款,既是收银机又是钱包,两手机之间可直接完成交易,商家不用安装专用收款设备,用户无须携带现金或银行卡。

相比传统收银方案,条码支付还具有无新增设备、即时到账、电子账单透明低碳、收款机动灵活等特征。移动支付告别了传统消费,抛弃了现金、银行卡,主要载体是智能手机,通过客户端应用支付,这似乎也是目前最合理的支付方案。但究其根本,以上各类支付手段中,验证是关键一环,支付者必须拥有银行账户、信用卡或预付资金,确认身份并与账号关联。虽然各大商家仍在马不停蹄、集中火力推出各项优惠资费、各路便捷服务来吸引消费者。但用户与市场才是决定胜败的关键,怎样让消费者更加便捷、安全地消费支付,让商家更加经济、迅速地获取资金,这是移动支付要平衡的关键。在诸多眼花缭乱的移动支付服务中,零售商与金融服务商的强势合作仍在筹备新一波攻势,线下战场已成为移动支付的核心战场。

(资料来源: http://tieba.baidu.com/p/4150158226, http://mt.sohu.com/20151014/n423199097.shtml, 稍作整理)

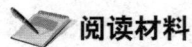 阅读材料

电子商务支付工具起源史——信用卡

信用卡(Credit Card)是一种非现金交易付款的方式,是简单的信贷服务。信用卡一般是长85.60mm、宽53.98mm、厚1mm的塑料卡片(尺寸大小是由ISO 7810、7816系列的文件定义),由银行或信用卡公司依照用户的信用度与财力发给持卡人,持卡人持信用卡消费时无须支付现金,待结账日时再行还款。除部分与金融卡结合的信用卡外,一般的信用卡与借记卡、提款卡不同,信用卡不会由用户的账户直接扣除资金。信用卡于1915年起源于美国。最早发行信用卡的机构并不是银行,而是一些百货商店、饮食业、娱乐业和汽油公司。美国的一些商店、饮食店为招徕顾客,推销商品,扩大营业额,有选择地在一定范围内发给顾客一种类似金属徽章的信用筹码,后来演变成为用塑料制成的卡片,作为客户购货消费的凭证,开展了凭信用筹码在本商号或公司或汽油站购货的赊销服务业务,顾客可以在这些发行筹码的商店及其分号赊购商品,约期付款。这就是信用卡的雏形。

据说有一天,美国商人弗兰克·麦克纳马拉在纽约一家饭店招待客人用餐,就餐后发现他的钱包忘记带在身边,因而深感难堪,不得不打电话叫妻子带现金来饭店结账。于是麦克纳马拉产生了创建信用卡公司的想法。1950年春,麦克纳马拉与他的好友施奈德合作投资10 000美元,在纽约创立了"大来俱乐部"(Diners Club),即大来信用卡公司的前身。大来俱乐部为会员们提供一种能够证明身份和支付能力的卡片,会员凭卡片可以记账消费。这种无须银行办理的信用卡的性质仍属于商业信用卡。

(资料来源: http://baike.baidu.com/view/8153.htm.)

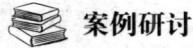 案例研讨

移动支付市场闪付派扫码派较量升级

移动支付市场各方的竞争较量正在升级。2016年年初,苹果、三星两大手机巨头近期相继宣布进军中国移动支付市场。而短短几个月内,在Apple Pay之后,中国银联又先后宣布与华为公司和三星电子进行合作,Huawei Pay和Samsung Pay接踵而来。一边是基于NFC技术(近距离无线通信技术)的"闪付派"加速入场;另一边是以支付宝和微信支付为代表的"扫码派"仍然在国内的支付市场占据较高的市场份额。业内人士表示,国内移动支付市场的竞争将愈发激烈,但真正格局上的变化仍待时日。

易观智库统计数据显示,2015年我国移动支付市场规模达到16.4万亿元人民币,约为2014年的两倍、2013年的逾12倍。国内移动支付主要分为两大派别:一种是基于二维码的"扫码派",如微信和支付宝;另一种是包括Apple Pay在内基于NFC技术的"闪付派"。虽然NFC技术早在几年前就是一项非常成熟的技术,但是国内的NFC产业受制于银行、运营商、硬件厂商等各方的利益难以协调,一直发展滞后。而在NFC技术发展缓慢的这几年,由互联网巨头主导的二维码支付方式迅速兴起,并占据大量市场

份额。公开信息显示，目前支付宝和微信支付的用户数量均超过4亿，合计市场覆盖率约85%。

到了2016年5月，国内约有20家银行宣布将支持Apple Pay。另外，建行、招行、光大等多家银行日前也宣布，已支持通过Apple Pay在ATM机上进行无卡的查询和取款。华泰证券首席金融分析师表示，相比互联网企业的二维码支付，银联NFC方案在数据保密性、技术安全性、操作快捷性、产业生态系统方面都略胜一筹。

不过，虽然在入华之初，Apple Pay赚足了"眼球"，但是从实际的市场表现来看，真正使用Apple Pay的用户并不多。业内人士表示，NFC支付仍面临着消费者支付习惯、支付场景、智能终端等方面的难题，短期内扫码支付各方面的适用性均远远大于手机的Pay支付。

分析人士指出，NFC支付参与各方需通过一定措施刺激需求端，进而推进支付场景建设、智能设备普及的速度。未来NFC发展的突破口在于探求和开发贴合用户需求的应用场景，围绕用户消费体验，设计定制化的NFC支付应用，建立完整的支付服务体系。乐富支付相关负责人则表示，尽管二维码支付培养了一定用户群体的支付习惯，然而在安全保障方面，仍然存在一些天然短板，导致相对更加安全的POS机点对点支付模式始终拥有稳固的市场。尽管发展迅速，移动支付只是在小额支付上形成了优势，商家和消费者的习惯思维尚未改变，而商家累积多年的POS机收单体系，形成了大量的数据，短期内也不愿意放弃POS机使用移动支付。随着苹果、三星等的入场，包括NFC近场支付等新的移动支付手段，势必要在移动支付领域与二维码支付产生博弈。

(资料来源：张莫，侯云龙. 移动支付市场闪付派扫码派较量升级[N]. 经济参考报，2016年5月31日第3版)

【问题及要求】

1．请查阅相关资料，分析NFC支付方式与二维码扫付方式的区别。
2．请分析移动支付市场普及的阻碍体现在哪几个方面？并提出有效解决途径。

思考与练习题

一、选择题

1．用户从商家订货，信用卡信息通过电话、传真等非网上传送手段进行传输。也可在网上传送信用卡信息，但无安全措施。这种电子支付模式属于(　　)。
　　A．支付系统无安全措施的模型　　　　B．通过第三方经纪人支付的模型
　　C．电子现金支付模型　　　　　　　　D．简单加密支付系统模型
2．在信用卡付款系统中有4个角色：顾客、贸易商、发行器和(　　)。
　　A．发射器　　　B．接收器　　　C．银行　　　D．捕获器
3．(　　)是电子商务活动中购物顾客常用的一种支付工具，是在小额购物或购买小商品时常用的新式钱包。
　　A．信用卡　　　B．电子现金　　　C．电子钱包　　　D．借记卡
4．(　　)是一种以数据形式流通的货币。它把现金数值转换成为一系列的加密序列数，通过这些序列数来表示现实中各种金额的币值。
　　A．信用卡　　　B．电子现金　　　C．电子钱包　　　D．借记卡
5．一般商业银行的网上银行业务一般为以下3种主要类型：信息服务、客户交流服务和(　　)。
　　A．交易服务　　　B．网关服务　　　C．身份认证服务　　　D．账单服务

二、判断题

1．在网上交易中，消费者发出的支付指令，在由商户送到支付网关之前，是在公用网上传送的。（ ）

2．最初的网上购物不包括电子支付功能，只负责商品浏览和下订单，付款是通过其他途径(如电话、传真等)完成的。（ ）

3．财付通是一个专业的第三方支付平台。（ ）

4．SSL 是一个在开放的互联网(Internet)上实现安全电子交易的国际协议和标准。（ ）

5．信用卡型电子货币是电子支付中最常用的工具，信用卡可在商场、饭店、车站等许多场所使用，但不可采用刷卡记账、POS 结账、ATM 提取现金等方式进行支付。（ ）

三、填空题

1．支付网关是公用网和_____之间的接口，支付信息必须通过支付网关才能进入银行支付系统，进而完成支付的授权和获取。

2．根据系统中使用的支付工具不同，大致可以将电子支付系统分为以下三大类：数字化电子现金系统、电子信用卡系统、_____。

3．为了保证信用卡付款的安全，在过去的几年中已经建立起了两个标准：_____。

4．_____开发的电子钱包 Mondex 是世界上最早的电子钱包系统，于 1995 年 7 月首先在有"英国的硅谷"之称的斯温顿市试用。

5．网上银行的两种模式：完全基于 Internet 的全新电子银行和_____。

四、简答题

1．电子支付在电子商务系统中的地位如何？起什么作用？

2．对比国内外电子支付的现状，并分析如果要推广电子支付工具在我国的应用应从哪几方面入手。

五、实践题

列举我国流行的 5 个第三方支付平台并登录，对比不同第三方支付平台的优缺点。如果你打算在网上独立开店，请拟一份支付解决方案。

六、案例分析

微支付(Micro Payments)是指在互联网上进行的一些小额的资金支付。例如，网站为用户提供搜索、下载一段音乐、下载一个视频片段、下载试用版软件等服务，所涉及的支付费用很小，往往只要几分、几元或几十元。微支付就是为解决这些"小金额的支付"而提出的。它的特点在于交易额度小，使人不假思索随手花出，同时自身的交易量大，颇有薄利多销的意味。这种支付机制有着特殊的系统要求，在满足一定安全性的前提下，要求有尽量少的信息传输，较低的管理和存储需求，即速度和效率要求比较高。这种支付形式就称为微支付。

日前，红袖添香网站推出了网络文学首个"按质定价体系"，宣布旗下5位当红签约作者的 5 部作品的销售价格每千字提价 1 分。在这 5 部作品提价后的第一天，读者"meihuojingling"在提价作品《蛇王选后》后留言说"再多的钱都花出去了，也不在乎多这1 分钱"。"千字 2 分"是微支付的典型应用。通过这个商业模式，目前红袖添香网站发放给作者的稿费总金额已经超过 1 000 万元，这 1 000 万元全部来自于读者的订阅付费。因此，别小看这"微涨"的 1 分钱。

据悉第二届华语言情小说大赛冠军作品《逃婚俏伴娘》在红袖添香网站连载后，已经为作者"涅盘灰"带来超过 20 万元的收入；如果提价 1 分，根据红袖添香网站目前全行业最高的稿酬分成比例计算，将能够为其带来 6.7 万元的"超额"收入。

不久前美国市场调查机构 StrategyAnalytics 也表达了对微支付前景的乐观看法，他们在发布的一份虚拟世界战略服务研究报告中预测：2009—2015 年，全球社交虚拟世界的年复合增长率将达到 23%，虚拟世界的总收入中约有 86% 的份额来自于微交易。其中，微交易的收入规模将从 2008 年的刚过 10 亿美元增长到 2015 年的 173 亿美元。

案例分析：
1. 请分析微支付在电子商务支付中适用的环境。
2. 微支付与电子现金有什么区别？

第 5 章
电子商务与现代物流

学习目标

通过本章的学习，了解在电子商务环境下物流运作的模式和机制，重点要求掌握两种主要电子商务交易模式的物流操作、电子商务物流的管理方法，并能运用所学知识搭建可行的电子商务物流信息平台。

教学要求

能力模块	能力要求	相关知识点
电子商务物流及其过程	(1) 掌握电子商务环境下物流的特点 (2) 掌握电子商务物流活动的特点和作业流程	(1) 电子商务与物流的关系 (2) 电子商务物流的概论和特点 (3) 电子商务物流的构成要素 (4) 电子商务下物流作业流程
电子商务物流运作模式	(1) 掌握电子商务主要交易模式的物流运作模式 (2) 电子商务物流配送模式和采购模式	(1) BtoB 物流运作模式 (2) BtoC 物流运作模式 (3) 电子商务物流配送模式 (4) 电子商务物流采购模式
电子商务物流管理方法	掌握现在流行的电子商务环境下相关的物流管理方法	(1) JIT (2) QR (3) MRP (4) DRP (5) LRP
电子商务物流信息技术	掌握传统物流与电子商务物流在运作过程中所使用工具的区别	(1) 物流信息识别技术 (2) 物流信息跟踪技术 (3) 物流信息交换技术 (4) 物流信息整合平台

> **引 例**

沃尔玛卓越的物流管理信息系统

现在,几乎所有的人都知道沃尔玛在全世界的成功源自其物流模式的成功,然而,是什么支撑了沃尔玛的物流模式,使其配送中心的实践和其物流的卓越理念转化为无与伦比的竞争力?答案是物流信息技术。

20世纪70年代,沃尔玛建立了物流管理信息系统,负责处理系统报表,加快了运作速度;1983年,沃尔玛采用了POS机,销售始点数据系统的建立实现了各部门物流信息的同步共享;1985年建立了EDI,即电子数据交换系统,进行无纸化作业,所有信息全部在电脑上运作。1986年又建立了QR快速反应机制,快速拉动市场需求。凭借包括物流条形码、射频技术和便携式数据终端设备在内的信息技术,沃尔玛如虎添翼,得到了长足的发展。

沃尔玛在全球第一个实现集团内部24小时计算机物流网络化监控,建立全球第一个物流数据处理中心,使采购、库存、订货、配送和销售一体化。例如,顾客到沃尔玛店里购物,然后通过POS机打印发票,与此同时负责生产计划、采购计划的人以及供应商的电脑上就会同时显示信息,各个环节就会通过信息及时完成本职工作,从而减少了很多不必要的时间浪费,加快了物流的循环。在物流信息实时反应的网络条件下,物流各环节成员能够相互支持、互相配合,以适应激烈竞争的市场环境,正是信息技术,成为现代物流企业核心竞争力的典范。

(资料来源:http://www.chinawuliu.com.cn,2015-10)

电子商务的发展,需要各要素的共生平衡发展,形成一个有效的生态链,其中物流问题是自资金流问题解决之后电子商务发展的最大瓶颈,如何积极寻求适合自身企业发展的物流配送体系已经成为电子商务企业亟须解决的问题。

5.1 电子商务物流及其过程

5.1.1 电子商务与物流

1. 电子商务对物流的影响与作用

电子商务活动对物流的影响与作用,主要体现在两个方面:一是电子商务对物流的影响。有形商品的网上商务活动作为电子商务的一个重要构成方面,在近几年中得到了迅速发展。如何在交易完成后,保证交易的对象——商品在消费者所需要的时间内被送到消费者的手中,不仅是电子商务的需要,而且还是物流职能的体现。二是电子商务技术对物流所产生的影响。电子商务不仅是一种新的交易方式,而且还是一种新工具、新技术的应用。对于物流来说,作为一种经济活动,它也需要新工具、新技术的支持,并将其应用于自身的活动之中,以提高物流的效率、降低物流的成本。电子商务对物流的影响,具体主要表现在以下几个方面。

1)电子商务将改变人们传统的物流观念

电子商务作为一种新兴的商务活动,为物流创造了一个虚拟的运动空间。在电子商务条件下，人们在进行物流活动时，物流的各种职能及功能可以通过虚拟化的方式表现出来。在这种虚拟化的过程中，人们可以通过各种组合方式，寻求物流的合理化，使商品实体在实际的运动过程中达到效率最高、费用最省。

2) 电子商务将改变物流的运作方式

首先，电子商务可使物流实现网络的实时控制。传统的物流活动在其运作过程中，无论是以生产为中心，还是以成本或利润为中心，其实质都是以商流为中心，从属于商流活动。因而物流的运作方式是紧紧伴随着商流来运动(尽管其也能影响商流的运动)的。而在电子商务条件下，物流的运作是以信息为中心的，信息不仅决定了物流的运动方向，而且也决定着物流的运作方式。在实际运作过程中，通过网络信息传递，可以有效地实现对物流的控制，实现物流的合理化。其次，网络对物流的实时控制是以整体物流来进行的。在传统的物流活动中，虽然也有通过计算机系统对物流实时控制，但这种控制都是以单个的运作方式来进行的。例如，在实施计算机系统管理的物流中心或仓储企业中，所实施的计算机管理信息系统，大都是以企业自身为中心来管理物流的。而在电子商务时代，网络全球化，可使物流在全球范围内实施整体的实时控制。

3) 电子商务将改变物流企业的经营形态

首先，电子商务将改变物流企业对物流的组织和管理。在传统经济条件下，物流往往是某一企业来进行组织和管理的，而电子商务则要求物流从社会的角度来实行系统的组织和管理，以打破传统物流分散的状态。这就要求企业在组织物流的过程中，不仅要考虑本企业的物流组织和管理，而且更重要的是要考虑全社会的整体系统。其次，电子商务将改变物流企业的竞争状态。在传统经济活动中，物流企业之间存在激烈的竞争，竞争的手段往往是提高服务质量和降低物流费用。在电子商务时代，这些竞争内容虽然依然存在，但有效性却大大降低了。其原因在于电子商务需要一个全球性的物流系统来保证商品实体的合理流动，对于一个企业来说，即使它的规模再大，也是难以达到这一要求的。这就要求物流企业应相互联合起来，在竞争中相互协作以实现物流高效化、合理化和系统化。

4) 电子商务将促进物流基础设施的改善和物流技术与物流管理水平的提高

首先，电子商务将促进物流基础设施的改善。物流要达到电子商务那样的高效率和全球性，良好的交通运输网络、通信网络等基础设施则是最基本的保证。其次，电子商务将促进物流技术的进步。物流技术主要包括物流硬技术和软技术。物流硬技术是指在组织物流过程中所需的各种材料、机械和设施等；物流软技术是指组织高效率的物流所需的计划、管理、评价等方面的技术和管理方法。从物流环节来考查，物流技术包括运输技术、保管技术、装卸技术、包装技术等。物流技术水平的高低是衡量物流效率高低的一个重要因素。要建立一个适应电子商务运作的高效率的物流系统，加快提高物流的技术水平则有着重要的作用。最后，电子商务将促进物流管理水平的提高。物流管理水平的高低直接影响着物流效率的高低，也影响着电子商务效率的提高。只有提高物流的管理水平，建立科学合理的管理制度，将科学的管理手段和方法应用于物流管理当中，才能确保物流的畅通进行，实现物流的合理化和高效化，促进电子商务的发展。

5) 电子商务对物流人才提出了更高的要求

电子商务不仅要求物流管理人员具有较高的物流管理水平，而且也要求物流管理人员要具有较高的电子商务知识，并在实际的运作过程中，能将二者有机地结合在一起。

2．物流在电子商务中的地位与作用

物流在电子商务中的地位与作用主要体现在以下几个方面。
(1) 物流的发展可以提高电子商务的效率与效益、支持电子商务的快速发展。
(2) 协调电子商务的目标。
(3) 扩大电子商务的市场范围。
(4) 实现基于电子商务的供应链集成。
(5) 集成电子商务中的商流、信息流与资金流。
(6) 促使电子商务成为企业间最具竞争力的商务形式。

目前，由于我国现行的物流体系还不完善，其对电子商务发展的制约主要表现在：第一，社会上重电子、轻商务，重商流、轻物流，重信息网、轻物流网的倾向比较严重。第二，适合电子商务发展的物流体系没有建立起来。第三，物流基础设施不配套；物流管理手段落后。第四，第三方物流发展滞后；传统储运的观念、体制及方法对现代物流的发展形成巨大阻力。

因此，我国的电子商务发展目前仍处在比较困难的成长阶段，尤其是物流、配送体系的完善是电子商务发展必须解决的课题。

3．电子商务与物流的关系

1) 物流对电子商务的制约与促进

没有一个完善的物流体系，电子商务特别是网上有形商品的交易就难以得到有效发展；反过来，一个完善的物流体系则是电子商务，特别是网上有形商品交易发展的保障。

有形商品的网上交易活动作为电子商务的一个重要构成方面，在近几年中也得到了迅速发展。在这一发展过程中，人们发现作为支持有形商品网上交易活动的物流，也已成为有形商品网上交易活动能否顺利进行和发展的一个关键因素。因为没有一个高效、合理、畅通的物流系统，电子商务所具有的优势就难以得到有效的发挥；没有一个与电子商务相适应的物流体系，电子商务就难以得到有效的发展。

2) 电子商务对物流的制约与促进

电子商务对物流的制约主要表现在：当网上有形商品的交易规模较小时，不可能形成一个专门为网上交易提供服务的物流体系，这不利于物流的专业化和社会化的发展。电子商务对物流的促进主要表现在两个方面：一是网上交易规模较大时有利于物流专业化和社会化的发展；二是电子商务技术会促进物流的发展。

在人类社会经济的发展过程中，物流的每一次变革都是由于其活动的客观环境和条件发生变化所引起的，并由这些因素来决定其发展方向。在人类已迈入21世纪的信息化、知识化社会之际，作为以信息化和知识化为代表的电子商务正是为适应这一趋势而产生的，它具有传统商务活动所无法比拟的许多优势，代表了传统商务活动的发展方向和未来。主要原因是：第一，电子商务所具备的高效率特点，是人类社会经济发展所追求的目标之一；第二，电子商务所具备的个性化特点，是人类社会发展的方向；第三，电子商务费用低，是人类社会进行经济活动的一个目标；第四，电子商务所具备的全天候的特点，使人们解除了交易活动所受的时间束缚；第五，电子商务所具备的全球性的特点，使人们解除了交易活动所受的地域束缚，大大地拓宽了市场主体的活动空间。

5.1.2 电子商务物流的含义与特点

1．电子商务物流的含义

电子商务物流就是在电子商务的条件下，依靠计算机技术、互联网技术、电子商务技术，以及信息技术等所进行的物流(活动)。

2．电子商务物流的特点

对于电子商务物流的特点，从不同的角度来分析有不同的答案，现在比较流行的是与传统物流相比较，电子商务物流具有以下特点。

1) 信息化

电子商务时代，物流信息化是电子商务的必然要求。物流信息化表现为物流信息的商品化、物流信息收集的数据库化和代码化、物流信息处理的电子化和计算机化、物流信息传递的标准化和实时化、物流信息存储的数字化等。

2) 自动化

自动化的基础是信息化，核心是机电一体化，外在表现是无人化。自动化可以扩大物流作业能力、提高劳动生产率、减少物流作业的差错等。物流自动化的设施非常多，如条码、语音、射频、自动识别系统、自动分拣系统、自动存取系统、自动导向车、货物自动跟踪系统等。自动化设施在发达国家已普遍应用于物流作业流程中，而我国由于物流业起步晚，发展水平低，自动化的普及还需要相当长的时间。

3) 网络化

物流领域网络化的基础也是信息化。这里指的网络化有两层含义：一是物流系统的计算机通信网络，包括物流企业与供应商或制造商联系的计算机网络以及与下游顾客之间联系的计算机网络；二是组织的网络化，即所谓的企业内部网(Intranet)。物流的网络化是物流信息化的基础，是电子商务条件下物流活动的主要特征之一。目前，国际互联网等全球网络资源的可用性及网络技术的普及为物流的网络化发展提供了良好的外部环境。

4) 智能化

智能化是物流自动化、信息化的一种高层次应用。物流作业过程大量的运筹和决策，如库存水平的确定、运输(搬运)路径的选择、自动导向车的运行轨迹和作业控制、自动分拣机的运行、物流配送中心经营管理的决策支持等问题都需要借助于大量的知识才能解决。在物流自动化的进程中，物流智能化是不可回避的技术难题。好在专家系统、机器人等相关技术在国际上已经有比较成熟的研究成果。为了提高物流现代化的水平，物流的智能化已成为电子商务条件下物流发展的一个新趋势。

5) 柔性化

柔性化本来是为实现"以顾客为中心"理念而在生产领域提出的，但要真正做到柔性化，即真正地能根据消费者需求的变化来灵活调节生产工艺，没有配套的柔性化的物流系统是不可能达到目的的。另外，物流设施、商品包装的标准化，物流的社会化、共同化也都是电子商务条件下物流模式的新特点。

与其他电子商务活动相比较，电子商务物流具有的特点包括实体性与虚拟性并存、实时性与预测性并存、合作性与竞争性并存、个性化与大众化并存、安全性和开放性并存、信誉更加重要。

此外，从经营的角度看，电子商务物流还具有专业化、社会化和一体化的特点。

5.1.3 电子商务物流活动的构成要素

物流活动的构成要素除了实现物质、商品空间移动的输送以及时间移动的保管这两个主要要素外，还有为使物流顺利进行而开展的包装管理、装卸搬运、运输、储存、流通加工、配送、物流信息管理等要素。

1．包装管理

包装活动包括产品的出厂包装、生产过程中制成品和半成品的包装及在物流过程中的包装、分装和再包装等活动。物流的包装作业的目的不是要改变商品的销售包装，而在于通过对销售包装进行组合、搭配和加固，形成适于物流和配送的组合包装单元，对包装工作的管理应根据物流方式和销售要求来确定。要全面考虑包装对产品的保护作用、促销作用、提高装运率的作用，拆装的便利性及废包装的回收与处理等因素。包装管理还要根据物流全过程的经济效果来具体决定包装材料及其强度、尺寸及包装方式等。

2．装卸搬运

装卸搬运是为了加快商品在物流过程中的流通速度而必须具备的功能，包括对运输、储存、包装、流通加工等物流活动进行衔接的活动，以及在储存等活动中为进行检验、维护和保养所进行的装卸和搬运活动。专业物流中心往往配有专业化的装载、卸载、提升、运送和码垛等装卸搬运机械，以提高装卸搬运作业的效率，减少作业对商品造成的损毁。在物流活动中，装卸活动是频繁发生的，因而是产品损坏的重要原因。对装卸活动的管理，主要是确定最恰当的装卸方式，力求减少装卸次数，合理配置及使用装卸机具，即做到节能、省力、减少损失和加快速度，以获得较好的经济效果。

3．运输

物流的运输活动负责为客户选择满足需求的运输方式，然后具体组织网络内部的运输作业，在规定的时间内将客户的商品运抵目的地。它包括供应和销售物流中的车、船、飞机等方式的运输，以及生产物流中的管道、传送带等方式的运输。对运输活动的管理要求选择经济便捷的运输方式和运输路线，从而实现安全、迅速、准时和经济的要求。

4．储存

储存活动包括堆存、保管、保养、维护等活动。物流系统需要有仓储设施，但客户需要的不是在物流中心储存商品，而是要通过仓储环节保证市场分销活动的开展，同时尽可能减少库存占压的资金，降低储存成本。因此，专业物流中心需要配备高效率的分拣、传送、储存和拣选设备。对储存活动的管理，要求正确确定库存数量，制定保管制度和流程，对库存物品分别采取有效的管理方式，力求提高保管效率、降低损耗、加速物资和资金的周转。

5．流通加工

流通加工活动又称流通过程中的辅助加工活动。这种加工活动不仅存在于社会流通过程中，也存在于企业内部流通过程中，所以，它实际上是在物流过程中进行的辅助加工活动。企业、物资部门及商业部门为了弥补生产过程中加工程度的不足,更有效地满足用户或本企业的需求,更好地衔接供需,往往需要进行这种加工活动。

6．配送

配送活动是物流进入最终阶段,以配货、送发形式最终完成社会物流,并最终实现资源配置的活动。配送活动一直被看做是运输活动中的一个组成部分或运输形式,所以,过去未将其独立作为物流系统实现的功能,而是将其作为运输中的末端运输来对待。但是,配送作为一种现代流通方式,特别是在电子商务物流中的作用非常突出。它集经营、服务、社会集中库存、分拣和装卸搬运于一身,已不是简单的送货运输。

7．物流信息管理

物流信息管理包括进行与上述各项活动有关的计划和预测,以及对物流动态信息(运量、收、发、存数)及其有关的费用、生产、市场信息的收集、加工、整理和提炼等活动。对物流信息活动的管理,要求建立信息系统和信息渠道,正确地选定信息点和内容,以及信息的收集、汇总、统计和使用方式,以确保信息的可靠性和及时性。

上述构成要素中,运输及储存分别解决了供给者及需要者之间场所和时间的分离,分别是物流创造"场所效用"及"时间效用"的主要功能要素,因而在物流系统中处于主要地位。

5.1.4 电子商务下的物流作业流程

物流作业流程与商流、信息流及资金流的作业流程有关,也与商务形式(包括普通商务和电子商务)有关。电子商务的物流作业流程同普通商务的一样,因为目的都是要将用户所订货物送到用户手中,基本的业务是一样的,包括进货、进货验收、分拣、储存、拣选、分装、分类、组配、装车、配送等。这两种模式的不同点在于电子商务的每笔订单都要送货上门,而有形店铺销售则不同,分别如图5.1和图5.2所示。因此,电子商务的物流成本更高,配送路线的规划、配送日程的调度、配送车辆的合理利用难度更大。

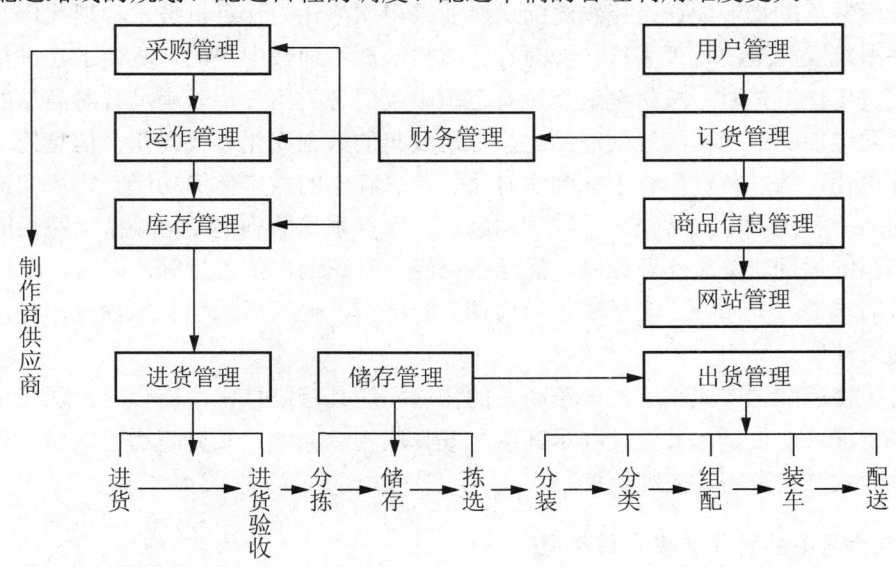

图 5.1 电子商务的物流作业流程

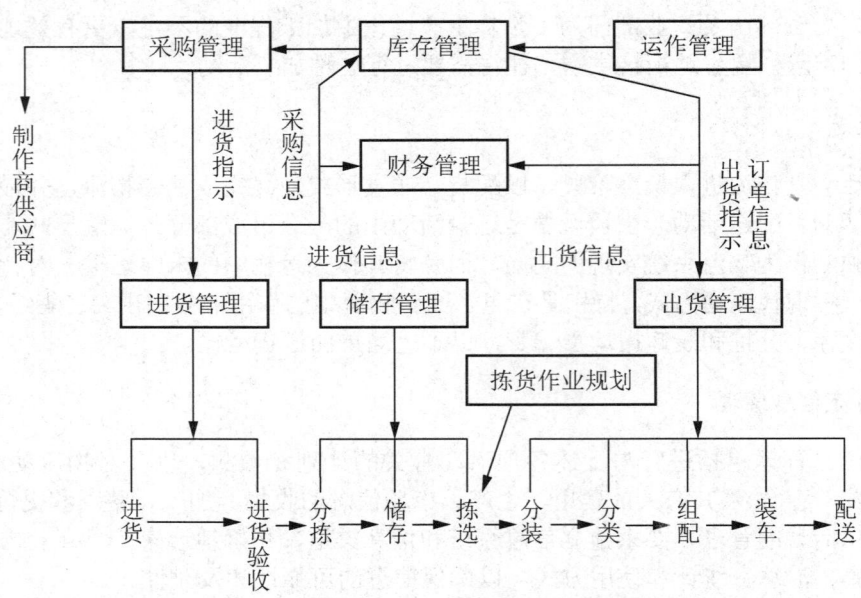

图 5.2 普通商务的物流作业流程

5.2 电子商务物流运作模式

5.2.1 电子商务物流配送模式的概念及类型

1. 电子商务物流配送的概念

电子商务下的物流配送是指物流配送企业采用网络化的计算机技术和现代化的硬件设备、软件系统及先进的管理手段,针对社会需求,严格地按用户的订货要求,进行一系列理货、配货工作,按时、按量地送交没有范围限度的各类用户,以满足其对商品的需求。这种新型配送能实现配送信息的商品化、信息收集的数据库化和代码化、信息处理的电子化和计算机化、信息传递的标准化和实时化、信息存储的数字化等功能。物流配送作业运用大量的运筹和决策方法解决一些实际问题,如库存水平的确定、运输搬运路径的选择、自动导向车的运行轨迹和作业控制、配送中心经营管理的决策支持等。同时,配送中心根据消费者需求的"多品种、多批次、短周期"等特点,灵活组织和实施物流作业,实现配送活动的柔性化。

与传统物流配送方式相比,电子商务的物流配送具有信息化、社会化、现代化、自动化等诸多特征,能使货畅其流、物尽其用,既降低物流成本,又提高物流效率,有利于整个社会经济效益的提高及宏观调控。

2. 电子商务物流配送模式的类型

配送模式的选择对于降低配送成本、提高配送效率和服务水平起着关键作用,并且配送模式还会对库存和其他物流环节产生影响。不同规模和经营状况的企业适合于不同的配送模式,正确选择配送模式对于改善配送效果、提高物流系统的效率和效益有着重要意义。

1) 企业自营配送模式

企业自营配送模式指企业物流配送的各个环节由企业自身筹建并组织管理,实现对企业内部及外部货物配送的模式。这种模式有利于企业供应、生产和销售的一体化作业,系统化程度相对较高。既可以满足企业内部材料、半成品及成品的配送需要,又可以满足企业对外进行市场拓展的需求。其不足之处表现为企业为建立配送体系需要投入大量的资金和设备,在企业配送规模较小时,配送的成本和费用也相对较高,而且也容易造成社会资源的浪费。

一般而言,采取自营性配送模式的企业大都是规模较大的集团公司。特别是连锁企业的配送,其基本上都是通过组建自己的配送系统来完成企业的配送业务,包括对内部各连锁店的配送和对企业外部顾客的配送。

2) 将配送外包——第三方配送模式

第三方配送模式的产生是社会分工的结果,也是在 Out-Sourcing(资源外包)等新型管理理念的影响下,各企业为增强市场竞争力,而将企业的资金、人力、物力投入到其核心业务上去,寻求社会分工协作带来的效率和效益的最大化。专用化分工的结果导致许多非核心业务从企业生产经营活动中分离出来,其中就包括了物流业务。

自营配送模式大多是大型企业采用,因为其拥有雄厚的资金和技术实力建立庞大的物流配送中心与配送队伍。而对大部分中小型企业来说,不可能像大公司那样建立自己的物流配送系统的力量,因此为了把企业的力量集中在自身核心业务上,将物流配送业务委托于专业化的第三方物流公司是非常划算的,不仅可以节约资金,而且还可以大大提高配送的准确性。这符合社会发展的要求,经济越发展,社会分工越细,专业化程度越高,效率也越高。可以认为,将物流配送业务外包给第三方是电子商务经营者组织物流的可行方案。

具体来说,第三方指的是为交易双方提供部分或全部配送服务的一方,第三方配送模式就是指交易双方把自己需要完成的配送业务委托给第三方来完成的一种配送运作模式。随着物流产业的不断发展以及第三方配送体系的不断完善,第三方配送模式成为工商企业和电子商务网站进行货物配送的一个首选模式和方向。

3) 共同配送模式

共同配送是指企业之间为了提高配送效率以及实现配送合理化所建立的一种功能互补的配送联合体。进行共同配送的核心在于充实和强化配送的功能,共同配送的优势在于有利于实现配送资源的有效配置,弥补配送企业功能的不足,促使企业配送能力的提高和配送规模的扩大,更好地满足客户需求,提高配送效率,降低配送成本。

具体来说,共同配送有横向共同配送和纵向共同配送两种类型。

(1) 横向共同配送。是在开展共同配送前,企业间就包装货运规格完全实现统一,然后共同建立物流中心或配送中心,共同购买运载车辆,企业间的货物运输统一经由共同的配送中心来开展。横向共同配送的基本形式如图 5.3 所示。

这种共同建立配送中心的共同配送模式能够提高企业间物流的效率,减少对物流固定资产的投资,更好地满足顾客企业降低成本的要求。例如,日本汽车产业中就成立了很多隶属于厂商系列的车辆运输联络会,由该联络会统一协调各零部件商的产品运输。这种联络会成立的背景是由于市场竞争激烈、销售下降,组装厂家为取得竞争优势不断要求部件商从价值工程的各个方面降低成本,而共同配送因为能够提高货车装载率、增加销售额、节约对车辆船舶等运输工具的投资,有利于实现上述目标。同时,也应该看到,这种共同配送的一个缺陷是由于运送业务的共同化和配送信息的公开化,单个企业自身有关商品经营的机密容易泄露给其他企业,因而对企业竞争战略的制定和实施有不利的影响,因此在发达国家中,这种横向共同配送的发展仍然较为缓慢。

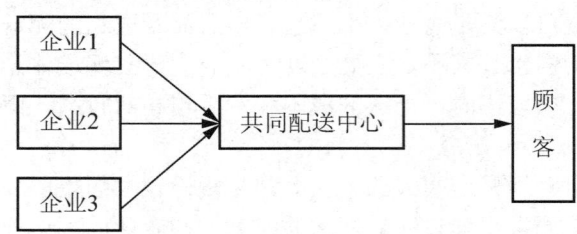

图 5.3　横向共同配送

(2) 纵向共同配送。是从供应链角度考虑企业与其上下游企业之间开展的共同配送方式,核心是上下游企业中实力较强的一方拥有配送中心或配送网络,部分或全部完成与另一方企业之间的货物配送任务,是物流配送过程集中化、共同化,其基本形式如图 5.4 所示。

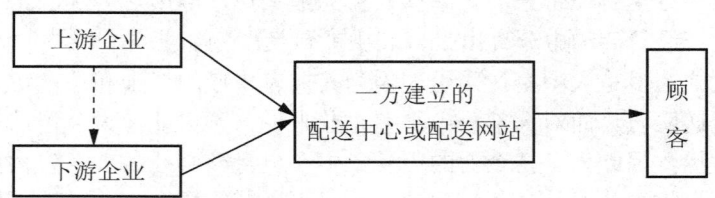

图 5.4　纵向共同配送

4) 互用配送模式

互用配送模式是几个企业为了各自利益,以契约的方式达成某种协议,互用对方配送系统而进行的配送模式。其优点在于企业不需要投入较多的资金和人力就可以扩大自身的配送规模和范围,但需要企业有较高的管理水平以及与相关企业的组织协调能力。互用配送模式比较适合于电子商务的 BtoB 交易方式。

互用配送的具体做法:在企业各自分散拥有运输工具和物流中心的情况下,视运输货物量的多少,采取委托或受托的形式开展互用配送。将本企业配送数量较少的商品委托给其他企业来运输,而本企业配送数量较多的商品,则在接受其他企业委托运输的基础上实行统一配送,这样企业间相互实现了配送效率化。

5) 基于合作的配送体系

纯粹的在线电子商务经营者所缺乏的是传统商店的实体,这在随时随地以顾客服务为中心的环境下,仅有在线功能的企业就如同断了一只手。在这种情况下,以实物商品交易的电子商务企业可以同拥有实实在在经营场所的企业进行战略联盟,形成"互补"。比如,某家在线电子商务网站与一家在全国乃至全世界都开展商务的连锁商店进行合作。当客户通过 Internet 完成在线采购后,电子商务中心可以通知距离该客户最近的那家连锁店,连锁店确认信息后,把配送业务交给第三方物流企业对货物进行配送。这种"合作"方式使所有成员都获益匪浅,因为它既为在线商人提供了便利的场所,使其配送效率提高,客户满意度提高，又使"合作"的零售连锁商店利用在线电子商务企业的经营为其拓宽销售渠道，大大增加了销售量。

另外，纯电子商务企业还可以与类似邮政、速递企业这种已有庞大的网络资源的物流企业合作，利用其提供物流配送服务。同时，电子商务企业利用其信息技术改善原有物流企业的运作水平，实现物流业务过程的信息化，提高效率和服务质量。双方合作，达到互利、双赢的目的。

> **小思考**
>
> **实体店与虚拟网店的成本和利润分配问题**
>
> 在实践过程中，电子商务企业选择哪种物流配送模式受诸多因素的影响，其中基于合作的配送体系是电子商务和传统商务的一种结合，线上部分由电子商务虚拟企业完成，线下的物流部分由传统的门店负责。但这种物流配送模式中的电子商务虚拟企业和传统连锁门店并不是一个统一的利益集团，只是一种互补的单独经济主体之间的一种合作。
>
> 思考：
> 在现实的操作中，如果采用这种物流配送模式，应该如何解决实体店与虚拟网店的成本问题和利润分配问题？

5.2.2 BtoB物流运作模式

1. BtoB电子商务中不同主体的物流系统

电子商务环境下，BtoB运营模式的不同主体形式(如生产商、批发商、零售商)所面对的物流问题是不一样的，因此，不可能存在统一的物流模式。

1) 生产商的物流系统

(1) 采购物流。为了削减商品制造过程中大量零部件的库存占用费用，提高企业的竞争能力，厂商提出了JIT(Just in Time，准时制)生产体系理论，它的基本思想是"在必要的时间，对必要的零部件从事必要量的采购"。在具体方法上，厂商以时间为单位来划分各时间段所需的零部件，相应零部件的订货单也小型化，以此为基础向部件生产商订货，并要求在指定的时间内送到装配工厂。

(2) 销售物流。大多数厂商正考虑构筑自身的物流系统，向位于流通最后环节的零售店直送产品。构筑厂商到零售业者的直接物流体系中，一个最明显的措施是实行厂商物流中心的集约化。将原来分散在各支店或中小型物流中心的库存集中在大型物流中心，通过数字化设备或信息技术实现进货、保管、在库管理、发货管理等物流活动的效率化、省力化和智能化，原来的中小批发商或销售部转为厂商的销售企业专职从事销售促进、订货等商流服务。物流中心的集约化从配送的角度来看造成了成本上升，但是，它削减了与物流关联的人力费、保管费、在库成本等费用，从整体上提高了物流效率。

(3) 流通信息网络与零售支持。厂商以现代物流为基础，从产、销、物一体化出发，设计并实施从产品设计(包装尺寸)开始，到保证物流系统有机运转、追求全体效率化的信息系统和网络。现代厂商的物流管理中，另一个明显的发展趋势是零售支持型的物流活动，即对本企业在零售店中的订货方式、商品陈列方式、储藏等活动予以支持和指导。

2) 批发商的物流系统

批发业的职能大致可以划分为备货职能、物流职能、信息职能、金融职能、零售店经营支持职能 5 种类型。随着信息化的发展，在电子商务环境下，现代批发企业也开始从原来作为厂商销售代理人的地位向零售购买代理人的地位转变。

3) 零售业的物流革新

零售业自 20 世纪 80 年代以来，急速地向信息系统化方向发展。通过 POS 系统实行单品管理，把握每件商品的需求动向，然后将信息预订发货作业联系在一起，并使整个物流系统协同运转、综合应用，实现适时的备货和在库成本的削减。其中，24 小时连锁店的物流系统的设计管理，成为零售业电子商务物流系统发展战略的标志。

24 小时连锁店实行的是在有限的空间陈列大量商品。为了使店铺销售面积实现最大化，就必须尽可能把补充商品的库存空间压缩到最小限度，所以，24 小时连锁店基本上是通过配送来实现补充进货，而不是通过仓储来补充商品。另外，在销售进货管理上，必须避免店铺中出现顾客预购商品断货的现象。为了防止断货发生，24 小时连锁店实行对售完商品频繁订货的制度。与此同时，24 小时连锁店本部在对应各店铺订货状况的基础上，实行高频度的商品配送。为适应店铺经营的特征，必须对多品种少量商品实行多频度小单位配送。为支持多频度、小单位物流，相应的系统必须实现商品调达的集约化。在商品调达集约化的基础上，在物流方面开展独自的共同配送，然后建设高度自动化的配送中心。

从现在零售业物流系统革新的发展状况看，通过物流中心和配送中心实现效率化、商品配送的计划化和集约化、物流系统设置成本的合理化将成为电子商务下零售业物流支持系统的变革方向。

2．几种BtoB电子商务的物流实现模式

1) 企业自营物流

通常实力较强的企业能够独立承担电子商务物流任务，将电子商务和物流有效结合，一方面利用电子商务保证物流的通畅、连贯，简化业务流程，降低物流成本；另一方面以高效的物流运作支撑电子商务的快捷、顺利完成，达到物流与信息流的高度协调。按照企业性质和经营领域不同，自营物流会有以下几种情况。

(1) 电子商务企业自营物流。主营电子商务的企业可以建立自己的物流中心，从事电子商务销售的配送功能。该类型的企业既要从事电子商务的信息流、资金流、商流的网上服务业务，又要从事将商品送交需求方的物流业务。这是两种截然不同的业务，企业必须对跨行业经营可能产生的风险进行评价。并且，电子商务企业独自承担物流业务需要较高的投入成本，没有一定实力基础的电子商务企业是不能做到的。

(2) 生产制造型企业自营物流。生产制造型企业发展到一定规模时，不仅专注于产品的设计开发，同时还将物流业务整合到企业一体化作业中，自建以服务本企业为主的一套物流体系，从采购物流、生产物流到销售物流完全由企业一体化处理，实现高度整合运作，减少物流中间环节，降低物流成本。在当今全球化的竞争环境下，对生产厂商来说，在经历了产品的竞争、质量的竞争和品牌的竞争阶段后，物流必然成为又一竞争武器。因此，国内外一些知名制造厂商都在通过进行企业物流管理的改革，提升物流能力。

在我国专业物流企业出现之前，生产制造型企业大多是从生产到销售实现自身垂直一体化，这在 20 世纪 90 年代表现尤为明显。这些企业不仅仅专注于商品的开发、设计和制造，而且越来越多的制造商都建立了庞大的销售网络，还有覆盖整个销售区域的物流、配送网。国内大型生产制造型企业的生产人员比其营销人员少得多，其物流设施普遍要比专业流通企业的物流设施先进。这些企业完全可能利用原有的物流网络和设施支持电子商务，开展电子商务不需要新增物流、配送方面的投资。对这些企业来讲，比投资更为重要的是物流系统设计和物流资源的合理规划。

另外，生产厂商也在积极利用自己的物流网络和物流能力拓展物流范围，把服务对象从企业内延伸到企业外，利用自有物流系统的便利替其他企业做第三方物流，实现了从企业物流向物流企业的转移，如海尔物流。

(3) 传统储运企业发展为专业物流企业。传统的运输企业、仓储企业利用现有的物流基础与电子商务结合，改造成专业物流中心形式的物流企业。这种类型的物流中心具有较强物流功能的基础，并有从事专业物流的技术和管理经验。例如，美国联合包裹服务公司，从最初的一家拥有技术的货车运输企业发展到拥有货车的技术型企业，成为美国经济的支柱企业。其原因就在于它成功地抓住了发展电子商务的良机，实现了由传统物流企业向电子化物流企业的跨越。

2) 第三方物流

在 BtoB 电子商务环境下，第三方物流方式的优点突出，很容易成为物流主体方式。这是因为，在买方市场前提下，买方的主导地位使得他不但可以提出将货物送货上门的服务要求，而且必然以廉价的方式获得这种服务，因此买方一般不愿意承担物流任务，因而第二方物流(买方物流)在这种情况下不可取。作为卖方，若想赢得市场，必须应买方要求把送货作为一种服务手段，才能争取到客户，而这样做对卖方来说又是极不经济的，因而第一方物流(卖方物流)也是不划算的。由此可见，第三方物流是最容易与电子商务模式紧密配合的物流运作方式。具体来说企业采用第三方物流可能有以下 5 种原因。

(1) 企业从事物流活动需要投入大量的资金用来建设物流设施、购买物流设备，这对于缺乏资金的企业特别是中小型企业来说无疑是一个沉重的负担，而它可以通过寻找一个比较成熟的物流公司来转移这种负担。

(2) 企业自己从事物流活动会因生产规模过小或生产的季节性等原因降低物流效率。

(3) 大批的物流投资带有风险，单个企业独立运作会增加活动的风险度。

(4) 企业的物流手段有限，无法承担诸如集装箱运输、铁路运输，以及国际间运输等活动。

(5) 对物流系统的高度化需求需要一个完整、统一且规模广泛的物流系统作为其支撑。

BtoB 电子商务中的物流主要有两种：一种是非零售型企业之间的，特点是交易批量大、品种单一、货源集中，相对来说物流容易实现；另一种是企业与零售商之间的，特点是批量小、品种多、客户分散，主要问题是产品是否能及时配送。针对这两种 BtoB 电子商务交易，都可以利用第三方物流所拥有的专业配送中心、配送技术很好地实现。

从目前存在的第三方物流运作看，第三方物流与 BtoB 电子商务的整合主要有以下两种形式：一是第三方物流作为企业间电子商务的组成要素，承担物流作业，组织完成 BtoB 电子商务中的物流环节；二是第三方物流通过建设自己的电子商务平台，为商家与客户之间提供信息交流、进行交易的电子市场，并全程追踪交易实现的物流过程，从而实现电子商务与物流的紧密配合。

相比于美国、日本等早已拥有功能完整、运作成熟的第三方物流企业的国家来说，我国的第三方物流体系尚未形成，现有的从事第三方物流的企业大体上有 3 类：①原有的计划经济体制下的中央及地方的商业系统及物资系统下的物流公司,这些公司通常都具有较为具体完善的运输工具和运输渠道;②外国企业进入中国市场后创办的公司,如太平洋物流公司、环球物流公司、浦菱储运公司等;③一些小型私营物流公司。

3) 电子商务与普通商务共用的物流系统

长时期以来,传统的商务活动的物流业务已经建立了物流配送网络和配送体系。电子商务虽代表着先进的商务活动发展方向,若想取代传统商务活动还需要一个过程。但现阶段,企业建立基于Internet的电子商务可以利用原有的物流资源承担电子商务的物流业务,同拥有完善流通渠道的制造商或经销商开展BtoB业务,这也是适合我国电子商务发展特点的结构形式。

电子商务与普通商务共有物流系统,一方面电子商务不必投资自建物流,而只在已有物流基础上加以改善;另一方面普通商务可以利用电子化的先进手段,提高自己的效率和效益。具体来说,对已经开展普通商务活动的物流公司,可以建立基于Internet的电子商务销售系统,同时可以利用原有的物流资源,承担电子商务物流业务;同样,以支持电子商务的物流企业,当它们的生产资源尚有剩余时,有条件地承担部分普通商务的社会物流;有些企业的生产、经营活动正处在普通商务向电子商务的转轨时期,它们的物流支持本身就具有双重性。

总之,电子商务与普通商务活动共用物流系统的客观存在有其现实意义。但也必须明确,在电子商务发展迅速的今天,应不断提高电子商务条件下物流的比重,从而实现向电子商务为主体的物流业务形式的转移。

4) 物流联盟

物流联盟是介于自营物流和第三方物流之间的一种物流组建模式,是以物流为合作基础的企业战略联盟。一般是指若干具备专业特色与互补特征的物流组织,通过各种协议、契约而结成的互相信任、优势互补、风险共担、利益共享的物流伙伴关系。例如,如果一家物流公司在运输设备、仓储、存货等方面具有较大的优势,但在订单处理系统、物流技术以及物流管理能力等方面比较欠缺,它就会寻找其他具有这些优势的伙伴来共同经营物流业务。建立一个物流战略联盟会使双方都受益。

企业间物流联盟主要有以下几种组建方式。

(1) 纵向一体化物流联盟。该方式是指上游企业和下游企业发挥各自的核心能力,发展良好的合作关系,从原材料采购到产品销售的全过程实施一体化合作,形成物流战略联盟。

(2) 横向一体化物流联盟。该方式是由处于平行位置的几个物流企业结成联盟。目前,国内真正能提供物流全方位服务的大型物流企业尚不存在,因此,横向一体化物流联盟能够弥补现有物流市场条块分割的现状。

(3) 混合模式。该方式是以一家物流企业为核心,联合一家或几家处于平行位置的物流企业和处于上下游位置的中小物流企业加盟组成。这些物流企业通过签订联盟契约,共同采购,共同配送,构筑物流市场,形成相互信任、共担风险、共享收益的集约化物流伙伴关系。

5.2.3 BtoC物流运作模式

BtoC电子商务无疑将带给消费者极大的便利,消费者足不出户就可以通过各种各样的网上商店买到所需的商品。但是从现实的情况看，把商品从虚拟的购物车里运到顾客家中一直是BtoC电子商务的一个关键环节，这是因为BtoC电子商务模式下，客户端为独立分散的消费者，他们对商品需求数目较少而又分散，且所购商品一般为低价小件商品，这样相对物流费用来说所占比例较大，物流成本高且配送难度大。因此，解决物流配送问题一直是BtoC电子商务发展的关键，企业BtoC电子商务能取得多大的成功很大程度上依赖于实际物流的操作，即能否按照客户的要求信息以较低的成本在准确的时间将准确数量的准确物品送到准确地点。

1．BtoC电子商务物流存在的困难

物流对BtoC电子商务企业提出了全新的挑战，从物流配送的角度看，商品订购的随机性和分散性往往会导致配送的批量小、配送的频率高，这给配送路线规划、配送日程的调度、配送车辆的合理利用带来更大的难题，容易造成物流成本的加大和物流服务水平的降低；而且商品的在途损坏丢失等一般难以避免，对于无店铺经营的企业来说，售后服务尤其是退货问题以及由此带来的额外费用往往阻碍了其自身的发展。

目前，许多国家和地区的物流技术落后，物流管理理念不强，社会化物流体系的不健全，物流问题成为电子商务发展的瓶颈。从整体上看，BtoC电子商务物流在发展中遇到的困难主要有以下几个方面。

1) 配送响应慢，时间长

消费者网上购物的目的就是寻求快捷、方便，可目前大多BtoC物流现状却不能达到消费者的预期标准，往往消费者在网上完成购物过程后，就进入了漫长的等待期，实际到货时间距离购物时间较长，有时甚至货物杳无音信，消费者还要费尽周折询问商家送货情况，这样一来，消费者便对BtoC电子商务失去信心。

造成上述问题的主要原因首先是网站经营者的信息处理慢，处理流程过长，网站后台支持系统不完善，致使对客户订单的处理响应延迟，不能有效完成经营运作。其次是由于BtoC电子商务的订单数量小，购物品种分散，使得BtoC电子商务经营者很难寻求与上游供应商之间的稳定合作，于是供货不能随时满足，导致消费者等待时间长。最后是支付系统落后，由于和银行系统尚未实现良好的对接，使得在线支付完成所需时间较长。一般在线支付的订单，光是从订单接收到完成付款确认就需要1~2个星期的时间，再加上备货和送货的时间，这一等待时间就大大超出了消费者的预期。

2) 配送成本高

由于送货批量小、目标分散，BtoC电子商务的配送很难形成规模经济，加之物流配送体系不发达，很多BtoC电子商务的网站并没有得到专业的物流企业的支持，因此配送成本必然较高。高昂的配送成本最终转嫁到消费者身上，使得网上购物成了一种奢侈的消费方式而远离大众。例如，绝大多数BtoC电子商务商家都直接让用户承担送货成本，一本售价10元的图书，竟要消费者支付2元的送货费用，比邮局或邮购公司15%的邮寄费用还高，有的商品网上打折出售，但加上配送费用最后算下来比原价购买还要高，这样对消费者来说最终还是不划算的，当然就不会购买了。

3) 服务区域有限

由于配送网络不完善，电子商务公司试图建立一个覆盖全国的配送网络是很困难的。例如，在我国，由于国内经济发展水平不均衡，不同地区的网民数量有很大差异，现有的配送体系基本局限在各大城市,对中小城市以及广大农村地区的配送显得力不从心。有的电子商务公司和配送公司的合作中出现后者对配送订单挑三拣四,地点偏僻、配送网络无法到达的订单就不予送货,这使得 BtoC 电子商务经营者焦头烂额,不知所措,而无法送货使最终消费者会将过错都归于 BtoC 电子商务经营者,这也严重影响了 BtoC 电子商务的声誉。

以上是 BtoC 电子商务发展中由于落后的物流无法与快捷的电子手段匹配而引发出的一些困难,二者之间的不协调是导致 BtoC 电子商务失败的主要原因。因此,要想使 BtoC 电子商务成功运行,必须首先实现高效率、低成本、快响应、低错发率的 BtoC 电子商务物流配送体系。

2. 常见的BtoC电子商务物流配送模式

1) 自建物流配送系统

这种物流模式是指 BtoC 电子商务商家在各地的网民密集地区设置自己的配送点,在获得消费者的购物信息后,将相关的信息即刻送往离消费者最近的配送点,然后由配送点的人员将商品为消费者送货上门。

特别值得一提的是美国连锁店物流配送中心。美国企业在开展电子商务时,就把已有的连锁店组建成配送网络,将原来的仓库改为配送中心,统一向各个连锁店配送货物。各连锁店可以通过 EDI 直接向配送中心订货。配送中心通过计算机对装载、搬运、保管实行标准化操作,实现了对供应链的实时化管理。这样利用分布在各地的连锁店能够适应 BtoC 电子商务配送的分散性特点,通过配送中心统一配送管理,能够从整体上协调供应链,有效降低库存水平。例如,世界最大的零售商沃尔玛公司,就建立了自己的配送中心,形成自己一套完善的配送服务网络,这种自营性配送体系给公司一体化运作带来极大便利和极高的效率。

2) 第三方物流配送

BtoC 电子商务经营者根据消费者网上购物清单和消费者家庭地址信息,向第三方物流企业发出配送指令,最终由第三方物流企业将货品送到消费者手中。例如,著名的网上书店亚马逊就是通过第三方物流公司联邦快递公司为自己提供配送服务的。

这种 BtoC 电子商务物流配送方式服务速度快、水平高,而且服务是专业化的、多功能的和全方位的。要求专业的物流公司在物流基础设施、人员素质、信息系统方面有较强的实力。但是这种 BtoC 电子商务物流的配送模式,如果送货量太小,送货费用一般比较昂贵,因此多见于一些经营品种单一、专业化较强而且物流配送成本占其成本比重较小的企业。一般做法是在自己的经营区域内,选择一家和多家的专业物流配送企业来承担其物流配送业务。

这种形式,能使 B2C 电子商务企业集中有限的资源培养自己的核心竞争力,能够最大限度地减少库存甚至实现零库存,同时又能有效地保障供给,能够利用第三方物流企业的专业优势和规模优势,提高各环节的利用率实现费用节省,使企业能从分离费用结构中受益,因此选择第三方物流配送模式是一般规模的 BtoC 电子商务企业的首选,同时,这也符合社会分工逐步细化的大趋势。

3) 利用邮政系统送货

这种物流模式是指 BtoC 电子商务经营者从网站或虚拟网站上获得消费者的购物清单和家庭地址等信息,然后到附近的邮局将商品寄出,消费者收到邮局的取货通知后,到所在地邮局将商品取回，或由邮递员直接将商品送到顾客家中。

邮政系统从事配送业务具有先天的优势，它有遍布城乡的运输、投递网络，有深入人心的"龙头老大"的品牌优势，有多种类型的业务形式。美国联合包裹服务公司就是最著名的例子。美国联合包裹服务公司最初在电子商务上投资了110亿美元，当众多网上商店兴起时，物流配送很自然地选择了美国联合包裹服务公司。据报道，2000年圣诞节，美国联合包裹服务公司运送了全美国55%的网上交易的圣诞礼物，而且是运送公司中唯一把物品送到每户家中的。

中国邮政速递物流

中国邮政速递物流股份有限公司(以下简称中国邮政速递物流)是经国务院批准，中国邮政集团于2010年6月联合各省邮政公司共同发起设立的国有股份制公司，是中国经营历史最悠久、规模最大、网络覆盖范围最广、业务品种最丰富的快递物流综合服务提供商。中国邮政速递物流在国内31个省(自治区、直辖市)设立全资子公司，并拥有邮政货运航空公司、中邮物流有限责任公司等子公司。业务范围遍及全国31个省(自治区、直辖市)的所有市县乡(镇)，通达包括港、澳、台地区在内的全球200余个国家和地区，营业网点超过4.5万个。中国邮政速递物流主要经营国内速递、国际速递、合同物流、快货等业务，国内、国际速递服务涵盖卓越、标准和经济不同时限水平和代收货款等增值服务，合同物流涵盖仓储、运输等供应链全过程，拥有享誉全球的"EMS"特快专递品牌和国内知名的"CNPL"物流品牌。

受跨境电商交易拉动，欧亚跨境包裹寄递业务发展尤为迅速，正在成为欧亚各国邮政发展的重点。邮政作为跨境电商的主要参与者，跨境电商的飞速发展给邮政带来了前所未有的发展机遇，以双边、多边合作为基础框架的世界邮政网络，具有其他快递物流公司无法比拟的网络优势。2015年，中国邮政E邮宝业务量达1.3亿件，同比增长60%；国际小包业务量5.3亿件，同比增长71%，在中国跨境电商轻小件寄递市场占有率超过60%。

(资料来源：http://money.163.com/12/0428/16/806LO9DA00253B0H.html.)

4) 利用便利店/连锁店就近配送

利用连锁商店配送是以零售环节为依托，在连锁商店的覆盖范围内进行物流活动。围绕连锁商店进行就近配送的一种BtoC电子商务适用的配送模式。最典型的成功案例要数日本的便利店配送体系了。日本BtoC电子商务起初并不发达，1998年的BtoC电子商务贸易量为86 850亿日元，仅占全体家庭消费的0.02%，当时的水平落后于美国4～5年。但是其发展速度很快，到今天，日本的BtoC电子商务取得了很大的成功，逐步形成了独特的BtoC电子商务模式，并不断趋于完善。日本没有模仿美国建立庞大的配送系统，而是以遍布全国的几万家"康比尼斯"便民店为支点，实行就近配送。罗森株式会社(Lawson)和7-11便利店是日本两个最大的"康比尼斯"连锁店，它们分别在自己的近万家分店安装了在线多媒体终端，提供销售图书、VCD、售票等服务。BtoC电子商务商家可以通过它们的连锁店来实行就近配货，并且日本包裹投递服务商可以把包裹放在最近的"康比尼斯"里，对于白天不在家的日本上班族来说非常方便。这不仅提高了包裹投递中心的效率，降低了商品投递成本，更重要地是大大方便了消费者。

5.2.4 电子商务物流采购模式

采购是发生在企业与其上游供应商之间的商务活动,是商业中存在最大潜在获益机会的领域,也是企业可以通过节约成本赢得竞争优势的领域。采购管理历来是企业管理的重要领域,其运作管理的水平对于企业提升经营绩效起到了决定性的作用。而从现代采购管理的环境看,在电子商务模式下,采购供应活动真正改变了原来无战略细分和供应管理的局面,实现了采购管理的"5R"原则,即采购供应的恰当的数量(Right Quantity)、恰当的时间(Right Time)、恰当的地点(Right Place)、恰当的价格(Right Price)以及恰当的质量(Right Quality)。

1. 电子商务环境下采购的特点

1) 从为库存而采购转为为订单而采购

电子商务模式下,采购活动是由订单驱动的。制造订单是在用户需求订单的驱动下产生的,然后,制造订单驱动采购订单,采购订单再驱动供应商。这种准时化的订单驱动模式,可以准时响应用户的需求,从而降低库存成本,提高物流的速度和库存周转率。

2) 从采购管理向外部资源管理转变

传统采购的不足之处就是与供应商之间缺乏合作、缺乏柔性、缺乏对需求快速响应的能力。准时化思想出现以后,对企业的物流管理提出了严峻的挑战,需要改变传统的单纯为库存而采购的管理模式,提高采购的柔性和市场响应能力,增强与供应商的信息联系和相互之间的合作,建立起新的供需合作模式。因此,电子商务采购模式的第二个特点就是实现有效的外部资源管理。

3) 从一般买卖关系向战略协作伙伴关系转变

电子商务模式下采购管理的第三个特点是供应与需求的关系从简单的买卖关系向双方建立战略协作伙伴关系转变。在传统的采购模式中,供应商与需求企业之间是一种简单的买卖关系,因此无法解决一些涉及全局性、战略性的问题,如库存问题、风险问题、协商机制问题、降低采购成本问题和组织障碍问题等。而基于战略伙伴关系的采购方式为解决这些问题创造了条件。

2. 电子商务物流采购的主要模式类型

1) 自营采购网站模式

1999年以来,世界大公司陆续开展了网络采购。到2005年年底,全球500家最大的公司中有95%已实现了采购网络化。它们作为大买主,主要采用建立以其自身为主的电子交易场所的模式,即建立自营采购网站,联结的需求方仅为自身企业,而供应方为任意多个供应商。此类网站大多数是由买方管理并具有一定的私有性质的封闭系统,与最初的EDI系统相类似。但其开放性更为突出,因为不仅可以与有长期联系的固定供应商进行网上交易,还可以发掘新的供应商资源。自营采购网站的功能并不是停留在信息上网及网络营销阶段,而是把企业与供应商接触的最前端——整个采购业务流程都搬到Internet上,一般包括询价、确认供应商、招标准备、价格谈判、签署合同以及支付等的网上实现。

通用电气公司的电子采购系统就是这种模式最为典型的例子。它能够自动联系客户,协调业务,每年可节省5亿～7亿美元的采购费用。该系统自动将正确的图表和附件放入询价表，在两小时内供应商就能得到通知并在网上反馈。

2) 采购联盟网站模式

具有相似需求的企业往往出于战略联盟的考虑，共同建立采购网站以共享供应商资源，集中需求以取得对供应商的市场势力，这就是采购联盟网站模式。这往往发生在特定行业的集团之间以及大公司之间，通用汽车、福特汽车、戴姆勒-克莱斯勒、雷诺汽车和日产汽车共同组建的采购联盟 Covisint，每年将处理 7 500 亿美元的交易额。中国的首钢集团、宝钢集团、武钢集团等大型钢铁集团也联合起来组建采购联盟，建立了中国钢铁媒体合作联盟。采购联盟网站模式如图 5.5 所示。

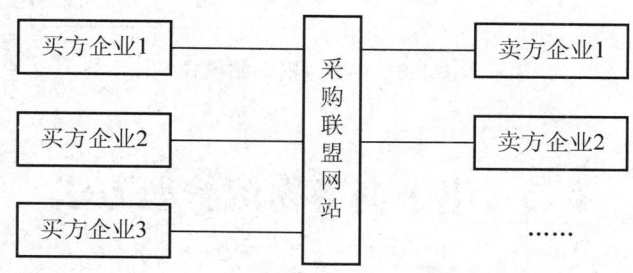

图 5.5　采购联盟网站模式

采购联盟网站模式的核心是买方企业之间的战略联盟关系。集中带来的好处可能为企业之间的"竞争"所抵消——所有的成员公司都能更有效地与供应商交易而从中获益，然而，任何公司都不可能比竞争对手拥有更多优势。公司还要警惕由这种方式带来的敏感信息的外露，警惕竞争对手从中了解公司的经营战略等。因此，采购联盟的各个参与者必须有合作与共赢的意识，处理好信息保密与披露的平衡，既要取得集中的利益，又要妥善处理与联盟伙伴、与供应商的关系。

3) 中介采购网站模式

在这种采购模式中，网站由独立于买卖双方的中介方运营管理。它可以有多种形式，如产品目录式、拍卖式、交易所式或社区式。买方企业加入到中介网站中，充分利用它集中的供应商资源和信息渠道，在网站上寻找供应商，或达成合同后以按销售额提成的方式付给中介网站一定的佣金。

对于一些分工不细的通用办公类商品，市场上存在很多的买主和卖主。例如每个企业都需要诸如计算机、日常办公用品等，而提供此类商品的公司也为数不少，有些通用的配件也属于此类。企业采购这些商品就可以依托中介采购网站。中介采购网站模式如图 5.6 所示。

中介采购网站不同于采购联盟网站的特点是，它并不是以买方企业的利益为主，而是在买卖双方之间站在一个比较公正的立场上，为卖方提供信息发布的渠道，为买方提供便捷获取信息的工具，在双方之间"撮合"交易的成功。因此，它比采购联盟网站更容易得到卖方的支持，预期有更多的卖方进入。但是，对买方来说，所得到的服务可能比不上采购联盟网站模式。例如，买方在与供应商之间关系的保持方面、按照买方需要选择订货方式方面，以及为买方获取更多利益方面，采购联盟网站模式的优势更为明显。但能吸引足够数量的供应商是中介采购网站模式的长处所在。

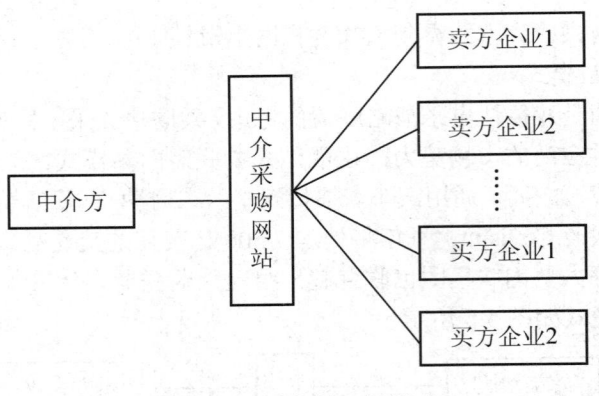

图 5.6 中介采购网站模式

5.3 电子商务物流管理方法

5.3.1 JIT

1．JIT的概念

JIT 是指严格按照客户的订单进行生产，以提高生产率、降低成本、消除浪费为目标的一种管理方法。换句话说，就是将需要的产品按照客户的需求在需要的时间内，送至需要的地点，形成上下游的无缝连接。

作为一种准时制(或无库存)技术在供应链中的应用，JIT 始创于 20 世纪 50 年代，由日本丰田公司提出。它以改进产品质量、降低成本为目标，从而使其市场竞争力不断增强。随着这一模式的不断完善，许多国家开始运用这一新的生产方式对传统的生产管理运行制度进行改革，以实现企业资源优化配置。

JIT 是一种以市场需求为核心的管理体制，它改变企业传统的生产观念，形成生产系统中以需求方为主的模式，从而组织采购、运输、加工、配送等活动。这种"拉式"的生产方式，将有效地控制库存量，提高工作效率，实现生产的准时化。

2．实施JIT的条件

1) 实施 JIT 的基础——一个顺畅的供销体系

以市场需求为核心，通过供应商、企业、销售商进行经济活动的整合，实行供销一体化。从采购方面看，实行 JIT 的企业需要有稳定的供应商。JIT 生产的供货方式是经常的和小批量的，要求供应商能够及时地提供数量适当和质量可靠的物料。若能与供应商建立稳定而又良好的合作关系，则企业可给予适当的价格优惠，从而保证物料来源的稳定性。只有有了稳定的物料来源，才能为以后各个方面减少浪费提供可能性，为成功实行无库存经营方式，提高顾客的满意度打下坚实的基础。从销售方面看，为了不断满足消费者的需求，提高供应链的效率，销售商要更快地对供应问题做出反应。在供销体系中，始终保持稳定化、标准化、同步化，使整个供应链畅通无阻。最终，形成一个团结合作的整体，充分利用各种资源，以最小的投入获得最大的产出，达到整体优化。

2) 实施 JIT 的支撑点——顾客的需求信息

能够准确及时地提供顾客所需产品是 JIT 的特点，而这就需要信息传递准确、及时。欲使上下游之间形成无缝连接，真正做到供需双方快速而又充分地进行信息交换，需要企业通过准确地统计预测，把握下游的需求变化，为生产部门提供精确的信息，从而在第一时间组织物料进行生产、销售，满足市场需求。企业尤其应该借助电子商务来完成信息互换，节约流通时间。所以，快速而又准确地把握市场的脉搏是实现 JIT 强而有力的支撑点。

3) 实施 JIT 的有力保证——完善的物流体系

JIT 物流的核心是"适时交货"，企业在掌握物料的基础上，通过专业的物流组织，实现及时供货这一目标。物流组织在保证交货的及时性、准确性等方面具有无可比拟的优越性，利用专业的网络、设施等，可以更好地完成企业的要求，并降低供应链的费用支出，真正做到采购、运输、库存、生产、销售以及供应商、用户之间的一体化，为 JIT 的成功运行提供保证。例如，运输配送直接影响交货速度，是 JIT 中至关重要的环节，它需要结合用户的需求以及竞争对手所能提供的服务水平，来制订自己的运输计划，以期达到目标市场和顾客的需求。而且，针对 JIT 需要小批量、频繁运送的特点，物流组织要积极寻找集装的机会，将来自多个销售商的小批量订货集中到一起，作为一个单位进行运送，在减少费用的同时保证 JIT 能够及时交货。

4) 加强人力资源的培养和利用

JIT 要求工人和管理人员在努力工作和提高企业经济效益方面付出大量的努力。如果工人不能够增加产品的价值，则视为无效劳动，所以要求 JIT 工人能够掌握多种技能并为产品的质量和产出负责。同时，要求他们具有团队精神，共同合作解决问题。JIT 的环境需要每个人都要付出责任心，参与并共同作出有利于企业的决策。

5.3.2 QR

1．QR 的概念

快速反应(Quick Response，QR)是指物流企业在面对多品种、小批量的买方市场时，不是储备制成的成品，而是储备各种要素；在用户提出要求时，能以最快的速度抽取要素并及时组装，提供用户所需的服务或产品。

2．实施QR的条件

在作为 QR 发源地的美国，已有许多企业开始实施 QR 并且取得了成功。布莱克本(1991)对美国纺织服装业进行的调查研究，总结出了 QR 成功需具备以下 5 项条件。

1) 改变传统的经营方式，革新企业的经营意识与组织结构

(1) 企业要打破传统的局限于依靠本企业独自的力量来提高经营效率的意识，树立起现代经营意识，通过与供应链各方建立合作伙伴关系，利用各种资源来提高经营效率。

(2) 零售商在垂直型 QR 系统中起主导作用，零售店铺是垂直型 QR 系统的起始点。

(3) 在垂直型 QR 系统内部，通过 POS 数据等销售信息和成本信息的相互公开和交换，来提高各个企业的经营效率。

(4) 明确垂直型 QR 系统内各个企业之间的分工协作范围和形式，消除重复作业，建立有效的分工协作框架。

(5) 改变传统的事务作业方式,通过利用信息技术实现事务作业的无纸化和自动化。

2) 开发和应用现代信息处理技术

信息技术是成功进行 QR 活动的前提条件,这些信息技术包括条码技术(Barcode)、电子订货系统(EOS)、POS、EDI、电子资金转账(EFT)、卖方管理库存(VMI)等。

3) 与供应链各方建立战略伙伴关系

一方面积极寻找和发现战略合作伙伴;另一方面在合作伙伴之间建立分工和协作关系。将合作目标定为削减库存,避免缺货现象发生,降低商品风险,避免大幅度降价现象发生,减少作业人员和简化事务性作业等。

4) 建立信息共享机制

改变传统的对企业商业信息的保密做法,将销售信息、库存信息、生产信息、成本信息等与合作伙伴交流共享,并以此为基础,各方一起发现问题、分析问题并最终解决问题。

5) 供应方必须缩短生产周期,降低商品库存

(1) 缩短商品生产周期。

(2) 进行多品种小批量生产和多频次小数量配送,降低零售商的库存水平,提高顾客服务水平。

(3) 对将要发生的实际需求采用 JIT 方式组织生产,降低供应商自身的库存水平。

5.3.3 MRP

1. MRP的概念

物料需求计划(Material Requirements Planning,MRP)是美国 IBM 的约瑟夫·奥列基博士于 20 世纪 70 年代在库存管理的订货点法基础上提出来的,是根据产品结构各层次物品的从属和数量关系,以每个物品为计划对象,以完工日期为时间基准倒排计划,按提前期长短区别各个物品下达计划时间的先后顺序,以此来加强物料的计划与控制、最大限度地减少库存、降低劳动力成本、提高按时发货率。

MRP 是一个基于计算机的库存管理系统,它的基本任务包括两个方面:一是从最终产品的生产计划(独立需求)导出相关物料(原材料、零部件等)的需求量和需求时间(相关需求);二是根据物料的需求时间和生产(订货)周期确定其开始生产(订货)的时间。简单地说,MRP 就是要回答 3 个问题:需要什么?需要多少?什么时候需要?MRP 的工作原理如图 5.7 所示。

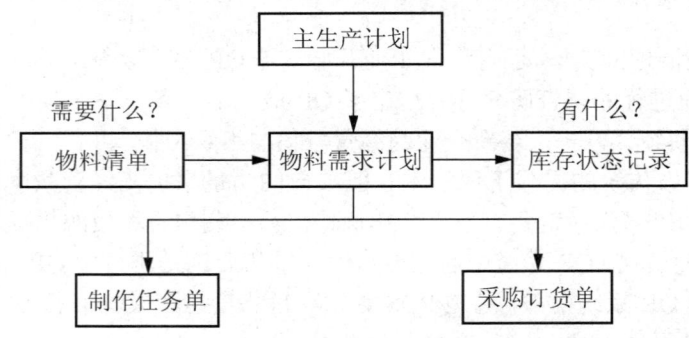

图 5.7 MRP 的工作原理

MRP 的基本原理是由企业主生产计划和主产品的层次结构逐层逐个地求出主产品生

产所需要的全部原材料、零部件的数量和应到位的时间。其中，零部件如果由本企业内部生产，则需要根据各自的生产时间长短来提前安排投产时间，形成零部件投产计划；如果从企业外部采购，则要确定提前发出订货的时间、采购的数量，形成采购计划。切实按照这些投产计划进行生产和按照采购计划进行采购，就可以实现所有零部件需求计划，从而达到物资资源合理配置，保证主产品生产的需要。

2．MRP的构成

MRP 的基本结构包括 MRP 的输入系统、MRP 的实行过程和 MRP 的输出报告 3 个部分。

1) MRP 的输入系统

MRP 的输入系统主要由 3 部分组成：主生产计划(Master Production Scheduling，MPS)、物料清单(Bill of Material，BOM)和库存状态记录(Inventory Status Records，ISR)，主要解决"需要什么"的问题。

(1) MPS 是指在每个时间段根据各种终端物品(一般是最终产品)的需求数量和需求时间，在平衡企业资源和生产能力的基础上制定出的生产进度表。在 MRP 中，MPS 对需求和生产能力平衡起主要作用，这是实施 MRP 的基础。如果制订的生产计划得不到企业现有的生产能力的支持或超过了企业的生产能力，则这种生产计划就失去了现实意义。在 MRP 中一般通过初步生产能力计划(Rough Cut Capacity Planning，RCP)来检查 MPS 的结果。RCP 对 MPS 的作用体现在两方面：一是在考虑物料清单、制造工序流程、各个工序加工能力以及库存水平的基础上，计算出完成 MPS 所需的生产能力；二是把完成 MPS 所需的生产能力与实际生产能力相比较，找出能力"瓶颈"，同时提出资源负荷状况报告、长期物料采购计划报告、购买资金计划报告等。如果发现所需生产能力与实际生产能力不相符时，或采取相应措施，或修改调整 MPS，使之与现有生产能力相适应。MPS 和 RCP 的关系如图 5.8 所示。

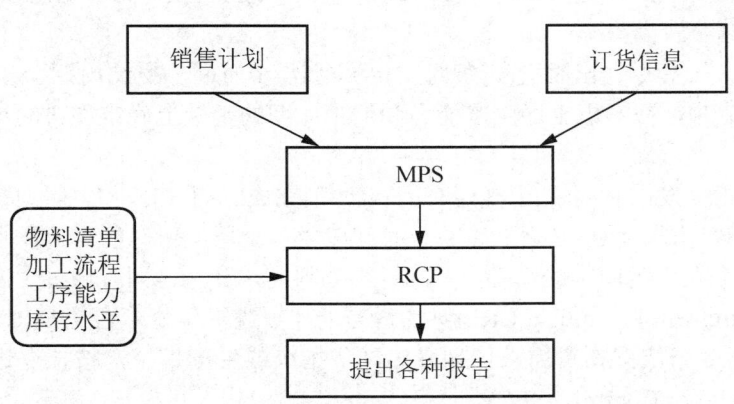

图 5.8　MPS 和 RCP 的关系

(2) BOM 也称产品结构表，表示产品组成结构和组成单位产品的原材料和零部件的数量。MRP 将产品的独立需求展开为各个层次的从属物料需求，这种展开是根据 BOM 表示的原材料和零部件在制造加工过程中的先后次序和数量关系推算出来。如果 BOM 有差错，将会引起整个从属需求物料的计算发生错误。因此，要正确计算出物料需求的时间和数量，特别是相关物料需求的数量和时间，必须使系统能够知道企业所制造的产品结构和所有要使用到的物料。产品结构还应列出构成成品或装配件的所有部件、元件、零件等的组成、装配关系和数量要求，这是保证 MRP 发挥作用的前提条件。

(3) ISR 是指有关物料库存水平的详细记录。在 MRP 中，将产品、零部件、在制品、原材料甚至工装工具等统称为"物料"。为便于电脑识别，必须对物料进行编码，物料编码是 MRP 识别物料的唯一标志。这些记录是动态的，当库存发生变化时(如进货补充增加库存、生产使用减少库存等)，需及时更新库存记录。完整、准确、动态的库存信息是保证 MRP 发挥作用，最终实现降低库存水平，增加按时发货率的保证。

2) MRP 的实行过程

在第一部分的基础上，MRP 通过计算求得每个时间段上各种物料的净需求数量，同时也确定了物料订货的数量、订货时间、订货批量和零部件的加工组装时间等内容。这是解决"需要多少"和"什么时候需要"的问题。具体的实行过程包括了以下几个步骤。

(1) 计算总需求量。根据 MPS、BOM、ISR 计算出时间段内所需各种物料的总需求量和需求的日期，但它没有考虑持有库存量与在途订货量等因素。

(2) 计算净需求量。净需求量是指从总需求量中减去该物料的可用库存(包括持有库存量和在途库存量)后的差额。净需求量的确定是 MRP 方法的核心，计算公式为

某段期间的净需求量＝某段期间的总需求量－某段期间的有效库存量

＝某段期间的总需求量－(某段期间的可用库存量－

某段期间的安全库存量)

如果在期间内总需求量小于该物料的有效库存量，则净需求量为零。

(3) 确定物料订货(加工)批量和指令发出的时间。在确定净需求量之后，根据每种物料的特点来确定具体的采购订货方式。采购订货方式有定量订货方式和定期订货方式，具体采用哪种方式由物料的特点和企业的采购政策来确定。在采购订货时，在考虑供应商的情况和交纳周期的基础上确定物料的订货时间，即指令发出时间，同时确定预定交货的时间。订货时间的计算公式为

指令发出时间(订货时间)＝计划需求时间－交纳周期

在生产制造时，在考虑工序生产能力和加工周期的基础上确定物料的加工开始时间，其计算公式为

指令发出时间(加工开始时间)＝计划完成时间－作业加工时间

(4) 制订物料需求计划。在平衡、整合时间段内各个层次所有的物料需求数量、订货(或加工)批量、指令发出时间等的基础上，制订出物料需求计划；同时通过生产能力需求计划(Capacity Requirement Planning，CRP)对物料需求计划进行调整，它是 MRP 的具体化。

(5) 发出指令。依据物料需求计划发出订货指令或生产指令，按指令进行采购或生产现场控制(Shop Floor Control，SFC)。

3) MRP 的输出报告

MRP 系统输出的报告分为 3 类：一是计划报告；二是绩效报告；三是异常报告。

计划报告主要有计划订货日程进度表、进度计划的执行和订货计划的修正调整及优先次序的变更；绩效报告主要有成果检验报告、生产能力需求计划报告；异常报告主要是指出偏差，如错误、延误、订购过量，废品过多和不存在的部件等。这 3 类报告的服务对象不同，计划报告主要为采购部门和生产部门的决策提供依据；而绩效报告和异常报告更多地是为高层管理人员提供管理上的参考与借鉴。

5.3.4 DRP

1. DRP的概念

分销需求计划(Distribution Requirement Planning,DRP)是库存管理的一种方法,它是MRP原理和技术在流通领域中的具体应用。DRP联系着物理配送系统和制造规划及控制系统,主要解决分销物资的供应计划和调度问题,其基本目标就是要为管理层预测将来的需求提供决策依据,匹配物料的供给和需求,以有效地应用存货满足客户的服务需求,在配置费用最小化的基础上,实现对市场变化的快速调整。DRP的工作原理如图5.9所示。

DRP策略实际上是"准时"供应思想的体现,准时物流要求将用户所需的物品准时且保质保量地送到用户手中,要达到这种要求就必须以最大范围的物流系统的实时控制为基础,制订出相应的物流管理计划。DRP就是这种物流管理计划导向的结果。

在实施DRP时要输入3份文件:一是社会需求文件,由订货单、订货合同、提货单或市场预测数据整理而成;二是供应商货源文件,其提供生产厂及其产品的信息;三是库存文件和在途文件,提供流通企业仓库中各种商品的库存数量和在途数量等信息。

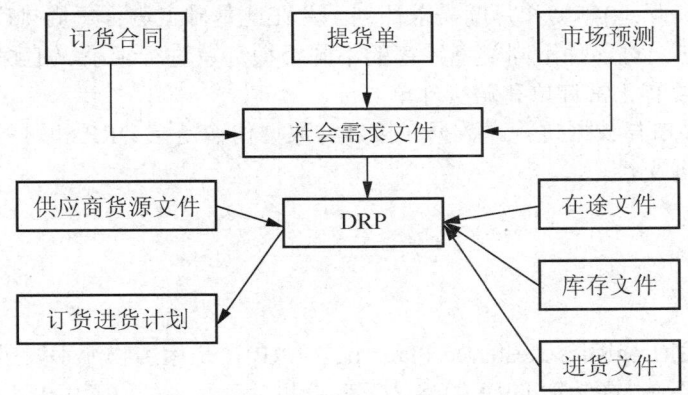

图5.9 DRP的工作原理

根据输入的这3份文件,形成送货计划文件和订货进货计划文件。送货计划:按照用户需求的品种、数量、时间和送货提前期以及物流优化原则确定送货时间和送货数量;订货进货计划:根据用户需求、库存、生产厂货源情况以及物流优化原则确定从生产厂订货进货的时间和数量。

DRP产生与发展和MRP有着密切的联系。MRP一出现,敏锐的管理学家就注意到它对流通过程的巨大影响力和深远意义。作为MRP原理和技术在流通领域中的具体应用,DRP和MRP一样都是需求管理(Demand Management)的一部分,所不同的是,DRP是由顾客的需求决定,企业无法或很少能加以控制;而MRP是由生产计划所决定,而生产计划一般都由企业制定和控制。从库存管理的角度看,DRP和MRP可以看成是库存管理的两个阶段,在制造和装配完成之前的库存管理是由MRP进行的,而一旦产成品到了工厂的仓库,就由DRP来管理存货了。

2. DRP的构成

一个DRP系统主要由库存管理、质量控制、预测仿真、运输管理、采购管理、计划或调度管理、订单管理、数据库接口与数据传输模块组成。

(1) 库存管理。库存管理既保证物料供应又保持较低的库存水平,包括交互的库存量查询、货位控制(通过货位自动分配算法实现)、周期盘点、各种类型材料库存(不良品和多余品等)、出入库记录、退货管理。

(2) 质量控制。质量控制包括质量标准、质量信息跟踪、不合格品停止发货、质量统计报告及质量记录与分析。

(3) 预测仿真。预测仿真是通过对原始数据的回归分析和时间序列分析,对库存、订单、产能进行预测,对库存线路进行交互仿真查询。

(4) 运输管理。建立承运商数据库,并以此数据库针对不同发货地点的承运商进行选优;对待发货物自动产生运单和发货通知,分类产生货运费用报告、到货及时率报告;对发出和收到货物跟踪记录、报关记录及分析。

(5) 采购管理。建立供应商数据库,根据计划和短缺报告进行订单下达、订单追踪及物料监控。

(6) 计划或调度管理。通过实际订单情况和对顾客需求的预测,产生生产计划和资源(人员、设备、物料、场地)年度和月度需求计划,并在此基础上进行每周排产。

(7) 订单管理。对各种不同类型顾客的不同类型订单进行记录、追踪、查询和分析。不同类型订单主要有正常订单和赔货订单。

(8) 数据库接口与数据传输。数据库接口与数据传输是指 DRP 和财务系统、其他仓库与配送中心的数据交换。

5.3.5 LRP

1. LRP 的概念

物流资源计划(Logistics Resource Planning,LRP),是运用物流手段进行物资资源优化配置的技术,它是在 MRP 和 DRP 的基础上形成和发展起来的,是 MRP 和 DRP 的集成应用。LRP 对制造资源计划、能力资源计划、分销需求计划进行了功能集成,其基本目标是通过与物资采购、制造支持以及实体分销有关的作用计划的实施,优化配置物资资源,提高物流效率,以实现企业发展战略的经营计划。

20 世纪 80 年代,MRP 已经发展很成熟,DRP 也有相当程度的发展和应用。它们在应用中,除了表现出优越性外,也暴露出各自的局限性,主要表现在两个方面:第一,生产系统和流通系统的接口问题。生产系统规划的不确定性,用 MRP 做得很好的物资需求计划在流通领域中的执行过程却大打折扣,影响了 MRP 的效果。DRP 也存在同样的问题。物流中心实施 DRP 可以产生一个精确的分销需求计划,但物资生产厂与物流中心的供应关系常出现随机性,不能完全保证物流中心所需的物资资源,使得向用户的配送受到限制,最终影响了 DRP 的效果。第二,MRP 和 DRP 的差异性和统一性。DRP 虽然是 MRP 在流通领域中的应用,理论原理上应当一致,但由于各自领域的特点,在层次结构、相关性、处理方法上都有较大的差异性。

20 世纪 80 年代以来,技术集成化倾向越来越强,技术集成程度越高,技术越复杂,给人们带来的效益也越大。在 MRP 和 DRP 应用取得一定效果后,人们就想到如何将它们集成起来应用。同时,由于物流理论的发展和完善,给人们进行物资资源配置提供了更加深入广阔的新思路,在这种背景下,作为 MRP 和 DRP 集成应用的 LRP 应运而生。

从市场的角度来看,LRP 是为企业生产和流通的高效运行组织资源,包括从社会和企业内部有效地组织资源,改善企业物流,提高企业效率;从社会的角度来看,LRP 是为市场需求进行经济有效的物资资源配置,满足社会的物资需求。总地来说,LRP 就是要打破生产和流通的界限,面向大市场,为企业生产和社会流通提供经济有效的物资资源配置。因此,LRP 的基本思想包括了以下几个基本方面。

(1) 站在市场的高度,既为社会市场需求配置物资资源,满足社会的物资需要,又为企业的生产和流通的经济高效运行组织资源。

(2) 打破生产和流通的界限,允许企业在整个大市场内为企业、社会统一进行物资资源配置,以降低配置成本。

(3) 灵活运用各种手段,打破地区、部门、所有制界限;利用各种经营组织、经营方式以及采用各种物流优化方法。什么方式能实现资源的有效配置并最能提高经济效益就采取什么方式。

2. LRP 的处理步骤

LRP 的具体实施可以分为以下几个步骤。

(1) 将主需求计划中本企业能够生产的主产品和零部件单独运行 DRP,得出需求企业生产部门的订货进货计划,其中内部主需求计划是主需求文件的一部分,即企业能够生产的一部分。这一部分在 DRP 处理时,总是先由仓库库存中供应,当库存下降到安全库存量时,再向生产部门发出订货。

(2) 由生产订货计划运行 MRP,得出产品投产计划及其零部件外购计划。

(3) 将主需求文件中的非本企业能生产的部分和由 MRP 得出的外购部分再输入 DRP 运行,得出从市场的订货进货计划和送货计划。其中,在途物资分为送货在途到货和进货在途到货(入库)。

LRP 的应用特点在于其涵盖范围广,它包含了企业生产、供应和销售的计划,它有产品投产计划、生产过程的物料需求计划、采购供应计划、车辆运输计划、库存计划、用户送货计划、物流能力计划等,可以说涵盖了企业日常业务的各个方面。它们以复杂的关系相互间紧密联系,全盘规划指挥着整个企业的工作有条不紊地进行。LRP 在进行物资的搬运、进货、送货的数量和时间的规划时,还考虑了物流线路、运输方案的优化,使得物资运输不仅能及时到位,而且总是费用最低。

LRP 适用于所有需要兼产、供、销于一体的企业,大到企业集团,小到大中型企业和商店。在这样的企业中,它可以代替整个企业的计划部的工作。

5.4 电子商务物流信息技术

5.4.1 物流信息识别技术

自动识别技术是信息数据自动识读、自动输入计算机的重要方法和手段,它是以计算机技术和通信技术的发展为基础的综合性科学技术。自动识别技术近几十年在全球范围内得到了迅猛发展,初步形成了一个包括条形码、磁条(卡)技术、光学字符识别、系统集成化、射频技术、声音识别及视觉识别等集计算机、光、机电、通信技术为一体的高新技术学科。

1. 条形码

条形码(简称条码)是按照一定的规则,由不同宽度和高度及其具有较强反差的浅色和深色的部分,通常是条形或块状组成的集合。条形码隐含着数字信息、字母信息、标志信息、符号信息,主要用以表示商品的名称、产地、价格、种类等,是全世界通用的商品代码。

条形码按照所表示的符号方式、能够表示的信息以及发展过程,可以分为一维条码和二维条码。若从印制的材料、颜色分类,可分为黑白条码、彩色条码、发光条码(荧光条码、磷光条码)和磁性条码等。

1) 物流条码

物流条码是物流过程中用以标志具体实物的一种特殊代码,它是由一组黑白相间的条、空组成的图形,利用识读设备可以实现自动识别、自动数据采集。在商品从生产厂家到运输、交换整个物流过程中都可以通过物流条码来实现数据共享,使信息的传送更加方便、快捷、准确,提高整个物流系统的经济效益。

当今通用商品条码已经普及,使商业管理实现了自动化,而物流条码却刚刚起步。物流条码与通用商品条码相比有许多不同之处,可以从以下几个方向加以比较。

(1) 标志目标不同。通用商品条码是最终消费单元的唯一标志,它常常是单个商品的条码。消费单元是指通过零售渠道,直接销售给最终用户的商品包装单元;物流条码则是货运单元的唯一标志。

货运单元是由若干消费单元组成的稳定的和标准的产品集合,是收发货、运输、装卸、仓储等多项物流业务所必需的一种商品包装单元,一般是多个商品的集合,也可以是多种商品的集合,应用于现代化的物流管理中。

(2) 应用领域不同。通用商品条码用于零售业现代化的管理,在零售业的 POS 系统中通用商品条码印在单个商品上,可以实现商品的自动识别、自动寻址、自动结账,使零售业管理高度自动化和信息化。物流条码则是用于物流现代化的管理,贯穿于整个物流过程之中。产品从生产厂家生产出来,要经过包装、运输、仓储、分拣、配送等众多环节,条码应用于这众多的环节之中,实现了对物品的跟踪和数据的共享。

(3) 采用码制不同。通用商品条码采用的是 EAN/UPC 码制,条码的长度固定,信息容量少;物流条码主要采用 EAN/UCC.128 条码,条码的长度可变,信息容量多,且条码精度要求低,易于制作,容易推广。

(4) 标准维护不同。通用商品条码已经实现了国际化和标准化,不需要经常增减更新,标准维护的要求比较低;物流条码是可变性条码,贸易伙伴根据贸易的具体需要而增减信息,而且随着国际贸易的发展,物流条码的内容需要不断地补充、丰富,因此,对物流条码的标准维护应该更加重视。

正是因为物流条码具有以上这些特点,才使其能够区别于通用商品条码,物流条码在物流领域的实施才具有可行性。通过对物流条码信息的收集、传送和反馈,提高整个物流系统的经济效益是研究物流条码的最终目的。

2) 物流条码的应用

条码在物流中的应用较为广泛,主要体现在以下几个方面。

(1) 生产管理。在生产中可以应用产品识别码监控生产,采集生产测试数据和生产质量检验数据,进行产品完工检查,建立产品识别码和产品档案,从而有序地安排生产计划,监控生产流程及流向,提高产品下线合格率。

(2) 销售点系统。在商品上贴上条码就能快速、准确地利用计算机进行销售和配送管理。其过程为对销售商品进行结算时,通过光电扫描读取并将信息输入计算机,然后输进收款机,收款后开出收据,同时通过计算机处理,掌握进、销、存的数据。

(3) 仓库管理。

① 根据货物的品名、型号、规格、产地、牌名、包装等划分货物品种,并且分配唯一的编码,也就是"货号"。分货号管理货物库存和管理货号的单件集合,并且应用于仓库管理的各种操作。

② 仓库库位管理是对存货空间的管理。仓库分为若干个库房,库房是仓库中独立和封闭的存货空间,库房内空间细分为库位,细分能够更加明确定义存货空间。在产品入车时将库位条码号与产品条码号一一对应,在出库时按照库位货物的库存时间可以实现先进先出或批次管理。

③ 进行货物单件管理。条码技术不仅可以按品种管理货物的库存,而且还可以管理货物库存的具体每一单件。采用产品标志条码记录单件产品所经过的状态,就可实现对单件产品的跟踪管理,更加准确地完成仓库出入库操作。

④ 一般仓库管理只能完成仓库运输差错处理(根据人机交互输入信息),而条码仓库管理不仅可以直接处理实际运输差错,而且还能够根据采集的单件信息及时发现出入库的货物单件差错(如入库重号、出库无货),并且提供差错处理。

⑤ 仓库业务管理,包括出库、入库、盘库、月盘库、移库,不同业务以各自的方式进行,完成仓库的进、销、存管理。

(4) 分货、拣选系统。铁路运输、航空运输、邮政通信等许多行业都存在货物的分拣搬运问题,大批量的货物需要在很短的时间内准确无误地装到指定的车厢或航班。解决这个问题的办法就是应用物流标识技术,使包裹或产品自动分拣到不同的运输机上。

(5) 运动中称量。物流标识技术与其他自动化技术相结合,可以大大提高物流现代化水平,如在运动中称量与条码自动识别相结合。

(6) 快件运输。要实现在运输中快速采集货物信息,不影响运输的时限、效率,就要利用条码技术,将承运货物上的运单号码编成条码,印刷在运单上。

2. 无线射频识别技术

无线射频识别技术(Radio Frequency IDentification,RFID)是一种非接触式的自动识别技术。主要用于宠物与野生动物跟踪、公路和停车收费等有限的领域。但事实上,RFID还有望在高速公路自动收费及交通管理、门禁保安、RFID卡收费、生产线自动化、仓储管理、汽车防盗、防伪、电子物品监视系统、火车和货运集装箱的识别、物流管理、生产线追踪等领域大展身手。

RFID技术给企业物流和供应链管理带来的好处显而易见。在企业分销中和零售业配送中,RFID从货物离开仓库的那一刻起就已经开始发挥作用。当整车货物离开分销中心时,系统对拖车上的货物进行扫描，这样，商店经理就可以跟踪来自于商店仓库信息系统的每一条发运信息，知道发出了哪些货物，它们什么时候到达。当拖车到达商店时，再经过一次扫描，看一看是否丢失了什么，这样，就不再需要检查每一个拖车和实际统计货物数量。一旦商品摆在货架上，当货架商品量出现短缺时，嵌入的 RFID 阅读器向商店后端办公系统发送一条消息，随后货物就会按需补充，这样就避免了由于商品短缺造成的销售损失。另外，RFID 阅读器还可以跟踪商品的销售速度和销售最好及最差的商品，并具有安全防盗功能，只要标签中的防窃功能处于激活状态，那么商店出口处的传感器就能发出告警信息，而在收款台，防窃程序会自动取消。在收款台，带有标签的货物会再经过最后一次扫描，同时更新库存。另外，商店的顾客可以直接了解他们所想要的商品，并立刻得到带有标签的商品的有关信息。这样，选择一张 DVD 或 CD 就非常简单，因为顾客可以在商店内的任何一个电子便利站内扫描产品，并选择播放影碟或音乐片段。

目前 RFID 应用前景非常广泛，最常见的应用见表 5-1。

表 5-1 RFID 常见应用

典型应用领域	具 体 应 用
车辆自动识别管理	铁路车号自动识别(是 RFID 最普遍的应用)
高速公路收费及智能交通系统	高速公路自动收费系统(是 RFID 最成功的应用之一，它充分体现了非接触识别的优势。在车辆高速通过收费站的同时完成缴费，解决了交通的瓶颈问题，提高了车行速度和收费结算效率)
货物的跟踪、管理及监控	RFID 为货物的跟踪、管理及监控提供了快捷、准确、自动化的手段。以 RFID 为核心的集装箱自动识别，成为全球范围最大的货物跟踪管理应用
仓储、配送等物流环节	RFID 目前在仓储、配送等物流环节也有许多成功的应用。随着 RFID 在开放的物流环节统一标准的研究开发，物流业将成为 RFID 最大的收益行业
电子钱包、电子票证	射频识别卡是 RFID 的一个主要应用。射频识别卡的功能相当于电子钱包，实现非现金结算。目前主要的应用在交通方面
生产线产品加工过程自动控制	主要应用在大型工厂的自动化流水作业线上，实现自动控制、监视，提高生产效率，节约成本
动物跟踪和管理	可用于动物跟踪，在大型养殖场可通过采用 RFID 建立饲养档案、预防接种档案等，达到高效、自动化管理牲畜的目的，同时为使食品安全提供了保障。还可用于信鸽比赛、赛马识别等，以准确测定到达时间

5.4.2 物流信息跟踪技术

1. GPS

GPS 是利用分布在约 2 万千米高空的多颗卫星对地面目标的状况进行精确测定以进行定位、导航的系统。

该系统原是美国国防部为"星球大战"计划而建立起来的，是美军 20 世纪 70 年代初在"子午仪卫星导航定位"技术上发展来的具有全球性、全能性(陆地、海洋、航空与航天)、全天候性优势的导航定位、定时、测速系统。它由三大子系统构成：空间部分、地面支持系统、用户设备部分。GPS 的应用范围包括以下几个方面。

1) 导航

三维导航是 GPS 的首要功能，飞机、船舶、地面车辆以及步行者都可利用 GPS 导航接收器进行导航。与电子地图、无线电通信网络及计算机车辆管理信息系统相结合，GPS 可以实现车辆跟踪和交通管理等许多功能。

2) 城市交通疏导系统

GPS 随时随地能提醒驾驶员注意险情、道路拥挤堵塞等情况，还能提示该怎么走最合理，因此，能使驾驶者省力地到达目的地。

科学家预言，不久的将来装有 GPS 的飞机、火车、轮船、汽车等交通工具将会出现在地球任何一个角落，人们不再为道路、航线、港口、车站拥挤徒生烦恼，也不会为自己托送的货物究竟到了什么地方而迷茫，GPS 引导系统都会给人们指导释疑。

3) 车辆监控系统

车辆监控调度系统是集 GPS、地理信息系统(Geographic Information System，GIS)以及无线通信技术于一体的软、硬件综合系统。其主要由 3 部分组成：车载终端、无线数据链路和监控中心软件系统。

车辆监控系统的主要功能是对移动车辆进行实时动态跟踪，利用无线通信设备将目标的位置和其他信息传送至主控中心，在主控中心进行地图匹配后显示在监视器上。主控中心还能够对移动车辆的准确位置、速度和状态等必要的参数进行监控和查询，从而科学地进行调度和管理，提高运营效率。移动车辆如果遇到麻烦或者其安全受到侵害，可以向主控中心发送报警信息，及时得到附近保安部门的支援，所以车辆监控系统还能够提供车辆安全服务。

4) 固定点的定位测量

确定某一点的地理位置(经度、纬度、高度)是 GPS 的最基本功能，有些高度精确的 GPS 接收系统可以即时得到厘米级的测量精度。因此，GPS 技术在土地测绘、建筑测量、工程测绘等领域有着广泛的应用前景。

例如，在道路工程建设中，随着高等级公路的迅速发展，对勘测技术提出了更高的要求。由于线路长，已知点少，因此，用常规测量手段不仅布网困难，而且难以满足高精度的要求。目前，国内已逐步采用 GPS 技术建立线路首级高清晰度控制图。例如沪宁、沪杭高速公路的上海段就是利用 GPS 建立了精密控制网。实践证明，在几十千米范围内的点位误差只有 2cm 左右。

2．GIS

GIS 是一种基于计算机的工具，它可以对在地球上存在的物体和发生的事件进行成图和分析。GIS 技术把地图这种独特的视觉化效果和地理分析功能与一般的数据库操作(如查询和统计分析等)集成在一起。这种能力使 GIS 与其他信息系统相区别，从而使其在广泛的公众和个人企事业单位中解释事件、预测结果、规划战略等中具有实用价值。

GIS 的理论基础包括地球科学和信息科学。前者涉及地理空间信息及其关系信息的获取、分类模型及语义表示中的理论问题和实践问题，后者涉及信息的组织、存储、处理、可视化表示及传统传输中的理论问题和实践问题。GIS 的技术基础包括遥感技术、定位技术和信息技术的各个方面。GIS 的应用范围包括两个方面。

1) GIS 在仓库规划中的应用

GIS 把计算机技术、地理信息和数据库技术融于一体,这就非常适合仓库建设规划,可以使仓库建设规划走向规范化和科学化,使仓库建设的经费得到最合理的运用。仓库 GIS 作为仓库 MIS 中的一个子系统,用地理坐标、图标的方式更直观地反映仓库的基本情况,如仓库建筑情况、仓库物资储备情况、仓库附近公路和铁路情况等。

2) GIS 在铁路运输中的应用

铁路运输地理信息系统便于销售、市场、服务和管理人员查看客运站、货运站、货运代办点、客运代办点之间的相对地理位置,运输专用线和铁路干线之间的相对地理位置,并用不同颜色和填充模式来区分各种表达信息,使用户看到销售区域、影响范围、最大客户、主要竞争对象、人口状况及分布、工农业统计值等,由此综合可看到增加运输收入的潜在地区,从而扩大延伸服务;通过这种可视方式,更好地制定市场营销和服务策略,有效地分配市场资源。

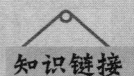

GPS

GPS 的基本原理是测量出已知位置的卫星到用户接收机之间的距离,然后综合多颗卫星的数据就可知道接收机的具体位置。要达到这一目的,卫星的位置可以根据星载时钟所记录的时间在卫星星历中查出。而用户到卫星的距离则通过记录卫星信号传播到用户所经历的时间,再将其乘以光速得到(由于大气层电离层的干扰,这一距离并不是用户与卫星之间的真实距离,而是伪距(PR):当 GPS 卫星正常工作时,会不断地用 1 和 0 二进制码元组成的伪随机码(简称伪码)发射导航电文。GPS 使用的伪码一共有两种,分别是民用的 C/A 码和军用的 P(Y)码。C/A 码频率 1.023MHz,重复周期 1ms,码间距 1μs,相当于 300m;P 码频率 10.23MHz,重复周期 266.4 天,码间距 0.1μs,相当于 30m。而 Y 码是在 P 码的基础上形成的,保密性能更佳。导航电文包括卫星星历、工作状况、时钟改正、电离层时延修正、大气折射修正等信息。它是从卫星信号中解调制出来,以 50b/s 调制在载频上发射的。导航电文每个主帧中包含 5 个子帧每帧长 6s。前 3 帧各 10 个字码;每 30s 重复一次,每小时更新一次。后两帧共 15 000b。导航电文中的内容主要有遥测码、转换码、第一、第二、第三数据块,其中最重要的则为星历数据。当用户接收到导航电文时,提取出卫星时间并将其与自己的时钟做对比便可得知卫星与用户的距离,再利用导航电文中的卫星星历数据推算出卫星发射电文时所处位置,用户在 WGS-84 大地坐标系中的位置速度等信息便可得知。

(资料来源:http://baike.baidu.com/view/257002.htm.)

5.4.3 物流信息交换技术

EDI 是现代计算机技术和远程通信技术相结合的产物。进入 20 世纪 90 年代以来,EDI 成为世界性的热门话题。为竞争世界贸易的主动权,各国的企业界和商业界人士都积极采用 EDI 来改善生产和流通领域的环境,以获得最佳的经济效益。

由于 EDI 的快速、精确等特性,使 EDI 能为用户带来实质性的好处。在发达国家,EDI 已经成为许多行业的一种规范,一种必备条件。特别在现代化物流行业中,许多公司开始相信,他们除了开通 EDI 之外,别无选择。在汽车制造业、石油和天然气、化工、铁路、仓储、海运、医药、零售、杂货等行业,一般都希望贸易伙伴采用 EDI 方式,而且这种发展的势头还在继续。

EDI 是一种信息管理或处理的有效手段。它是对物流系统的信息流进行运作的有效方法。EDI 的目的是充分利用现有计算机及通信网络资源,提高贸易伙伴间通信效益,降低成本。目前,EDI 主要应用于以下企业。

(1) 制造业:应用于 JIT 生产以减少库存量及生产线待料时间,降低生产成本。

(2) 贸易运输业:快速通关报检、经济使用运输资源,降低贸易运输空间和成本,减少时间的浪费。

(3) 流通业:QR,减少商场库存量与空架率,以加速商品资金周转,降低成本。建立物资配送体系,以完成产、存、运、销一体化的供应线管理。

(4) 金融业:实现电子资金转账,减少金融单位与其用户间交通往返的时间与现金流动风险,并缩短资金流动所需的处理时间,提高用户资金调度的弹性,在跨行业服务方面,更可使用户享受到不同金融单位所提供的服务,以提高金融业的服务品质与项目。

EDI 应用获益最大的是零售业、制造业和配送业。在这些行业中的供应链应用 EDI 技术使用传输发票、订单过程达到了很高的效率,而这些业务代表了它们的核心业务活动——采购和销售。EDI 在密切贸易伙伴关系方面有潜在的优势。

5.4.4 物流信息整合平台——物流信息系统

1. 物流信息和物流信息系统

1) 物流信息的概念

物流信息是指与物流活动(如商品包装、商品运输、商品储存、商品配送等)有关的一切信息。物流信息是伴随着企业的物流活动的发生而发生的,企业如果希望对物流活动进行有效的控制就必须及时掌握准确的物流信息的情况。

物流信息一般由物流系统内部信息和物流系统外部信息组成。

(1) 物流系统内部信息是伴随物流活动而发生的信息,包括物流流转信息、物流作业层信息、物流控制层信息和物流管理层信息。

(2) 物流系统外部信息是在物流活动以外发生但与物流活动有关联的信息,包括供方信息、需方信息、订货合同信息、交通运输信息、市场信息和政策信息等。

2) 物流信息系统

随着物流系统的发展,物流信息量会变得越来越大,物流信息更新的速度也越来越快,如果仍对信息采取传统的手工处理方式,则会引发一系列信息滞后、信息失真、信息不能共享等瓶颈效应,从而造成整个物流系统的效率低下。因此,为了提高物流系统的整体效率,建立基于计算机和通信技术的物流信息系统将成为电子商务物流系统的必由之路。

(1) 物流信息系统的概念。物流系统是由多个子系统组成的复杂系统。而物流信息系统就是通过灵活利用有关的物流信息,使各个环节相互协调,以实现物流各项职能的圆满化和效率化,并正确而迅速地传递和处理这些信息的信息管理系统。

(2) 物流信息系统的结构。物流信息系统是一个 4 层结构的信息系统，如图 5.10 所示。

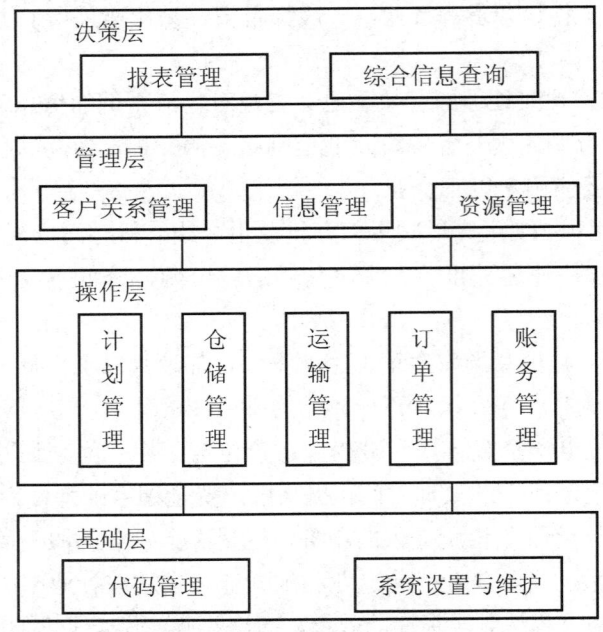

图 5.10　物流信息系统的层次结构

第一层是基础层，主要设计系统的代码管理及参数的设置及维护等。实体代码化是信息系统的基础，代码设计与管理是信息系统的一个重要组成部分，设计出一个好的代码方案对于系统的开发和使用都极为有利。它可以使许多计算机处理(如某些统计、校对、查询等)变得十分方便，也使事务处理工作变得简单。同样的，系统设置的参数化使得系统变得灵活且易于维护。第二层是操作层，用于指导物流作业，记录、更新物流各作业环节的作业信息。第三层是管理层，用于制订作业计划，平衡、控制、协调客户需求与资源能力，以及各作业环节的均衡平稳。最高层是决策层，根据企业运转的各种综合信息或报告，收集环境信息，制订企业的中长期工作计划及战略目标，并根据自底向上的信息反馈，不断调整修正各项目标计划。

2．物流信息系统的内容

物流信息系统是由人员、设备和程序组成的，为物流管理者执行计划、实施、控制等职能提供相关信息的交互系统。物流信息系统的信息来源于物流的环境，典型的综合物流信息系统有决策支持系统，运输、库存、配送信息系统。

1) DSS

信息科学应用于制造业、服务管理的领域就是 DSS。DSS 是 MIS 的一种逻辑推广，在模型化与决策制定过程中起到辅助作用，它并不仅仅提供信息，一个 DSS 允许管理者在给定资金或管理参数的情况下进行"如果怎么样，就……"的分析。一个 DSS 也能联合多种多样的管理科学模型和图解。

2) 运输信息系统

运输信息系统主要是处理各种运输问题。例如，日本开发的直达运输系统，目的在于选择最接近用户的仓库，然后对用户实行快速直达运输。我国广东省水泥合理分配调运系统利用线性规划以最低流通费用为目标，用计算机作数据处理，取得了宏观及微观双重效益。

3) 库存信息系统

库存信息系统主要有以下几个目的。

(1) 掌握各分散地点的库存量及生产企业库存量。

(2) 具体于某一仓库中进行库存管理系统等。

(3) 在高层货架仓库中建立库存信息分系统等。

库存信息系统是应用较为广泛的系统，也可以说是各种类型物资及物流管理信息系统的基础系统。无论进行哪种管理，库存信息都是首先要掌握和收集的。所以，这种系统在国外的建立和应用颇为广泛。

4) 配送信息系统

配送信息系统有一定的综合性，主要目的是向各营业点提供配送物资的信息，根据订货查询库存及配送能力，发出配送指示，发出结算指示及发货通知，汇总及反馈配送信息。

配送系统也是国外开发较多、成效较大的物流信息系统，配送的成败决定着企业和经营部门对市场的占有和控制。通用电气公司的综合信息及销售管理系统是配送系统中较有名的例子。该公司利用计算机网络将分布于美国 49 个州的 65 个销售部门、分布于 11 个州的 18 个产品仓库及分布于 21 个州的 53 个制造厂联结起来，及时掌握和分析库存情况，一有订货，则由中央先行集中信息处理，在 15 秒内即可处理完毕，通过计算机将发货信息传递到距用户最近(或运费最低)的配送点，指令发货。

5) 订单处理系统

一个企业从发出订单到收到货物的时间，称为订货提前期；而对于供货方，这段时间称为订货周期。这不过是购销双方对同一时间的不同称呼。在订货周期中，要相继完成 4 项重要活动：订单传递、订单处理、订货准备、订货运输。这就是订单处理系统的流程。

本章小结

本章从电子商务及其物流过程、电子商务的物流运作模式、电子商务物流管理方法及电子商务的物流信息技术等方面阐述了电子商务物流的主要内容。

电子商务物流是物流与电子商务相结合的产物，电子商务与物流既相互制约又相互促进。从不同方面考查，电子商务物流具有不同的特点，从而其管理与组织也与传统的物流活动存在差异，具有自身的特点、职能以及原则与内容。本章的一个重点是介绍电子商务的物流运作模式和 JIT、QR、MRP、DRP 和 LRP 这 5 种供应链管理方法，通过概念及原理、实施过程、成功实施的条件、优缺点、演进发展等方面对这几种方法作了相应的介绍。

另外，没有商务技术和先进的物流技术支撑，物流是难以得到发展的，本章也要求掌握电子商务的物流信息技术的应用。电子商务的发展不仅给物流带来了新的发展机遇，而且使现代物流具备了信息化、网络化、智能化、柔性化、虚拟性等一系列新特点。电子商务物流技术一般是指与电子商务物流要素活动有关的所有专业技术的总称。按内容划分，电子商务物流技术可划分为实物作业技术和电子商务技术。实物作业技术主要包括包装技术、运输技术、储存保管技术、装卸搬运技术等，电子商务技术主要包括 GPS、GIS、EDI、

Bar Code 等。电子商务物流技术的评价标准主要有先进性、经济性、适用性。电子商务物流技术的作用主要表现在是提高电子商务物流效率的重要条件，是降低电子商务物流费用的重要因素，可以提高电子商务物流的运作质量、提高客户的满意度。电子商务技术在物流中得到广泛应用。

【关键术语】

电子商务物流(E-commerce Logistics)
物流运作模式(Logistics Operation)
物流管理方法(Logistics Management)
物流信息技术(Logistics Information Technology)

EC 动态

跨境电商推动跨境物流发展

2015 年上半年，中国跨境电商交易规模为 2 万亿，同比增长 42.8%，就市场渗透率而言，其跨境电商发展潜力依然巨大，预计 2017 年进口跨境电商规模将达到 1.3 万亿，未来 3 年平均增速为 35%。跨境电商和物流存在共生性机理，跨境电商的发展给跨境物流带来了新的机会。目前市面上有五种主流跨境物流方式。

1. 邮政小包

据不完全统计，中国跨境电商出口业务 70%的包裹都通过邮政系统投递，其中中国邮政占 50%左右的份额，中国香港邮政、新加坡邮政等也是中国跨境电商卖家常用的物流方式。邮政系统优势是：邮政网络基本覆盖全球，比其他任何物流渠道都要广。而且，由于邮政一般为国营，有国家税收补贴，因此价格非常便宜。劣势是：一般以私人包裹方式出境，不便于海关统计，也无法享受正常的出口退税。同时，速度较慢、丢包率高。

2. 国际快递

国际快递主要是指 UPS、Fedex、DHL、TNT 这四大巨头，其中 UPS 和 Fedex 总部位于美国，DHL 总部位于德国，TNT 总部位于荷兰。国际快递对信息的提供、收集与管理有很高的要求，以全球自建网络以及国际化信息系统为支撑。优势是：速度快、服务好、丢包率低，尤其是发往欧美发达国家非常方便。比如，使用 UPS 从中国寄包裹到美国，最快可在 48 小时内到达，TNT 发送欧洲一般 3 个工作日可到达。劣势是：价格昂贵，且价格资费变化较大。一般跨境电商卖家只有在客户强烈要求时效性的情况下才会使用，且会向客户收取运费。

3. 专线物流

跨境专线物流一般是通过航空包舱方式将货物运输到国外，再通过合作公司进行目的地国内的派送，是比较受欢迎的一种物流方式。目前，业内使用最普遍的物流专线包括美国专线、欧洲专线、澳洲专线、俄罗斯专线等，也有不少物流公司推出了中东专线、南美专线。EMS 的"国际 E 邮宝"、中环运的"俄邮宝"和"澳邮宝"、俄速通的 Ruston 中俄专线都属于跨境专线物流推出的特定产品。优势是：集中大批量货物发往目的地，通过规模效应降低成本，因此，价格比商业快递低，速度快于邮政小包，丢包率也比较低。劣势是：相比邮政小包来说，运费成本还是高了不少，而且在国内的揽收范围相对有限，覆盖地区有待扩大。

4. 海外仓

海外仓是将货物批量发送至国外仓库，实现本地销售、本地配送的跨国物流形式。目前，由于优点众多，海外仓成为业内较为推崇的物流方式。比如，今年 eBay 将海外仓作为宣传和推广的重点，联合万邑通推出 Winit 美国仓、英国仓、德国仓。出口易、递四方等物流服务商也大力建设海外仓储系统，不断上线新产品。优势是：用传统外贸方式走货到仓，可以降低物流成本；相当于销售发生在本土，可提供灵活可靠的退换货方案，提高了海外客户的购买信心；发货周期缩短，发货速度加快，可降低跨境物流缺陷交易率。此外，海外仓可以帮助卖家拓展销售品类，突破"大而重"的发展瓶颈。劣势是：不是任何产品都适合使用海外仓，最好是库存周转快的热销单品，否则容易压货。同时，对卖家在供应链管理、库存管控、动销管理等方面提出了更高的要求。

5. 国内快递的跨国业务

随着跨境电商火热程度的上升，国内快递也开始加快国际业务的布局，比如 EMS、顺丰均在跨境物流方面下了功夫。由于依托着邮政渠道，EMS 的国际业务相对成熟，可以直达全球 60 多个国家。顺丰也已开通了到美国、澳大利亚、韩国、日本、新加坡、马来西亚、泰国、越南等国家的快递服务，并启动了中国大陆往俄罗斯的跨境 B2C 服务。优势是：速度较快，费用低于四大国际快递巨头，EMS 在中国境内的出关能力强。劣势是：由于并非专注跨境业务，相对缺乏经验，对市场的把控能力有待提高，覆盖的海外市场也比较有限。

(资料来源：http://www.ebrun.com/20140812/107127.shtml，2014-08)

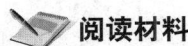 阅读材料

第四方物流

第四方物流主要是指由咨询公司提供的物流咨询服务，但咨询公司并不就等于第四方物流公司。目前，第四方物流在中国还停留在仅是"概念化"的第四方物流公司，南方的一些物流公司、咨询公司甚至软件公司纷纷宣称自己的公司就是从事"第四方物流"服务的公司。这些公司将没有车队、没有仓库当成一种时髦；号称拥有信息技术，其实却缺乏供应链设计能力；只是将第四方物流当作一种商业炒作模式。第四方物流公司应物流公司的要求为其提供物流系统的分析和诊断，或提供物流系统优化和设计方案等。所以第四方物流公司以其知识、智力、信息和经验为资本，为物流客户提供一整套的物流系统咨询服务。它从事物流咨询服务就必须具备良好的物流行业背景和相关经验，但并不需要从事具体的物流活动，更不用建设物流基础设施，只是对于整个供应链提供整合方案。第四方物流的关键在于为顾客提供最佳的增值服务，即迅速、高效、低成本和个性化服务等。第四方物流有众多的优势。

(1) 它对整个供应链及物流系统进行整合规划。第三方物流的优势在于运输、储存、包装、装卸、配送、流通加工等实际的物流业务操作能力，在综合技能、集成技术、战略规划、区域及全球拓展能力等方面存在明显的局限性，特别是缺乏对整个供应链及物流系统进行整合规划的能力。而第四方物流的核心竞争力就在于对整个供应链及物流系统进行整合规划的能力，也是降低客户企业物流成本的根本所在。

(2) 它具有对供应链服务商进行资源整合的优势。第四方物流作为有领导力量的物流服务提供商，可以通过其影响整个供应链的能力，整合最优秀的第三方物流服务商、管理咨询服务商、信息技术服务商和电子商务服务商等，为客户企业提供个性化、多样化的供应链解决方案，为其创造超额价值。

(3) 它具有信息及服务网络优势。第四方物流公司的运作主要依靠信息与网络，其强大的信息技术支持能力和广泛的服务网络覆盖支持能力是客户企业开拓国内外市场、降低物流成本所极为看重的，也是取得客户的信赖，获得大额长期订单的优势所在。最后，具有人才优势。第四方物流公司拥有大量高素质国际化的物流和供应链管理专业人才和团队，可以为客户企业提供全面的卓越的供应链管理与运作，是供个性化、多样化的供应链解决方案，在解决物流实际业务的同时实施与公司战略相适应的物流发展战略。发展第四方物流可以减少物流资本投入、降低资金占用。通过第四方物流，企业可以大大减少在物流设施(如仓库、配送中心、车队、物流服务网点等)方面的资本投入，降低资金占用，提高资金周转速度，减少投资风险。降低库存管理及仓储成本。第四方物流公司通过其卓越的供应链管理和运作能力可以实现供应链"零库存"的目标，为供应链上的所有企业降低仓储成本。同时，第四方物流大大提高了客户企业的库存管理水平，从而降低库存管理成本。发展第四方物流还可以改善物流服务质量，提升企业形象。

(资料来源：百度百科，http://baike.baidu.com)

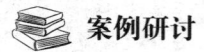
案例研讨

电子商务物流联盟——菜鸟物流

电子商务物流联盟是指基于正式的相互协议而建立的一种物流合作关系，参加联盟的企业汇集、交换或统一物流资源以谋取共同利益，合作企业仍保持各自的独立性。物流联盟为了达到比单独从事物流活动取得更好的效果，在企业间形成了相互信任、共担风险、共享收益的物流伙伴关系。企业间不完全采取导致自身利益最大化的行为，也不完全采取导致共同利益最大化的行为，只是在物流方面通过契约形成优势互补、要素双向或多向流动的中间组织。联盟是动态的，只要合同结束，双方又变成追求自身利益最大化的单独个体。

电子商务物流联盟最典型的一个例子是菜鸟物流，2013年5月28日，阿里巴巴集团、银泰集团联合复星集团、富春集团、顺丰集团、三通一达(申通、圆通、中通、韵达)，以及相关金融机构共同宣布，"中国智能物流骨干网"(简称CSN)项目正式启动，合作各方共同组建的"菜鸟网络科技有限公司"正式成立。"菜鸟"小名字大志向，其目标是通过5～8年的努力打造一个开放的社会化物流大平台，在全国任意一个地区做到24小时送达。

菜鸟网络专注打造的中国智能物流骨干网将通过自建、共建、合作、改造等多种模式，在全中国范围内形成一套开放的社会化仓储设施网络。同时利用先进的互联网技术，建立开放、透明、共享的数据应用平台，为电子商务企业、物流公司、仓储企业、第三方物流服务商、供应链服务商等各类企业提供优质服务，支持物流行业向高附加值领域发展和升级。最终促使建立社会化资源高效协同机制，提升中国社会化物流服务品质。传统物流不注重信息平台的资源整合，卖家发货往往绕一大圈子才送到买家手上，卖家可以自主地选择与哪个快递物流公司合作，而快递物流公司这时候就稍显被动。这样的运作方式，不仅造成资源上的浪费，而且不能发挥快递物流公司的主动权，造成整个物流业一片繁忙却甚少盈利的局面。菜鸟通过打造智能物流骨干网，对生产流通的数据进行整合运作，实现信息的高速流转，而生产资料、货物则尽量减少流动，以提升效率。有人认为这种运作模式将颠覆传统物流模式。

截至2015年11月，菜鸟网络通过接入快递公司、仓配服务商、日日顺、苏宁物流、落地配公司等，实现了中国超过70%的快递包裹、数千家国内外物流、仓储公司，以及170万物流及配送人员都在菜鸟数据平台上运转。

(资料来源：百度百科，http://baike.baidu.com/，2016.7；CAINIAO 菜鸟网络，https://www.cainiao.com/ markets，2016.5)

【问题及要求】

1．根据本章学习的知识，结合案例和查阅相关资料掌握菜鸟物流的操作流程，并分析菜鸟物流是如何提高物流效率的？

2．请分析电子商务物流联盟与企业自建物流及第三方物流的区别。

思考与练习题

一、选择题

1．物流自动化、信息化的一种高层次应用是(　　)。
　　A．网络化　　　　B．智能化　　　　C．柔性化　　　　D．层次化

2．(　　)是物流进入最终阶段，以配货、送发形式最终完成社会物流，并最终实现资源配置的活动。

A．配送　　　　B．运输　　　　C．流通加工　　　D．装卸搬运
　3．（　　）大多是大型企业采用，因为其拥有雄厚的资金和技术实力建立庞大的物流配送中心与配送队伍。
　　　A．第三方配送模式　　　　　　B．共同配送模式
　　　C．企业自营配送模式　　　　　D．互用配送模式
　4．（　　）介于自营物流和第三方物流之间的一种物流组建模式，是以物流为合作基础的企业战略联盟。
　　　A．第三方物流　B．物流联盟　　C．企业自营物流　D．共用物流系统
　5．实施 JIT 的支撑点是（　　）。
　　　A．顺畅的供销体系　　　　　　B．顾客的需求信息
　　　C．完善的物流体系　　　　　　D．人力资源的培养

二、判断题

　1．我国第三方物流滞后，传统储运的观念、体制及方法对现代物流的发展形成巨大阻力。　　　　　　　　　　　　　　　　　　　　　　　　　　　　　（　　）
　2．物流的包装作业的目的不是要改变商品的销售包装，而在于通过对销售包装进行组合、搭配和加固，形成适于物流和配送的组合包装单元。　　　　　　　（　　）
　3．QR 是指严格按照客户的订单进行生产，以提高生产率，降低成本，消除浪费为目标的一种管理方法。　　　　　　　　　　　　　　　　　　　　　　（　　）
　4．DRP 是库存管理的一种方法，它是 MRP 原理和技术在流通领域中的具体应用。
　　　　　　　　　　　　　　　　　　　　　　　　　　　　　　　　　　　　（　　）

三、填空题

　1．电子商务物流就是在电子商务的条件下，依靠计算机技术、_____、电子商务技术以及信息技术等所进行的物流活动。
　2．共同配送有横向共同配送和_____两种类型。
　3．BtoC 电子商务物流在发展中遇到的困难主要有以下几个方面：配送响应慢，时间长、配送成本高和_____。
　4．MRP 的基本结构包括 MRP 的输入系统、_____和 MRP 的输出报告。
　5．条形码按照所表示的符号方式、能够表示的信息以及发展过程，可以分为一维条码和_____。

四、简答题

　1．请分析电子商务与物流的关系，在此基础上提出电子商务下物流作业流程。
　2．请简述电子商务的主要动作模式，并分析其物流动作模式。

五、实践题

　如果你准备开一家 C2C 的网店，请参照 B2B 和 B2C 物流配送模式，提出物流解决方案。

六、案例分析

冠生园集团作为在上海市拥有 3 000 多家网点并经营市外运输的大型生产企业，物流管理工作是十分重要的一项。该集团通过使用第三方物流，克服了自己进行运输配送带来的弊端，加快了产品流通速度，增强了企业的效益，使冠生园集团产品更多更快地进入了千家万户。

冠生园集团下属合资企业达能饼干公司率先做出探索，将公司产品配送运输全部交给第三方物流。物流外包试下来，不仅配送准时准点，而且费用要比自己搞节省许多。达能饼干公司把节约下来的资金投入到开发新品与改进包装上，使企业又上了一个新台阶。为此，集团销售部门专门组织各企业到达能公司去学习，决定在集团系统推广他们的做法。经过选择比较，集团委托上海虹鑫物流有限公司作为第三方物流机构。

虹鑫物流与冠生园集团签约后，通过集约化配送，极大地提高了效率。每天一早，他们在电脑上输入冠生园集团相关的配送数据，制定出货最佳搭配装车作业图，安排准时、合理的车流路线，绝不让车辆走回头路。货物无论多少，就是两三箱也送。此外按照签约要求，遇到货物损坏，按规定赔偿。一次，整整一车糖果在运往河北途中翻入河中，司机个人拿出 5 万元，将掉入河中损耗的糖果全部"买下"做赔。

据统计，冠生园集团自去年 8 月起委托第三方物流以来，产品的流通速度加快，原来铁路运输发往北京的货物途中需 7 天，现在虹鑫物流运输只需 2～3 天，而且实行的是门对门的配送服务。由于第三方物流配送及时周到、保质保量，使商品的流通速度加快，使集团的销售额有了较大增长。此外，更重要的是能使企业的领导从非生产性的后道工序：包装、运输中解脱出来，集中精力抓好生产这个产业，更好地开发新品、提高质量、改进包装。

第三方物流机构能为企业节约物流成本，提高物流效率，这已被越来越多的企业，尤其是中小企业所认识。据悉，美国波士顿东北大学供应链管理系统调查，《财富》"500 强"企业中有六成半都使用了第三方物流服务。在欧洲，很多仓储和运输业务也都是由第三方物流来完成。

作为老字号企业的冠生园集团，产品规格品种多、市场辐射面大，靠自己配送运输成本高、浪费大，为此，该集团实行物流外包战略。签约虹鑫公司，实行门对门物流配送。结果 5 个月就节约了 40 万元的费用，产品流通速度加快，销售额和利润有了较大幅度增长。

按照供应链的理论，当今企业之间的竞争实际上是供应链之间的竞争，企业之间的产品、规模，谁的成本低、流通速度快，谁就能更快赢得市场，因此，物流外包充分利用外部资源，也是当今增强企业核心竞争力的一个有效的举措。

案例分析：
1. 第三方物流为什么受到大部分国际企业的青睐？
2. 阅读相关的材料，分析第三方物流存在的弊端。

第 6 章 电子商务与客户关系管理

学习目标

通过本章的学习,掌握客户关系管理(Customer Relationship Management,CRM)的基本内涵、基本理念及其核心管理思想;了解 CRM 的功能及效益;了解电子商务与 CRM 的关系以及在电子商务环境下实施 CRM 需要考虑的主要问题。

教学要求

能力模块	能力要求	相关知识点
CRM 概述	(1) 掌握 CRM 的基本概念 (2) 掌握 CRM 的基本理念 (3) 了解 CRM 在我国的应用现状	(1) CRM 的内涵 (2) CRM 的基本理念及核心管理思想 (3) CRM 在我国的应用现状
CRM 的功能及效益	(1) 了解 CRM 的基本功能 (2) 了解现代企业管理中的 CRM 功能 (3) 了解 CRM 的优势及效益	(1) CRM 的基本功能 (2) 现代企业管理中 CRM 应具备的功能 (3) CRM 的优势及效益
电子商务与 CRM	(1) 了解电子商务与 CRM 的关系 (2) 掌握电子商务环境下的 CRM 特点和功能要求 (3) 了解电子商务环境下的 CRM 结构 (4) 了解电子商务环境下 CRM 的实施	(1) 电子商务与 CRM 的关系 (2) 电子商务环境下的 CRM 特点和功能要求 (3) 基于电子商务的 CRM 体系结构 (4) 电子商务环境下 CRM 的实施问题

引 例

泰国东方饭店 CRM 的秘诀

泰国的东方饭店堪称亚洲饭店之最,几乎天天客满,不提前一个月预订是很难有入住机会的,而且客人大都来自西方发达国家。泰国在亚洲算不上特别发达,但为什么会有如此诱人的饭店呢?人们往往会以为泰国是一个旅游国家,而且又有世界上独有的人妖表演,可能是他们在这方面下了功夫。错了,他们靠的是真功夫,是非同寻常的客户服务,也就是现在经常提到的 CRM。

他们的客户服务到底好到什么程度呢?不妨通过实例来看一下。

一位朋友因公务经常出差泰国,并下榻在东方饭店,第一次入住时良好的饭店环境和服务就给他留下了深刻的印象,当他第二次入住时几个细节更使他对饭店的好感迅速升级。

那天早上,在他走出房门准备去餐厅的时候,楼层服务生恭敬地问道:"于先生是要用早餐吗?"于先生很奇怪,反问:"你怎么知道我姓于?"服务生说:"我们饭店规定,晚上要背熟所有客人的姓名。"这令于先生大吃一惊,因为他频繁往返于世界各地,入住过无数高级酒店,但这种情况还是第一次碰到。

于先生高兴地乘电梯下到餐厅所在的楼层,刚刚走出电梯门,餐厅的服务生就说:"于先生,里面请。"于先生更加疑惑,因为服务生并没有看到他的房卡,就问:"你知道我姓于?"服务生答:"上面的电话刚刚下来,说您已经下楼了。"如此高的效率让于先生再次大吃一惊。

于先生刚走进餐厅,服务小姐微笑着问:"于先生还要老位子吗?"于先生的惊讶再次升级,心想:"尽管我不是第一次在这里吃饭,但最近的一次也有一年多了,难道这里的服务小姐记忆力那么好?"看到于先生惊讶的目光,服务小姐主动解释说:"我刚刚查过电脑记录,您在去年的 6 月 8 日是靠近第二个窗口的位子上用过早餐。"于先生听后兴奋地说:"老位子!老位子!"小姐接着问:"老菜单?一份三明治,一杯咖啡,一个鸡蛋?"现在于先生已经不再惊讶了:"老菜单,就要老菜单!"于先生已经兴奋到了极点。

上餐时餐厅赠送了于先生一碟小菜,由于这种小菜于先生是第一次看到,就问:"这是什么?"服务生后退两步说:"这是我们特有的××小菜。"服务生为什么要后退两步呢,他是怕自己说话时口水不小心落在客人的食品上,这种细致的服务不要说在一般的酒店,就是美国最好的饭店里于先生都没有见过。这一次早餐给于先生留下了终生难忘的印象。

后来,由于业务调整的原因,于先生有 3 年的时间没有再到泰国去,在于先生生日的时候他突然收到了一封东方饭店发来的生日贺卡,里面还附了一封短信,内容是:"亲爱的于先生,您已经有 3 年没有来过我们这里了,我们全体人员都非常想念您,希望能再次见到您。今天是您的生日,祝您生日愉快。"于先生当时激动得热泪盈眶,发誓如果再去泰国,绝对不会到任何其他的饭店,一定要住在东方,而且要说服所有的朋友也像他一样选择。于先生看了一下信封,上面贴着一枚 6 元邮票。6 元就这样买到了一颗心,这就是 CRM 的魔力。

东方饭店非常重视培养忠实的客户,并且建立了一套完善的客户关系管理体系,使客户入住后可以得到无微不至的人性化服务,迄今为止,世界各国的约 20 万人曾经入住过那里,用他们的话说,只要每年有 1/10 的老顾客光顾饭店就会永远客满。这就是东方饭店成功的秘诀。

(资料来源:http://bbs.vsharing.com/Management/CRM/266460-1.html。)

泰国东方饭店成功的秘诀说明了 CRM 的重要性。以客户为中心,通过建立完善的 CRM 体系,加强与客户的交流和沟通,为客户提供个性化服务,可以提高客户的满意度和忠诚度,是企业在激烈的市场竞争中保持优势的重要砝码。

6.1 CRM 概述

6.1.1 CRM的概念

1．CRM的内涵

CRM 是指企业利用信息技术和互联网技术实现对客户的整合营销,向客户提供满意的产品和服务,并与客户建立稳定、相互信任的密切关系的动态过程。CRM 旨在建立一种使企业在客户服务、市场竞争、销售及服务支持方面彼此协调的关系系统,帮助企业确立长久的竞争优势。

CRM 注重的是与客户的交流,企业的经营是以客户为中心,而不是传统的以产品或以市场为中心。为方便与客户的沟通,CRM 可以为客户提供多种交流的渠道。

CRM 主要是通过对客户详细资料的深入分析,来提高客户满意程度,从而提高企业的竞争力的一种手段。CRM 主要包含以下几个主要因素(简称 7P)。

(1) 客户概况(Profiling)分析包括客户的层次、风险、爱好、习惯等。

(2) 客户忠诚度(Persistency)分析指客户对某个产品或商业机构的忠实程度、持久性、变动情况等。

(3) 客户利润(Profitability)分析指不同客户所消费的产品的边缘利润、总利润额、净利润等。

(4) 客户性能(Performance)分析指不同客户所消费的产品按种类、渠道、销售地点等指标划分的销售额。

(5) 客户未来(Prospecting)分析包括客户数量、类别等情况的未来发展趋势、争取客户的手段等。

(6) 客户产品(Product)分析包括产品设计、关联性、供应链等。

(7) 客户促销(Promotion)分析包括广告、宣传等促销活动的管理。

CRM 一词在不同场合下有不同的理解。例如,CRM 可以理解为一个管理学的术语,指企业用 CRM 来管理与客户之间的关系;CRM 也可能是一个体现新态企业管理思想和模式的软件系统等。而通常所说的 CRM,一般是指用计算机对上述"7P"分析流程自动化的软件系统,其中涉及销售、市场营销、客户服务以及支持应用等软件。它的目标是缩减销售周期和销售成本、增加收入、寻找扩展业务所需的新的市场和渠道以及提高客户的价值、满意度、营利性和忠诚度。目前大多数学者对于 CRM 的理解可以分成以下 3 个方面:首先,CRM 是一种先进的现代经营管理理念,主要着眼于改善企业和客户间的关系;其次,CRM 也是一套问题的解决方案,它集合运用诸多先进的信息技术以及与其相关的专业咨询等环境,通过对客户关系的不断引导与改善,以求达到企业获取最大赢利的战略目标;最后,CRM 还是一套先进的管理应用系统,通过不断改善、管理和优化市场营销方法与手段、销售管理过程、客户服务与关怀以及技术支持等与客户关系相关的环节,提高企业的核心竞争力。实际上 CRM 是方法论、软件和 IT 能力的综合,是一种具有先进管理理念的商业策略。

2. CRM的产生与发展

CRM 的理论基础来源于西方的市场营销理论,最早产生于美国。在美国,1980 年年初就出现了"接触管理"(Contact Management),即专门收集客户与公司联系的所有信息;1985 年,巴巴拉·本德·杰克逊提出了关系营销的概念,使市场营销理论的研究又发展到一个新的水平;到 1990 年则演变成包括电话服务中心支持资料分析的客户关怀(Customer Care)。结合新经济的需求和新技术的发展,高德纳咨询公司于1999 年提出了 CRM 的概念,高德纳咨询公司认为:所谓的客户关系管理就是为企业提供全方位的管理视角;赋予企业更完善的客户交流能力,最大化客户的收益率。

高德纳咨询公司在之前提出的 ERP 概念中,强调对供应链进行整体管理。而客户作为供应链中的一环,之所以针对它单独提出"CRM"的概念,主要有两个方面的原因:一方面是由于 ERP 本身功能方面的局限性,也由于 IT 技术发展阶段的局限性,实际上 ERP 对供应链下游(客户端)的管理功能还比较弱。另一方面,到 20 世纪 90 年代末期,互联网的应用越来越普及,计算机电话集成技术(Computer Telephony Integration,CTI)、客户信息处理技术(如数据仓库、商业智能、知识发现等技术)得到了长足的发展。CRM 的产生正符合企业发展的需要,也是现代化先进技术应用的体现,因此 CRM 理论一经提出,便得到众多企业的青睐,并迅速地发展。由此可见,客户关系管理的产生主要归因于市场需求的推动、技术的推动和管理理念的更新。

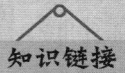
知识链接

ERP

ERP 是 20 世纪 90 年代美国一家 IT 公司根据当时计算机信息、IT 技术发展及企业对供应链管理的需求,预测在今后信息时代企业管理信息系统的发展趋势和即将发生变革,而提出了这个概念。

从狭义上说,ERP 是指企业内部信息系统。它是一个以管理会计为核心的信息系统,对企业资源进行识别和规划,从而获取客户订单,完成加工和交付,最后得到客户付款。在整个生产和管理过程中,ERP 将企业内部所有资源整合在一起,对采购、生产、成本、库存、分销、运输、财务、人力资源进行规划,从而达到最佳资源组合,取得最佳效益。

从广义上说,ERP 是一个将企业内部和外部资源有机整合的经营管理系统。ERP 通过软件将企业的人、财、物、产、供、销及相应的物流、信息流、资金流、管理流、增值流等紧密地集成起来,实现资源优化和共享。它实现了企业内部资源和企业相关的外部资源的优化配置和整合,提高了资源的利用效率。

ERP 不仅仅是一种软件,更重要的是一个企业管理的思想,ERP 是建立在信息技术基础上,以系统化的管理思想,为企业决策层及员工提供决策运行手段的管理平台,ERP 的合理运用已经改变了企业运作的面貌。因此可以说,ERP 系统集信息技术与先进的管理思想于一身,成为现代企业的运行模式。

(资料来源:http://baike.baidu.com/view/3609.htm.)

CRM 概念引入中国已有十多年。随着社会经济的发展和市场的变化,国内市场竞争的焦点已经从产品的竞争转向品牌的竞争、服务的竞争和客户的竞争。在以"市场为导向"

的现代经济中，稀缺资源不再是产品而是客户，谁能与客户建立和保持一种长期良好的合作关系，掌握客户资源，赢得客户信任，正确分析客户需求，谁就能制定出科学的企业经营战略和市场营销策略，生产出适销对路的产品，提供满意的客户服务，从而迅速提高市场占有率，获取最大利润，增加企业核心竞争力。因此，企业的经营模式逐步由"以产品为中心"向"以客户为中心"转移，CRM理论不断发展、推广和应用，其相应的软件系统也成为企业实施先进管理模式的重要基础。

CRM近年来开始在企业电子商务中流行，结合实施电子商务的需要，国内的CRM软件系统在近几年间快速地发展，除了国外的CRM提供商的积极介入，国内的软件开发公司也各施其能，为CRM的推进而努力。随着前几年的突飞猛进，目前CRM市场已经脱离了高增长时期，处于继续巩固的阶段。

6.1.2 CRM的基本理念及核心管理思想

1．CRM的基本理念

在传统企业引入电子商务后，企业关注的重点由提高内部效率向尊重外部客户转移。而CRM理念正是基于对客户的尊重，要求企业完整地认识整个客户生命周期，提供与客户沟通的统一平台，提高员工与客户接触的效率和客户反馈率。以客户为中心的管理正是CRM应用之处，这也是CRM被越来越多的企业所关注的原因。

CRM就是在企业文化同业务系统结合的同时形成的以客户为中心的经营理念。CRM是一种旨在改善企业与客户之间关系的新型管理机制，它主要实施于企业的市场营销、销售服务与技术支持等与客户相关的领域，使客户时时感觉到企业的存在，企业随时了解到客户的变化，这种思想将推动企业最大限度地利用其与客户有关的资源，实现企业从市场营销到销售到最后的服务和技术支持的交叉立体管理。CRM的目标是一方面通过提供更快速、周到和准确的优质服务吸引和保持更多的客户，达到个性化的服务；另一方面通过对业务流程的全面管理来降低企业的成本。

2．CRM的核心管理思想

CRM的核心管理思想是将客户资源作为企业发展最重要的资源之一，通过完善的客户服务和深入的客户分析来满足客户的需求，保证实现客户的终生价值，从而全面管理企业与发生的各种关系，进一步延伸企业供应链管理。

CRM是选择和管理有价值客户及其关系的一种商业策略，CRM要求以客户为中心的商业哲学和企业文化来支持有效的市场营销、销售与服务流程。如果企业拥有正确的领导、策略和企业文化，CRM应用将为企业实现有效的客户关系管理。

CRM既是一种崭新的、国际领先的、以客户为中心的企业管理理论、商业理念和商业运作模式，也是一种以信息技术为手段，有效提高企业收益、客户满意度、雇员生产力的具体软件和实现方法。

作为一种软件系统，CRM与ERP不一样，它广泛实施于企业的市场营销(Marketing)、销售(Sales)、服务与技术支持(Service)等与客户有关系的办公领域，通常把这种办公领域称为企业的前端办公领域(Front Office)。在CRM软件系统中，以客户作为系统组织的主线。CRM作为软件系统，它以先进的软件技术实现企业的市场营销、销售、服务与技术支持等前端办公领域自动化管理和流程的改善。

在实际运用中，企业需要的不仅仅是理论层面上的 CRM，而是可以实实在在地提高业绩、赢得竞争的方法和工具。因此 CRM 无论在理论上多么成熟和完美，如果经不起众多的企业在实践中的检验，不能为企业带来切切实实的效益，那么也只是纸上谈兵。事实上，CRM 的发展，也是和企业经营的实践紧密联系在一起的，它的发展也的确是由企业和客户的需要所推动的。

6.1.3　CRM在我国的应用现状

1．CRM在我国的应用概况

面对经济全球化导致市场竞争日益激烈的形势，企业对 CRM 的重要性的认识日益增强，因此对 CRM 的需求越来越大。随着内外部环境的不断变化，我国企业也越来越重视 CRM 的使用。

在我国，CRM 的应用首先从一些重点行业用户，主要以银行、IT 和邮电等经济实力较强、信息化程度较高的行业开始。目前 CRM 系统的应用主体是大中型企业，其对 CRM 的应用采取分步计划的方式。据了解，时下不少知名企业如沃尔玛公司、苏宁电器、百威公司和可口可乐公司等均应用 CRM 系统，在企业的营销管理中发挥着重要作用。从业内人士有关调研的总体情况来看，目前超过 75%的大中型企业已经装配 ERP，其中超过 80%的企业在 ERP 中开通了 CRM 模块，使其作为 ERP 整体流程的前端模块与业务模块进行无缝衔接。

随着市场竞争环境日趋激烈，我国中小企业也开始进入使用 CRM 的队伍，开始了解 CRM，明确自身对 CRM 的需求，中小企业的应用有广阔的市场空间。目前中国本土中小型企业的 CRM 市场，也已完成了从无到有、从陌生到认可的初级阶段，企业客户消费群体也从最初的求大、求全，到现在的求适合、求稳定而日趋理性和成熟。

然而，由于我国的企业信息化起步较晚，尤其是总量庞大的中小型企业，存在基础建设较落后、信息化水平较低、观念有待更新等原因，CRM 的应用并不尽如人意，仍存在许多问题。例如，对于占企业总量 90%以上的中小企业来说，有相当大比例(约 70%)的中小企业尚未实施正式的 CRM，而对那些已经上线 ERP 的中小企业，却往往注重的是对生产制造流程的管理和成本的精细化管理，而忽略了 CRM 模块和其对商业决策支持的重要性，这一点很大程度上与企业发展所处的初级阶段有关。

2．我国企业目前应用CRM存在的问题

1) 定位规划和目标制定的误区

企业实施 CRM 是一项复杂的系统工程，它需要依据企业长期发展战略，有计划、分阶段地实施。但实际上，多数企业在 CRM 的部署过程中往往缺乏长远发展战略的指导，解决方案的实施没有进行优化排序。这样往往容易曲解业务需求，低估 CRM 的复杂性，从而很大程度上影响其效用的发挥。

2) 企业高层重视不足

有些企业高层，特别以中小企业和民营企业居多的企业高层，对 CRM 和整体企业信息化的重视程度严重不足，认为企业内部生产是主体、外部销售是主线，对企业业绩来源主要重视在经销商层面，认为对 CRM 模块做长期投资不够经济。

3) 功能运用不充分

CRM 上线成功、基本操作也趋于熟练之后，往往浮于日常操作之上，如对客户数据进行更新、维护，与客户定期联系，调查意见反馈、客户下单转单到销售部门等，工作效率确实得以明显提升，但 CRM 真正强大的分析功能和商业支持功能却被弃之脑后。CRM 停留在应用层面，而对决策层的支撑却荡然无存。

4) 忽略流程再造和系统的集成

很多企业只是将 CRM 简单地替代传统的业务操作和落后的企业政策，技术部和业务部缺乏必要合作，只是简单地用信息自动化替代了手工操作，企业流程没有实质改善，流程再造不仅仅是技术上的变革更是企业内部业务流程上面的相应改革。

5) 系统与人、组织分离

在启动 CRM 的过程中，人员方面会出现诸多问题：员工对新系统积极性不高甚至有抵触情绪；对 CRM 的理解不全面，仍用旧的思维进行业务操作；培训学习不够，使用者对系统性能及使用方法了解不多，甚至一无所知，让系统处于"闲置"状态，不能充分发挥其作用。

6) 巨大的成本陷阱

CRM 市场对资本的要求远远超过传统的 IT 市场，但许多企业经常低估 CRM 项目成本。据高德纳咨询公司透露，大部分从事 CRM 项目的公司都将成本低估 40%～70%。企业用户的成本不仅包括项目的短期和显著成本，还包括系统使用的培训成本、日常维护费用、系统数据扩充成本、系统升级更新费用等，这些巨额投资往往使众多企业望而却步。

> 📖 **小思考**
>
> **CRM 项目的成功率为何如此低**
>
> 中国企业的 CRM 应用目前还处于起步阶段，企业如何在加快信息化建设的进程中充分发挥 CRM 的商业决策支持核心功能将是企业信息化和商业效益接轨的重要因素。然而，在实际应用中，CRM 项目实施的成功率往往较低，很多企业在建造 CRM 系统方面投入了大量的人力、物力和财力，但是却收效甚微。
>
> 据有关统计资料显示，国内外 CRM 项目实施的成功率一般只有 30% 左右。
>
> 思考：
> 为什么 CRM 项目的成功率如此低？如何才能提高 CRM 项目的成功率呢？

6.2 CRM 的功能及效益

6.2.1 现代企业管理中的CRM功能

传统的 CRM 包括市场营销、销售、客户服务 3 个方面的功能。随着信息技术及电子商务的快速发展，客户在购买方式、服务要求等方面有了更多的选择和要求，因此现代企业管理中应用的 CRM 应当具备与之适应的基本能力。

1. 信息分析能力

CRM 系统有大量关于客户和潜在客户的信息,企业应该充分利用这些信息,对其分析,使决策者所掌握的信息更加完全,从而可以更及时地作出决策。良好的商业情报解决方案应能使得 CRM 和 ERP 协同工作,这样企业就能把利润创造过程和费用管理联系起来。

2. 对客户互动渠道进行集成的能力

无论客户是通过 Web 与企业联系,或是与具有 SFA(Sales Force Automation,营销自动化)功能的手提电脑的销售人员联系,或是与呼叫中心的代理联系,与客户的互动都应该是无缝、统一和高效的。统一的渠道还能带来内外部效率的提高。

3. 支持网络应用的能力

在支持企业内外的互动和业务处理方面,Web 的作用越来越大,这使得 CRM 的网络功能越来越重要。以网络为基础的功能对一些应用(如网络自主服务、自主销售)是很重要的。为了使客户和企业员工都能方便地使用 CRM,需提供标准化的网络浏览器。由此用户只需很少的训练或不需训练就能使用这个系统。另外,业务逻辑和数据维护是集中化的,减少了系统的配置、维护和更新的工作量。这可以大大节省基于互联网的系统的配置费用。

4. 建设集中的客户信息仓库的能力

CRM 解决方案采用集中化的信息库,所有与客户接触的雇员都可获得实时的客户信息,而且各业务部门和功能模块间的信息能够统一起来。

5. 对工作流进行集成的能力

工作流是指一类能够完全自动执行的经营过程,根据一系列过程规则,将文档、信息或任务在不同的执行者之间进行传递与执行。CRM 解决方案应该能具有很强的功能,为跨部门的工作提供支持,使这些工作能动态地、无缝地完成。

6. 与ERP功能的集成

CRM 要与 ERP 在财务、制造、库存、分销、物流和人力资源等方面连接起来,从而提供一个闭环的客户互动循环。这种集成不仅包括低水平的数据同步,而且还应包括业务流程的集成,这样才能在各系统间维持业务规则的完整性,工作流也就可以在系统间流动。同时,这两者的集成使得企业能够在系统间收集商业情报。

6.2.2 CRM的优势及效益

应用 CRM 的最大好处是能帮助企业赢得收益与未来,从而提高企业的竞争优势。CRM 的应用有助于进行市场活动自动化过程管理、市场策略投资回报评估、客户线索发掘和分配、有针对性的个性化的市场推广活动等。CRM 之所以能帮助企业赢得收益与未来,主要是由于它能帮助企业在以下 4 个方面取得领先于对手的竞争优势。

1. 降低成本,增加收入

CRM 使销售和营销过程自动化,大大降低了销售费用和营销费用。并且,由于 CRM 使企业与客户之间产生高度的互动，可以帮助企业实现更准确的客户定位，使企业留住老客户，获得新客户的成本显著下降。另外，企业由于 CRM 过程中掌握了大量的客户信息，可以通过数据挖掘技术，发现客户的潜在需求，实现交叉销售，可带来额外的新收入来源。并且，由于采用了 CRM，可以更加密切与客户的关系，增加订单的数量和频率，减少客户的流失。

2．共享信息，提高效率

由于 CRM 采用了新的技术手段，提高了业务处理流程的自动化程度，实现了企业范围内的信息共享，因此提高了企业员工的工作能力，使企业内部能够更高效地运转。在销售方面，CRM 还可以缩短销售周期，整合销售渠道，提高销售效率，抓住每个可能机会做成订单。

3．把握机会，拓展市场

CRM 系统拥有对市场活动、销售活动的分析能力，能够从不同角度提供成本、利润、生产率和风险率等信息，并对客户、产品、职能部门和地理区域等进行多维分析。因此借助于 CRM，企业可以对市场活动进行规划、评估，对整个市场活动进行全方位的透视；能够对各种销售活动进行追踪；通过新的渠道和业务模式(电话、网络)扩大企业经营活动范围，及时把握新的市场机会，占领更多的市场份额。

4．提高客户的忠诚度

利用 CRM 系统，客户可以选择自己喜欢的方式(如电话、传真和网络等)同企业进行交流和业务往来，方便地获取信息，得到更好的服务。同时，CRM 过程中产生了大量有用的客户数据，只要加以深入利用即可发现很多客户的潜在需求。CRM 能帮助企业全面了解客户，根据客户需求进行交易，巩固旧客户，赢得新客户，提高客户的忠诚度，增进客户的贡献度。每个企业都有一定数量的客户群，如果能对客户的深层次需求进行研究，则可带来更多的商业机会。

通过一些数字，可以了解 CRM 带来的效益：将产品销售给一位新客户的成本是现有客户的 5～8 倍；每年将客户保留率提升 5%，就可以提升利润的 85%；将产品向新客户推销的成交机会只有 15%，旧客户则高达 50%。

由此可见，CRM 的应用可以帮助企业提高效率和收益，获得并保持长久和忠诚的客户，从而把握未来竞争的主动权。特别是它能使企业尽快地掌握市场需求状况，并通过高效率的业务流程以最低的成本满足客户的需求，这就使企业具有了波特教授所说的差异化与低成本的双重优势。

6.3 电子商务与 CRM

当前世界经济进入了电子商务时代，以生产为中心、以销售产品为目的的市场战略逐渐被以客户为中心、以服务为目的的市场战略所取代。企业、供应商、分销商及客户连成一体的价值链成为企业之间竞争的核心，以客户为中心的 CRM 成为电子商务时代制胜的关键。电子商务的 CRM 已经在国外特别是在信息产业发达的美国取得了举世公认的成功。

一大批电子商务 CRM 的解决方案供应商，如 Oracle、PeopleSoft、SAP、Siebel 等，为用户提供了全方位的选择。通过电子商务 CRM 软件的使用，企业与客户之间的关系更加密切，实现企业的营销自动化、销售过程自动化和客户服务。

本节主要概述电子商务与 CRM 的关系以及在电子商务环境下如何实现 CRM。

6.3.1 电子商务环境下的CRM

1．电子商务与CRM的关系

电子商务与 CRM 被公认为 20 世纪最能够为企业带来回报的两项独特创意。电子商务的信息化、虚拟性、全球性等特点，决定了它与 CRM 之间存在密不可分的关系。

1) CRM 是电子商务的子集

电子商务是一个范围非常大的概念，它不仅指网页的设计或网上商城的模式，所有可以促进从"批量生产"转变为"批量定制"的手段(如数字化信息存储和交换、无线通信、信息家电、互联网等)都可以容纳到电子商务的范围中。CRM 在其中只是一个子集，或者说 CRM 是一种特定类型的电子商务。CRM 的成功实施往往伴随着从根本上改革企业的管理方式和业务流程。电子商务时代外部市场的竞争和内部管理的需求也是 CRM 要做一定变化和调整的依据。

2) 电子商务与 CRM 相辅相成

电子商务和 CRM 相辅相成的关系可以从两个方面体现。一方面，电子商务是 CRM 发展中基本、原始的战略。电子商务的发展要求企业以客户为中心，并在与客户的交互中真正实现个性化，而个性化的服务正是 CRM 非常需要的。另一方面，与传统的 CRM 不同，先进的 CRM 需要在网上与客户发生交流与交易，这就跟电子商务的理念和运作是一致的。先进的 CRM 应用系统必须借助互联网工具和平台，实现与各种客户关系、渠道关系的发生同步化、精确化，符合并支持电子商务的发展战略，最终成为电子商务实现的基本推动力量。近年来许多企业 CRM 的应用实践说明：在电子商务发展时代，有效实施 CRM 是企业保持旺盛生命力的强劲动力，只有 CRM 的成功，才有电子商务的成功，也才有企业持续、快速、健康的发展。因此可以说，电子商务的出现产生了真正意义上的 CRM，CRM 又成就了真正意义上的电子商务，二者是相辅相成的。

3) CRM 推动电子商务实现

CRM 的电子化（"e"化）和全面扩展化(Extensive)是 CRM 的发展趋势。CRM 扩展到企业前后台全部业务层面，CRM 系统不仅要能够提供电子商务的对接口，还全面支持和开发电子商务。CRM 系统中包含的整套电子化解决方案，要能够支持电子商务的销售方式如 B2B 以及 B2C 交易；可以满足企业开展个性化一对一营销及电子店面创建的需求；在支付方面，要支持并提高互联网和客户机/服务器应用的能力；在客户服务方面，CRM 的自助式客户支持应用软件可使客户在线提交服务请求，并与交流中心链接，营造一种闭环客户支持环境等；越来越多的组件要建立在 Web 浏览器上，以适应快速发展的电子商务对数据不断进行实时访问的要求。因此从这些方面看，CRM 推动了电子商务的发展。

2．CRM与电子商务的融合

1) CRM 成长于传统商业，并广泛应用于电子商务

在电子商务环境下，先进的 CRM 系统逐渐开始借助互联网工具和平台，同步、精确

管理各种网上客户关系、渠道关系，符合并支持电子商务的发展战略，CRM 被赋予了新的内涵，主要表现在：第一，通过 CRM 全面整合企业的市场营销业务流程，降低经营成本，提高效率，在拓展市场和营销渠道的同时能够更加有效地处理客户关系，吸引和保持更多的客户。第二，CRM 不仅是一个面对客户的市场营销和服务的部门，它还是一个使企业各部门可共享信息和资源的自动化工作平台，以期最大限度地挖掘和协调企业的资源，拓展生存空间和潜力。第三，CRM 是一个将客户信息转化成积极的客户关系的反复循环的工作过程。通过 CRM 可以更真实全面地收集、分析研究客户的信息资料，为客户提供多角度、全方位的服务。

2) 电子商务的发展使个性化服务成为可能

传统商务模式下要实现产品"为客户定制"、企业与客户之间进行"一对一"的信息交流是非常困难的。但电子商务环境下，互联网的平台提供了低成本、高速度的信息交流渠道，产品成本从设计到组装到运输到付款到维修，每个环节都可以做到"量身定做"。例如，可以根据顾客的偏好和需求定制产品；追踪顾客的行为和习惯从而为顾客提供最需要的商品和服务；根据顾客的行为特征提供相应的信息服务等；还可以利用网络实现在线帮助，根据顾客的喜好为其推荐适合其风格的产品，甚至可以为顾客提供定制的或具有顾客个性化的网页等。美国的亚马逊网上书店的 CRM 系统，通过分析每位客户的原始资料和历史交易记录，进而推断出客户的消费习惯、消费心理、消费层次、忠诚度和潜在的价值，然后再向客户推荐他想要的书籍，这样客户进行交易的可能性比较大，可以使企业拥有更多忠诚的用户。

以客户为中心的电子商务时代，个性化服务成为顾客服务的主要特征。关键是通过先进的沟通模式向顾客提供满意的产品和服务，实现顾客的价值追求。

3) 电子商务环境下的 CRM 可以筛选出正确的客户群

尽管企业所获得的市场和利润与网络交互能力的强弱密切相关，但并不是企业要与任意的客户都进行电子商务活动。CRM 对企业的客户进行了划分和管理，对开展电子商务起着举足轻重的作用，实施 CRM 可以使电子商务活动更有针对性，更有效率。

4) 电子商务和 CRM 逐渐一体化

在目前市场竞争激烈，客户关系显得尤为重要，只有将电子商务和 CRM 一体化才能使企业资源运用和价值实现发挥出最大效能。企业必须把实现电子商务看做是 CRM 整体战略的首要部分。在电子商务基础上的良好的 CRM 是企业把握顾客的真实需求、改善企业与顾客的相互关系、培植忠诚客户的核心内容，也是整个企业系统高效运行的必要前提。

📖 小思考

如何重组客户关系管理流程

CRM 和电子商务的结合，在我国的发展还处于起步阶段，与国外大型企业相比，我国的企业在技术、管理和人才方面还处于劣势。今后，通用模块的完善、支持灵活组配、基于 Web 应用、充分支持电子商务的 CRM 才是互联网时代的发展方向。这就要求国内企业大力发展电子商务，通过电子商务的应用来重组客户关系管理流程，使 CRM 真正成为提升企业核心竞争力的利器。

思考：
如何重组客户关系管理流程才是科学合理的？

3. 电子商务环境下的CRM特点和功能要求

1) 电子商务环境下CRM的特点

电子商务环境下的 CRM 是以互联网为技术平台的，因此是一个完整的收集、分析、开发和利用各种客户资源的系统，它具有以下特点。

(1) 集中了企业内部原来分散的各种客户数据，形成了正确、完整、统一的客户信息为各部门所共享。

(2) 客户与企业任一部门打交道都能得到一致的信息。

(3) 客户可以选择电子邮件等多种方式与企业联系都能得到满意的答复，因为在企业内部的信息处理是高度集成的。

(4) 客户与企业交往的各种信息都能在对方的客户数据库中得到体现，能最大限度地满足客户个性化的需求。

(5) 企业可以充分利用 CRM 系统，准确判断客户的需求特性，以便有的放矢地开展客户服务，提高客户忠诚度。

2) 对CRM功能的新要求

在电子商务背景下，CRM 将真正成为企业全员的根本任务，这与传统企业有着本质的不同。企业的整个供应链和价值链都将围绕客户这一中心展开一切活动。因此，与传统的 CRM 相比，对结合电子商务的 CRM 的功能具有更多的要求。

(1) 更强大的整合支持。随着顾客/消费者在市场中占有越来越多的信息，他们在买家选择、议价能力和个性要求上，都比以前的顾客/消费者拥有更多的权力，而厂家的权利则是此消彼长，这种变化在网络时代尤为明显。在电子商务的环境下，企业数据和业务的整合需要更加紧密，这样才能保证对市场反映的敏感和对客户个性化的满足。因此，CRM 软件系统所要做到的不仅仅是将信息、商品、服务提供给消费者，还要能够得到整个企业的其他系统(如 SCM、ERP、KMS、BI 等)的支持，以满足上述需求。

(2) 实时的数据处理。电子商务的最大特点就是信息的实时、快速传递。但是，电子商务环境下的 CRM 不仅需要做到信息实时的传递，还需要做到对数据的实时处理和实时运用。对数据的实时处理，就是要求 CRM 具有在线分析工具(OLAP)和数据挖掘工具(DM)，能够做到产品关联性分析(PTP)和产品客户关联性分析(PTC)等。顾客/消费者的任何信息和操作都可能表明其当前的消费状态，企业应该对这些信息进行实时的挖掘、分析、处理并加以利用，以期能够方便顾客消费和提供个性化服务。

(3) 一对一的经营策略。一对一策略是指 CRM 提供的营销、销售、服务方案与个性化的客户需求之间的一对一。电子商务环境下的客户，其信息更加丰富、选择更加自由，企业只有能够提供有个性化的产品和服务才能吸引顾客。这就要求 CRM 系统能够及时记录顾客的基本信息及信息变动，记录顾客浏览的内容和完成的交易，通过系统内部的规则库，分析顾客需求并给出解决方案。例如，根据顾客的特殊兴趣爱好为其提供特定的服务或消费指导、为顾客寄去生日电子卡片等，从而增强顾客的忠诚度等。虽然上述策略的规则是统一制定的，但是基于顾客信息和交易的营销、销售、服务解决方案则是独一无二的，可以满足客户的个性化需求。

(4) 软硬件功能的升级。电子商务环境下的 CRM 变化，不仅仅是 CRM 本身的变化，包括软件的功能和蕴含其中的管理理念的变化,还要有企业流程的改造和响应设备的升级。在电子商务环境下,企业的中心将向"前"倾,即由研发、生产向销售、服务倾斜,CRM系统将承担大量的工作,无论是其重要性还是其客观需要,都需要对 CRM 相关的软硬件系统进行升级改造。

6.3.2 电子商务环境下CRM的体系结构

电子商务环境下的 CRM 与传统 CRM 目标一致,都是为了更好地了解和满足目标客户的需求,提高客户满意度和忠诚度,并且改善企业业务流程,提高各个环节的自动化水平。此外,电子商务环境下的 CRM 体系还应该满足以下需求。

(1) 提供电子商务环境下的营销、销售和服务 3 项业务的自动化工具,并且通过无缝缝合技术将三者进行很好的连接。

(2) 通过电子商务技术手段拓宽与客户联系的渠道。

(3) 整个体系必须基于一个统一的客户数据仓库。

(4) 具有与其他企业应用系统(ERP、SCM 等)的集成能力。

基于上述考虑,在电子商务环境下,CRM 系统有了更深刻的意义,CRM 体系结构如图 6.1 所示。

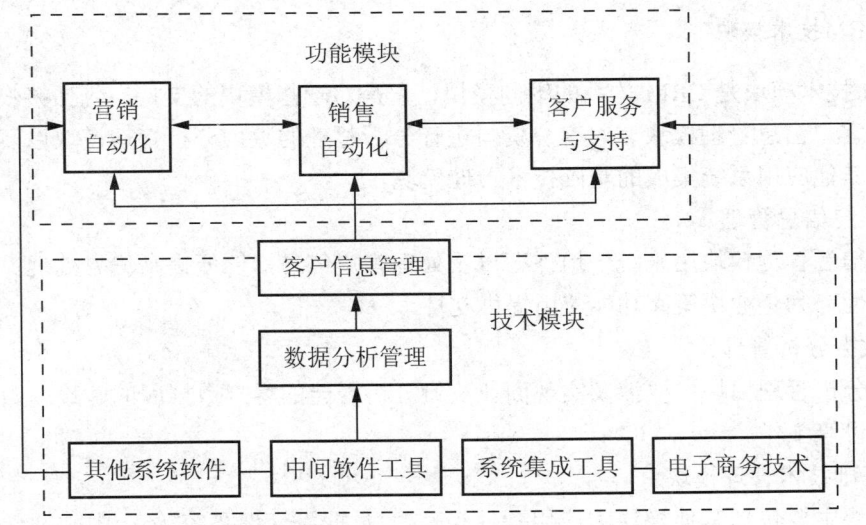

图 6.1 电子商务环境下 CRM 的体系结构

1.CRM功能模块

CRM 的功能模块的作用是实现企业的基本商务活动的优化以及自动化,主要涉及 3 个基本的业务流程:市场的营销、销售的实现、客户服务与支持。基于这 3 个业务流程并且结合电子商务环境,CRM 体系中的功能模块主要包括 3 大块:营销自动化、销售自动化和客户服务与支持。

1) 营销自动化

营销自动化(Marketing Automation,MA)也称技术辅助式营销,即在电子商务环境下通过设计、执行和评估市场营销行为(包括传统营销行为以及网络营销行为)和相关的活动的全面框架，使市场营销人员能够直接对市场营销活动的有效性加以计划、执行、监视和分析，并优化营销流程，使一些共同的任务和过程自动化。

2) 销售自动化

销售自动化(Sales Automation，SA)也称技术辅助式销售，是 CRM 中最基本的模块，也是 CRM 中最为关键的部分。销售自动化的目的是运用相应的销售技术来达到提升销售和实现过程自动化的目的，其主要用户是销售人员和销售管理人员。这一模块要与营销以及客户服务集成，才能实现在电子商务环境下提高销售能力的目标。

3) 客户服务与支持

客户服务与支持(Customer Service & Support，CS&S)也称客户的服务支撑，主要在商品售前、售中以及售后中提供良好的客户服务，提高客户的满意度，保持良好的客户关系。在电子商务环境下，能够为客户提供的服务不仅包括有形物质产品的服务，还包括无形产品的服务，同时还为客户提供了一种新型的服务——网络自助服务。

在电子商务环境下，以上的 3 个功能模块是相互配合、相互支持的。营销部门为销售部门发现客户并且提供机会，销售部门抓住机会并且反馈信息，客户服务部门为营销和销售提供优质的服务，保持机会。

2．CRM技术模块

CRM 技术模块是 CRM 体系的纵向模块，它是对功能模块的支持，包括接收和处理客户资料的客户信息管理模块、对客户资料进行分析整理的数据分析管理模块以及保障系统运作和与其他应用系统集成的基础技术管理模块。

1) 客户信息管理

客户信息管理模块用来统一地保存以及处理客户信息，以便提高信息处理、传输的效率和准确性，为企业决策和功能应用提供支持。

2) 数据分析管理

数据分析管理模块主要涉及实现商业决策分析智能的客户数据库的建设、数据挖掘、知识库建设等工作。

3) 基础技术管理模块

该模块主要包括其他模块的应用软件管理(如数据库管理系统等)；中间软件和系统工具的管理；企业及系统集成管理(如与 SCM 以及 ERP 的集成管理等)；电子商务技术和标准管理(如 Internet 技术和应用、EDI 技术及标准等)。

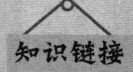
知识链接

SCM

供应链管理(Supply Chain Management，SCM)是一种集成的管理思想和方法，它执行供应链中从供应商到最终用户的物流的计划和控制等职能。从单一的企业角度来看，是指企业通过改善上、下游供应链关系，整合和优化供应链中的信息流、物流、资金流，以获得企业的竞争优势。

> 供应链最早来源于彼得·德鲁克提出的"经济链",而后经由迈克尔·波特发展成为"价值链",最终日渐演变为"供应链"。
>
> SCM 是对供应链中的信息流、物流和资金流进行设计、规划和控制,从而增强竞争实力,提高供应链中各成员的效率和效益。SCM 帮助管理人员有效分配资源,最大限度提高效率和减少工作周期。内部供应链和外部供应链共同组成了企业产品从原材料到成品到消费者的供应过程。
>
> SCM 应用是在 ERP 的基础上发展起来的,它把公司的制造过程、库存系统和供应商产生的数据合并在一起,从一个统一的视角展示产品建造过程的各种影响因素。供应链是企业赖以生存的商业循环系统,是企业电子商务管理中最重要的课题。统计数据表明,企业供应链可以耗费企业高达 25%的运营成本。
>
> (资料来源:http://baike.baidu.com/view/112992.htm.)

6.3.3 电子商务环境下CRM的实施

成功运行 CRM 软件,是成功实现 CRM 核心思想的先决条件。电子商务环境下实施 CRM,首先需要提供 CRM 与电子商务整合的环境。因此,CRM 中包含的整套电子化解决方案,必须能够支持电子商务的销售如 B2B 以及 B2C 交易,要满足企业开展个性化营销及电子店面创建的需求,CRM 应用系统不仅要提供电子商务的对接口,还要全面支持和开发电子商务。在这样的前提下实施 CRM 才能保证与电子商务的有效整合。

电子商务环境下 CRM 系统的实施需要考虑以下几个方面的问题。

1. CRM的实施要与企业的战略紧密结合

CRM 的实施必须与企业的战略紧密结合。第一,要从战略高度加以足够重视。例如,组织架构、业务流程岗位职责、管理制度和相应的机制都要得以重新梳理和变革,真正提升企业的核心竞争能力。第二,要有明确远景规划和近期实现目标。管理者制定规划与目标时,既要考虑企业内部的现状和实际管理水平,也要看到外部市场对企业的要求与挑战。第三,确立和实施 CRM 战略首要的是建立一套度量的标准,不仅要考虑企业的财务指标,更要考虑客户满意度的指标,还要改进企业内部的过程,培训和教育员工去适应以客户为中心的理念和要求。对计划实施 CRM 的企业来说,CRM 首先是一项通过分析客户、了解客户、提高客户满意度来增加收入以及优化赢利的商业模式,技术与解决方案只是实现这个商业模式的手段。

2. CRM的实施要基于企业的现实需求

CRM 的涵盖面广,实施难度大,因此在实施 CRM 时,首先应该结合企业自身的实际需求及当前现有的信息系统,寻求较好切入点,在整体规划的前提下分阶段实施。其次,应当要求营销管理部门必须对所有业务流程全面了解,精通 CRM 的工作原理、管理思想和核心理念,精通市场营销、关系管理、统计学知识,要有对 IT 的理解能力。此外,CRM 是一个复杂的应用系统,涉及企业内外部的方方面面,任何技术和软件只能是一种工具,任何工具是无法自动地去定义管理流程或制定商业策略,也无法代替人的思考和行动。任何企业一定是人力资源、工作流程、经营策略在实际工作中的整合和应用,才会有 CRM。因此,CRM 的实施应重视企业实际的应用。

3．CRM的实施需要高层管理者的理解与支持

高层管理者对 CRM 项目实施的理解、支持与承诺是项目成功的关键因素之一。缺乏管理者支持与承诺会对项目实施带来很大的负面影响，甚至可能使项目在启动时就已经举步维艰了。要得到管理者的支持与承诺，首先要求管理者必须对项目有相当的参与程度，进而能够对项目实施有一定理解。CRM 系统的实现目标、业务范围等信息应当经由他们传递给相关部门和人员，只有这样才能保证 CRM 系统的实施。

4．有目的、有步骤地调整业务流程

当一个企业开始关注 CRM 时，往往也伴随着业务流程的调整，通过引入先进的营销管理理念、可借鉴的流程制度以及自动化工具，来实现企业的战略目标。CRM 项目的实施会使业务流程发生变化，同时也会影响到人员岗位和职责的变化，甚至引起部分组织结构的调整。因此在实施 CRM 项目之前，需要有目的、有步骤地实施业务调整，并考虑对业务用户的各种培训，以及为配合新流程的相应的外部管理规定的制定等内容，这些内容都可以列入调整管理的范围。

5．建立CRM项目实施组织结构

为了 CRM 项目的顺利实施，有必要建立项目实施小组，项目组成员应由企业内部成员和外部的实施伙伴共同组成。内部人员主要是企业高层领导、相关实施部门的业务骨干和 IT 技术人员。业务骨干的挑选要十分谨慎，他们应当真正熟悉企业目前的运作，并对流程具备一定的发言权和权威性，必须全职、全程地参与项目工作。项目实施小组授权推动电子商务、CRM 等文化的认同和整个项目的开展，负责对企业外部的环境进行监控。

6．以业务驱动CRM项目的实施

CRM 是为了建立一套以客户为中心的销售服务体系，因此 CRM 系统的实施应当是以业务过程来驱动的。IT 技术为 CRM 系统的实现提供了技术可能性，但 CRM 真正的驱动力应来源于业务本身。CRM 项目的实施必须把握软件提供的先进技术与企业目前的运作流程间的平衡点，以项目实施的目标来考虑当前阶段的实施方向。同时，也要注意任何一套 CRM 系统在对企业进行实施时都要做一定程度上的配置修改与调整，不应为了单纯适应软件限制而全盘放弃企业有特点、有优势的流程处理。

7．5个环节相互联系、相互促进

高德纳咨询公司强调，企业的战略、业务流程、战术、技能与技术 5 个领域对实现 CRM 的企业来说同样重要。这 5 个环节相互联系、相互促进。例如，技术可以推动战略，业务过程能够影响技能，可以设计战术来利用技术等。在电子商务环境下，企业通过对这 5 个领域的协同工作以及互相驱动，从而使企业的 CRM 进入到一个良性循环的轨道。

总地来说，CRM 是一种旨在改善企业与客户之间关系的新型管理机制，它实施于企业的市场营销、销售、服务与技术支持等与客户相关的领域。CRM 虽然仅仅是电子商务的一个子集，但是它把客户放在了核心位置。实施 CRM，要求企业更了解现存和潜在客户，要求企业能够准确及时地判断竞争对手的行为，要求企业能够追赶得上日新月异的信息技术，

尤其要求企业的内部管理能够适应这些变化。许多企业 CRM 的实践表明：在电子商务发展时代，有效实施 CRM 是企业保持旺盛生命力的强劲动力，只有 CRM 的成功，才有电子商务的成功，也才有企业持续、快速、健康的发展。

6.3.4　CRM的发展趋势

随着 IT 技术的迅猛发展及市场需求的变化，CRM 市场将呈现出新的发展趋势。

1．CRM与电子商务的战略集成

电子商务和 CRM 的集成是企业发展战略，电子商务环境下，CRM 系统有了更深刻的意义。电子商务是建立在现代信息技术之上的"非接触经济"，交易双方越是非接触，CRM 就越显得重要。所以，电子商务的发展将 CRM 推到了一个新的高度，产生了基于 Internet 平台和电子商务战略下的电子 CRM 系统(eCRM)。从某种意义上说，在那些成功的电子商务背后，CRM 的作用要大于电子商务模式自身的作用。

2．CRM和SCM、ERP的紧密结合

CRM 和 SCM、ERP 是企业信息系统中密不可分的 3 个 IT 系统。CRM 与 SCM 相互依赖程度很高，CRM 中的市场策略、销售管理直接影响到企业与供应商之间的业务活动，从而决定 SCM 的实施与管理重点。同时，企业供应链管理的水平又直接影响到企业的生产和销售以及客户服务水平的高低，这些进一步对客户满意程度产生影响而在很大程度上决定了企业 CRM 的质量。CRM 与 ERP 之间也存在相互支持和相互依赖的关系。首先，ERP 从企业的宏观层面上影响着企业数据。其次，CRM 从改善客户关系的角度，ERP 从优化企业生产流程的角度，相辅相成地提高了企业的综合竞争力和利润水平。而 CRM 与 OA 之间的联系更是显而易见：CRM 的开展，必然要求企业具有较高的信息化程度，那么，企业办公自动化的实施，就无疑是不可或缺的。因此，企业在实施 CRM 时，一定要将 CRM 与原有的 IT 系统紧密结合起来，使 CRM 系统在充分利用原有的系统的同时，在一定程度上对企业的其他 IT 系统产生协同作用。这样既可以使 CRM 效率大大提高，也可以很快见到效益，提高赢利水平，同时还可以为企业节约大量的经费。

3．CRM与知识管理的整合

知识管理(Knowledge Management，KM)通过对信息和专业技能的系统开发与利用，改进和提高部门组织的创新能力、响应能力、生产力和技能素质。知识管理需要完成的主要任务包括数据和信息管理、智力资源管理和关系管理。

KM 及以网络平台为基础的 CRM，作为新经济时代的管理新趋势及管理新工具，可以帮助企业完善商务平台，收集及处理更多来自于企业外部及内部的信息，并及时地反馈，完善企业内部数据库及客户管理系统，帮助企业始终与目标客户保持紧密的联系，提供企业更具竞争力的资源。

4．CRM的客户化、集成化和智能化

首先，未来的趋势是利用无线技术和网络技术确保客户、客户服务人员、销售人员和现场服务人员等多种用户能够拥有统一的用户界面及不同的使用权限，这就要求 CRM 应用软件可以实现客户化(个性化定制)。其次，CRM 应当提供一种集成的客户视图，收集不同种类来源的客户信息，并能够提供对所有应用系统的统一访问。这将涉及 CRM 与 DW、DM 的融合。最后，要求系统能够提供详细的客户跟进方案和资源自动匹配。尤其是销售人员，他们对 CRM 要求更加智能和人性化，并且可以提供自动匹配的技术，使销售人员能第一时间和客户匹配。CRM 未来的发展趋势将是与知识管理的相互集成，将知识管理的思想和流程融合到 CRM 中去。KM 强调对知识的整合、交流和应用，它有利于创造客户价值。CRM 与知识管理的结合，企业将能更有效地分析、共享及运用 CRM 系统数据，满足客户需求，减少企业培训工作，缩短呼叫解决时间，企业应用智能 CRM 可以达到改善服务等级，增强竞争优势的目的。

5．CRM的社会化

近来"社会化 CRM 是未来"这一观点得到不少专家学者的呼应，他们认为，CRM 纵向必定会打通上下游企业边界，横向必然会融合其他企业应用进来，逐步过渡到第四阶段——社会化 CRM。很多专家都认同社会化 CRM 将带来 CRM 领域的变革：社会化 CRM 赋予了企业公关部门更重要的角色，通过公关部门与消费者更多的互动，从中获取消费者的反馈信息、褒贬意见、新想法、新创意，之后再通过销售、市场推广以及产品服务等措施来吸引更多目标消费群，并用公关活动来进一步推广。同时，较传统 CRM 而言，客户有更多的主动权，而不是被动的"被销售"。近年来，社交技术发挥着越来越重要的作用，社交技术已经改变了企业和客户交流的方式。将社会化网络的相关内容融入到 CRM 中来，已是众多 CRM 厂商正在尝试的内容。

6．云计算CRM或将取代传统CRM

云计算(Cloud Computing)出现之后，为 CRM 提供了更大的发挥空间，并且已成为重要的发展趋势。通过云计算，可以使企业业务成本和业务敏捷性都得到更高的满足，并且云计算带来了更多更新的商业模式。云计算灵活的部署理念对于中小企业来讲，可以更好地利用这个特点来满足企业自身差异化的需求。

CRM 这些年的发展是由不断变化的市场需求，大量新思路带来的经营理念的成熟以及技术方法和体系结构的进步所驱动的。随着软件、通信、互联网三大现代信息技术的进一步发展，以及手机、互联网用户的普及，和近年来 SOA(Service-Oriented Architecture，面向服务的体系结构)、SaaS(Software-as-a-Service，软件即服务)和"云技术"的迅猛发展，中国 CRM 市场也形成了 CRM 专业厂商、SaaS 服务模式的在线 CRM 厂商、以呼叫中心(Call Center)为主的 CRM 服务厂商三大阵营，从而形成了新的市场格局。

7．大数据、移动应用、CRM走向融合

大数据已成为现今业界最热门的话题，CRM 与大数据的融合可以帮助企业获得更多、更有价值的客户资源。据 Gartnet 观察认为，与客户关系管理等大数据有关的应用市场，如企业内容管理、数据融合工具和数据质量分析工具的投资量将提升投资水平。在实际应用中，期待更多的企业将大数据引入商业世界中，例如 Forrester 提供了一个框架，可以帮助企业衡量成熟度，引导客户数据管理能力的改进计划，捕捉、分析、共享数据和发展组织，以支持 CRM 策略。

另外,移动化观念在推动 CRM 的转变。在 IDC(Internet Data Center,互联网数据中心)的观察中,移动应用和社交网站也将更深入地融合到企业级解决方案之中,甚至可能成为企业级应用的新入口。逐年增加的移动上网用户将成为网络应用最主要的数据来源。因此,越来越多的企业正考虑向移动业务平台转型。IDC 指出,大数据应用将走入传统企业,而 CRM 将带动商业分析应用市场的快速成长。

云 计 算

云计算是一种基于互联网的超级计算模式,在远程的数据中心里,成千上万台电脑和服务器连接成一片电脑云。因此,云计算甚至可以让人体验每秒 10 万亿次的运算能力,拥有如此强大的计算能力可以模拟核爆炸、预测气候变化和市场发展趋势。用户通过电脑、笔记本、手机等方式接入数据中心,按自己的需求进行运算。

狭义的云计算是指 IT 基础设施的交付和使用模式,指通过网络以按需、易扩展的方式获得所需的资源(硬件、平台、软件)。提供资源的网络被称为"云"。"云"中的资源在使用者看来是可以无限扩展的,并且可以随时获取,按需使用,随时扩展,按使用付费。这种特性经常被称为像水电一样使用 IT 基础设施。广义的云计算是指服务的交付和使用模式,指通过网络以按需、易扩展的方式获得所需的服务。这种服务可以是 IT 和软件、互联网相关的,也可以是任意其他的服务。

(资料来源:http://www.3lian.com/edu/2012/02-28/22102.html.)

本章小结

本章在概要介绍 CRM 的概念、产生和发展的基础上引出 CRM 的基本理念及其核心管理思想;分析了 CRM 在我国的应用现状、存在的主要问题以及 CRM 的基本功能及其效益;重点介绍了电子商务与 CRM 的关系,并分析了电子商务环境下 CRM 的特点和功能要求;简要描述了电子商务环境下的 CRM 系统组成结构;最后分析了电子商务环境下 CRM 系统的实施需要考虑的问题。

CRM 是指企业利用信息技术和互联网技术实现对客户的整合营销,向客户提供满意的产品和服务,并与客户建立稳定、相互信任的密切关系的动态过程,是一种旨在改善企业与客户之间关系的新型管理机制。CRM 的核心管理思想是将客户资源作为企业发展最重要的资源之一,通过完善的客户服务和深入的客户分析来满足客户的需求,保证实现客户的终生价值,从而全面管理企业与发生的各种关系,进一步延伸企业供应链管理。CRM 既是一种管理理念,也是一套管理软件和技术。

CRM 和电子商务的结合是企业发展的一种战略集成,通过电子商务的应用来重组客户关系管理流程,使 CRM 真正成为提升企业核心竞争力的利器。CRM 的应用实践说明:电子商务的出现产生了真正意义上的 CRM,而 CRM 的应用又推动了电子商务的发展,成就了真正意义上的电子商务,二者是相辅相成的。

电子商务环境下 CRM 的实施要与企业的战略紧密结合,要基于企业的现实需求,应当有目的、有步骤地调整业务流程,并取得高层管理者的理解与支持,并建立 CRM 项目实施组织结构,这样才能保证 CRM 项目的实施顺利进行。

【关键术语】

客户关系管理(Customer Relationship Management,CRM)
客户服务(Customer Service)
客户忠诚度(Customer Loyal,CL)
客户满意度(Consumer Satisfactional Research,CSR)
市场营销(Marketing)
个性化服务(Personalized Service)

EC 动态

全球电商 4.0 将率先在中国诞生

新年伊始,各大电商纷纷发布年度"新政",比如阿里要打全球化、农村和一线城市"三大战役",京东要聚焦电商、金融、技术三大领域,亚马逊将云计算和第三方物流作为新增长点。

该如何看待电商企业的战略调整?在新形势下电商企业怎样获得发展新动能?《经济参考报》记者就此采访了帕勒咨询公司资深董事罗清启先生。

1. 全球电商面临三大增量市场

《经济参考报》:最近有专家预言,2016 年将是电商发展的转折年,这是否意味电商已触碰到发展的"天花板",应该怎样看待电商行业未来的发展前景?

罗清启:电商行业增速放缓并不意味着已经触碰到了天花板。从产业趋势来看,未来一段时间内的增长动力来自三大增量市场:农村电商、城市 O2O 服务和跨境电商。

此前电商高速发展主要来自线下向线上转移的存量,也就是网店对实体店的替代,而这种模式显然不适用于农村电商、城市 O2O 服务和跨境电商这三个领域,这些领域都需要对当前的产业体系进行重新建构,比如金融、物流、数据等元素。我们看电商企业的年度新政关键是要看能否在这方面有所建树,这将决定电商未来格局。

2. 金融成重塑电商结构性力量

《经济参考报》:在互联网+时代,电商平台已不满足于产品交易,电商巨头纷纷拓展金融业务,京东金融凭借强大的京东商城,快速站到了"第一梯队",电商如何才能更好更快地实现零售与金融的协同发展?

罗清启:电商因袭了银行的职能,把丰富的产品线投入到了"产品后"的所有经营环节中,并且认为这种无缝的覆盖会是未来自己所造之云的重要数据来源,我对这种观念持保留意见。

其实,支配市场的从来不是历史数据而是未知数据。从目前的电商企业种种动向来看,京东集团的做法实际上是把自己的金融力量导向了未知数据空间,更具有了社会化零售的意义,这一根本性的转向将成为重塑下一代电商的结构性力量。

3. 物流要跟上交易数据的流动速度

《经济参考报》:当前电商物流成为全社会关注的热点,比如阿里主要利用社会化物流,亚马逊重点发力仓储环节,而京东在打造仓储与配送一体的物流体系,包括农村电商和生鲜电商这两大新领域,电商企业的这些举措意味着什么?

罗清启:目前全球的物流改造重组活动纷繁复杂,但大的社会方向只有一个,那就是以互联网技术重新改造现有的仓储、配送等所有环节，让物流在低成本的前提下跟上交易数据的流动速度。

最典型的当属京东的方式：将一系列物流的社会环节纳入进一个组织内，将其纵向一体化、系列化，以此来呼应社会对物流的新需求，比如农村电商和生鲜电商这两大新领域，当然这种系列化的成功也会让这种企业内的能力变成一种更具竞争力的系统商品而打包卖出去。

同时，我们也看到美国敢于塑造潮流的零售企业在尝试物流的前置，就是被大数据支撑的货物走在交易之前，这实际是一种数据收集能力的炫耀，并不是物流业的未来路标。

4．新一代电商形态将出现在中国

《经济参考报》：互联网的普及正在改变各个行业，制造业也提出了工业4.0这样的宏伟蓝图，作为与制造业息息相关的零售行业，是否也会发生颠覆性的变革？

罗清启：工业4.0要解决和能解决的是供应与需求在高度个性化前提下的准确匹配问题。从这个维度看电商必须颠覆演化为"创商"，也就是通过新的技术手段实现新需求与新供应合体的创生。

如果把成型的产品看成是一个历史事件，电商转变就必须符合以下路径：从如何处理现在的商品到如何处理还不存在的商品，从如何处理历史事件到如何处理进行中的事件。

线上商务对线下商务的替代逻辑让阿里系成长为世界级的零售平台，但巨大的电商规模是上个成长逻辑的真相，却是下个成长逻辑的假象。京东在全球电商群体中应当被给予足够的关注，它在社交、智能、众筹等"产品前"领域的深度前突让我们看到了下一代非售卖型电商生态的影子，这是在世界其他市场都看不到的电商4.0迹象，我们非常期待新一代电商形态出现在中国。

(资料来源：经济参考报，傅勇，2016年2月5日)

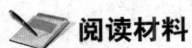 阅读材料

"五大"发展趋势预示CRM的未来之路

以客户为中心、与商业智能对接、受益BYOD(使用个人设备办公)潮流、围绕销售经理、移动CRM全面整合是CRM未来发展的五大趋势。

1．"以客户为中心"真正得到管理层支持

据调查显示有73%的优秀CEO将了解客户作为最重要的投资领域，对客户的全方位洞察力已经成为新时期优秀CEO的重要特征。其实以客户为中心不是什么新鲜理念了，多年来CRM厂商都宣称产品能提供360度的客户观察，多数CEO都知道这个概念，但很少有人真正重视并执行。但是近年来，随着社交网络的高速发展，顾客在与企业的交易中影响力越来越大，企业产品或服务的任何缺陷会在一夜间通过用户口碑影响数百万人，而企业的产品利润则不断被更加聪明消费者"压缩"。

企业与客户的围绕交易的信息对称、议价能力、品牌塑造等主动权都在向消费者倾斜。随着高级管理层对客户体验管理(Customer Experience Management，CEM)的重视，"360度客户观察"终于有望得到落实。

2．商业智能与前端应用对接

对用户体验的重视对于企业来说意味着一个全新的复杂交互的商业世界，洞察并适应客户的变化趋势是企业在竞争中胜出的关键。CRM和CEM将发挥重要作用，但是成功的企业需要能够整合从客户到供应商的前后端信息，这也是企业CRM整体战略的发展方向。

与上述趋势相呼应，未来各行业CRM应用的一大趋势就是BI在前端客户应用中的整合。以客户为中心的企业必须能够在创造价值和交付价值的过程中持续创新(而不是过去断续的，阶梯式的创新)，这要求企业跳出客户体验管理的局限，进行360度的客户洞察，不仅仅关注客户的合同，还要分析他们的情景以及复杂的市场环境因素，这都需要商业智能与前端应用对接。

3．BYOD加速移动CRM

BYOD的趋势已经不可阻挡，随着BYOD应用的深入将加速推动移动CRM的流行，推动前后端办公应用整合，并推动销售增长。

宽带无处不在，以及 HTML 5 跨平台开发是推动 CRM 移动化的两大技术因素，越来越多的企业开始制定 BYOD 政策，这有助于进一步推动移动 CRM 的发展。

4．加大对销售经理的支持力度

企业销售队伍的扩张正在放缓，因此重点转移到如何让销售队伍发挥最大价值，这意味着销售经理的角色比过去更加重要。销售经理需要培训并支持销售代表，让团队效率最大化。

CRM 的一大趋势是加大对销售经理的支持力度，因为销售经理是企业高效运作的关键环节。

目前销售经理面临两大难题，首先销售会议和培训缺乏数据和应用支持，此外定价和报价也是让销售经理头疼的另外一个难题，如果企业核心 CRM 系统能像销售队伍提供价格配置和报价工具，销售代表就能快速准确地向客户提交报价。

5．移动 CRM 整合

企业移动应用产生了一系列的整合问题。智能手机和平板电脑上的移动 CRM 与合同管理系统确实能大大加快销售周期，提高客户平均销售额，但移动 CRM 应用尚存在与中央 CRM 系统的集成问题。

企业部署移动应用时需要通盘考虑所有关键的前后端流程。很多财务、库存、销售周期、支付和客户支持功能都能实现移动端的安全数据访问。企业 IT 经理可以从周期短见效快的移动应用入手，例如销售机会管理或者现场客户支持(CRM)以及发票(ERP)等偏重信息记录流程。一个移动化销售团队产生的效益很快就能超过移动应用的部署成本。

(资料来源：2015-01-20 09:17:46，中关村在线，已作整理)

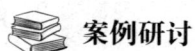 **案例研讨**

惠普公司 CRM 成功实施

1．惠普公司的全面客户关系管理模型

惠普公司(简称 HP)成立于 1939 年，总部位于美国加利福尼亚州帕洛阿尔托市。惠普是一家全球性的资讯科技公司，是世界最大的信息科技公司之一。

惠普公司自身的"以客户为中心"的改革是从 1999 年 4 月开始的，该模式称为"全面客户体验服务模式"(Total Customer Experience，TCE)。TCE 的核心是要让客户感到惠普公司提供给他们的服务贯穿于客户生命周期的全过程，并且是以客户为中心完善地集成在一起。

惠普希望通过 CRM 的实施能够更全面地了解客户的需求，从而为客户提供个性化的产品和服务，提高用户满意度，同时获得更大的利润。中国惠普公司总裁孙振耀讲道：一旦惠普公司全面客户体验服务模式建立成功，就会改变这个市场的游戏规则。只有那些尽早采取了以客户为中心管理理念，采取了客户关系管理技术的企业才能在电子商务的大潮中处于领先地位。

惠普公司的所有新员工在入职培训时都会学习全面客户体验服务模式的内容，以使为客户服务的理念深入人心，并通过员工真正实现为客户服务。

2．惠普公司 CRM 系统组成

惠普公司的客户可以随意选择通过 WEB、呼叫中心、企业的合作伙伴或者是一对一的服务模式与企业联系。多种多样的途径，使客户可以随时随地连接到公司，取得他们需要的服务。所有客户的信息都会集中到公司的客户数据库中。市场营销部门、销售部门、产品开发部门以及服务部门都共享这一数据库。

惠普公司 CRM 系统主要由营销管理(Marketing)、销售管理(Sales)、服务与技术支持管理(Service & Support)三部分组成，还会包括呼叫中心(Call Center)、现场服务(Onsite Service)，以及电子商务等方面的内容。

(1) 营销管理。营销管理模块彻底全面分析客户和市场信息，策划营销活动和行动步骤，更加有效地拓展市场。

(2) 销售管理。销售管理模块管理商业机会、账户信息及销售渠道等方面。它支持多种销售方式，确保销售队伍总能把握最新的销售信息。

(3) 服务管理。服务管理可以使客户服务代表有效地提高服务质量，增强服务能力，从而更加容易捕捉和跟踪服务中出现的问题，迅速准确地根据客户需求分解调研、销售扩展、销售提升各个步骤中的问题，延长客户的生命周期。服务专家通过分解客户服务的需求，并向客户建议其他的产品与服务来增强和完善每一个专门的客户解决方案。

(4) 现场服务管理。现场服务提供了一个移动的销售和服务解决方案，允许企业有效地管理他们领域内各个方面。现场服务组织依赖系统来管理可预防维护计划、中断/安排服务事件、返回物料许可(RMA)、高级区域互换，确保客户问题第一次在线访问就得到解决所需的工具、零件、技能等相关的信息。

(5) 呼叫中心。呼叫中心作为 CRM 的重要应用之一，它通过将销售与服务集成为一个单独的应用，使一般的业务代表能够向客户提供实时的销售和服务支持，或者遵循自动化的工作流来解决服务咨询，进而向客户提供其他产品和服务。

呼叫中心提供当今最全面的计算机电话集成技术(CTI)。通过对已拨号码识别服务(DNIS)、自动号码识别(ANI)、交互式语音应答系统(IVR)的全面支持，通过采用系统预制的 CTI 技术、基于对业务代表的技能级别和可用性、客户特征及选择最有效的通道等因素的权衡，将主叫与合适的业务代表接通。随着呼叫的到来，业务代表可以获得客户的资料。在需要的情况下业务代表还可以将客户资料随同呼叫转给专家处理。

(6) 电子商务。每一个 CRM 软件供应商都不会忽略电子商务。此模块可帮助企业把业务扩展到互联网上。电子商务模块主要包括以下几个。

① 电子商店。它使得企业能建立和维护基于互联网的店面，从而在网络上销售产品和服务。

② 电子营销。与电子商店相联合，电子营销允许企业能够创建个性化的促销和产品建议，并通过 Web 向客户发出。

③ 电子支付。使得企业能配置自己的支付处理方法。

④ 电子货币与支付。利用这个模块，客户可在网上浏览和支付账单。

⑤ 电子支持。允许顾客提出和浏览服务请求，查询常见常问的问题(FAQ)，检查订单状态。电子支持模块与呼叫中心联系在一起，并具有电话回拨功能。

(资料来源：网络转载 http://www.educity.cn/ei/1088028.html，2014 年 4 月 3 日)

【问题及要求】

1．根据案例内容分析惠普公司的客户关系管理模型 TCE 的特点及其实施 CRM 的主要战略，并写出简要的分析报告。

2．惠普公司 CRM 取得的成功给我们带来哪些启示？

思考与练习题

一、选择题

1．电子商务的信息化、( )、全球性等特点，决定了它与 CRM 之间存在密不可分的关系。

　　A．网络化　　　B．智能化　　　C．虚拟化　　　D．扁平化

2．CRM 是一种旨在改善企业与客户之间关系的新型管理机制，它主要实施于企业的市场营销、销售服务与技术支持等与( )相关的领域。

　　A．销售　　　　B．客户　　　　C．服务　　　　D．供应链

3．电子商务环境下 CRM 体系中的功能模块主要包括营销自动化、销售自动化和（　　）三大块。

　　A．物流自动化　　B．商务智能化　　C．客户服务与支持　D．业务流程

4．企业战略、（　　）、战术、技能与技术对实现 CRM 的企业来说也同样重要，这 5 个环节相互联系、相互促进。

　　A．业务流程　　　B．组织结构　　　C．规章制度　　　　D．财务管理

5．CRM 和（　　）、ERP 是企业信息系统中密不可分的 3 个 IT 系统，而且它们之间相互依赖，紧密结合。

　　A．OLAP　　　　B．BPR　　　　　C．DM　　　　　　D．SCM

二、判断题

1．CRM 就是为企业提供全方位的管理视角，赋予企业更完善的客户交流能力，最大化客户的收益率。（　　）

2．CRM 的宗旨是以客户为导向，以市场为中心，帮助企业确立长久的竞争优势。（　　）

3．CRM 是电子商务中的一个子集，或者说 CRM 是一种特定类型的电子商务。（　　）

4．电子商务环境下的 CRM 不仅需要做到信息的实时传递，还需要做到对数据的实时处理和实时运用。（　　）

5．在电子商务环境下，企业的中心将向"前"倾，即由生产、服务向研发、销售倾斜。（　　）

三、填空题

1．CRM 的目标是降低销售成本、增加收入、寻找新的市场、扩展营销渠道以及提高客户的价值、_____、_____和_____。

2．除了对客户数据进行更新、维护，与客户定期联系，调查意见反馈等应用功能之外，CR 还具有真正强大的_____和_____。

3．CRM 的核心管理思想是将_____作为企业发展最重要的资源之一，通过完善的客户服务和深入的客户分析来满足客户的需求，保证实现客户的_____。

4．在电子商务环境下，客户与企业交往的各种信息都能在对方的客户数据库中得到体现，能最大限度地满足客户_____的需求。

5．企业的商业集成和数据集成是 CRM 的关键，其中的客户数据管理和分析技术主要采用_____，联机分析处理和_____技术。

四、简答题

1．CRM 的含义是什么？简述 CRM 的核心管理思想。

2．CRM 有哪些功能及效益？

3．电子商务对 CRM 有哪些方面的影响？CRM 与电子商务有什么关系？

4．电子商务环境下成功实施 CRM 需要考虑哪些关键的问题？

5. 电子商务环境下 CRM 的发展趋势主要体现在哪些方面？

五、实践题

某机械行业在当地的经济中占有重要地位，该地机械类产品的国内外贸易业务主要面向企业客户。为了进一步提高客户的忠诚度和满意度，更好地满足客户个性化需求，现需要为该机械行业设计开发机械产品电子商务门户网站，试分析该网站的运营模式。

六、案例分析

小李大学毕业一年后开设了一家经营时尚小商品的网上商店，以受教育程度较高的年轻人为主要销售对象，网上商店为他们提供包括时尚化妆品、装饰品以及宝宝用品。小李认为在网上做生意，诚信最重要。她严格把握进货质量，客观地宣传经营的商品，一般采用货到付款的方式，及时将货物送达订货人。一年过去了，小李的网站生存下来，并且有了赢利。小李说："就业使我一度陷入痛苦的深渊，在互联网上创业使我重新看到了生活的希望。"

大学刚毕业的小张也开设了一家网上商店。为了丰富商品内容，小张选择了多类商品，按照用户年龄设计了多个不同的商品介绍页面，并请专业人员应用多媒体技术把网页设计得有声有色。小张对定价并不十分重视，也没有刻意拉开商品的价格差距。她说："价格差距不是问题。只要喜欢，顾客就一定会买。"半年下来，该网站点击率不断上升，但销售额一直上不去。小张最终得出的结论是："开设网上商店的人都说在网上买商品很方便，但事实不是这样，因为目前网上商店所能提供的条件还不能完全满足客户的要求。例如，在网络上买一件衣服就相当麻烦，因为不能直接接触到商品，所以需要投入很多精力来操作。再加上支付问题、安全问题、配送问题，顾客自然只浏览而不购买了。"现在，小张已经完全退出了网络经营这个领域。

比较小李和小张的不同经历，分析以下问题：

(1) 小李成功的主要原因是什么？而小张经营不顺利的主要原因又是什么？

(2) 个人创业，在开办网上商店时主要应考虑哪些问题？

(3) 结合上述案例，根据电子商务发展的趋势，阐述电子商务专业学生创业理念培养的重要性和培养的方法。

第 7 章 网络营销

通过本章的学习,应对网络营销的基本概念有比较全面的了解,掌握网络营销战略和管理的内容,并了解以网络营销为导向的企业网站在设计时的重点。

能力模块	能力要求	相关知识点
网络营销基本概念	(1) 了解网络营销产生的因素 (2) 掌握网络营销的含义和作用 (3) 理解传统营销与网络营销的关系	(1) 网络营销的产生 (2) 网络营销的定义和功能 (3) 网络营销与传统营销的一致性和异同点
网络营销战略和管理	(1) 了解网络营销战略不同层次包含的战略 (2) 掌握网络营销战略的规划 (3) 熟悉网络营销管理分类	(1) 网络营销战略内容 (2) 网络营销战略规划原则 (3) 网络营销管理常见分类介绍
网络营销网站的建设	(1) 了解企业网站各组成部分在设计时的要点 (2) 掌握以网络营销为导向的网站建设要点	(1) 企业网站的一般要素 (2) 以网络营销为导向的网站注意事项

> **引例**

凡客诚品的网络营销

互联网是消费者学习的最重要的渠道，在新品牌和新产品方面，互联网的重要性第一次排在电视广告前面。

VANCL 凡客诚品采用广告联盟的方式，将广告遍布大大小小的网站，因为采用试用的策略，广告的点击率也比较高，因为采用了大面积的网络营销，其综合营销成本也相对降低，并且营销效果和规模要远胜于传统媒体。

体验营销。VANCL 凡客诚品采用"VANCL 试用啦啦队"，免费获新品 BRA——魅力 BRA 试穿写体验活动的策略，用户只需要填写真实信息和邮寄地址，就可以拿到试用装。当消费者试用过 VANCL 凡客诚品产品后，那么就会对此评价，并且和其他潜在消费者交流，一般情况交流都是正面的(试用装很差估计牌子就砸掉了)。

口碑营销。消费者对潜在消费者的推荐或建议，往往能够促成潜在消费者的购买决策。铺天盖地的广告攻势，媒体逐渐有失公正的公关，已经让消费者对传统媒体广告信任度下降，口碑传播往往成为消费最有力的营销策略。

会员制体系。类似于贝塔斯曼书友会的模式，订购 VANCL 凡客诚品商品的同时自动就成为 VANCL 凡客诚品会员，无须缴纳任何入会费与年会费。VANCL 凡客诚品会员还可获赠 DM 杂志，成为 VANCL 凡客诚品与会员之间传递信息、双向沟通的纽带。采用会员制大大提高了 VANCL 凡客诚品消费者的归属感，拉近了 VANCL 凡客诚品与消费者之间的距离。

互联网对 VANCL 凡客诚品最大的促进有三方面：降低了营销成本；大幅度提高了品牌占有市场的速度；消费者通过互联网对潜在消费者有效的口碑。

(资料来源：学习啦网，http://www.xuexila.com/success/chenggonganli/479439.html，2016/06/30，有删减整理)

网络营销时代已然来临。在庞大的互联网市场中，传统企业如何针对消费者的心态，利用互联网新媒体工具进行有效的营销推广，如何提升产品、品牌的知名度和美誉度，取得甚至远超预期目标，加深与消费者互动，促进销售与推广就变得尤为重要。

7.1 网络营销概述

7.1.1 网络营销的产生

自 20 世纪 90 年代中期以来，互联网和其他电子工具得到广泛应用，网络经济获得了蓬勃发展，随后泡沫破裂，逐渐形成如今互联网经济及相关技术的主流形式。这一过程是网络经济发展的过程，也是传统营销向电子化、网络化和无线化营销发展的过程。从本质上来说，网络营销是对传统营销的继承与发展，是运用信息技术的传统营销学。所以，传统营销的理论框架仍适用于网络营销，但与传统营销相比，网络营销中增加了许多全新的营销工具与营销方法。

网络营销的产生与发展，既是信息技术发展的结果，也是消费者日常生活方式改变及全球化经济发展的结果。促成其产生与发展的主要因素以下几种。

1. 科学技术的发展

如 1965 年高登·摩尔的"摩尔定律"所言，计算机芯片的集成能力每隔 18 个月将翻一番。由于芯片技术的快速进步，计算机业得到了迅猛发展。1971 年，Intel 开发出第一台微处理器，而 10 年之后，IBM 利用微处理器生产出第一台个人电脑 5150。虽然 5150 与当今的个人电脑、笔记本电脑和平板电脑无法相比，但它的诞生标志着个人电脑真正走进了人们的工作和生活，也成为销售人员日常工作中使用的工具。然而，个人电脑的出现对营销的影响并不是特别大，营销成本没有随着计算机的发展快速下降，且营销效果也没有相应的提高。事实上，计算机技术在企业经营和销售中的应用比人们预料得慢。

真正影响传统营销、对营销管理和营销手段产生深远影响的是互联网技术的快速发展。1993 年，第一批网页和浏览器出现在互联网上，这成了互联网发展的转折点和网络营销的起点。掌握了互联网技术的厂商开始将信息技术与营销实践结合在一起，互联网的独特属性创造了各种商业和营销的机会，也改变了营销活动的方式，令营销战略和战术得到更加有效的实施。例如，以数字和电子方式传递信息的出现，彻底改变了媒体和软件的传递方式，并开发出新的交易渠道(互联网渠道)；互联网把对市场的控制权从卖方转到买方手中，使搜索引擎成为声誉引擎，令市场和媒体可以更深入的细分。从技术角度看，随着短信、多媒体彩信、3G 技术以及满足企业和消费者需要的移动接入设备的发展，越来越多的营销工具不断涌现出来，也产生不少新的营销方法。

2008 年，全球手机数字流量超过了语音流量，2009 年，苹果 3GS 手机面世，正式宣告了移动互联网拉开大幕。同一时期，微博出现，2011 年，微信推出，这些新产品快速得到用户的青睐。2015 年，新浪微博每月活跃用户数达 2.12 亿，腾讯微信每月活跃用户数达 5.49 亿，微博和微信成为最受新一代欢迎的社交化媒体平台和社会化沟通平台。巨大的用户数也吸引了媒体和企业的目光，掀起一股进驻热潮，微博营销和微信营销成为企业，尤其是中小微企业进入网络经济时代的主要途径，发展速度惊人。

可以说，计算机技术、互联网技术和信息技术发展是推动网络营销产生及发展的科技基础。

知识链接

网络技术与网络营销发展史

网络营销的手段与互联网技术的发展有着密切的联系。从网络营销依靠的互联网环境的发展过程看，网络营销可以分为 3 个不同时代。

1. 第一代网络营销：Web 1.0 时代

第一代互联网技术 Web 1.0 将人和计算机网络联系在一起。在 Web 1.0 时代，大部分参与网络营销的企业主要销售的是有形产品，消费者可以在网络上对产品进行比较，并以极低的价格购得产品。掌握了互联网技术的厂商将信息技术与营销实践结合在一起，并利用新技术使它们的网络营销额与日俱增，占据了很大的市场份额。然而，通过网络经营真正赢利的企业并不多。于是，在 2000—2002 年网络经济走下坡路的时期，部分企业停止了网络销售，因为效率不高，而且令企业与一些有着长期合作关系的零售客户发生冲突。

2. 第二代网络营销：Web 2.0 时代

目前，网络营销正处于 Web 2.0 时代。在这个时代里，互联网的普及率很高，人们普遍使用网络接受和传递信息，收发电子邮件，更乐于参与到社会性媒体(如 Facebook 等)中。社交网络中的网页内容主要由用户制作，具有很强的交互性，对网络用户的吸引力远远超过传统媒体的网站。与 Web 1.0 时代相比，Web 2.0 把人与人联系在一个社交网络中。它的出现，对网络营销产生以下主要影响。

(1) 市场力量从卖方转移到买方，客户的关注成了稀缺的商品，良好的客户关系成为企业最有价值的资产。

(2) 搜索引擎成为人们获取信息的主要方式，企业在网络营销方面的支出有相当大的一部分是用于搜索营销。

(3) 大众消费市场渐渐萎缩，市场不断细分，企业必须能快速应对目标市场的变化。

(4) 社交网络的作用越来越大，企业必须对社交媒体更敏感，反应更迅速。

3．第三代网络营销：Web 3.0 时代

未来，企业将处于一个"共同参与和合作创新的新时代"的时代，这种趋势将成为未来几年内网络环境的明显特征。会有更多的企业用各种方式鼓励网络用户参与各种在线活动和在线体验，参与企业的产品开发、测试和体验。企业所面临的挑战是如何吸引消费者参与这些在线活动，如何制定新的测量指标来衡量社会媒体运作的绩效。

(资料来源：Strauss J.，Frost R．网络营销[M]．5 版．时启亮，等译．北京：中国人民大学出版社，2010：6-17.)

2．消费者强势和个性化的发展

过去，由于追求大规模集约生产技术、标准化的理念和操作的高效率，导致企业的商业哲学强调把一种标准产品出售给尽可能多的顾客，这一思想令大众营销在 1950 年时到达全盛期。然而，随着社会和经济的不断发展，人们对产品及服务的偏好差距越来越大，标准化的产品开始无法满足个性的需求，人们迫切希望获得更具个性特征的产品和服务。今天，消费者的个性化更强，口味更难以满足，而且缺乏忠诚度。如果企业的产品和服务没有满足他们的高标准，他们就会充满抱怨。消费者生活方式和消费观念的变化主要包括以下几个方面。

(1) 收入丰厚却缺少时间。经济的发展令人们拥有了更多的可支配收入，但却越来越缺少时间消费。于是人们开始利用电话和互联网购物，以求方便、快捷和舒适，对于那些对某些品牌的消费品已经形成固定偏好的消费者而言，节省时间和精力这一需求尤其重要。

(2) 消费主动性增强。产品生产从标准化走向细分化和专业化，消费者的购买风险随着选择的多样性而增强，为了减少购买失误的可能，他们开始主动通过各种渠道尤其是互联网渠道获取与商品有关的信息，并进行分析比较，增加对产品的信任和获得心理上的满足感。

(3) 掌握越来越多的新技术。消费者乐于接受信息技术所带来的新产品，如手机、数字电视、个人电脑、笔记本电脑、平板电脑等。即便是年龄比较大的消费者，也很愿意使用互联网。这些新的媒介对传统大众媒介产生了很大的压力，因为大众市场已经被细分了，这就要求营销人员利用新的媒介采取更直接和更加互动的宣传方式。

(4) 对购物乐趣的追求。购物活动不仅是消费需要，也是心理需要，很多消费者以购物为生活内容，从中获得享受。

(5) 价格仍然是影响购买的重要因素。虽然营销人员使用差别化产品和服务来弱化消费者对价格的敏感，避免恶性削价竞争，但价格适中对消费者心理有重要影响。

另外，由于消费者在市场中越来越强势，他们要求更好、更新的产品，因此导致新产品种类越来越多，产品生命周期越来越短，而在购买商品和服务时，却要求更大的灵活性。

这对营销产生了极大的冲击，因为当企业将更多产品快速投入市场和提供更灵活及个性化服务的时候，它们也就面临着更高的营销成本和失败风险，将营销与信息技术合理结合在一起的网络营销则有效地降低了成本和风险。人们生活方式和消费观念的改变是消费者接受网络营销的重要基础。

3．全球化趋势的推动

信息技术和网络技术的快速发展令地球变成世界村成为现实，而近20年来，世界经济环境的深刻变化也使生产、市场、竞争日趋全球化。

1) 生产全球化

随着贸易与投资障碍的减少，通信、信息处理和运输技术的迅猛发展，越来越多的企业从全球各地区采购商品和服务，利用各国在生产要素上的成本和质量的差异，降低其总成本构成或提高质量或改善所供产品的功能，从而使它们更为有效地竞争。例如，波音公司的波音777型客机包含了132 500个主要部件，这些部件由世界上545个供应商生产。8个日本供应商制造机身、机舱门和机翼的零件；1个新加坡供应商制造起落架前轮的舱门；3个意大利的供应商制造机翼的阻力板①。波音公司之所以将这些生产外包给国外供应商的理由是，这些供应商是全球从事该项特定活动的最优秀的企业，此外，外包还可以带来总成本的降低。拥有全球供应商的结果是波音公司所制造的产品比其竞争者所生产出来的产品更胜一筹。当然，生产活动的全球分散安排并非只有像波音公司这样的大公司才这样做，事实上，许多小得多的企业也一样参与其中。除了减少贸易壁垒外，许多国家也逐步取消了对外直接投资的限制，从而导致了世界上各民族国家的经济正日益交织在一起。随着贸易量的扩大，各国在一些重要的产品和服务上的相互依赖性越来越强。

2) 市场全球化

不同国家消费者的嗜好和偏爱正在趋同于某些全球标准，从而帮助创建了全球市场。调查发现，许多国家青少年一代的消费具有惊人的相似性，他们都喝可口可乐、吃"麦当劳"、穿牛仔裤、听摇滚乐……原本历史上独特的和分离的国家市场正合并成为一个巨大的全球市场。除了生产全球化是促成市场全球化的一个因素外，技术创新也促进了市场全球化。低成本运输使世界的产品装运更为经济，因而也帮助创造了一个全球市场。低成本的通信网络，如Web也在帮助创建电子全球市场。低成本运输使世界的产品装运更为经济，低成本的通信网络如Web促成电子全球市场的建立。此外，低成本的飞机差旅已导致了国与国之间人员的大量流动。它缩短了各国间的文化距离并带来了消费者口味和偏好在一定程度上的趋同。同时，全体通信网络和全球媒体也创立了一种世界性的文化。这些因素不断推动着市场全球化的形成。

3) 竞争全球化

自由贸易所带来的市场开放意味着企业不但要面临来自国内的竞争压力，还要承受越来越多的外来竞争的压力，与国外的国际公司共同竞争。企业进入了国外市场，既要与当地公司争夺市场，还要与其他国际公司争抢份额。低廉信息技术和网络技术费用不断降低进入国际市场的成本，也促使企业间的竞争趋向全球化。生产、市场和竞争的全球化，使企业不得不考虑如何进行全球经营的问题。为了在全球竞争中生存下去，企业必须要有明

---

① I Metthee. *Playing a Large Part*[J]. Seattle Post-Intelligencer，1994, 9: 13.

显的优势或较低的成本，否则就会在竞争中处于劣势，甚至威胁到自身的生存。

为了适应和利用环境的变化，增强竞争力，许多大型国际公司除了通过机构扩张和收购来不断扩展其地理边界外，还利用信息技术和网络提高协作效率、管理成本及通过网络开展全球营销；而小型的公司则利用互联网发现新的、未开发的市场和宣传自己。

7.1.2 网络营销的概念

1. 网络营销的定义

网络营销也被称为互联网营销、网上营销，在国内外，对其定义都大同小异。有学者认为"网络营销是借助联机网络、电脑通信和数字交互式媒体的威力来实现营销目标"。也有学者认为，网络营销是以互联网络为媒体，以新的方式、方法和理念实施营销活动，更有效地促成个人和组织交易活动的实现。在英文中，Cyber Marketing、Internet Marketing、Network Marketing、e-Marketing 等，都表示网络营销，但内涵有一定的差异。Cyber Marketing 主要是指在虚拟的计算机空间(Cyber)进行运作的营销活动；Internet Marketing 是指在 Internet 上开展的营销活动；Network Marketing 是在网络上开展的营销活动；这里的网络不仅仅是指 Internet，还可以是一些其他类型的网络，如 VAN。目前，比较习惯采用的术语是 e-Marketing，e- 表示电子化、信息化、网络化，既简洁又直观明了，而且与电子商务(e-Business)、电子虚拟市场(e-Market)等相对应。

从国内外对网络营销的不同表示方法、定义看，网络营销的基本要素之一是网络、互联网，没有网络、互联网，也就没有网络营销。但是网络营销并不是网络公司、电子商务公司的专利，即营销主体不限于网络公司、电子商务公司。事实上，网络营销是信息技术应用于传统营销的结果，是以互联网为平台，以网络用户为中心，以市场需求为导向，利用各种网络应用实现企业营销目的的一系列行为。网络营销通过对信息技术的广泛使用，实现以下目标：第一，通过更为有效的市场细分、目标定位、差异化、渠道策略等方式，转换营销战略，为顾客创造更大价值；第二，对网络营销理念、分销策略、促销策略、产品价格、服务及创意等进行更为有效的规划和实施；第三，创造满足个人和组织客户需求的交易。

2. 网络营销的特点

1) 全球性

互联网的虚拟性、互联性和开放性决定了网络营销的全球性。通过互联网，营销人员可以在无国界的、开放的、全球范围的虚拟市场中寻找更多的目标客户、供应商和合作伙伴，也可以利用信息技术实现跨地域管理及协作。网络营销带来了更大范围成交的可能，使企业能卖得更多，但同时网络营销也提供给消费者更多的价格及产品质量信息，这些使市场竞争更加激烈。

2) 即时性

即时性体现在两个方面：①即时信息，公司的资料能够得到及时更新，消费者可以快速获得自己所需要的信息。②即时服务，公司在网上提供的各项业务总是处于开放状态，提供全天候服务；客户可以即时获取服务、信息和购买产品；公司资料也可通过网络即时更新；某些类型产品开始实现即时配送，如电子书籍、软件、音乐等。

3) 交互性

网络社区、电子邮件、即时通信工具、博客等交互工具的出现，令企业网站不仅可以展示商品目录，连接资料库，提供有关商品信息的查询，还可以与客户进行双向交流，主动向企业提出个性化的需求。

4) 个性化

网络营销的即时性和交互性特点，使得营销主体能够及时地表达自己的意愿和想法，根据个人的偏好来定制产品和服务成为可能。

5) 内容多样性

营销信息可以通过多种媒体形式，如文本、音频、视频、图片、动画等，向市场传递企业、品牌、商品和服务的各种信息。

6) 人性化

在互联网环境下，营销人员可以采用一对一的、消费者主导的、非强迫性的、循序渐进式的拉式交易模式。该模式使企业通过提供有价值的信息和交互式沟通，与消费者建立起长期良好的关系。

7) 技术性

现代通信技术与计算机技术是网络营销得以发展的技术基础，技术的发展改变了受众的组成成分，使传递到用户的信息质量发生变化，并创造出新的营销方式。技术的发展使网络连接速度大幅提高，联网终端设备呈现多样化，这些技术上的变化令网络营销人员的营销内容及营销手段不断发生变化。例如，随着无线通信设备和技术的普及，越来越多的公司试图将营销信息压缩到微小的屏幕中，利用手机及各种无线接入设备展开营销活动。

3. 网络营销的功能

网络营销是企业整体营销战略的一个组成部分，是为实现企业总体经营目标所进行的，以互联网为运作平台营造网上经营环境的各种活动，其核心思想是"营造网上经营环境"。所谓网上经营环境，是指企业开展网上经营活动的相关环境，包括网站本身、顾客、网络营销服务商、合作伙伴、供应商、销售商、相关行业的网络环境等。开展网络营销就是与这些环境建立关系，并在建立关系过程中提升企业竞争力，因此，网络营销具有以下功能。

1) 网络品牌创建及其价值扩展与延伸

互联网所带来的网上市场是一个全新的、虚拟的市场，为品牌塑造带来了新的生机和活力，而且推动和促进了品牌的拓展和扩散。网络营销的重要任务之一就是通过一系列的措施，在互联网上建立并推广企业的品牌，以扩展和延伸品牌价值。知名的传统企业品牌可以在网上进行扩展和延伸。一般的企业则可以通过互联网，快速创建网络品牌并树立形象，提高品牌认知度和整体形象。在一定程度上说，网络品牌的价值甚至高于通过网络获得的直接收益。实践证明：网络品牌对于重塑品牌形象，提高品牌核心竞争力，打造品牌资产具有其他媒体不可替代的效果和作用。

2) 信息搜索、收集、发布和传播

现有的多种网络信息搜索方法和工具，使网络营销人员可以主动、积极地获取有用信息和商机，如价格比较、对手的竞争态势、商业情报，以帮助企业经营决策。随着信息搜索功能向专业化、智能化方向的发展，以及定向邮件搜索技术的延伸，使得寻找网上营销目标成为一件易事。利用企业的网站和网络社区，可以与营销对象进行交互式沟通，收集客户对产品或服务的需求、意见、投诉和抱怨，还可以收集竞争对手相关资料、行业和国家的最新法令法规等信息。此外，互联网特定的信息发布环境令营销人员可以在任何时候将信息以最佳的表现形式发布到全球的任何一个地点，更重要的是，这种信息发布可以是双向互动的。

3) 销售渠道和广告渠道开拓

网络具有极强的进击力和穿透力，传统经济时代的经济堡垒、地区封锁、人为屏障、交通阻隔、资金限制、语言障碍、信息封闭等，都阻挡不了网络营销信息的传播和扩散，任何企业都可以在网络所形成的虚拟市场中销售和宣传产品。因此，网络营销实质上是企业营销渠道在网上的延伸，也是一个新的广告渠道。网上销售渠道和广告渠道的建设包括企业网站建设、在综合电子商务平台上的网上商店建设，以及会员网络建设等。

4) 市场调研

在激烈的市场竞争调价下，主动地了解商情、研究趋势、分析顾客心理、窥探竞争对手动态是确定竞争战略的基础和前提。通过在线调查或者电子询问调查表等方式，不仅可以省去大量的人力、物力，而且可以在线生成网上市场调研的分析报告、趋势分析图表和综合调查报告。与传统市场调研相比，网上调研效率高、成本低、节奏快、范围广，能为企业提供快速反映市场的能力，为经营决策奠定了坚实的基础。

📖 小思考

在电子商务市场调研中商家在寻找什么

为了能了解在线客户的消费者心理，销售商会利用在线调研法去探究客户的想法，以便销售商确定销售的产品和市场机会，并开发消费者真正想买的产品。因此，销售商会通过在线调研试图从消费者处获知一些重要的答案，常见的经典问题有个体或群体(市场细分)在线购物的理想模式是什么？什么因素可以激励消费者进行在线购物等。

思考：
除以上列举的两个问题外，还有哪些重要的信息是销售商渴望获知的？

5) CRM

通过 CRM 系统，可将客户资源管理、销售管理、市场管理、服务管理和决策管理集于一体，将传统经营模式中疏于管理、各自为战的销售、市场、售前和售后服务与业务统筹协调起来。既可跟踪、监控订单的执行过程，规范销售行为，了解新老客户的需求，提高客户资源的整体价值，还可以避免销售隔阂，帮助企业调整营销策略。同时，企业还可以利用 FAQ、邮件列表、BBS、虚拟社区、聊天室、微博、微信、APP 等工具跟踪和定制各种信息服务，提高服务质量，增加客户的满意度，提高客户的忠诚度。

6) 经济效益增值功能

网络营销会极大地提高营销者的获利能力，使营销主体提高或获取增值效益。这种增值效益的获得，不仅由于网络营销效率的提高、营销成本的下降、商业机会的增多，更由于在网络营销中，新信息量的累加会使原有信息量的价值实现增值或提升其价值。这种无形资产促成价值增值的观念和效果，既前瞻又明显。网络营销明显的资源整合能力，恰恰为这种信息的累加提供了现实可能性，这是传统营销根本不具备又无法想象的一种战略能力。

7.1.3 网络营销与传统营销

传统营销是指互联网技术出现之前的营销，网络营销则是传统营销在网络中的延伸。

网络营销并非是独立的，而是企业整体营销策略中的组成部分，网上营销与网下营销相结合形成一个相辅相成、互相促进的营销体系。无论网络营销还是传统营销，其基本的营销原理是相同的，但营销方法则存在一定的差异。网络营销不可能替代传统营销，但作为一种新型营销模式，它对传统营销带来了一定的冲击。辩证地看待网络营销与传统营销的关系有助于在实施营销策略时有一个更准确的态度。

1．网络营销对传统营销的影响

1) 对产品品牌策略的冲击

开展网络营销的企业组织面临的一个巨大的挑战是如何对全球品牌和共同的名称进行管理，是实行统一形象品牌策略还是实行有本地特点区域的品牌策略，以及如何加强区域管理。当企业为在线销售制造新产品时，必须考虑是使用原有品牌，还是为新产品创新品牌，是否选择联合品牌，选择什么样的域名。

2) 对产品价格策略的影响

信息技术的发展，使得网络市场中商品定价更复杂，同时改变了厂商的定价方式，对网络经营者来说更是如此。此外，由于消费者权利的增加，他们在一定程度上拥有了商品的定价权，如网络拍卖商品。在互联网环境中，价格信息的共享使变化不定的且存在差异的价格水平趋于一致，执行差别化定价策略的公司不得不考虑如何应对这个挑战。

3) 对营销渠道的影响

通过互联网，生产商可与最终用户直接联系，中间商的重要性因此有所降低。这造成两种后果：一是由跨国公司所建立的传统的国际分销网络对由竞争造成的进入障碍将明显降低；二是对于目前直接通过互联网进行产品销售的生产商来说，其售后服务工作是由各分销商承担的，但随着他们代理销售利润的消失，分销商将很可能不再承担这些工作。

4) 对营销沟通方式的影响

各种创新技术的产生令营销沟通方式越来越多，更有趣，互动性更强，且沟通效率更高。这些重要的技术包括通过网页和电子邮件携带的文本和多媒体信息，存储信息的数据库，在线与客户沟通的新方法(如微博、微信)，众多用于浏览多媒体信息的数据收发装置(如PC、移动电话等)。

5) 对传统营销方法的影响

通信技术和计算机技术正向宽带化、智能化、个性化方向发展，用户可以在更广阔的领域内实现声、图、像、文一体化的多维信息共享和人机互动功能。这将导致大众市场的结束，并逐步体现市场的个性化，最终应以每个用户的需求来组织生产和销售。

6) 对营销战略的影响

网络营销对营销战略的影响主要体现为对营销竞争展露的影响和企业跨国经营战略的影响。互联网平等、自由的特性，使网络营销能够降低跨国公司所拥有的规模经济的竞争优势，从而使小企业更易于在全球范围内参与竞争。由于人人都能掌握竞争对手的产品信息和营销行为，因此胜负的关键在于如何适时获取、分析、运用这些自网络上获得的信息，来研究并采用极具优势的竞争联盟。同时，任何渴望利用互联网的企业，都必须为其经营选择一种恰当的商业模式，并明确这种新型媒体所传播的信息和进行的交易将会对其现存模式产生什么样的影响。

7) 对营销组织的影响

互联网相继带动企业内部网的蓬勃发展，使得企业内外部沟通与经营管理均需要依赖网络作为主要的渠道和信息源，其联系结构如图 7.1 所示。

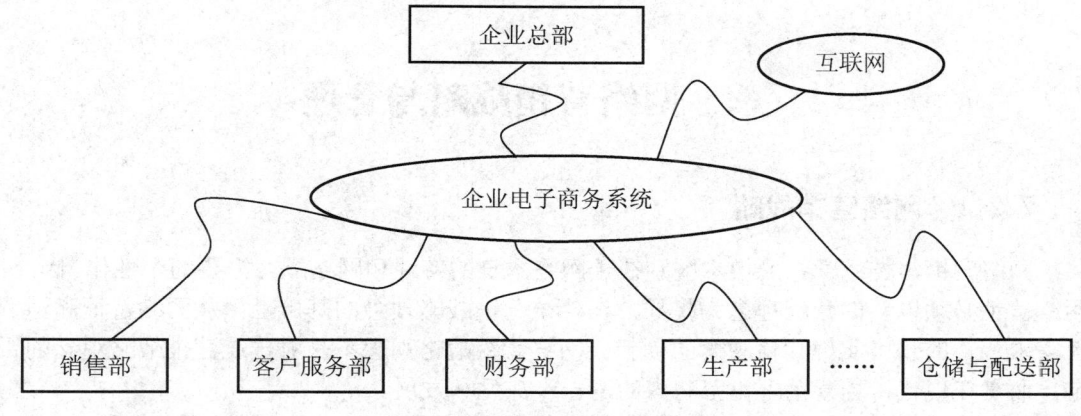

图 7.1　网络营销对营销组织的影响

2．网络营销与传统营销的关系

网络营销并非独立的，而是企业整体营销策略中的组成部分，因此，无论网络营销还是传统营销，基本的营销原理是相同的，仅仅表现为一些方法上的差异。

1) 网络营销与传统营销的一致性

网络营销和传统营销的目的是相同的，并且在营销策略上可以实现融合。网络营销可以直接应用于传统营销策略，即传统营销与网络营销结合在一起。例如，企业的广告策略可以在采用传统广告的同时也采用网络广告的手段；对于企业产品宣传，既可以采用企业宣传资料的发放，也可以通过企业网站的信息发布等网络营销手段来完成。网络营销手段和传统营销手段之间并不矛盾。

2) 网络营销与传统营销的差异性

网络营销和传统营销的环境不同，因此，网络营销有自己的特殊性，有更广泛的内涵，在关注重点和研究方法上与传统营销存在一定的区别。传统营销以 4P(Product，Price，Place，Promotion)为主要框架，其理论和策略已经比较成熟，形成了完善的市场营销理论体系；而网络营销的理论研究尚处于初级阶段，网络营销本身的规律和研究方法尚在发展之中，目前对于网络营销的研究主要处于营销信息传递的层次，同时新的网络营销工具和方法不断出现，这些新的内容需要经过不断总结和归纳，网络营销的内容体系才能不断发展和完善。

3) 网络营销不可能完全替代传统营销

尽管网络飞速发展及普及，但距离网络营销完全替代传统营销的时代还为时尚早。网络营销是建立在虚拟市场基础之上的营销活动，它的顾客是网络用户，网络营销可以说是一种看不见的营销，企业看不见它的顾客，顾客也接触不到企业，双方都通过互联网进行沟通与交易，没有面对面的接触。互联网的虚拟性决定了它不可能独立于现实市场而存在，它不是市场的全部，只是市场的一部分，是社会分工的一部分。

4) 网络营销与传统营销正在不断整合

随着对网络营销活动的进一步了解，人们认为，网络营销与传统营销可以整合在一起，相互结合为企业营销服务。绝大多数组织的营销活动不可能仅有网络营销或传统，都是网络营销与传统营销的组合，只不过不同组织根据其自身特点不同，侧重点有所不同。传统企业如沃尔玛、海尔等会利用互联网提高企业品牌知名度及其服务水平，拓展新的渠道；而新型电子商务企业如亚马逊网上商店、新浪等也会利用传统营销策略促使人们进行网上消费。

7.2 网络营销战略与管理

7.2.1 网络营销战略

网络营销与传统营销的根本区别在于网络本身的特性和网络顾客需要的个性化。因此，网络营销必须以新的营销理念为指导，在传统营销战略理念的基础上，从网络特征和消费者需求变化的角度实现战略观念的创新。网络营销战略观念不是对传统营销战略观念的否定，而是在现代市场营销理论范畴内的进一步深化和发展。

1．网络营销战略的定义

网络营销战略是指在网络营销观念的指导下，对网络营销活动所做的一个较为全面而有序的安排，目的是使网络营销活动能明确目标和责任，有条不紊地展开；是企业以市场需求为导向，对企业网络营销任务、目标及实现目标的方案、措施制定总体的、长远的谋划，并付诸行动与控制的过程。规划网络营销战略前需要企业进行 SWOT 分析来审视其经营环境，同时还要审视现有的营销计划、其他关于公司和公司品牌的信息，以及企业自身的电子商务目标、战略及绩效考核指标。在进行了上述的形势分析，并审视了现有的营销计划之后，营销才开始制定网络营销的战略规划。在制定战略规划时要考虑组织的目标、技术水平、资源与不断变化的市场机遇是否相适应。

网络营销战略可分为两个层面：第一个层面的网络营销战略包括市场细分战略、目标市场战略、差异化战略和市场定位战略；第二个层面的网络营销战略则包括网络品牌及产品战略、价格及网络定价战略、分销战略、网络沟通战略及 CRM 战略。在实践中，第一层面的战略和第二层面的战略是互相关联的。例如，营销人员选择最好的目标市场，确定具有竞争性的市场定位，这要求广告、定价等工作进行配合；如果不了解品牌承诺即公司承诺给客户的利益，就很难知道应该如何进行品牌定位。

2．网络营销战略目标

网络营销战略目标即确定开展网络营销后达到的预期目的，一般网络营销目标多分为以下几种类型。

1) 销售型网络营销目标

销售型网络营销目标是指企业为拓宽网络销售，借助网络的交互性、直接性、实时性和全球性为客户提供方便快捷的网上销售店，目前许多传统的零售店都在网上设立销售点，如北京图书大厦的网上销售站点。

2) 服务型网络营销目标

服务型网络营销目标主要为客户提供网上联机服务，客户通过在线客服人员可以远距离进行咨询和接受售后服务。目前大部分信息技术型公司都建立了此类站点。

3) 品牌型网络营销目标

品牌型网络销售目标主要是在网上建立自己的品牌形象，加强与客户的直接联系和沟通,建立客户的品牌忠诚度,为企业的后续发展奠定基础并配合企业现行营销目标的实现。目前大部分站点都属于此种类型。

4) 提升型网络营销目标

提升型网络营销目标主要是通过网络营销替代传统营销手段,全面降低营销费用,改进营销效率,改善营销管理和提高企业竞争力。目前的戴尔公司、亚马逊公司、海尔集团等站点属于此种类型。

5) 混合型网络营销目标

混合型网络营销目标为以上 4 种目标中的两个或两个以上。例如,亚马逊公司通过设立网上书店作为其主要销售业务站点,同时创立世界著名的网站品牌,并利用新型的营销方式提升企业竞争力,其目标既是销售型,又是品牌型,同时还属于提升型。

3．网络营销战略的实质及核心

网络营销战略的实质是渠道营销战略,它明确了企业应该如何设定特定的渠道目标、形成差异化的渠道主张,以及怎样选择与渠道特征和消费习惯相匹配的特定渠道沟通方法。其核心是如何使用网络渠道来支持现有的营销战略,如何挖掘网络渠道长处并控制其短处以及如何使用它,从而让网络与其他渠道共同构成多渠道营销战略。

在制定网络营销战略时,既要考虑企业内部因素的影响,还要考虑外部因素的影响。影响网络营销战略的内部因素是企业目标和战略及企业的营销战略,外部因素则是市场结构和需求、行业新兴的机会和威胁及竞争者战略。

4．网络营销战略模式的选择

企业在引入网络营销时,在明确网络营销要通过哪种机制达到哪种目的之后,可根据自身特点及目标顾客的需求特性,选择一种合理的网络营销模式。常见的网络营销模式有以下几种。

1) 挽留客户增加销售型

现代营销学认为保留一个客户相当于争取 5 个新的客户。网络成本低、联系方便、双向互动、信息量大且可选择地阅读等特点决定了它是一种优于其他媒体的客户服务工具。通过网络营销,可以达到更好地服务于客户的目的,从而增强与客户间的关系,并建立客户忠诚度,留住客户。满意而忠诚的客户总是乐意购买企业的产品,这样就自然而然地提高了企业的销售量。留住客户、增加销售的网络营销模式如图 7.2 所示。

图 7.2 挽留客户增加销售型

2) 利用信息刺激消费型

这种类型的网络营销模式主要是通过向客户提供有用的信息以达到刺激消费者,增加销售的目的。此种模式比较适用于通过零售渠道销售的企业,它可以通过网络向客户连续地提供有用的信息,包括新产品信息、产品新用途等,而且还可根据情况适时地变化,保持网上站点的新鲜感和吸引力。这些有用的、新的信息能刺激客户的消费欲望,从而增加购买量。该模式如图 7.3 所示。

图 7.3　利用信息刺激消费型

3) 简化销售渠道、减少管理费用型

这种模式利用网络进行销售，其对企业最直接的效益来源于它的直复营销功能，即简化销售渠道、降低销售成本，最终达到减少管理费用的目的。此种模式适用于将网络用做直复营销工具的企业。利用网络实施直复营销，对客户而言，必须购买方便，使客户减少购物时在时间、精力和体力上的支出与消耗；对企业而言，实现简化销售渠道、降低销售成本、减少管理费用的目的。书籍、鲜花和礼品等网上商店是这种模式的最好应用。该模式如图 7.4 所示。

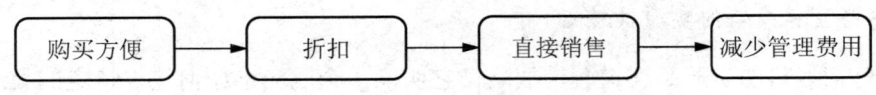

图 7.4　简化销售渠道、减少管理费用型

4) 用户参与、培育忠诚度型

新闻业已有一些成功运用此模式的例子。报纸和杂志出版商通过它们的网页来促进客户的参与，它们的网页使客户能根据自己的兴趣形成一些共有话题的"网络社区"，同时也提供了比传统的"给编辑的信"参与程度高很多的读编交流机会。这样做的结果是有效地提高了订户的忠诚度。

电影、电视片的制作商也采用此模式提高产品的流行程度。通过建立网页向观众提供流行片的一些所谓"内幕"，如剧情的构思，角色的背景，演员、导演、制片人的背景资料、兴趣爱好等。这些信息对影迷们是很有吸引力的，因为这样能使他们获得一种内行的鉴赏家的感觉，这种感觉会驱使他们反复地观看某部流行片，乐此不疲。同时，他们还会与朋友们一起讨论这部片子，甚至还会劝说朋友一起观看。该模式如图 7.5 所示。

图 7.5　用户参与、培育忠诚度型

5) 提高品牌知名度获取更高利润型

将品牌作为管理重点的企业可通过网页的设计来增强整个企业的品牌形象，如可口可乐、耐克、李维斯等著名的品牌都已采用网络作为增强品牌形象的工具。企业可以通过网页的设计，突出品牌宣传，树立整体的企业品牌形象，建立客户忠诚度，实现市场渗透，最终达到提高市场占有率的目的。该模式如图 7.6 所示。

图 7.6　提高品牌知名度获取更高利润型

6) 数据库营销型

网络是建立强大、精确的营销数据库的理想工具，因为网络具有即时、互动的特性，所以可以对营销数据库实现动态的修改和添加。拥有一个即时追踪市场状况的营销数据库，

是企业管理层制定动态的、理性的决策的基础。传统营销学中一些仅停留在理论上的梦，通过网络建立的营销数据库可以实现，如对目标市场的准确细分、对商品价格的及时调整等。数据库营销模式是传统营销模式的现代化，具有科学性和预测性的优势。该模式如图 7.7 所示。

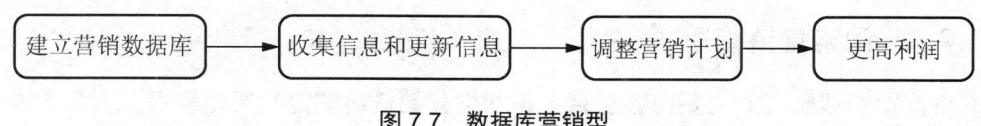

图 7.7　数据库营销型

5．网络营销战略规划原则

网络营销战略是指企业利用信息技术来实现既定目标的营销战略。简言之，网络营销就是科技战略和营销战略的整合。许多网络营销战略规划都体现了制定公司目标和战略的基本原则。开展网络经营需要企业资源和高层决策的支持，因此，遵循这些原则是十分重要的。美国学者卡拉科特和鲁滨逊在 1999 年曾经对此提出 4 项原则。

(1) 从战略层面看，网络营销战略应该体现它与公司整体的理念和经营目标是一致的，并且应该说明成功运作将会给企业带来哪些影响。

(2) 从经营层面看，网络营销战略应该反映实施后会有哪些改进，如何量化这些改进的成果。例如，假设网络营销战略中提出要使用 CRM 软件，那么在战略中应该说明将如何增强客户关系，会有多少额外的收入。

(3) 从技术层面看，网络营销战略应该体现所使用的新技术如何与现有的信息技术整合，如新技术与现有的供应链能否产生协力优势。

(4) 从财务层面看，网络营销战略应该包含成本效益分析，要用标准的衡量指标(如投资回报率和净现值指标等)。

6．网络营销战略规划与实施

企业在确立采取网络营销战略后，要组织战略的规划和执行。网络营销不仅是一种简单的新营销方法，它通过采取新技术来改造和改进目前的营销渠道和方法，涉及企业的组织文化和管理各方面。如果不进行有效的规划和执行，该战略可能只是一种附加的营销方法，不能体现出战略的竞争优势，相反只会增加企业的营销成本和管理复杂性。战略规划分为下面 4 个阶段。

(1) 目标规划。在确定使用某一战略的同时，识别与之相联系的营销渠道和组织，提出改进目标和方法。

(2) 技术规划。网络营销很重要的一点是要有强大的技术投入和支持，因此资金投入和系统购买安装以及人员培训都应该统筹安排。

(3) 组织规划。实行数据库营销后，企业的组织需进行调整以配合该策略的实施，如增加技术支持部门、数据采集处理部门，同时调整原有的推销部门等。

(4) 管理规划。组织变化后必须要求管理的变化，企业的管理必须适应网络营销的需要，如销售人员在销售产品的同时，还应记录客户的购买情况；个人推销应严格控制以减少费用等。

网络营销战略的实施是系统工程，首先应加强对规划执行情况的评估，判定是否充分发挥战略的竞争优势和有无改进余地；其次是对执行规划时的问题应及时识别并加以改进；

最后是对技术的评估和采用。采用新技术可能改变原有的组织和管理规划,因此对技术进行控制也是网络营销中的一个显著特点。网络营销的实施不是简单的某一个技术方面的问题或某一个网站建设的问题,它还需要从整个营销战略方面、营销部门管理和规划方面,以及营销策略制定和实施方面进行调整。

7.2.2 网络营销管理

网络营销管理研究的主要内容包括各种网络营销策略制定及实施管理,其目的是让网络营销活动更加有效、更有利于实现网络营销的总体目标。

1. 网络营销管理分类

网络营销管理根据分类方式的不同,可分为以下五大类。

(1) 按照网络营销的 8 项基本职能,可以将网络营销管理分为网络品牌管理、网站推广管理、信息发布管理、在线顾客关系管理、在线顾客服务管理、网上促销管理、网上销售管理、网上市场调研管理。

(2) 按照网络营销工作的内容,可将网络营销管理分为网络营销基础环境管理、网络营销产品和服务管理、网络营销的内容管理、网络营销用户资源管理、用户行为研究与管理、网站流量统计管理等。

(3) 按照网络营销管理的形式,参照管理学的研究方法,可以将网络营销管理分为网络营销计划管理、网络营销人事管理、网络营销组织管理、网络营销策略实施管理、网络营销效果评价和控制等。每一项网络营销管理职能都可以细化为若干具体的工作,并且与网络营销具体策略的实施建立对应关系。

(4) 按照开展网络营销的阶段,可以将网络营销管理分为网络营销总体策划阶段的管理、网络营销准备阶段的管理、网络营销实施过程的管理、网络营销效果控制与评价管理等。

(5) 按照网络营销工作的性质,可将网络营销管理划分为单项网络营销策略管理、阶段性网络营销管理和连续性网络营销管理。单项网络营销策略管理是对于某一具体的网络营销活动或者某一项网络营销策略进行的管理;阶段性网络营销管理主要针对某段时期,或者网络营销发展的某个阶段进行的临时性管理措施,如在网站建成之后进行的专业性诊断、网站推广不同阶段的推广计划和效果评价;连续性网络营销管理则具有长期性、重复性的特征,如网站内容管理、在线顾客关系管理、定期顾客调查等。

从分类可见,网络营销管理的内容相当繁多,并且穿插于具体的网络营销策略制定和网络营销实施过程之中的多个层面,将网络营销管理完全系统化并不是很简单的一件事情,要比制定一项具体的网络营销策略复杂得多,对网络营销管理认识的完善,需要一个相当长的阶段。

2. 常见网络营销管理类型的介绍

在前面所罗列的 5 种不同网络营销管理的分类中,最常被学者和营销人员使用的是按照网络营销 8 项基本职能和网络营销工作内容的分类。下面对按网络营销职能划分的网络营销管理类型进行简单的介绍。

(1) 网络品牌管理。是指通过合理利用各种网络营销途径创建和提升品牌,主要内容包括网络品牌策略制定、网络品牌计划实施、网络品牌评价等。

(2) 网站推广管理。是网络营销管理的基础内容之一，也是最基本的网络营销管理活动，主要包括网站专业性诊断、网站搜索引擎优化状况诊断、网站推广阶段计划的制订、各种网站推广手段管理、网站推广效果分析评价(如网络广告、电子邮箱营销、搜索引擎营销等)、网站流量统计分析、网站访问量与效果转化分析等。网站推广的直接效果表现在网站访问量的增加、品牌形象提升、用户数量增长等多个方面。

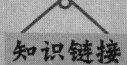

搜索引擎优化

搜索引擎优化是一种根据搜索引擎的自然排名规则对网站内外部调整优化，从而提高网站在搜索引擎中的排名，吸引更多目标客户点击访问网站的方法。对营销型网站而言，网站排名越前，越容易实现其网络营销及品牌建设的目的。

当输入搜索词时，搜索引擎不是立刻在整个万维网内进行搜索，因为这项工作需要很多天才能完成。事实上，搜索引擎只预先搜索最近一个月的网页，并将结果存储在一个巨大的数据库中。如图7.8所示，搜索引擎启动一种叫做"网络蜘蛛"的自动程序逐个搜索网站、网页和单词。这些"网络蜘蛛"累计起一个庞大的索引和数据库，从中可以找到所有的搜索词、词汇被发现的位置以及它们在每一个页面上出现的次数等。当输入搜索词时，实际上是在这个数据库中进行查询。由于这是一个索引的数据库，因此人们差不多能在瞬间就得到查询结果。这些结果是按照与搜索词的相关度依次出现的，相关度最高的网站最先出现。

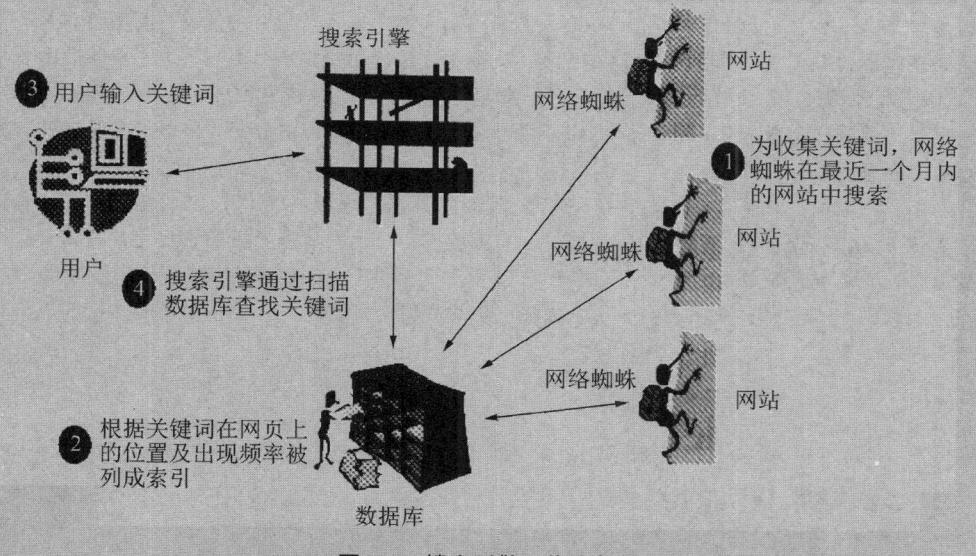

图7.8　搜索引擎工作流程

搜索引擎利用"网络蜘蛛"判断哪些网站与所搜索的关键词相关性最强，它不仅要计算网站上的词汇，还需要判断这些词汇出现的位置及频率。例如，出现在网页标题上的关键词的相关价值就高出那些出现在文章内容中的关键词，同时，关键词出现较多的网页排行位置也更靠前一些。于是，人们尝试在网页标题上反复输入关键词来愚弄"网络蜘蛛"以提高网页排名。其实，"网络蜘蛛"也受过训练，当两个重复的词汇之间相隔7个词汇以上时，它们才将该关键词计算在内。这样能避免用户打开一个有重复关键词却毫无意义的网页(如"Mazda, Mazda, and Mazda")。

搜索引擎同时还考虑网站拥有多少外部链接，以及多少用户通过这些链接点击进入该网站，连接的数量与用户点击进入率都表示该网站的人气。因此有人建设一些虚假的网站链接到自己的网站，还有人反复登录搜索引擎，然后点击进入自己的网站来提高排名。搜索引擎的对策是辨别出这两种行为，抵消它们的作用。当然这种技术在实际运用中究竟是如何操作的，目前属于一种商业机密，因为所有搜索引擎类的网站都试图根据用户的关键词搜索到最有用和最相关的结果，这样才能够显示出这些搜索引擎本身的特异性，形成自己的竞争优势。

(资料来源：Strauss J．，Frost R．网络营销[M].5版．时启亮，等译．北京：中国人民大学出版社，2010：146-148.)

(3) 信息发布管理。包括网站的内容策略及内容管理、外部信息发布渠道管理、信息发布的效果管理等。

(4) 在线顾客关系管理。包括用户行为研究、用户资料管理和有效利用、顾客关系营销策略的效果评价等。

(5) 在线顾客服务管理。在线顾客服务的基础是有效利用在线服务手段，对各种在线服务手段的特点进行研究并制定适合用户要求的顾客服务策略构成了在线顾客服务管理的基本内容。

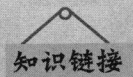知识链接

微信多客服功能

微信是腾讯公司于2011年推出的一个为智能终端提供即时通信服务的免费应用程序，具有跨通信运营商和操作系统平台的特点。至2015年，微信的月活跃用户数已达6亿，用户覆盖200多个国家、超过20种语言。各品牌的微信公众账号总数超过800万个，微信支付用户达到4亿左右。目前，微信已成为亚洲地区最大用户群体的移动即时通信软件，也是各大中企业实施网络营销和客户关系管理的重要平台。

早期，只有极少部分公众号能使用"多客服功能"，如"招行信用卡中心"，当用户在微信上需要人工服务时，该功能会为用户自动对接一位人工客服，通过微信进行服务。现在，微信公众平台多客服功能正式向所有微信认证的服务号和订阅号开放。利用微信"多客服功能"就可以将人工客服团队，全部搬到信息公众平台，为用户提供更优质的即时客户服务。微信服务号在线客服开通包括以下4个步骤：

(1) 认证后的微信公众平台可以在"公众平台→功能→添加功能插件"看到"多客服"申请入口，申请开通。

(2) 开通人工客服权限后，关闭平台的开发者模式，在"功能→多客服功能"中，添加客服。

(3) 在电脑上使用多客服服务，则下载安装多客服客户端，在微信公众平台中添加客服工号，以"工号@微信号"的形式在多客服众登录，即可通过电脑服务用户。

(4) 在微信上服务用户，则通过关注公众号"多客服助手"(duokefu)绑定工号为用户提供服务。

(资料来源：根据微信公众平台使用帮助信息整理，2016年3月)

(6) 网上促销管理。针对不同产品/服务，制定不同阶段的促销目标和策略，并对在线促销的效果进行跟踪控制。

(7) 网上销售管理。主要内容包括在线销售渠道建设，在线销售业绩分析评价，网上销售与网站推广、网上促销等工作的协调管理。

(8) 网上市场调研管理。包括在线市场调研的目标、计划、调研周期管理，以及调查结果的合理利用和发布管理等。

7.3 企业网络营销站点的建设

7.3.1 企业网站建设的一般要素

一个完整的企业网站，可以划分为 4 个组成部分：①网站结构，是向客户表达企业信息所采用的网站栏目设置、网页布局、网站导航、网址层级结构等信息的表现形式，②网站内容，包括所有可以在网上被客户通过视觉或听觉感知的信息，如文字、图片、视频、音频等；③网站功能，是为了实现发布各种信息、提供服务等必需的技术支持系统，④网站服务，即网站提供给客户的价值，如问题解答、优惠信息、资料下载等，网站服务是通过网站功能和内容实现的。

1．网站结构

网站结构是网站策划过程中需要确定的问题，是企业网站建设的基本指导方针。只有确定了网站结构，才能开始技术开发和网页设计工作。

1) 网站栏目结构

网站的栏目结构即网站栏目的层次结构，也被称为"菜单"，是一个网站的基本架构，通过合理的栏目结构使得用户可以方便地获取网站的信息和服务。企业网站建设中网站结构的设置，关系到潜在客户的用户体验，以及日后企业网站的推广工作，因此要认真规划。

可根据企业经营业务的性质、类别或表现形式等将网站划分为几个部分，每个部分就成为一级栏目，每个一级栏目则可以根据需要继续划分为二级、三级、四级栏目。

2) 网页布局

网页布局是指当网站栏目结构确定之后，为了满足栏目设置的要求、需要进行的网页模版规划。从用户体验角度出发，普通用户在浏览网页的时候是自下而上、自左而右进行的。因此页面中各个区域的重要性关系是左上＞右上＞左＞右＞左下＞右下。网页布局包括 3 方面内容。

(1) 网页结构定位方式。在传统的基于 HTML 的网站设计中，网页结构定位通常有表格定位和框架结构两种方式。表格定位指网页信息按照设计人员预订的位置、模式呈现给用户。用户通常看到的网页中大都含有很多表格，通过浏览器并不一定能看到表格的边框。框架结构则是利用<FRAME>将一个网页分为若干个窗口，这样可以在一个页面上展示几个不同内容的页面。例如，将菜单和网页内容放到两个框架中，这样当拉动网页内容的滚动条时，菜单部分的网页可以保持固定不动，为浏览网页带来方便。如图 7.9 所示的是框架结构定位方式。

由于框架结构将一个页面划分为多个窗口，破坏了网页的基本用户界面，很容易产生一些意想不到的情况，如容易产生链接错误、不能为用户所看到的每一个框架都设置一个标题(Title)等。有些搜索引擎对框架结构的页面不能正确处理，会影响到用户体验和搜索引擎检索信息，因此现在采用框架结构的网站很少。表格定位则是在同一页面中，将一个表格(或者被拆分为几个表格)划分为若干版块来分别放置不同的信息内容。目前的企业网站中，表格定位是主流定位方式，但在 Web 标准中，静态页面一般使用 dis 和 css 布局。

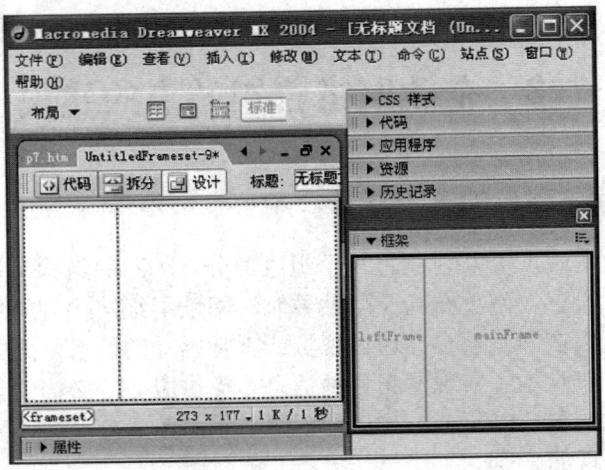

图 7.9　框架结构定位方式

另外，在网页结构定位时，有一个重要的参数需要确定，即网页的宽度。确定网页宽度通常有固定像素模式和显示屏自适应模式两种模式。固定像素是指无论用户将显示器设置为多大的分辨率，网页都按照固定像素的宽度显示(如 760 像素)；而自适应模式是根据用户显示器的分辨率将网页宽度自动调整到显示器的一定比例(如 100%)。自适应模式从理论上说比较符合个性化的要求，但由于用户使用不同分辨率的显示器浏览时，信息内容显示效果是不同的，会产生不合适的文字分行或者其他影响显示效果的问题，因此在对设计要求比较高的网站中都采用固定像素的表格定位方式。在采用固定像素的表格定位方式时，要注意在页面上提醒用户如何获得最佳视觉显示效果。

(2) 网站菜单和导航的设置。导航设置是在网站栏目结构的基础上，进一步为用户浏览网站提供的提示系统。由于各个网站设计并没有统一的标准，不仅菜单设置各不相同，打开网页的方式也有区别。有些是在同一个窗口打开新网页，有些是新打开一个浏览器窗口，因此仅有网站栏目菜单优势会使用户在浏览网页过程中迷失方向，如无法回到首页或者上一级页面等，还需要辅助性的导航来帮助用户方便地使用网站信息。一般是在各个栏目的主菜单下面设置一个辅助菜单说明用户目前所在网页在网站中的位置。其表现形式比较简单，一般形式为首页→一级栏目→二级栏目→三级栏目→内容页面，如图 7.10 所示。

图 7.10　网站菜单设置

此外，如果网站功能和服务较多，新用户使用这些服务可能遇到较多问题时，有些网站采用专门设计的智能导航系统，或者实时在线帮助，这些形式实质上已经不仅仅是导航，而是与在线服务功能结合在一起。图 7.11 是一种常见的站点导航。

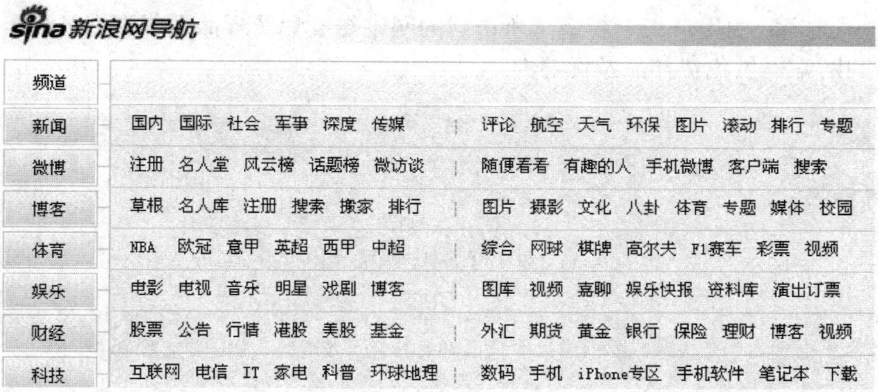

图 7.11 网站导航设置

> **小思考**
>
> **网站导航的形式**
>
> 用户访问一个网站时，可能是从网站的首页开始访问的，也可能是从网站中的某一页面开始访问的。实际上，根据调查发现，50%以上的用户通常不是通过首页进入网站的。如果网站没有使用任何导航方式，用户就很容易迷失在网站中，从而给用户体验带来负面影响。为了使用户更好地浏览网站内容、获取服务及解决访客在网站中的"迷路"问题，网站设计人员通常会提供多种导航方式帮助用户快速到达目的页。网站导航是对引导用户访问网站内容的各种形式和手段的统称，对于一个注重客户体验、结构良好的网站而言，网站导航存在多种形式。
>
> 思考：
> 除了平时经常可以看到网站头部的主导航条外，还有哪些导航形式？

(3) 网页信息排放位置。网页布局对用户获取信息有直接影响，并且有一些可供遵循的规律，通过对互联网用户获取信息的行为特征、主要搜索引擎抓取网页摘要信息的方式，以及一些优秀网站网页设计布局的分析可以归纳出一定的参考原则。

① 将产品促销信息、新产品信息、促销活动和企业要闻等重要的信息放置在首页中显著的位置。

② 企业网站的主要页面上放置与营销相关的信息，其他不相干的信息可放置于不重要的二级或三级页面上。

③ 在每一页面的左上角放置企业 Logo，展示网络品牌的同时，达到推广网络品牌的效果。

④ 在页面上预留一定的广告位置，用于推广自己的产品或推广他人产品获取利润。

⑤ 首页上预留合作伙伴或友情链接区，以增加网站的链接数，提升 PR(Page Rank，网页级别)值或搜狗 Rank。

⑥ 公司地址、联系方式、网站地图等网站公共菜单多放置在页面的最下方。

⑦ 站内检索、会员注册/登录、在线客服等重要的服务放置在页面上方或者右侧。

根据美国市场研究公司(IRI)对企业网站调查的研究报告，大多数消费者访问制造商网站的目的是查找公司联系信息或产品基本信息。另外，在对企业网站的促销功能和在线调查功能应用状况进行调查时发现：目前企业网站上的促销信息和促销手段都还不能满足客户的期望，约半数的用户表示希望从所访问的网站得到免费样品及优惠券(48%)，然而只有1/5左右的网站提供免费样品及优惠券。

> **知识链接**
>
> ### PR 值&搜狗 Rank
>
> PR 值是谷歌 CEO 拉里·佩奇所提出的衡量一个网站好坏的标准，该标准通过衡量网络浩瀚的链接关系来确定一个页面的等级，用以体现网页的等级和重要性。PR 值范围为 0~10，一个页面的 PR 值越高，则说明该页面越重要也越流行。通常，一个网站的 PR 值达到 4，就说明该网站建设得不错了。由于社交网络的作用越来越大，谷歌认为评价一个网站的重要性不仅仅是由别的网站来决定，更重要的是由网络中的用户来判断。因此，在 2010 年，谷歌宣布废除 PR 值，不再更新。
>
> 搜狗 Rank 是搜狗衡量网页重要性的指标，既考查网页之间的链接关系，也考虑链接的质量和相关性等特性，是根据搜狗算法自动计算出来的，其值为 0~100，值越高，网页越重要。

2．网站内容

企业网站的内容是为了用户浏览才发布的。一个企业网站不同于专业的 ICP 或者门户网站，不可能也没有必要包罗万象，每个企业有自己特定的产品和服务，网站的内容应围绕企业的核心业务设置。只有在网站提供了用户需要信息的前提之下，网站的网络营销功能才能真正发挥作用。企业网站的内容通常包含以下 7 个方面的信息。

(1) 公司信息。如果内容比较丰富，可以进一步分解为公司概况、发展历程、公司动态、媒体报道、主要业绩(证书、数据)、组织结构、企业主要领导人员介绍、联系方式等。

(2) 产品信息。应全面反映所有系列和型号，还要对产品进行详细介绍，如需要则配备图片和视频。产品信息可按照产品类别分为不同的子栏目，如果产品种类较多，还要增加产品搜索功能。

(3) 用户服务信息。主要是产品选择和使用常识、产品说明书、在线问答等。

(4) 促销信息。如网络广告、有奖竞赛、有奖征文、下载优惠券等。

(5) 销售信息。主要是公布企业产品销售网络地址、网上订购意向表单、有关质量保证条款、售后服务措施，以及各地售后服务的联系方式。

(6) 公众信息。包括股权结构、投资信息、企业财务报告、企业文化和公关活动。

(7) 其他信息。如招聘信息、采购信息等。对于产品销售跨国家的企业，通常还需要不同语言的网站内容。

3．网站功能

企业网站是一个综合性的营销工具，是开展网络营销的根据地，网站建设的水平直接关系到网络营销的效果，网站功能是否通过网站得以体现是企业网站是否专业化的重要标志。网站的功能分为前台和后台功能，前台功能即用户可以通过浏览器所看到和操作的内容，是后台功能对外的表现；后台功能是指通过网站运营人员的操作才能在前台实现的相应功能，后台的功能是为了实现前台功能而设计的。主要具有以下网站功能。

(1) 产品发布和管理。产品展示是网站最重要的功能。顾客访问网站的主要目的是对公司的产品和服务进行深入的了解，企业网站的价值也就在于灵活地向用户展示产品说明及图片甚至多媒体信息，即使一个功能简单的网站至少也相当于一本可以随时更新的产品宣传资料。过时的产品信息或者产品信息不完善不仅无法促进销售，同时也影响顾客的信心。产品管理的功能主要体现在能够对不同的产品信息进行修改、上传和删除，还可以对产品进行分类，从而方便用户查找。

(2) 信息发布。该功能是另一个不可缺少的功能。产品展示是信息发布的一种形式，但信息发布的含义显然要更广泛一些，网站是一个信息载体，在法律许可的范围内，可以发布一切有利于企业形象、顾客服务以及促进销售的企业新闻、产品信息、各种促销信息、招标信息、合作信息，甚至人员招聘信息等。因此，拥有一个网站就相当于拥有一个强有力的宣传工具。但并非每个网站都认识到这一点，没有充分发挥网站的信息发布功能，显然是对营销资源的浪费。

(3) 销售功能。一个功能完善的网站本身就可以完成订单确认、网上支付等电子商务功能，即网站本身就是一种销售渠道。

(4) 顾客关系与顾客服务功能。通过网站可以为顾客提供各种在线服务和帮助信息，如常见问题解答(FAQ)、详尽的联系信息、在线填写寻求帮助的表单、通过聊天实时回答顾客的咨询等。同时，利用网站还可以实现增进顾客关系的目的，如通过发行各种免费邮件列表、提供有奖竞猜等方式吸引用户的参与。

(5) 网上调查的功能。通过网站上的在线调查表，可以获得用户的反馈信息，用于产品调查、消费者行为调查、品牌形象调查等，是获得第一手市场资料有效的调查工具。

此外，网站的功能还表现在品牌展示、销售促进等方面。网站的功能越完善，对促进整体营销效果也越有利；否则，即使网站推广投入的人力和财力很多，仍然会觉得网络营销的效果不理想。因为网络营销是一项系统工程，一个小方面的问题就可能影响到最终的效果，而网站建设对网站功能的发挥尤其重要。企业常见的部分功能如下：信息发布、站内检索、产品管理、广告管理、会员管理、在线调查、订单管理、流量统计、邮件列表、网页静态化、论坛管理、模板管理、在线帮助、用户权限管理、密码管理等。

4．网站服务

常见的企业网站服务有产品选购和保养知识、产品说明书、常见问题解答、在线问题咨询、在线问题咨询、即时信息服务、会员通信、优惠券下载、驱动程序下载、会员社区服务、免费研究报告、RSS 订阅。这些服务有些已经包含在网站的基本内容中，有些则需要与产品结合才能发挥作用。

7.3.2 网络营销导向的网站设计

网站的流量高不代表销售量就高，两者之间并没有必然的因果关系。因此，建设一个以网络营销型为导向的企业网站，除了在设计上要方便营销人员开展网络营销活动，还要在转化率上下功夫。

1．网络营销为导向的网站设计应注意的问题

(1) 为目标用户设计网站。这里的目标用户指的是网络营销的销售目标群体，而不是网站的访问者。在设计网站时要考虑网站内容、视觉设计、促销的安排是否适合目标用户的心理。

(2) 强有力的文案写作。网站文案写作最主要的不是研究写作,而是需要研究心理学,令文案符合目标用户的心理。

(3) 诱导浏览者采取行动。想让浏览者采取的行动必须能让浏览者清楚地看到,不要让用户琢磨下一步该做什么,能做什么。

(4) 购买流程必须方便。希望用户采取的行动必须越简单越好,如"在我们网站上发布分类广告很简单,只要按照以下10步做"这样的信息会直接让用户打消行动的念头。

(5) 提供尽可能详尽的信息。网上购物的优势之一就是用户可以在自己方便的时候慢慢查看详细资料。

(6) 取得用户信任。网上购物最大的心理障碍是用户不信任网站,建立一个信任网站是开展网络营销特别是网络销售的基本前提。

(7) 消除购买风险。最好的消除风险的方式是无条件退款,并且该条款让用户感到一定会执行,条款信息的位置要显眼。同时还可以考虑在用户网上购物流程中的各个阶段允许他们采用离线方式完成购物。

(8) 促销配套。这常常成为最后推动用户掏出钱包的助力。

2. 网络营销型导向的网站文案写作

潜在客户浏览网站,从挑选商品到最终购买,其实是一个企业网站说服用户的过程。好的网站文案是网络营销成功的重要因素,在文案写作上要注意以下事项。

(1) 好的标题是成功的一半。好的标题能在 3~5s 内使客户快速感知该文对用户的好处,同时具备一定的新闻性,能引起客户的好奇心。常见的屡试不爽的标题格式有"揭秘运营商定制手机的诞生过程""你想成为小脸美女吗?""十大世界热门博客主""10 个做好营销网站的方法""8 个你不知道的营销技巧""专家不想让你知道的装修陷阱""必须收藏的 20 种网络营销工具"等。

(2) 用词简洁生动并带有主动性,如"怎样立即赢得 50 元优惠券""我们愿意少赚您 50 元"等。在使用词语的时候要注意词语表达的情绪是正面积极的还是负面消极的,尽量使用正面积极情绪的词语来传递营销信息。常见的正面积极情绪的词语和负面消极情绪的词语见表 7-1。

表 7-1 营销中表达正面情绪和负面情绪的词语

正面积极情绪的词	负面消极情绪的词
免费、怎样、尽快、保证、价值、安全、简单、快速、秘密、解决、舒适、节省、快乐、立即等	失败、费用、损失、困难、死亡、税务、合同、责任等

(3) 格式清晰简洁。在文案写作时要注意不要写很长的段落,尽量使用小标题使客户一目了然,尽量使用列表和要点分列。

(4) 罗列用户能得到的好处。要注意从正面的、客户角度来描述产品或服务给客户带来的好处。例如,"我们的节能灯能省电 20%",不如写成"您将每月节省 20%的开支"。

(5) 用数字说话。例如,"使用我们的服务,您的销售额将有很大的增长"就不如"经过客户实验,使用我们的服务会使您的销售额增长 23.7%"令用户清楚明白。

(6) 直接诉诸情感。很多客户是因为"我想要"而购买,而非"我需要"才购买,因此尽量使用容易触动人情感的话题来激发客户购买的愿望,如赚钱、健康、快乐、显得年轻、被尊重、爱情、休闲的生活方式等。

(7) 行动呼吁。要以明确、积极主动的文字，呼吁用户采取行动，这是很多网站文案最容易忽视的地方。例如，大部分网站将想要客户浏览更多相关信息的按钮上通常显示"点击这里"，如果想要更积极主动呼吁客户进行行动，改为"这里有更多相关文章"会更有号召力和诱惑力。

3. 构建信任的、网络营销型为导向的网站

专业的网站形象会令客户产生好感和一定的信任，因此聘请优秀的设计师，寻找或购买好的网站模版是建立用户信任的第一步。网站内要拥有翔实的各类信息，而且这些信息应该是原创的、针对特定公司产品服务的说明文字。同时，在网站中应该明显地体现出第三方资质认证信息，如营业执照、政府组织、行业协会会员证书，企业和个人获得的任何奖项，报纸、杂志、新闻网站对公司的新闻报道。具有销售功能的网络营销网站还应该在其页面上显示"支付宝"、网上银行在线等支付网关的授权使用 Logo 来增强客户的支付信心。

可以合情合理地解释企业所获得的利润是合情合理的，大部分用户都会理解，而且会更加信任网站。还要有用户条款及隐私政策，同时保证联系方式一应俱全，有退款保证。网站管理人员要经常与客户进行沟通，提供实时在线客服功能，并允许和参与客户讨论，并通过各种优化工具令网站占领搜索引起结果的前列。

4. 促销活动需配套展开

促销信息出现的最佳位置是在产品说明之后、即将显示"购物车"按钮的地方，此时出现促销信息，能刺激客户冲动购买。向用户提供一些免费礼物，是推动客户作出最后决定的最有效的方法之一，因此，在开展促销活动的时候，不仅要给客户实在的优惠，而且还可以提供免费礼物形成配套，增加销售机会。很多情况下，5～10 元的运费消化在产品价格中完全不是问题，客户通常感觉不到明显的价格差异，而免费运货这项促销内容，对客户却有很大的吸引力。对于客户心理而言，折扣是打 3 折还是 3.5 折差别不大，但是不打折和打折的心理差别就很大了，所以要适时提供一些折扣和代金券吸引客户购买。

5. 引导用户行为

要尽量在其他站点建立链接指引客户来到企业网站，可通过其他网站的信息页面、论坛、博客和搜索引擎引导客户访问企业站点。在设计网页时要注意，一个营销型网站上的每一个页面的目的都是销售。不同类型页面的处理方式不同，要尽量减少客户的点击数，每多点击一次才能获得客户想要的信息就会流失一部分客户，要综合利用各种因素引导客户进入和完成购物流程。

本章小结

本章从网络营销的概念、特点和功能等方面阐述了其实质和内涵。所谓网络营销是指利用信息技术创造、宣传、传递客户价值，并且对客户关系进行管理，目的是为企业和各

种利益相关者创造收益，它将信息技术与传统的营销活动有机结合在一起。网络营销并非是独立的，而是企业整体营销策略中的组成部分，网上营销与网下营销相结合形成一个相辅相成、互相促进的营销体系。无论网络营销还是传统营销，其基本的营销原理是相同的，但营销方法则存在一定的差异。网络营销不可能替代传统营销，在实践中，企业通常将两者整合在一起实现其营销目标。网络营销是在传统营销战略理念的基础上，从网络特征和消费者需求变化的角度实现战略观念的创新。它不是对传统营销战略观念的否定，而是在现代市场营销理论范畴内的进一步深化和发展。在制定网络营销战略时，既要考虑企业内部因素如企业目标和战略及企业的营销战略的影响，还要考虑外部因素如市场结构和需求、行业新兴的机会和威胁及竞争者战略的影响。网络营销管理研究的主要内容包括各种网络营销策略制定及实施管理，其目的是让网络营销活动更加有效、更有利于实现网络营销的总体目标。目前有5种方式划分网络营销管理，比较常见的划分方式为按网络营销的职能划分。企业网站是实施企业网络营销活动的重要平台，在建设网站时要关注4个基本要素，即网站结构、网站内容、网站功能和网站服务的设计必须符合企业营销目标和用户心理，并能有效配合企业网络营销活动的展开。

【关键术语】

网络营销(E-marketing)
网络营销战略(E-marketing Strategy)
转换率(Conversion Rate)
客户关系管理(Customer Relationship Management，CRM)
直复营销(Direct Marketing)
图片广告(Display ads)
网络零售商(E-tailer)
高速宽带(High Bandwidth)
搜索引擎最优化(Search Engine Optimization，SEO)
网络蜘蛛(Spider)
交易功能(Transactional Function)
社会化媒体平台(Social Media Platform)
社会化沟通平台(Social Communication Platform)

EC 动态

微 博 营 销

微博是一种通过关注机制来分享简短信息的广播式的社交网络平台，是一种面向公众开放的个人网页，所有者可以在上面表达自己的感受和观点。微博的长度最多是140个字，对写作的要求比较低，只需要简单构思，就可以写完一条微博，比博客写作简单很多。此外，微博的互动性很强，微博主关注的人的信息实时显示在自己的微博上，只需要简单的操作，就可以对他人进行评论和转播。微博还支持智能手机、平板电脑等多种终端，方便用户随时随地的发布信息及与粉丝进行沟通。

自2006年Twitter在硅谷诞生后，这种新型的社交方式引发了全球网民的关注与热爱，一个个微博网站不断产生，越来越多的人使用微博来与朋友进行沟通，如图 7.12 所示。随着微博的快速发展，也催生了一种新的营销方式，即微博营销。所谓微博营销，指的是利用微博这一平台进行一系列营销活动，如品牌推广、产品促销等。任何一个人或企业都可以在微博平台(新浪微博和腾讯微博等)开通微博，发表自己的个人感想或与别人讨论各种话题，通过交流的过程中实现营销目的。随着移动互联网的高速发展，微博也获得快速增长。2015 年，微博日活跃用户明显增长，达 1 亿人次，与往年同期相比增长 30%，在各大行业领域的覆盖面不断扩大，不仅在新闻舆论、综艺娱乐等方面保持重要影响力，同时在体育、财经、旅游、电视剧等领域也得到进一步的延伸，微博的平台性作用进一步彰显。

17～33岁青年群体构成移动互联网的主要用户，占全部移动用户的83%
17～24岁年龄段的女性使用率相对较高
24岁后年龄段的男性用户占比相对较高

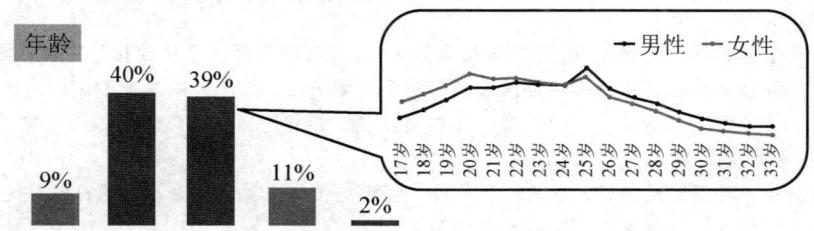

图 7.12　2015 年我国微博使用人群年龄情况

微博分为个人微博和企业微博，无论哪一种类型，都可以用来开展微博营销。使用微博进行营销时要注意，微博营销展开的前提在于微博是否拥有足够的人气，同时在进行营销的时候，要注意传递营销信息时不可过于明显。目前，微博营销能实现的功能有品牌塑造、互动营销、客户服务管理、在线客服、搜索引擎优化、危机公关等。

2015 年我国微博用户活跃情况如图 7.13 所示。

东部地区及人口大省微博用户活跃度高

受区域经济、人口结构等多因素影响，华东、中南地区的微博活跃用户规模相对较大，珠三角、长三角、北京等经济发达地区以及人口大省的微博用户占比较大。

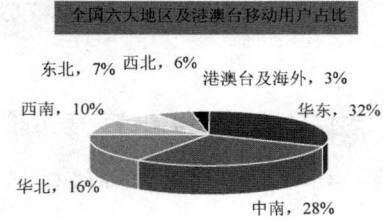

图 7.13　2015 年我国微博用户活跃情况

(资料来源：新浪微博数据中心.2015 年度微博用户发展报告.2015-12-16)

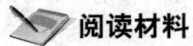 阅读材料

微博与微信的区别

新浪微博和腾讯微信是时下流行的两个平台，是现阶段中小微企业开展网络营销的重要平台，因此，当我们提及微博和微信时，主要指的是新浪微博和腾讯微信。那么，两者有什么区别呢？从企业基因来看，由于新浪的基因是网络媒体，而腾讯的基因是社交和聊天工具，因此这也决定了两家的产品及走向。当我们分析两者功能时，也印证了这一点，可以很明显看出，新浪微博侧重于媒体，本质是一个媒体工具，同时具有社交的功能，属于社交化媒体平台；而腾讯微信的本质是社交工具，同时具有一些媒体的功能，属于社会化沟通平台。

微博是一个媒体工具，通过兴趣建立关系，关系质量较弱，多为单向传播，注重的是传播的速度和内容公开，信息的传播速度和广度非常快。微信是一个社交工具，关系建立在社交上，关系质量较强，多为双向关系，注重的是私人内容的交流和互动，信息的传播速度不快，但受众信息消化率很高。两个产品各有所长，在核心业务上没有直接的冲突，是企业从事移动互联网营销、口碑宣传必备之选，是企业进行社会营销的主流阵地。企业可根据两者的优缺点，充分利用两者差异化，结合自身营销策略，开展多种多样的营销活动。

从产品功能、属性、用户等方面看，两者具有以下不同点。

1．平台属性不同

微信是强关系弱媒体的社交平台，用户是相互认识的，真实的人际关系是连接用户在一起的主要原因，因而微信属于一种移动的 SNS；微博则是强媒体弱关系媒体平台，大部分用户是不认识的，通过信息或兴趣聚集在一起，信息关系是连接他们的纽带，媒体属性强，影响范围则更广。

2．产品主要功能不同

微信提供的是一种即时通信功能，注重于给用户提供方便、流畅的交流与沟通；微博提供的是快速发布信息的功能，方便人们快速发布、浏览和传播信息。

3．产品传播属性不同

微信是精准的一对一推送，用户间形成闭环交流；微博则是面向所有粉丝广泛覆盖，一对多的形式，传播具有开放性。

4．产品人群黏性不同

微信是精准的人群覆盖，关注者多为高黏性的用户；微博是基于兴趣的关注，黏性则普遍偏低。

5．产品时间同步性不同

微信传播为实时，根据信息发布时间的先后排序；微博的传播默认为时间排序，但可通过智能排序、热门微博、搜索等功能实现差时传播的效果。

6．产品营销侧重点不同

由于微信用户互相认识，因此开展微信营销时主要强调与用户的互动深度，强调线上线下的全线联动；而微博则强调更长的传播链条、更多的转发、更多的粉丝覆盖。

（资料来源：MBA 智库百科，http://wiki.mbalib.com/wiki/微博营销）

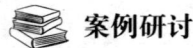

案例研讨

耐克公司的网络营销竞争策略

耐克(NIKE)是占据全世界市场份额最多的体育运动品牌。耐克公司在变革中，逐渐形成了独具特色的网络营销竞争策略。

1．发现消费者的需要

耐克公司采取消费者个性化产品生产营销模式，把企业的生产和消费者的需求结合起来，在企业和市场中建立良好的交流纽带。耐克为其客户建立数据库和个人信息的专用档案，把客户所需要的信息储存下来，为其更好地生产所需要的产品，也更好地追踪客户的动态，做好产品的售后服务，而这一切都来源于耐克的网站和数据库服务。耐克的官方网站提供了 NIKE ID 的个性化定制服务，顾客可以根据自己的喜好和款式定制只属于自己的鞋子或者衣服，加上独一无二的自定义 LOGO，给年轻人留下充分的想象空间，发挥他们旺盛的头脑。

2．明星效应

在各种杂志以及社交场合看见穿着耐克品牌衣服的各种明星早已不是什么新鲜的事情，耐克公司包装的体育明星早已为他们带来无比巨大的利润。从 1984 年开始，耐克公司开始包装乔丹，这个动作无疑是非常成功的，当乔丹夺得总冠军的最后一扣，耐克把乔丹的这个扣篮做成了广告，耐克成为市场的领先者。为他们当年战胜了阿迪达斯、彪马等三大巨头体育用品企业夺得了销售榜的首位。

3．非奥运赞助商的耐克

作为世界级的体育用品商，奥运会是一个向世界展示自己的绝佳机会，没有花重金争夺奥运会赞助上的耐克并没有销声匿迹，而是将自己的王牌放在来互联网上，巧妙地避开了阿迪达斯奥运会赞助商的争夺，借助拥有两亿网民的腾讯，刮起了网络奥运的暴风。与其在门户网站上弹出令人厌烦的弹窗广告，不如利用腾讯网以及 QQ 和旗下各种产品为奥运冠名，利用腾讯网络直播的优势将耐克融入消费者心中。耐克运用病毒式的网络营销手段，以腾讯作为媒介，将自己的理念和品牌形象通过即时、互动的网络信息传输方式覆盖到了每一个网民。耐克的网络营销成本以及效果绝不亚于作为奥运赞助商的阿迪达斯。

4．NIKE 的网络广告战略

网络时代的网络广告成为众多商家的新宠，但是好的网络广告却是不可多得的。

耐克网络广告的特点是简洁、精练。在短短几秒时间内将耐克"√"标志重复呈现在用户眼中，一次又一次使用户难以忘记这个文化标志。而在广告中加入明星形象更能吸引上网者的关注，使其留下深刻的印象，而不是去屏蔽广告。

门户网站的广告点击率低下，日益泛滥的网络广告杂乱无章，虚假垃圾信息充斥网络广告，使得互联网用户屏蔽广告的心理越发坚决。如何使得网络广告点击率上升，是耐克公司发布网络广告首先需要解决的问题，于是视频广告悄然升起。

耐克公司的网络营销策略的目标是明确的，就如同上面所提到的，耐克公司在土豆网载入了植入性广告，土豆网的用户群体非常之广，公司可以借这个庞大的用户群，来提高自己产品的知名度，从而达到很好的营销效果。

（资料来源：http://www.xuexila.com/success/chenggonganli/479439.html. 2016-06-30，已作删减整理）

【问题及要求】

1．根据上述案例资料，分析耐克公司网络营销获得成功的主要原因，耐克公司网络营销的竞争策略特点是什么？

2．针对一个真实的产品或服务或营销活动，探讨如何为其开展网络营销进行策划。

思考与练习题

一、选择题

1．以下不是促进网络营销产生和发展的主要因素的是（　　）。
  A．科学技术的发展　　　　　　　B．消费者强势和个性化的发展
  C．全球化趋势的推动　　　　　　D．企业的发展

2．企业为拓宽网络营销，设立了网上销售点为客户提供方便快捷的销售服务，这种类型的网站的网络营销目标是（　　）。
  A．销售型网络营销目标　　　　　B．服务型网络营销目标
  C．品牌型网络营销目标　　　　　D．提升型网络营销目标

3．（　　）是网站策划过程中需要确定的问题，是企业网站建设的基本指导方针，是技术开发和网页设计工作的前提。
  A．网站内容　　B．网站结构　　C．网站功能　　D．网站服务

4．网络营销战略规划的 4 个阶段是（　　）。
  A．目标规划、技术规划、营销规划、管理规划
  B．目标规划、战略规划、营销规划、管理规划

C. 目标规划、技术规划、组织规划、管理规划
D. 目标规划、战略规划、组织规划、管理规划
5. 通过向客户提供有用的信息刺激消费者，从而增加销售的网络营销模式是(　　)。
A. 利用信息刺激消费型　　　　　　B. 挽留客户增加销售型
C. 用户参与、培养忠诚度型　　　　D. 提高品牌知名度获取更高利润型

二、判断题
1. 网络营销是一种新的营销方式，是以互联网位平台，以网络用户为中心，利用各种网络应用实现企业营销目的的一系列行为，与传统营销没有任何联系。（　　）
2. 提升型网络营销目标主要是在网上建立自己的品牌形象，建立客户忠诚度，通过对品牌的提升实现营销目标。（　　）
3. 网络营销战略应该与公司整体的理念和经营目标一致。（　　）
4. 网页布局中各个区域的重要性关系是右下＞左下＞右＞左＞右上＞左上。（　　）
5. 产品促销信息、新产品信息、促销活动和企业要闻等重要的信息要放置在首页中显著的位置。（　　）

三、填空题
1. 网络营销具有_____、_____、_____、_____、_____、_____和_____等特点。
2. 网络营销的功能有网络品牌创建及其价值扩展与延伸，信息搜索、收集、发布和传播，_____，市场调研，客户关系管理，经济效益增值功能。
3. 成本_____、联系_____、_____互动、信息量_____等特点决定了网络是一种优于其他媒体的客户服务工具。
4. 开展网络经营需要企业资源和_____的支持。
5. 网页结构定位通常有_____和框架结构两种方式。

四、简答题
1. 简述网络营销获得快速发展的原因。
2. 简述常见的网络营销管理类型。
3. 网络营销战略有多少个层次？每个层次的战略分别有哪些？
4. 企业网站建设的一般要素有哪几点？
5. 简述建设以网络营销为导向的网站建设应注意的问题。

五、实践题

华为技术有限公司和中兴通信股份有限公司是国内最有影响力的两家通信产品制造企业，两家公司的产品和市场有很大的相似性。分别访问 www.huawei.com 和 www.zte.com.cn 网站，比较这两个企业网站，思考以下问题并撰写一份报告进行分析。
(1) 两家公司网站是否为用户提供了足够的内容？
(2) 还有哪些必要的基本内容没有出现在网站中？
(3) 你认为哪家企业的网站做得更专业？

第8章 电子商务安全技术及信用机制

本章主要从电子商务角度详细介绍计算机网络以及商务交易安全方面的问题,并针对电子商务环境中较为重要的信用机制进行了详细介绍。通过本章的学习,应对电子商务安全技术及信用机制有一定的了解,并能针对不同层级的电子商务安全需求,构建切实可行的安全方案。

能力模块	能力要求	相关知识点
电子商务安全概述	(1) 了解电子商务的安全隐患 (2) 了解电子商务交易的安全需求 (3) 熟悉电子商务安全的常用对策	(1) 网络信息安全 (2) 电子商务交易安全 (3) 安全对策
常用电子商务安全技术	(1) 理解常用电子商务安全技术的基本知识和概念 (2) 掌握常用电子商务安全技术的原理与方法	(1) 数据加密技术 (2) 认证技术 (3) 防火墙技术 (4) 安全交易协议
电子商务信用机制	(1) 了解信用机制的基本概念 (2) 了解电子商务信用问题 (3) 掌握电子商务信用机制的内涵和特征	(1) 信用机制 (2) 电子商务信用问题

引 例

网络信息泄露事件频发，消费者损失数目惊人

中国消费者协会发布的《2014年度消费者个人信息网络安全状况报告》披露，针对消费者个人信息"窃取""非法使用"的黑色产业链呈现出低成本、高技术、高回报的爆发式增长态势，消费者因个人信息泄露导致的损失数目惊人。

近年，网络信息泄露事件频发，相关案例比比皆是。"支付宝"前员工被曝卖20GB用户资料，此消息引发了用户对信息安全的关注，也令网络信息贩卖产业链浮现。一条价值较高的用户信息可以卖几十元。某漏洞报告平台2014年3月22日披露了携程网安全漏洞信息，称由于此漏洞，可能导致大量用户银行卡信息泄露。某漏洞报告平台称全国硕士考试报名信息遭泄露并被非法利用，出售的用户信息涉及130万考研用户。2014年12月，大量12306用户数据被泄露，公开传播的数据涉及13万多条，公安部门随后抓获了犯罪嫌疑人。

根据中国消费者协会不久前的一项调查，在2 000多位受访者中，约有三分之二的受访者表示，个人信息在2014年被泄露。当个人信息被泄露或窃取后，八成受访者受到广告骚扰，妨碍了正常生活。调查结果还显示，非常不满意和不满意个人信息保护现状的受访者占比高达56.58%。

(资料来源：http://finance.ifeng.com/a/20150326/13583273_0.shtml)

电子商务是以计算机网络为基础载体、基于Internet开展的商务活动。Internet的开放性、全球性、低成本、高效率等特点，为电子商务的运行提供了良好的平台，但Internet的虚拟性和隐匿性也使电子商务面临极大的安全威胁。在开展电子商务的过程中，大量重要的身份信息、会计信息、交易信息都需要在网上进行传递，尤其还涉及资金的流动问题，必然要求传递信息的过程足够安全，因此如何保障交易过程和传递信息的安全性就成为影响电子商务发展的一个至关重要的问题。

8.1 电子商务系统安全概述

由于Internet的开放性和不安全性，在电子商务系统中无论是商品的销售者还是消费者都面临着许多安全威胁。如何保证电子商务安全，如何对敏感信息和个人信息提供机密性保证、认证交易双方的合法身份、保证数据的完整性和交易的不可否认性等，已经成为制约电子商务发展的瓶颈。

电子商务安全从整体上可分为两大部分：计算机网络安全和商务交易安全。

1．计算机网络安全

计算机网络安全包括计算机网络设备安全、计算机网络系统安全、数据库安全等。其主要是针对计算机网络本身可能存在的安全问题，实施网络安全增强方案，以保证计算机网络自身的安全性。

2．商务交易安全

商务交易安全紧紧围绕传统商务在互联网络上应用时产生的各种安全问题，在计算机

网络安全的基础上,如何保障电子商务过程的顺利进行是商务交易安全的核心问题。

计算机网络安全与商务交易安全是密不可分的,两者相辅相成,缺一不可。没有计算机网络安全作为基础,商务交易安全就成了无源之水、无本之木;同样,没有商务交易安全保障,即使计算机网络本身再安全,也无法达到电子商务所特有的安全要求。

8.1.1 电子商务系统安全隐患

Internet 是一个完全开放的网络,任何一台计算机、任何一个网络都可以与之连接,并借助 Internet 发布信息,获取与共享各种网站的信息资源,开展网上办公,进行各种网上商务活动。同时,它为那些别有用心的组织或个人提供了窃取他人的各种机密如消费者的银行账号、密码,甚至妨碍或毁坏他人网络系统运行等各种机会。概括起来,电子商务面临的安全隐患主要有以下几方面。

1. 信息被窃取、篡改及伪造

电子商务作为一种全新的贸易形式,其通信的信息直接代表个人、企业或国家的利益。攻击者可能通过互联网、公共电话网、搭线或在电磁波辐射范围内安装截收装置等方式,截获传输的机密信息,或通过对信息流量和流向、通信频度和长度等参数分析,进而推断出传输信息的内容,如消费者的银行账号、密码等,造成网上传输信息泄密。

攻击者截获和掌握网络传递信息的格式和规律后篡改其内容,通过各种技术手段和方法,将网络上传送的信息数据在中途修改,主要从 3 个方面破坏信息的完整性:一是篡改,改变信息流的次序,更改信息的内容;二是删除,删除某条消息或消息中的某些部分;三是插入,在信息中插入一些其他干扰信息,让接收方读不懂或接收错误的信息,从而使信息失去真实性和完整性。

攻击者也会通过伪造的信息进行电子商务活动,给网络交易造成混乱。例如,虚开网站和商店,给用户发电子邮件,接受订单;伪造大量用户,发电子邮件,穷尽商家资源、使合法用户不能正常访问网络资源;冒充他人身份,进行消费和栽赃等。

2. 交易系统缺乏稳定性和安全性

网络故障、操作失误、应用程序出错、硬件故障、系统软件设计不完善,以及计算机病毒都有可能导致系统不能正常工作,如在划拨货款的过程中突然出现网络中断等。

计算机病毒问世十几年来,各种新型病毒及其变种迅速增加,互联网的出现又为病毒的传播提供了最好的媒介。不少新病毒直接利用网络作为自己的传播途径,还有众多病毒借助于网络传播得更快,动辄造成数百亿美元的经济损失。

例如,拒绝服务攻击,是指在互联网上控制多台或大量的计算机针对某一个特定的计算机进行大规模的访问,使得被访问的计算机穷于应付来势凶猛的访问而无法提供正常的服务,使得电子商务这类应用无法正常工作。网络蠕虫是一种可以不断复制自己并在网络中传播的程序。这种程序利用互联网上计算机系统的漏洞进入系统,自我复制,并继续向互联网上的其他系统进行传播,可能导致网络被阻塞的现象发生,从而致使网络瘫痪,使得各种基于网络的电子商务等应用系统失效。

面对此类情况都需要交易系统有足够的稳定性以及安全性来保障交易的平稳进行。

3. 网络欺诈

日益增多的网络欺诈使得消费者对在线交易的信任感逐渐被侵蚀,最终使所有网络交易的参与者都受到伤害,造成网络电子商务发展缓慢。此外,网络欺诈犯罪严重影响着网络安全。欺诈者在实施网络欺诈犯罪的同时,制造大量的逻辑炸弹、木马病毒,侵入网络用户,包括银行、金融系统、证券机构,甚至国家重要部门。病毒发作时不仅仅盗取用户敏感信息,很多时候会破坏整个计算机系统,蔓延到整个网络,导致网络瘫痪。网络欺诈的发生也与互联网匿名性、自由性的特点紧密相连,纵观网络欺诈的形式,概括起来主要有网上拍卖欺诈、网络服务欺诈、信用卡欺诈、中奖欺诈、非法多层次传销、编造销售商品虚假信息等。尤其是"钓鱼网站",通过虚假网页设计来诱骗收件人提供信用卡账号、用户名、密码、社会福利号码等,随后利用骗得的账号和密码窃取受骗者金钱。

📖 **小思考**

钓 鱼 网 站

所谓"钓鱼网站"是一种网络欺诈行为,指不法分子利用各种手段,仿冒真实网站的 URL 地址以及页面内容,或者利用真实网站服务器程序上的漏洞在站点的某些网页中插入危险的 HTML 代码,以此来骗取用户银行或信用卡账号、密码等私人资料。

钓鱼网站通常伪装成为银行网站,窃取访问者提交的账号和密码信息。它一般通过电子邮件传播,此类邮件中一个经过伪装的链接将收件人连到"钓鱼网站"。"钓鱼网站"的页面与真实网站界面完全一致,要求访问者提交账号和密码。一般来说钓鱼网站结构很简单,只有一个或几个页面,URL 和真实网站有细微差别。

思考:
"钓鱼网站"有哪些特征?如何分辨?

8.1.2 电子商务安全交易的需求

电子商务的安全问题涉及范围较广,是一个复杂的管理问题。管理公司内部的网络环境已很复杂,当把企业网与 Internet 相连时,性能、安全、可管理性等方面就面临更大的挑战。

电子商务的大量问题都涉及安全问题,与传统的有纸贸易相比,电子商务减少了直接的票据传递和确认等商业活动,但也由于电子商务处于 Internet 这个开放的网络上,因此要求电子商务比有纸贸易更安全、更可靠。电子商务的安全需求主要体现在以下几个方面。

1. 有效性、真实性

有效性、真实性,是能对信息的有效性、真实性进行有效的鉴别。电子商务作为贸易的一种形式,以电子形式取代了纸张,能够保证这种电子形式的贸易信息的有效性和真实性则是开展电子商务的前提。电子商务信息的有效性和真实性将直接关到个人、企业或国家的经济利益和声誉。因此,要对网络故障、操作错误、应用程序错误、硬件故障、系统软件错误及计算机病毒所产生的潜在威胁加以控制和预防,以保证贸易数据在确定的时刻、确定的地点是有效真实的。

2．机密性

机密性是指能保证信息不被泄露给非授权的实体。电子商务是建立在一个较为开放的网络环境中的，在利用网络进行的交易中，必须保证发送者和接收者之间交换的信息的保密性。电子商务作为贸易的一种手段，其信息直接代表着个人、企业或国家的商业机密。商业泄密是电子商务全面推广和应用的重要障碍。因此，要预防非法的信息存取和信息在传输过程中被非法窃取、篡改及伪造，要确保只有合法用户才能看到数据，防止泄密事件。

3．数据的完整性

数据的完整性既要求数据的一致性，又要防止数据被非授权建立、修改及破坏。电子商务简化了贸易过程，减少了人为的干预，同时也带来维护商业信息的完整、统一的问题。由于数据输入时的意外差错或欺诈行为，可能导致贸易各方信息的差异。此外，数据传输过程中信息的丢失、信息重复或信息传输的次序差异也会导致贸易各方信息的不同。因此，要预防对信息的随意生成、修改和删除，同时要防止数据传输过程中信息的丢失和重复，并保证信息传输次序的统一，因此电子商务系统应充分保证数据在传输、存储及电子商务完整性检查方面的正确性和可靠性。完整性的要求为 3 方面：一是数据传输的完整性，网络传输所使用的协议须有纠错和消息投递的确认、通知信息的功能，保证数据的完整和传送无误；二是数据存储的完整性，保证信息存储过程的正确性、可靠性，采取各类技术保护作为存储介质的磁盘；三是完整性检查，对电子商务报文进行全面完整的检查，将不符合语法规则的非法字符从数据流中移走。

4．可靠性、不可抵赖性和可控性

可靠性是指要保证合法用户对信息和资源的使用不会被不正当地拒绝；不可抵赖性是指要建立责任机制，有效地防止实体否认其行为；可控性是指要控制使用资源的实体的使用方式。电子商务直接关系到贸易双方的商业交易，如何确定要进行交易的贸易双方的协议签订确认问题是保证电子商务顺利进行的关键。在传统的纸面贸易中，贸易双方通过在交易合同、契约或贸易单据等书面文件上手写签名或印章来鉴别贸易伙伴，确定合同、契约、单据的可靠性并预防抵赖行为的发生。无纸化的电子商务则要求在交易信息的传输过程中为参与交易的个人、企业或国家提供可靠的标志，发送方在发送数据后不能抵赖；接收方在接收数据后也不能抵赖。为了进行业务交易，各方必须能够对另一方的身份进行鉴别。一旦一方签订协议后，这项交易就应受到保护以防止被篡改或伪造。

8.1.3 电子商务安全的对策

维护电子商务安全是一项系统工程，既需提高公众的电子商务安全意识，也要加强电子商务安全的法律制度建设，同时还需要技术上不断更新和完善，主要通过以下几点来维护电子商务的安全性。

1．加强教育和宣传，提高公众的电子商务安全意识

信息安全意识是指人们在上网的过程中，对信息安全重要性的认识水平，发现影响网络安全行为的敏锐性，维护网络安全的主动性。强化上网人员的信息安全意识，就是要让

上网人员认识到,网络信息安全是电子商务正常而高效运转的基础,是保障企业、公民和国家利益的重要前提,从而牢固树立网上交易安全第一的思想。主要采取以下措施:一是通过大众媒体,普及电子商务的安全知识,提高用户的认识;二是积极组织研讨会和培训课程,培养电子商务网络营销安全管理人才。

2. 强化通信及网络信息安全

围绕数字证书应用,为电子政府信息网络中各种业务应用提供信息的真实性、完整性、机密性和不可否认性保证。在业务系统中建立有效的信任管理机制、授权控制机制和严密的责任机制。目前要加强身份认证、数据完整性、数据加密、数字签名等工作。对于电子商务中的各种敏感数据进行数据加密处理,在数据传输中采用加密传输,防止攻击者窃密。对电子商务信息交换中的各种信息,通过身份认证来确认其合法性,后确定该用户的数据和特定权限。常用的电子商务安全技术,主要包括防火墙、物理隔离、VPN(虚拟专用网)。在网络安全方面,通过防火墙和虚拟网等技术保证信息在 Intranet 上的安全,防止外部黑客攻击;在数据安全方面,通过信息加密和数字签名技术来实现保证信息在传输过程中的安全和信息在传输过程中不被篡改。通过电子商务系统认证系统保证交易各方用户身份的识别。电子商务中有两种安全认证协议被广泛使用,即 SSL 和 SET。SSL 一般服务于银行对企业或企业对企业的电子商务;SET 位于应用层,用来保证互联网上银行卡支付交易安全性。通过 SSL 和 SET 保证安全的电子支付。

> **📖 小思考**
>
> **黑客热衷攻击重点目标**
>
> 国外几年前就曾经发生过电子商务网站被黑客入侵的案例,国内的电子商务网站近两年也发生过类似事件。浙江义乌一些大型批发网站曾经遭到黑客近一个月的轮番攻击,网站图片几乎都不能显示,每天流失订单金额达上百万元。阿里巴巴网站也曾确认受到不明身份的网络黑客攻击,这些黑客采取多种手段攻击了阿里巴巴在中国和美国的服务器,企图破坏阿里巴巴全球速卖通台的正常运营。随着国内移动互联网的发展,移动电子商务也将迅速发展并给人们带来更大便利,但是由此也将带来更多的安全隐患。黑客针对无线网络的窃听能获取用户的通信内容,从而侵犯用户的隐私权。
>
> **思考:**
> 电子商务网站应采取哪些措施来保护用户的隐私?

3. 制定完善的管理措施

制定电子商务发展规划,保障电子商务行为与有关政策、法规和标准保持一致。制定详细的安全行为规范,特别注意安全条例的严格执行保障。只有在管理上具备明确的目标和标准,技术人员才能更好地为其提供安全上的技术支持。

建立完善的安全管理体制和制度,要有与系统相配套的、有效的和健全的管理制度,起到了对管理人员和操作人员的鼓励和监督作用。让专业电子商务安全技术团队根据已有的经验和原则进行实施,建立一个专门解决安全问题的小组,有效地实施电子商务网络安全政策和解决运行过程中的安全问题。

电子商务软件使用计算机加密技术,提供基于计算机和基于用户的网络安全访问控制,从而防止未授权的用户登录授权的计算机并访问网络,并且允许透明网络用户的历史记录,允许网络验证计算机的身份,使用公钥身份验证方案,提供更高的安全级别。

4. 健全法律法规

电子商务安全问题的真正解决需要通过法律法规的完善加以保证,主要涉及的法律要素包括有关电子商务交易各方合法身份认证的法律、有关保护交易者个人及交易数据的法律、有关电子合同合法性及如何进行认证的法律、有关网络知识产权保护的法律等。使电子商务安全管理走上法制化轨道。使网络控制、信息控制、信息资源管理和防止泄密有法可依,并得到技术上的支撑。由国家主管部门组织制定有关电子商务安全条例规定,并发挥职能部门的监管作用。通过建立电子商务安全法规体系,规范和维持网络的正常运行。

8.2 常用电子商务安全技术

8.2.1 数据加密技术

数据加密(Data Encryption)技术是指将一条信息(或称明文)经过加密钥匙(Encryption Key)及加密函数转换,变成无意义的密文(Cipher Text),而接收方则将此密文经过解密函数、解密钥匙(Decryption Key)还原成明文。数据加密技术是网络安全技术的基石,目的是防止合法接收者以外的人获取机密信息,是当前电子商务中实现信息保密性的一种重要手段。

1. 密码的概念及其分类

1) 密码的概念

密码是指隐蔽语言、文字和图像的特种符号,是通信双方按约定的法则进行信息特殊变换的一种重要保密手段。依照这些法则,变明文为密文,称为加密变换;变密文为明文,称为脱密或解密变换。在早期仅对文字或数码进行加、解密变换,随着通信技术的发展,对语音、图像、数据等都可实施加或解密变换。

简单加密、解密过程如图 8.1 所示。发送方用加密密钥,通过加密设备或算法,将信息(明文)加密后发送出去;接收方在收到密文后,用解密密钥将密文解密,恢复为明文。如果传输中有人窃取,他只能得到无法理解的密文,从而对信息起到保密作用。

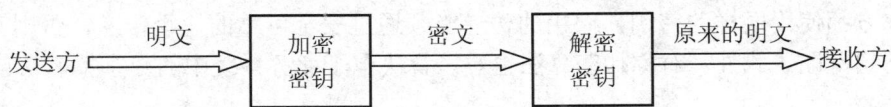

图 8.1 简单加密及解密过程

2) 密码技术的分类

(1) 传统密码。包括换位密码、代替密码、转轮机密码等。换位密码根据一定的规则重新安排明文字母,使之成为密文。常用的换位密码有两种:一种是列换位密码;另一种是周期换位密码。代替密码就是明文中每一个字符被替换成密文中的另一个字符,接收者对密文进行逆替换就恢复成明文。

(2) 现代密码。又包括序列密码、分组密码、公钥密码、量子密码体制等,现代密码已经广泛应用于军事、商业经济、网络间的通信、电子商务、电子政务等领域。根据不同的标准,密码体制的分类方法很多,其中常用的主要有对称密码体制和非对称密码体制等。

2. 对称加密技术

对称加密技术采用的是对称密码体制,其中加密密钥和解密密钥是相同的,可以由其中一个推导出另一个,即数据的发送方和接收方使用的是同一把密钥。发送方先用自己的加密密钥对要发送的信息进行加密,然后将密钥和密文发给对方,接收方再用发送方的加密密钥解密得到明文。对称加密过程如图8.2所示。

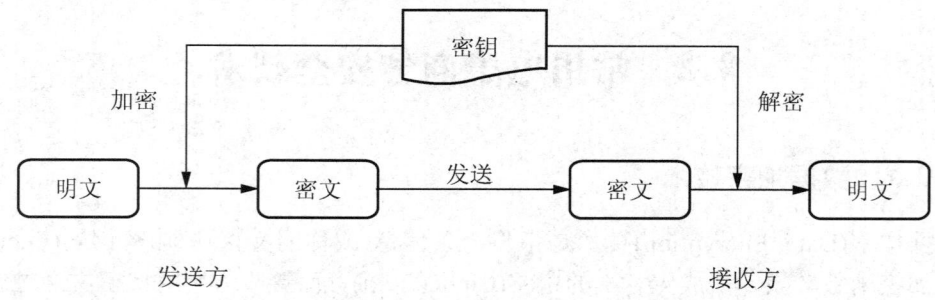

图 8.2 对称加密过程

常用的对称加密算法有以下 3 种。

(1) DES(Data Encryption Standard,数据加密标准),是一种密码块加密方法。它把 64 位的明文输入块变为数据长度为 64 位的密文输出块,其中 8 位为奇偶校验位,另外的 56 位作为密码的长度。首先使用 56 位密钥对 64 位的数据块进行加密,并对 64 位的数据块进行 16 轮迭代,最后进行逆初始化变换得到密文。

(2) IDEA(International Data Encryption Algorithm,国际数据加密算法),是一种国际信息加密方法。它是一个分组大小为 64 位,密钥为 128 位,迭代轮数为 8 轮的迭代型密码体制。它比 DES 的加密性好,而且对计算机的要求不高。

(3) AES(Encryption Standard,高级加密标准),也是一种密码块加密方法,但是算法标准比 DES 更强大,可以对 28 位的密码块进行处理,密钥的长度可以是 128 位、192 位和 256 位。

对称加密算法具有算法公开、计算量小、加密速度快、加密效果高等优点,但是发送方和接收方都使用同样的密钥,密钥的传递必须通过安全可靠的途径传递,否则密文的安全性得不到保证。此外,对称加密算法也难以解决电子商务系统中的数字签名认证问题。

3. 非对称加密技术

20 世纪 70 年代,为了解决对称密码技术的密钥分配问题,以及满足对数字签名的要求,美国学者 W. 迪菲和赫尔曼提出了"公开密钥系统",也叫做非对称加密算法。在公开密钥系统中,公开密钥是公开的,加密算法和解密算法也是公开的,只有私有密钥是需要保密的。虽然私钥是由公钥决定的,但却不能根据后者计算出前者。

非对称密码加密机制有两种基本的模型：一种是加密模型，即采用接收方公钥加密数据，而用接收方的私钥解密；另一种是验证模型，即采用发送方的私钥加密，而用发送方的公钥解密。两者原理相同，但用途不同。

(1) 接收方公钥加密、接收方私钥解密的加密模型如图 8.3 所示。此种模型可以实现多个用户加密信息只能由一个用户解读，从而实现了保密通信。

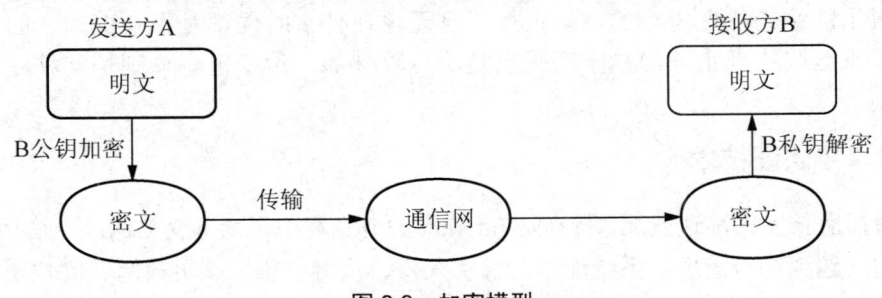

图 8.3　加密模型

(2) 发送方私钥加密、发送方公钥解密的验证模型如图 8.4 所示。此种模型可以实现一个用户加密的信息，而由多个用户解读，这就是数字签名的原理。

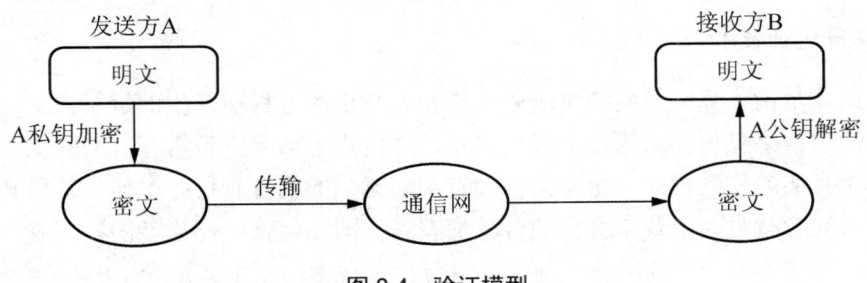

图 8.4　验证模型

非对称加密算法主要有 RSA、DSA、Diffie-Hellman、PKCS、PGP 等，其中最为典型的代表是 RSA。

RSA 是建立在数论中大数分解和素数检测的理论基础上的。当仅知道两个互素的大素数的乘积的情况下，求出这两个素数是极其困难的。因此，可将这两个素数称为密钥对。一个作为"公钥"向公众开放，另一个作为"私钥"不告诉其他人。RSA 算法是第一个能同时用于加密和数字签名的算法，也易于理解和操作。但是它也存在这样一些缺点：一是产生密钥很麻烦，受到素数产生技术的限制，因而难以做到一次一密；二是分组长度太大，为保证安全性，n 至少也要 600 位以上，使得运算代价很高，尤其是速度较慢，较对称密码算法慢几个数量级；三是随着大数分解技术的发展，密钥长度还在增加，不利于数据格式的标准化。

4．量子密码

对称密码体制与非对称密码体制绝大部分算法都是实际上保密的密码体制，理论上并不保密。随着计算机能力的提高，只有靠不断地扩充密钥来提高通信的安全性。量子密码是以量子力学和密码学为基础，利用量子物理学原理实现密码体制的一种新型密码体制。与当前大多使用的经典密码体制不一样的是，量子密码利用信息载体的物理属性实现。目前，量子密码中用于承载信息的载体包括光子、压缩态光信号、相干态光信号等。这些信息载体可通过多个不同的物理量来描述，如偏振、相位、振幅等。当前量子密码实验中，大多采用光子作为信息的载体。利用光子的偏振属性进行编码，由于在长距离的光纤传输中，光子的偏振性因退化而受到影响，因此也有利用光子的相位进行编码的方法。

量子密码体制的理论基础是量子物理定理，而物理定理是物理学家经过多年的研究与论证得出的结论，有可靠的理论依据，且无论在什么时候都是不会变的，因此，理论上，依赖于这些物理定理的量子密码也是不可攻破的，量子密码体制是一种绝对保密的密码体制。

8.2.2 认证技术

随着信息技术的高速发展，特别是 Internet 的普及和电子商务交易的广泛应用，许多信息安全的问题也纷纷出现：系统瘫痪、黑客入侵、病毒感染、网页改写、客户资料的流失及公司内部资料的泄露等。信息认证是保障电子商务安全很重要的一个方面，通过综合运用各种信息技术，对电子商务交易中各方的身份进行验证，从而达到保障电子商务交易得以安全进行的目的。

1. 身份认证技术

身份认证是指计算机及网络系统确认操作者身份的过程而产生的解决方法。计算机只能识别用户的数字身份，对用户的授权也是针对用户的数字身份进行。而人们生活的现实世界是一个真实的物理世界，每个人都拥有独一无二的物理身份。如何保证以数字身份进行操作的访问者就是这个数字身份的合法拥有者，即如何保证操作者的物理身份与数字身份相对应，就成为一个重要的安全问题。身份认证技术的诞生就是为了解决这个问题。

下面简单介绍几种常用的身份认证技术。

(1) 密码认证。是最简单也是最常用的身份认证方法，是基于"what you know"的验证手段。每个用户的密码是由用户自己设定的，只有用户自己才知道。只要能够正确输入密码，计算机就认为操作者就是合法用户。

(2) USB Key 认证。USB Key 是一种 USB 接口的硬件设备，它内置单片机或智能卡芯片，可以存储用户的密钥或数字证书，利用 USB Key 内置的密码算法实现对用户身份的认证。

(3) IC 卡认证。IC 卡是一种内置集成电路的芯片，芯片中存有与用户身份相关的数据，IC 卡由专门的厂商通过专门的设备生产，是不可复制的硬件。IC 卡由合法用户随身携带，登录时必须将 IC 卡插入专用的读卡器读取其中的信息，以验证用户的身份。

(4) 动态口令技术。是一种使用户密码按照时间或使用次数不断变化、每个密码只能使用一次的技术。

(5) 生物特征认证。是指采用每个人独一无二的生物特征来验证用户身份的技术。常见的有指纹识别、虹膜识别等。

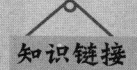

身份认证方法及形式

在真实世界，对用户的身份认证基本方法可以分为以下 3 种。

(1) 基于信息秘密的身份认证。根据你所知道的信息来证明你的身份(what you know，你知道什么)。

(2) 基于信任物体的身份认证。根据你所拥有的东西来证明你的身份(what you have，你有什么)。

(3) 基于生物特征的身份认证。直接根据独一无二的身体特征来证明你的身份(who you are，你是谁)，如指纹、面貌等。

在网络世界中，身份认证的手段与真实世界中一致，为了达到更高的身份认证安全性，某些场景会将以上 3 种挑选 2 种混合使用，即所谓的双因素身份认证。

以下罗列几种常见的认证形式。

1．USB Key

由于用户私钥保存在密码锁中，理论上使用任何方式都无法读取，因此保证了用户认证的安全性。USB Key 产品最早是由加密锁厂商提出来的，原先的 USB 加密锁主要用于防止软件破解和复制，保护软件不被盗版，而 USB Key 的目的不同，USB Key 主要用于网络认证，锁内主要保存数字证书和用户私钥。

2．动态口令

动态口令可以确认用户的合法身份，从而在合法身份登录的基础上保障业务访问的安全性。动态口令认证技术被认为是目前能够最有效解决用户的身份认证方式之一，被广泛使用在银行、证券、第三方支付、大企业内部等场景。

3．虹膜识别

虹膜识别是与眼睛有关的生物识别中对人产生较少干扰的技术。它使用相当普通的照相机元件，而且不需要用户与机器发生接触。另外，它有能力实现更高的模板匹配性能。因此，它吸引了各种人的注意。在所有生物识别技术中，虹膜识别是当前应用最为方便和精确的一种。

2．数字签名

联合国国际贸易法委员会对"数字签名"的定义是"在数据电文中，以电子形式所含、所附或在逻辑上与数据电文有联系的数据以及与数据电文有关的任何方法，它可用于与数据电文有关的签字持有人的身份确认和表明此人认可数据电文所含信息"。

数字签名是基于加密技术的一种信息认证技术。所谓的数字签名就是在发送的信息报文上附加一段只有信息发送方才能产生的、他人无法伪造的特殊个人数据标记，起到传统手工签名或盖章的作用，既证明信息报文是由真正的发送方发送过来，同时又确保了信息报文传送与交换后的不可否认性与完整性。电子商务安全服务中，源鉴别、完整性服务、不可否认服务等都要用到数字签名技术。

目前主要是基于公钥密码体制的数字签名，包括 RSA，ElGamal，Fiat-Shamir，Guillou-Quisquarter，Schnorr，Ong-Schnorr-Shamir 数字签名算法、Des/DSA 椭圆曲线数字签名算法和有限自动机数字签名算法等。其中 RSA 算法是最主要的数字签名算法。该方法将数字签名与要发送的信息捆绑在一起，比信息与签名分别发送具有更高的安全性和可行度，所以更适合电子商务。它是利用 Hash 函数进行数字签名和验证的信息传输过程，如图 8.5 所示。

发送方先用 Hash 函数对需要传送的信息报文加密得到数字摘要，再用自己的私钥对摘要进行加密，形成数字签名，然后把原文和加密的摘要同时传送给接收方，这就是发送方的签名过程。接收方收到数字签名后要对数字签名进行验证。接收方使用发送方的公钥对数字签名进行解密，得到发送方形成的数字摘要，接着利用 Hash 函数将接收到的报文转换成报文摘要，如果两份摘要相同，那么接收方就能确认该数字签名是发送方 A 的。

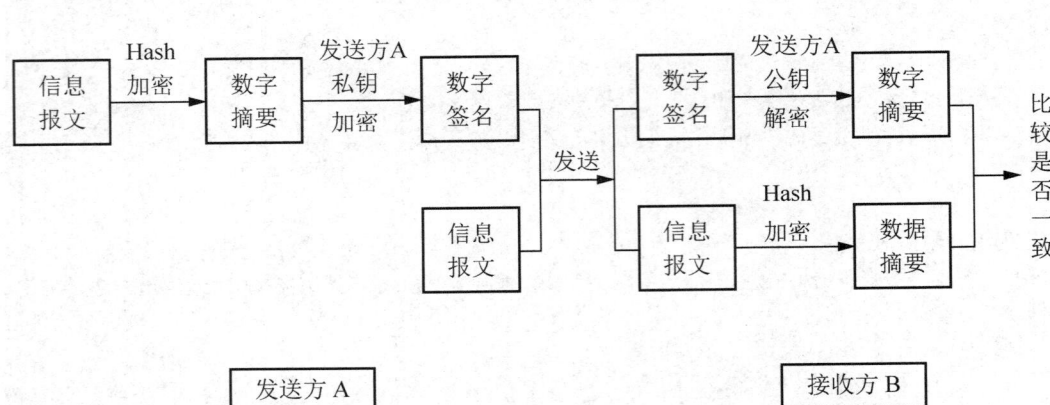

图 8.5　数据加密过程

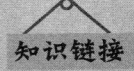

Hash 函数

Hash 函数主要用于信息安全领域中加密算法，它把一些不同长度的信息转化成杂乱的 128 位的编码里，叫做 Hash 值。Hash 函数就是一种数据内容和数据存放地址之间的映射关系。

MD 5 和 SHA 1 是目前应用最广泛的 Hash 算法，它们都是以 MD 4 为基础设计的。

1. MD 4

MD 4(RFC 1320)是 MIT 的罗纳德·L·里维斯特在 1990 年设计的，MD 是 Message Digest 的缩写。它适用在 32 位字长的处理器上用高速软件实现——它是基于 32 位操作数的位操作来实现的。

2. MD 5

MD 5(RFC 1321)是里维斯特于 1991 年对 MD 4 的改进版本。它对输入仍以 512 位分组，其输出是 4 个 32 位字的级联，与 MD 4 相同。MD 5 比 MD 4 来得复杂，并且速度较之要慢一点，但更安全，在抗分析和抗差分方面表现更好。

3. SHA 1 及其他

SHA 1 是由 NIST NSA 设计为同 DSA 一起使用的，它对长度小于 264 位的输入，产生长度为 160 位的散列值，因此抗穷举(Brute-Force)性更好。SHA-1 设计时基于和 MD 4 相同原理，并且模仿了该算法。

Hash 算法在信息安全方面的应用主要体现在以下 3 个方面。

1．文件校验

常用的校验算法有奇偶校验和 CRC 校验，这两种校验方法并没有抗数据篡改的能力，它们在一定程度上能检测并纠正数据传输中的信道误码，但却不能防止对数据的恶意破坏。

MD 5 Hash 算法的"数字指纹"特性，使它成为目前应用最广泛的一种文件完整性校验和(Checksum)算法，不少 UNIX 系统有提供计算 md5 checksum 的命令。

2．数字签名

Hash 算法也是现代密码体系中的一个重要组成部分。由于非对称算法的运算速度较慢，所以在数字签名协议中，单向散列函数扮演了一个重要的角色。对 Hash 值，又称"数字摘要"进行数字签名，在统计上可以认为与对文件本身进行数字签名是等效的，而且这样的协议还有其他的优点。

3．鉴权协议

鉴权协议又被称做"挑战—认证"模式：在传输信道可被侦听，但不可被篡改的情况下，这是一种简单而安全的方法。

(资料来源：http://baike.baidu.com/view/604021.htm.)

3．CA

1) CA 概述

CA 是认证机构的国际通称，是指对电子交易的申请者发放数字证书、管理和取消数字证书的机构。CA 的作用是检查证书持有者身份的合法性，并签发证书(在证书上签字)，以防证书被伪造或篡改。CA 是由权威的、公正的第三方提供交易双方身份认证的机构，在电子商务体系中起着举足轻重的作用。CA 主要对数字证书进行管理，负责证书的申请、审批、发放、归档、撤销、更新和废止等管理。

2) CA 体系

在电子交易中的 CA 体系可分为两种：基于 SET 的 CA 体系(又称金融 CA 体系)和基于 X.509 的 PKI CA 体系(又称非金融 CA 体系)。

(1) SET CA 体系。SET CA 体系遵循 SET 协议标准，为基于银行卡的支付网关、商家及持卡人发放证书。在 SET 中，CA 是整个体系的安全核心。它所颁发的证书主要有持卡人证书、商家证书和支付网关证书。在证书中，利用 X.500 识别名来确定 SET 交易中所涉及的各参与方。SET CA 是一套严密的认证体系，可以保证 BtoC 类型的电子商务的安全顺利进行，但 SET 认证机构只适用于卡支付，对于其他支付方式有所限制。SET CA 的层次结构如图 8.6 所示。

(2) PKI CA 体系。PKI(Public Key Infrastructure，公钥基础设施)是利用公开密钥理论和技术建立的提供安全服务的在线基础设施。PKI CA 的内容包括公开密钥技术、数字证书、认证中心、证书和密码管理、安全代理软件、不可否认性服务等，是目前公认的在大型开放网络环境下解决信息安全问题最可行、最有效的方法。

PKI CA 的相关协议和标准有很多，其中 X.509 标准是 PKI CA 最基础和最广泛的标准。一个完整的 PKI CA 系统包括 5 个部分：认证机构、数字证书库、密钥备份及恢复系统、证书作废系统、应用接口。它能够提供全方位的电子商务安全服务，包括认证、数据完整性、数据保密性、不可否认性、公正及时间戳服务。

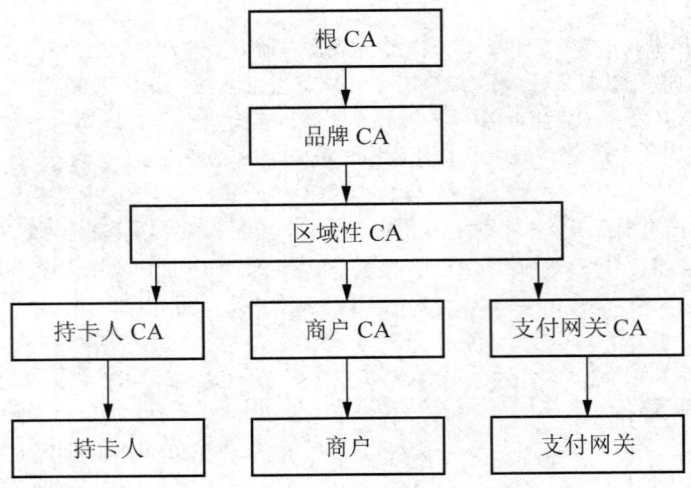

图 8.6 SET CA 层次结构示意

3) CA 功能

CA 的功能有证书发放、证书更新、证书撤销和证书验证。CA 的核心功能就是发放和管理数字证书，其主要具备以下几种功能。

(1) 接收验证最终用户数字证书的申请。
(2) 确定是否接受最终用户数字证书的申请——证书的审批。
(3) 向申请者颁发、拒绝颁发数字证书——证书的发放。
(4) 接收、处理最终用户的数字证书更新请求——证书的更新。
(5) 接收最终用户数字证书的查询、撤销。
(6) 产生和发布证书废止列表(CRL)。
(7) 数字证书的归档。
(8) 密钥归档。
(9) 历史数据归档。

4．数字证书

1) 数字证书的概念

数字证书是标志网络用户身份信息的一系列数据，用来在网络通信中识别通信对象的身份。即要在 Internet 上解决"我是谁"的问题，如同现实中每人都拥有一张证明个人身份的身份证，以表明自己的身份。

数字证书是由权威公正的第三方机构即 CA 签发的，以数字证书为核心的加密技术可以对网络上传输的信息进行加密和解密、数字签名和签名验证，确保网上传递信息的机密性、完整性，以及交易实体身份的真实性，签名信息的不可否认性，从而保障网络应用的安全性。

一个标准的 X.509 数字证书包含以下内容。

(1) 证书的版本信息。
(2) 证书的序列号(每个证书都有一个唯一的证书序列号)。
(3) 证书所使用的签名算法。

(4) 证书的发行机构名称，命名规则一般采用 X.400 格式。
(5) 证书的有效期，现在通用的证书一般采用 UTC 时间格式。
(6) 证书所有人的名称，命名规则一般采用 X.400 格式。
(7) 证书所有人的公开密钥。
(8) 证书发行者对证书的签名。

数字证书采用公钥体制，即利用一对互相匹配的密钥进行加密与解密。每个用户自己设定一把特定的仅为本人所有的私有密钥(私钥)，用它进行解密和签名；同时设定一把公开密钥(公钥)并由本人公开，为一组用户所共享，用于加密和验证签名。当发送一份保密文件时，发送方使用接收方的公钥对数据加密，而接收方则使用自己的私钥解密，这样信息就可以安全无误地到达目的地了。通过数字的手段保证加密过程是一个不可逆过程，即只有用私有密钥才能解密。

2) 数字证书的类型

数字证书有多种类型，包括个人数字证书、企业数字证书、服务器数字证书、电子邮件数字证书和代码签名数字证书等，以下介绍的是其中 3 种最常用的数字证书。

(1) 个人数字证书。由权威机构——CA 证书授权中心发行，用于在网络通信中标识个人的身份，用户使用此证书来向对方表明个人的身份，同时应用系统也可以通过证书获得用户的其他信息，可存放于计算机硬盘、智能卡和 USB 电子密钥中。

(2) 企业数字证书。颁发给独立的单位、组织，在互联网上证明该单位、组织的身份。企业数字证书根据各个单位的不同需要，可以分为企业证书和企业员工证书。企业证书对外代表整个单位，企业员工证书对外代表单位中具体的某一位员工。企业数字证书可存放于计算机硬盘、智能卡和 USB 电子密钥中。

(3) 服务器数字证书。主要颁发给 Web 站点或其他需要安全鉴别的服务器，证明服务器的身份信息。通过相互信任的第三方组织获得，是用户提供验证 Web 站点身份的手段。服务器数字包含详细的身份验证信息，如服务器内容附属的组织、颁发证书的组织，以及称为公开密钥的唯一的身份验证文件。这意味着服务器证书确保用户关于 Web 服务器内容的验证，同时意味着建立安全的 HTTP 连接是安全的。

3) 数字证书的应用

CA 所发放的数字安全证书可以应用于公众网络上的商务活动和行政作业活动，包括支付型和非支付型电子商务活动，其应用范围涉及需要身份认证及数据安全的各个行业。但目前的主要应用有以下几个方面。

(1) 网上交易。利用数字安全证书的认证技术，对交易双方进行身份确认以及资质的审核，确保交易者信息的唯一性和不可抵赖性，保护了交易各方的利益，实现安全交易。

(2) 电子金融服务。数字证书在电子银行、网络证券交易中作为客户的数字身份标志，对保护金融网络安全和客户资金安全起到重要的作用。

(3) 安全电子邮件。邮件的发送方利用接收方的公开密钥对邮件进行加密，邮件接收方用自己的私有密钥解密，确保了邮件在传输过程中信息的安全性、完整性和唯一性。

(4) 政府公共服务。为企业使用政府提供上网的工商管理、税务管理、报关等业务作数字身份标志，也为政府对个人社会福利金管理作个人身份标志。

8.2.3 防火墙技术

1．防火墙的基本概念

在网络系统中，防火墙(Firewall)是指一个由软件和硬件设备组合而成的，在可信网络和非可信网络之间(如在专用网与公共网之间、内部网和外部网之间)的界面上构造的保护屏障。防火墙实际上是一种隔离技术，用来阻挡外部不安全因素影响内部网络，从而保护内部网免受非法用户的侵入，因此防火墙可以说是网络安全的第一道屏障。

防火墙位于两个(或多个)网络之间，实施网络之间的访问控制，如图 8.7 所示。防火墙对两个或多个网络之间传输的数据包按照一定的安全策略进行检查，来决定是否允许网络间的通信。其中被保护的网络称为内部网络，另一方则称为外部网络或公用网络，它能有效地控制内部网络与外部网络之间的访问及数据传送，从而达到保护内部网络的信息不受外部非授权用户的访问和过滤不良信息的目的。

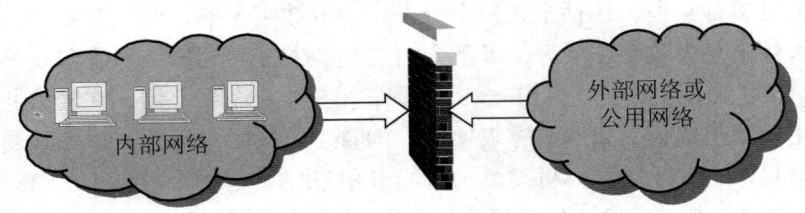

图 8.7 防火墙示意

一个完善的防火墙系统应具有以下 3 个特征。
(1) 内部网络和外部网络之间的所有网络数据流都必须经过防火墙。
(2) 只有符合安全策略的数据流才能通过防火墙。
(3) 防火墙自身应具有非常强的抗攻击免疫力。

2．防火墙的功能

应用防火墙的目的有以下几个方面：限制他人进入内部网络；过滤掉不安全的服务和非法用户；防止入侵者接近用户的防御设施；限定人们访问特殊站点；为监视局域网安全提供方便。而防火墙的主要功能就是控制受保护网络的非法访问，它通过监视、限制、更改通过网络的数据流，一方面尽可能屏蔽内部网的拓扑结构，另一方面对内屏蔽外部危险站点，用以防范外对内、内对外的非法访问。其主要具有以下 4 个功能。

(1) 防火墙是网络安全的屏障。一个防火墙(作为阻塞点、控制点)能极大地提高一个内部网络的安全性，并通过过滤不安全的服务而降低风险。防火墙可以禁止不安全的协议进出受保护的网络，同时还可以保护网络免受基于路由的攻击。

(2) 防火墙可以强化网络安全策略。通过以防火墙为中心的安全方案配置，能将所有安全软件(如口令、加密、身份认证、审计等)配置在防火墙上。与将网络安全问题分散到各个主机上相比，防火墙的集中安全管理更经济。

(3) 对网络存取和访问进行监控审计。防火墙能记录下所有的访问并做出日志记录，同时也能提供网络使用情况的统计数据，便于对网络需求、威胁等进行分析。

(4) 防止内部信息的外泄。通过利用防火墙对内部网络的划分，可实现内部网重点网段的隔离，从而限制了局部重点或敏感网络安全问题对全局网络造成的影响；再者，防火墙可以隐蔽那些透漏内部细节如 Finger、DNS 等服务。

除了安全作用，防火墙还支持具有 Internet 服务特性的企业内部网络技术体系 VPN。通过 VPN，将企事业单位在地域上分布在全世界各地的 LAN 或专用子网，有机地联成一个整体，不仅省去了专用通信线路，而且为信息共享提供了技术保障。

3．防火墙的分类

根据防范的方式和侧重点的不同，防火墙技术可以分为三大类：包过滤型、代理服务器型和监测型。

1) 包过滤型防火墙

包过滤型防火墙是最普通的防火墙。它基于硬件，适用于简单网络，是面向网络层和传输层的防火墙产品，主要采用数据包过滤技术。它在互联网网关处安装一个数据包过滤路由器，对进出网络的数据流进行有选择的控制与操作。数据包过滤路由器在发送前先检查每一个数据包，根据数据包中每个数据包的源地址、目的地址、所用的端口号、协议状态等因素，或它们的组合来确定是否允许该数据包通过。包过滤处理如图 8.8 所示。

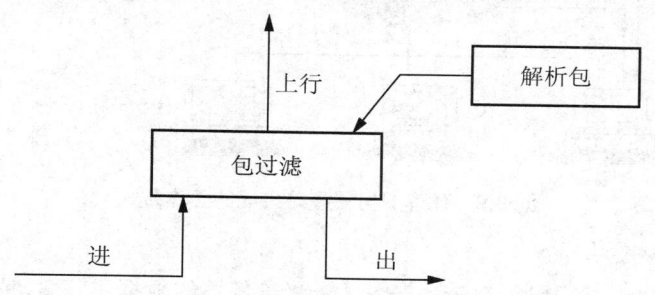

图 8.8　包过滤处理

包过滤型防火墙原理比较简单，实现相当快捷，价格便宜，易于安装和使用，它通常安装在路由器上，而路由器又是内部网络与 Internet 连接必不可少的设备，因此增加这样的防火墙几乎不需要任何额外的费用，而且对用户透明，网络性能好。但由于包过滤防火墙过滤判别的只有网络层和传输层的有限信息，不能提供较高的安全性。因此，在实际应用中，很少把包过滤技术当做单独的安全解决方案，通常是把它与应用网关配合使用或与其他防火墙技术糅合在一起使用，共同组成防火墙系统。

2) 代理服务器型防火墙

代理服务器型防火墙工作在应用层，通过对应用服务提供代理程序来实现监视和控制应用层的通信流，因此也称之为应用型防火墙。内部网络只接受代理服务器提出的服务要求，而拒绝外部网络的直接请求，代理服务器在此扮演"中间人"的角色。当代理服务器得到一个外部网络客户的连接意图时，它将核实该客户请求，并用特定的安全化的应用程序来处理连接请求，将处理后的请求传递到真实的服务器上，然后接收服务器应答，并作进一步处理后，将答复交给发出请求的最终客户。代理服务器型防火墙的工作原理如图 8.9 所示。

代理服务器型防火墙比包过滤型防火墙更为安全，是应用最广的一种防火墙。它工作于最高层，所以它可以对网络中任何一层数据通信进行筛选保护，而不是像包过滤那样，只是对网络层的数据进行过滤。另外，它采取的是一种代理机制，可以让内、外部网络计算机无法直接接触,从而避免了入侵者使用数据驱动类型的攻击方式入侵内部网。代理服务器型防火墙的最大缺点就是速度相对比较慢,当用户对内外部网络网关的吞吐量要求比较高时,代理服务器型防火墙就会成为内外部网络之间的瓶颈。

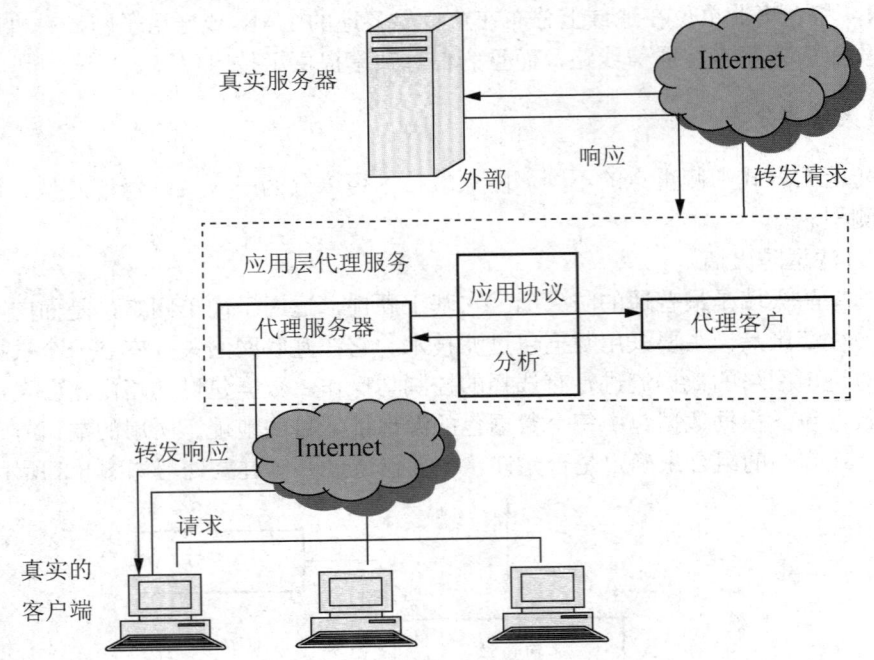

图 8.9 代理服务器型防火墙的工作方式

3) 监测型防火墙

监测型防火墙是第三代网络安全产品,能够对各层的数据进行主动的、实时的监测,在对这些数据加以分析的基础上,监测型防火墙能够有效地判断出各层中的非法侵入,同时,这种监测型防火墙产品一般还带有分布式探测器,这些探测器安置在各种应用服务器和其他网络的节点之中,不仅能够检测来自网络外部的攻击,同时对来自内部的恶意破坏也有极强的防范作用。

虽然监测型防火墙在安全性上已超越了包过滤型和代理服务器型防火墙,但由于监测型防火墙技术的实现成本较高,也不易管理,所以目前在实用中的防火墙产品仍然以第二代代理型产品为主,但在某些方面也已经开始使用监测型防火墙。基于对系统成本与安全技术成本的综合考虑,用户可以选择性地使用某些监测型技术。这样既能够保证网络系统的安全性需求,同时也能够有效地控制安全系统的总拥有成本。

8.2.4 安全交易协议

为了保障电子交易的安全,规范在互联网上从事商务活动的流程,人们开发了各种用于加强电子商务安全的协议。当前应用比较广泛的协议主要有 SSL 和 SET。

1. SSL

1) 基本概念

SSL 是由网景通信公司(Netscape,已被美国在线公司收购)提出的基于 Web 应用的安全协议，目前已有 2.0 和 3.0 版本。SSL 采用公钥加密技术，其目标是保证两个应用之间通信的保密性和可靠性，可在服务器和客户机两端同时实现支持。目前，利用公开密钥技术的 SSL，已经成为 Internet 上保密通信的工业标准。现行 Web 浏览器普遍将 HTTP 和 SSL 相结合，从而实现安全通信。

SSL 是在 Internet 的基础上提供的一种保证私密性的安全协议，它能使客户和服务器之间的通信不被攻击者窃听，并且始终对服务器进行认证，还可以选择对客户进行认证。SSL 主要提供 3 方面的服务：一是用户和服务器的合法性认证；二是加密数据以隐蔽被传送的数据；三是保护数据的完整性。

2）SSL 的体系结构

SSL 位于 TCP/IP 协议与各种应用层协议之间，为数据通信提供安全支持。在 SSL 体系中，最主要的两个协议就是 SSL 握手协议和 SSL 记录协议。其体系结构如图 8.10 所示。其上层是被封装的协议，即 SSL 握手协议、SSL 修改密文协议、SSL 报警协议、SSL 应用数据协议，它们用于管理信息交换，使客户和服务器传送应用层数据之前，验证通信双方的身份、协商加密算法和加密密钥；其下层是 SSL 记录协议，用于封装不同的上层协议，为不同的更高层协议提供数据封装、压缩、加密等基本功能的支持。

应用层			
SSL 握手协议	SSL 修改密文协议	SSL 报警协议	SSL 应用数据协议
SSL 记录协议			
TCP			
IP			

图 8.10　SSL 协议的体系结构

3）SSL 工作流程

SSL 的工作主要分为两个阶段：服务器认证阶段和客户认证阶段。

(1) 服务器认证阶段。

① 客户端向服务器发送开始信息"Hello"以便开始一个新的会话连接。

② 服务器根据客户的信息确定是否需要生成新的主密钥，如果需要，则服务器在响应客户的"Hello"信息时，将包含生成主密钥所需的信息。

③ 客户根据收到的服务器响应信息，产生一个主密钥，并用服务器的公开密钥加密后传给服务器。

④ 服务器恢复该主密钥，并返回给客户一个用主密钥认证的信息，以此让客户认证服务器。

(2) 客户认证阶段：在此之前，服务器已经通过了客户认证，该阶段主要完成对客户的认证。经认证的服务器发送一个提问给客户，客户则返回(数字)签名后的提问和其公开密钥，从而向服务器提供认证。

从 SSL 所提供的服务及其工作流程可以看出，SSL 存在一定的局限性。SSL 运行的基础是商家对消费者信息保密的承诺，这就有利于商家而不利于消费者。客户与商家之间通过 SSL 传递信用卡信息，可以保证数据传输过程中的安全性，但是客户的信用卡信息对于商家是完全透明的，如果不能保证商家对客户信息的保密，就容易被商家欺诈。在这种情况下，VisaCard International 和 MasterCard International 两大信用卡组织制定了 SET，为网上信用卡支付提供了全球性的标准。

SSL 的应用

(1) 单向认证：又称匿名 SSL 连接，这是 SSL 安全连接的最基本模式，它便于使用，主要的浏览器都支持这种方式，适合单向数据安全传输应用。在这种模式下客户端没有数字证书，只是服务器端具有证书，以确认用户访问的是自己要访问的站点。典型的应用就是用户进行网站注册时用户 ID+口令的匿名认证，过去网上银行的所谓"大众版"就是这种单向认证。

(2) 双方认证：是对等的安全认证，这种模式通信双方都可以发起和接收 SSL 连接请求。通信双方可以利用安全应用程序(控键)或安全代理软件，前者一般适合于 B/S 结构，而后者适用于 C/S 结构，安全代理相当于一个加密/解密的网关，这种模式双方皆需安装证书，进行双向认证。网上银行的 B2B 专业版等均应用双方认证模式。

(3) 电子商务中的应用。电子商务与网上银行交易不同，因为有商户参加，形成客户—商家—银行两次点对点的 SSL 连接。客户、商家、银行都必须具证书，两次点对点的双向认证如图 8.11 所示。

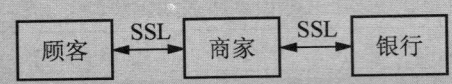

图 8.11 电子商务交易 SSL 连接体系

(资料来源：http://bank.hexun.com/2009-06-24/118958650.html.)

2．SET

1) 基本概念

SET 是由 VisaCard International、MasterCard International 联合网景通信公司、微软公司等公司，于 1997 年 6 月 1 日推出的一种新的电子支付模型。SET 是 BtoC 电子商务基于信用卡支付模式而设计的，它保证了开放网络上使用信用卡进行在线购物的安全。SET 主要是为了解决用户、商家、银行之间通过信用卡的交易而设计的，采用公钥密码体制和 X.509 数字证书标准，具有保证交易数据的完整性、交易的不可抵赖性等优点，因此它成为目前公认的信用卡网上交易的国际标准。

SET 主要解决了客户对服务器的身份确认、服务器对客户的身份确认、建立起服务器和客户之间安全的数据通道等问题。它主要达到以下目标。

(1) 防止数据被非法用户窃取，保证信息在互联网上安全传输。

(2) 保证电子商务参与者信息的相互隔离，当客户的资料加密后通过商家到达银行，但是商家不能看到客户的账户和密码信息。

(3) 解决多方认证问题，实现客户、商家和银行间的相互认证。

(4) 保证网上交易的实时性，使所有的支付过程都是在线的。

(5) 提供一个开放式的标准，规范协议和消息格式，促使不同厂家开发的软件具有兼容性和互操作功能。可在不同的软硬件平台上执行并被全球广泛接受。

2) SET 的工作原理及流程

SET 中所涉及的对象主要有消费者，包括个人消费者和团体消费者，按照在线商店的要求填写订货单，通过发卡银行选择信用卡进行付款；在线商店，提供商品或服务，具备相应电子货币使用的条件、从事商业贸易的公司组织；收单银行，通过支付网关处理消费者和在线商店之间的交易付款问题；发卡银行，电子货币(如智能卡、电子现金、电子钱包)发行公司，以及某些兼有电子货币发行的银行，负责处理智能卡的审核和支付工作；CA，负责对交易各方的身份确认，对厂商信誉度和消费者的支付手段进行认证；支付网关。由收单行或指定的第三方操作专用系统，用于处理支付授权和支付。

SET 工作原理如图 8.12 所示。

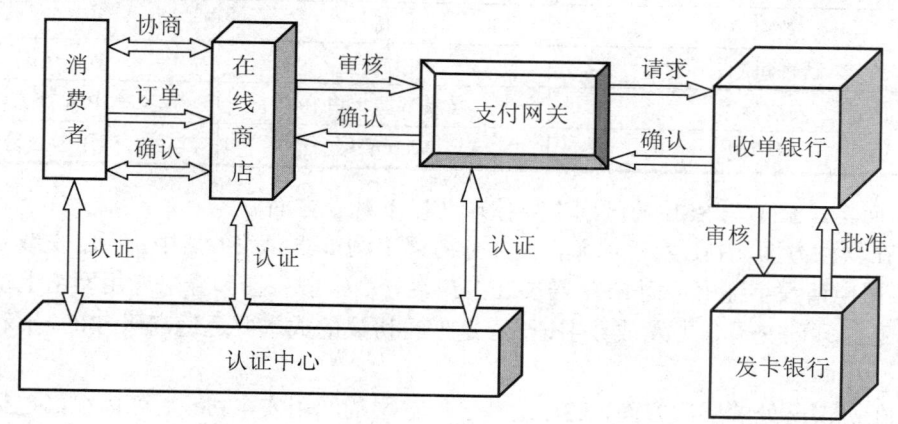

图 8.12 SET 工作原理

SET 具体包括以下流程。

(1) 消费者利用 PC 通过 Internet 选定所要购买的物品，并在计算机上输入订货信息。订货信息包括在线商店、购买物品名称及数量、交货时间及地点等相关信息。

(2) 通过电子商务服务器与有关在线商店联系，在线商店作出应答，告诉消费者所填订货单的货物单价、应付款数、交货方式等信息是否准确，是否有变化。

(3) 消费者选择付款方式，确认订单后，签发付款指令。在 SET 中，消费者必须对订单和付款指令进行数字签名，同时利用双重签名技术保证商家看不到消费者的账号信息。

(4) 在线商店接收订单后，向消费者所在银行请求支付认可。

(5) 信息通过支付网关到收单银行，再到发卡银行确认。批准交易后，向在线商店返回确认信息。

(6) 在线商店发送订单中信息给消费者。消费者端软件可记录交易日志，以备将来查询。

(7) 在线商店发送货物或完成订购服务，并通知收单银行将钱从消费者的账号转移到商店账号。

(8) 在线商店通知发卡银行请求支付。在认证操作和支付操作中间一般会有一个时间间隔，例如，在每天的下班前请求银行结一天的账。

SET 从第三步开始介入，一直到第七步，在处理过程中，通信协议、请求信息的格式、数据类型的定义等，SET 都有明确的规定。在操作的每一步，消费者、商家、网关都要通过 CA 来验证通信主体的身份，以确保通信的对方身份的真实性。

3．SET 与 SSL 的比较

SET 与 SSL 的比较情况见表 8-1。

表 8-1　SET 与 SSL 的比较

项　目	SSL	SET
使用专用软件	否	是
协议所处层次	传输层与应用层之间	应用层
是否透明	透明	不透明
过程	简单	复杂
效率	高	低
认证机制	双方认证	多方认证
安全性	商家掌握客户 IP	客户 IP 对商家保密
应用领域	Web 应用	信用卡交易

具体而言，SET 与 SSL 的区别主要体现在以下几个方面。

(1) 在软件方面，SSL 实现简单，大部分内置于浏览器和服务器中，不用安装专门的软件，也不用申请数字证书；而 SET 需要在客户端、商家服务器和金融专用网络上安装相应的软件，还必须向交易各方发放数字证书。这使得协议的成本要远远高于 SSL，不利于 SET 的发展。

(2) 在协议所处的层次方面，SSL 是基于传输层的通用安全协议，可以很好地封装应用层的协议，对用户是透明的；而 SET 位于应用层，对网络上其他各层也有涉及，规范整个商务活动的流程。

(3) 在效率方面，SET 交易过程非常复杂，需要验证数字证书、数字签名，传递证书，进行加密、签名等操作，处理速度较慢；而 SSL 则非常简单，效率要比 SET 高很多。

(4) 在认证方面，SET 可以实现多方认证，所有参与 SET 交易的成员必须先申请数字证书来证实身份；而 SSL 只能提供交易中客户与服务器间的双方认证，在涉及多方的电子交易中，SSL 并不能协调各方间的安全传输和信任关系。

(5) 在安全性方面，SET 的安全性要比 SSL 高，主要原因是在整个交易过程中，从持卡人到商家、商家到支付网关再到银行网络，都受到严密的保护；而 SSL 的安全范围只限于持卡人到商家的信息交流，而且它的基点是商家对消费者信息保密的承诺，不利于保障消费者的信息安全。

(6) 在应用领域方面，SET 主要应用于卡交易，报文能在银行内部网或者其他网络上传输；而 SSL 主要面向连接，SSL 之上的卡支付系统只能与 Web 浏览器捆绑在一起。

从以上的比较情况来看，SSL 实现比较简单，处于传输层与应用层之间，与 Web 浏览器捆绑，只能提供交易中客户与服务器间的双方认证；SET 实现成本高、过程复杂、效率低，但它能规范整个电子交易流程，增加了对商家身份的认证，安全性进一步提高。

由于两者所处的网络层次不同，为电子商务提供的服务业不相同，因此在实际应用中可以根据具体情况来选择独立使用或是两者混合使用。

8.3 电子商务信用机制

"信用"一词本意是在社会生活中人与人之间信守承诺,遵守彼此约定。随着经济社会出现商品往来贸易,信用被界定为贸易伙伴或贸易合作方之间,在涉及商品供求及经济交往中是否遵守合同或事先约定内容的行为。它是经济社会中应当遵循也是必须遵循的道德规范和行为准则;信用就是要求合作各方信守诺言,实践成约,以取得、保持各自的商业信任,确保商业交易双方的利益。

电子商务交易具有虚拟性特点,信用的重要性在这种特殊的商业模式中就显得更加突出,并成为电子商务发展的基本前提条件之一。如果电子商务信用缺失,商品交易就不可能正常进行,从而导致市场秩序的混乱。因此,在电子商务活动中应该加强商业合作伙伴之间的信用建设。保持信用程度、实施信用监督、进行失信惩戒的制度关系,这就是电子商务的信用机制。在社会主义市场经济条件下,信用机制是以道德为支撑、以产权为基础、以法律为保障的,它包含信用意识、信用制度、信用手段、信用程度的衡量等内容。

8.3.1 信用机制概述

所谓信用机制,是指调整人们依据诚实信用原则而进行经济行为活动,并由此获得相应的社会评价的社会管理制度。信用机制由市场经济而生,而且成为市场经济的有机组成部分。市场经济表现为契约经济,即以等价交换为特征的经济形态。在市场经济的范畴里,人与人之间的基本关系就是交换关系。没有对自愿的且符合一定规则的契约的遵守,那么交易是不可能进行的。这种对契约的遵守,从本质上来说就是信用机制在起作用。

信用机制是现代市场经济体系中的重要组成部分。广义上,信用机制是一种社会机制,它把各种与信用相关的社会力量和制度有机地组合起来,促进信用的发展。信用机制大致由信用运行机制、信用信息机制和信用约束机制组成。信用运行机制解决的是如何在市场交易中有效地利用信用准则、信用方式和信用工具实现信用的问题,它是信用机制的主体内容;信用信息机制解决的是市场参与者进行交易时掌握、使用信息,特别是交易对方信用信息的问题;信用信息机制是信用运作机制和信用约束机制必不可少的保障性机制;信用约束机制解决的是如何监督和约束市场参与者背离信用准则、破坏信用的问题。

8.3.2 电子商务的信用问题

电子商务发展突飞猛进,但由于诸多原因,社会信用体系建设还不完善,随之而来的社会信用的缺失直接影响到电子商务的健康发展。电子商务信用问题主要表现在与电子商务发展紧密相关的信用法律法规还不完善,企业的电子商务行为随机性大造成信用管理体系相对不全,电子商务信用市场发育不够成熟,信用信息的采集和评价标准存在不足,不少企业网上交易的诚信信用意识较差等。在电子商务领域所具有的远程性、记录的可更改性、主体的复杂性等自身特征决定了其信用问题更加突出。在电子商务活动中,企业利用互联网技术开展业务,与全球未曾谋面的客户进行电子化的通信和交易,地理位置已不再成为经济活动的限制条件,面谈也不再成为必要。电子商务通过互联网络,使交易可以在不同的时间和空间进行,一方面创造了一种全新的交易模式,节约了成本;另一方面由于信息不对称,信用风险也在加大。现今电子商务信用主要存在以下几点问题。

1. 电子商务交易者身份的真实性与合法性问题

电子商务主体在交易前虽然会被要求进行身份注册和登记,但其所提供的信息的真实性很难辨别。对于交易主体使用的是真实身份还是虚假身份,电子商务网站现有技术与管理办法无法进行识别。这就导致了使用虚假身份的交易主体几乎不受交易规范的约束,从而会造成交易另一方权益的损害,使交易主体对电子商务产生一种畏惧。电子商务交易主体的合法身份是一个非常重要的概念,这关系到法律承认网上自动订立的合同的有效性。目前网上出现的销售和拍卖纠纷,相当一部分是因交易主体出现问题而引起的。由于我国缺少相应的法规,给处理这类纠纷案件造成困难,说明提供电子商务交易主体的合法性验证显得十分必要。

2. 电子商务交易中商品信息的不确定性问题

在电子商务交易中,买家只能通过卖家提供的商品图片及商品信息与卖家进行在线商谈来确定购买信息,这就有可能出现商品信息的不确定性问题。如果卖家的诚信有问题,提供虚假信息或故意隐瞒商品缺陷,将会有损于买家的权益。现阶段网上商品信息的真实性和有效性还未出现相关的法规和技术进行有效的约束,这大大增加了交易风险。

3. 网络支付问题

信用卡、电子钱包等是电子商务交易中最快捷、最方便的资金结算工具。然而,由于在网上付款存在安全信用隐患及消费者的网络支付意识淡薄的问题,现阶段资金结算方式仍以"网上交易,网下结算"为主。网络支付方式不能广泛应用严重阻碍着我国电子商务的发展,未来在国家政策和法规的支持下,在金融机构的推动下以及对持卡消费观念的培育将使实现完全的网络支付、简化交易流程成为可能。

4. 电子商务交易中的物流配送问题

电子商务交易的最后一个环节便是物流,物流不仅提供货品运输和配送,还承担反馈信息和售后服务的责任。然而,虽然近年来物流体系有了较大的发展,但是配送成本高、服务质量差、效率低下等问题依然阻碍着物流行业的发展,尤其当商品在配送过程中出现损坏或是遗失时,责任人难以确定,使得电子商务信用风险再次显现。

8.3.3 电子商务信用机制概述

1. 电子商务信用机制的内涵

机制是一种制度约束关系。要保持某一种状态,不是依靠人们的道德操守来实现,而是需要完整的制度体系为之约束。因此,电子商务信用机制并不是依靠人们自觉遵守道义上的信用来实现,而是建立在电子商务中对贸易双方甚至多方进行的信用机制约束之上。电子商务信用机制就是维系、调整在电子商务中贸易往来方信用的一种制约关系,这种制约关系是一个严密的信用支持与保障系统,既包括制度层面,也包括法律层面,既包括教育层面，也包括约束层面，同时还包括惩戒层面的内容。

2．电子商务信用机制的特征

良好的信用机制具有以下特征：一是功能性，信用机制的功能性体现在对贸易关系方的信用保持、调整，并保障信用功能；二是系统性，信用机制的作用在于对信用的约束，这种约束不是对单方面发生作用，而是多方面、全方位的约束，它包括对人的意识的影响与约束(即教育引导作用)、对贸易方利益的约束(如失信后的惩戒制度)、对贸易方的监督(如认证程序及其监督作用)；三是与经济合同的契合性，在电子商务活动中，任何信用机制的存在都是以一定的经济合同关系为前提的，没有经济贸易的事先约定与法律合同，信用机制也就失去了存在的意义，因此可以说市场经济也是信用经济。

从上述分析可以看出，电子商务信用机制的作用在于保障贸易关系伙伴的合法利益。保障贸易中有关方面的经济利益和社会信誉，对于提高电子商务中贸易工作运行的有序性、有效性和直接或间接地提高整个社会经济的运行效率起到积极的作用，是现代市场经济的生命线；反之，在电子商务活动中，信用的缺失即使能使个别经济主体取得暂时的利益，但在未来必会对该短期利益的获得付出更大的代价，最终导致失信企业的破产和失信中介机构的崩塌。因此，电子商务信用机制的构建显得尤为重要。

3．电子商务信用机制的构建

电子商务信用机制的构建，须逐步完善行政法律法规、监管制度、社会道德建设、中介评级机构与各信息平台的统一性建设。

1) 建设和完善电子商务信用法律体系

近年来经济领域建设中先行事、后立法的先例往往导致一些不法企业和个人钻法律的空子，扰乱了本不稳定的市场，造成了巨大损失。因此推动电子商务的快速发展，解决其交易中的信用缺失问题，很重要的一个方面是要尽快健全电子商务的相关法律法规作为保障，以法律的形式对企业和个人的权利与义务及行为规范等作出明确的规定，明确参与电子商务各方的法律责任，遏制交易参与者的不良行为或违法行为，使得建立和实施信用制度有法可依。我国虽然已于2005年4月1日实施《中华人民共和国电子签名法》，但它只是在某些层面上对电子商务企业进行控制，尚缺乏明确、具体的法律法规对电子商务进行比较全面、规范的监控和管理，网上交易活动的风险仍然很大。目前我国的电子商务法律法规还很不完善，因此需要建立一套完善的法律体系来保证在交易中每个相关主体都能遵守网上交易规则，更有效地打击网上虚假广告等欺诈行为，维护消费者的合法权益，营造良好的社会信用环境，促进网络商务活动的繁荣发展。

2) 建立社会信用体系和统一的电子商务信用体系

由于电子商务活动主体为企业和个人，因此建立信用机制的首要任务是落实个人和企业信用资料的完整采集。对个人而言，应建立个人账户，推行个人收入申报制，使个人的收入状况、经济能力得到完整的体现，以便能准确地评估个人的财产资信程度；对企业而言，同样应建立一个企业资信数据库，实时记录企业的金融、工商、税务、海关等信用情况，结合社会信誉，形成企业的综合全面的信用资料。

依据统一规范收集的数据，建立社会信用体系和统一的电子商务征信体系平台，规范信用信息的披露和使用。当前，失信行为给电子商务发展造成的损失日益突出，解决此类问题需要依靠先进的信息技术，逐步收集、处理分散在工商、税务、银行、电信等不同的企业和个人的信息及其他经营行为记录。建立覆盖全国的电子商务征信体系，从而在全社会形成守信践诺的激励机制。信用的征信工作是保障电子商务安全的基础环节。

3) 发挥第三方中介组织和行业自律的作用

为了实现电子商务的安全交易，必须对每一个环节都进行身份认证，从而保证交易的正常进行，建立相互间的信任。因此在信用体系建设中，可通过发展以行业协会为主体和会员单位为基础的自律维权同业信用体系、以第三方信用中介为主体和市场运行为基础的社会商务信用体系来加强电子商务行业自律，促进诚信经营，遵守行业公约，恪守职业道德，形成有效的信用风险防控机制。

通过建立科学、合理、权威、公正的第三方信用服务机构，建立健全相关部门信用信息资源的共享机制，建设在线信用信息服务平台，实现信用数据的动态采集、处理、交换，严格信用监督和失信惩戒机制，逐步形成既符合中国国情又与国际接轨的信用服务体系。创造信用交易环境，培育和启动信用消费需求。建立科学、合理、权威、公正的信用服务机构，包括个人信用服务机构和企业信用服务机构。成立具有独立法人资格的信用评估机构，使评估机构成为一个中立性组织，确保信用评估的公正性。信用评估机构应利用科学的评估方法，充分利用网络资源加快对企业的资料收集和评估。

4) 加强网络技术的开发和应用

信息安全技术对于改善电子商务信用机制是相当重要的。要改进电子商务的信用现状必须不断加强网上安全认证技术的开发和应用，如数据挖掘技术的开发、信息安全技术的开发、信用系统数据平台建设、数据仓库的整合与数据采集(建立基于统一格式和智能化的数据仓库系统)以及制定政府信用相关数据和信息的采集、交换和存储标准，建立电子签章、CA 认证等服务体系。建立信用专用网络，实现对个人和企业信用信息的跨地区查询，从而提高查询效率与降低查询成本，实现有效信用信息资料共享，让交易双方在进行电子商务活动前，能进行有效身份的鉴别。交易者的信用和失信记录随时都可检查，在网上及时公布新的记录，从而大大降低电子商务活动的风险，保证电子商务的安全。

5) 加强精神文明建设，提高全民的信用意识

电子商务是以信用经济为基础的，信用的基础在很大程度上还是靠社会上诚实守信的道德理念来维系的。然而，目前我国还存在严重的"信用危机"，社会失信问题也极为严重。这些问题严重影响着电子商务安全的实现，制约着电子商务的健康发展。信用危机是一个严重的社会问题，要解决这个问题，需要从根本上去改变人们的意识，在全社会广泛倡导诚信观念，普及信用管理知识；需要加强信用教育，以培养信用道德；同时，还要加强信用管理科研活动，以满足社会发展对信用管理的需要。通过重视诚信守法的道德教育，积极培育社会信用观念等方式，积极推动社会信用体制早日建立。

▶ 本章小结

本章主要从 3 个方面介绍了电子商务安全相关的问题，首先介绍了电子商务存在的安全隐患，电子商务对安全的需求及常用的电子商务安全对策；接着介绍了电子商务交易中

常用的安全技术，包括数据加密技术、认证技术、防火墙技术和安全交易协议；最后介绍了电子商务信用机制的概念、存在问题和信用机制的构建。

数据加密技术是电子商务安全的基础，对称加密技术和非对称加密技术这两种加密技术各有优缺点，在电子商务安全中有着重要的、不可替代的作用。认证技术主要是为了保证电子商务交易的可信性与安全性，引入了第三方认证机构，利用非对称密钥的特点，保证电子商务交易各方的可信性。防火墙是企业内部信息安全的基本保障，能有效控制内部网络与外部网络之间的访问及数据交换。电子商务交易中的 SSL 和 SET 主要应用于电子支付，其中 SSL 出现较早，并得到广泛的应用；SET 出现较晚，但是其安全性更高，设计更为合理。电子商务的安全需要各种安全技术的综合运用，以保障交易的各个环节得以安全进行。

【关键术语】

电子商务安全(Electronic Commerce Security)
对称加密(Symmetric Encryption)
非对称加密(Unsymmetrical Encryption)
数字签名(Digital Signature)
安全套接层协议(Security Socket Layer)
安全电子交易协议(Secure Electronic Traction)
防火墙(Firewall)
电子商务认证(Certificate Authority)
信用机制(Credit Mechanism)
身份认证(Identification Technology)
信用评价机制(Credit Evaluation Mechanism)
交易安全(Transaction Security)

EC 动态

通过立法进一步强化网络运营者的社会责任

2016 年 6 月 27 日在北京举行的十二届全国人大常委会第二十一次会议上，常委会组成人员听取了全国人大法律委员会副主任委员张海阳作的关于网络安全法草案修改情况的汇报。草案二审稿进一步强化国家的责任和公民、组织的义务，加强关键信息基础设施保护，协同推进网络安全与发展，切实维护国家网络主权、安全和发展利益。

这是常委会会议第二次审议这部社会广泛关注的法律草案。

1. 拟加强对关键信息基础设施及其数据的保护

全国人大法律委员会 27 日就网络安全法草案作汇报时表示，一些常委会委员和地方、部门建议对关键信息基础设施的范围不作列举，可由国务院制定配套规定予以明确。

对此，二审稿规定，国家对一旦遭到破坏、丧失功能或者数据泄露，可能严重危害国家安全、国计民生、公共利益的关键信息基础设施，在网络安全等级保护制度的基础上，实行重点保护。关键信息基础设施的具体范围和安全保护办法由国务院制定。

二审稿还规定，关键信息基础设施的运营者在中华人民共和国境内运营中收集和产生的公民个人信息和重要业务数据应当在境内存储。因业务需要，确需向境外提供的，应当按照国家网信部门会同国务院有关部门制定的办法进行安全评估；法律、行政法规另有规定的除外。

同时，为了鼓励网络运营者自愿参与国家关键信息基础设施保护体系，促进网络运营者、专业机构和政府有关部门之间的网络安全信息共享，并加强对这些信息的保护，二审稿增加规定，国家鼓励关键信息基础设施以外的网络运营者自愿参与关键信息基础设施保护体系；国家网信部门和有关部门在关键信息基础设施保护中取得的信息，只能用于维护网络安全的需要，不得用于其他用途。

2. 拟进一步强化国家维护网络安全的措施

张海阳指出，一些常委会组成人员和地方、部门提出，为了更好地维护网络空间主权，积极主动应对境内外的网络攻击和破坏，应当进一步强化国家维护网络安全的措施。

对此，二审稿增加规定：国家采取措施，监测、防御、处置来源于中华人民共和国境内外的网络安全风险和威胁，保护关键信息基础设施免受攻击、侵入、干扰和破坏，依法惩治网络违法犯罪活动，维护网络空间安全和秩序。

张海阳强调，拟增加多项促进网络安全的支持措施，在维护网络安全的同时，促进发展。一是，国家推进网络安全社会化服务体系建设，鼓励企业、机构开展网络安全认证、检测和风险评估等服务。二是，国家鼓励开发网络数据安全保护和利用技术，促进公共数据资源开放，推动技术创新和经济社会发展；支持创新网络安全管理方式，运用网络新技术，提升网络安全保护水平。三是，增加大数据应用必须对公民个人信息进行匿名化处理的规定，进一步明确公民个人信息使用规则。

3. 拟加大对危害网络安全行为的惩戒力度

张海阳表示，一些地方、部门、社会公众提出，为营造良好的网络环境和秩序，应当进一步强化网络运营者的社会责任。

对此，二审稿增加规定，网络运营者必须遵守法律、行政法规，遵守社会公德、商业道德，诚实信用，履行网络安全保护义务，接受政府和社会公众的监督，承担社会责任。

同时，二审稿还增加规定，网络运营者留存网络日志不得少于6个月；网络运营者对有关部门依法实施的监督检查应当予以配合。

张海阳表示，一些地方、部门建议，加大对危害网络安全行为的惩戒力度，增加约谈、记入信用档案、从业禁止等惩戒措施。

对此，二审稿增加规定，对网络存在较大安全隐患或者发生安全事件的运营者，有关部门可以按照规定的权限和程序对其法定代表人或主要责任人进行约谈；对故意从事危害网络安全的活动受到治安管理处罚或者刑事处罚的人员，终身不得从事网络安全管理和网络运营关键岗位的工作；对有本法规定的违法行为的，依照有关法律、行政法规的规定记入信用档案，并予以公示。

（资料来源：通过立法进一步强化网络运营者的社会责任 网络安全法草案二审. 人民日报，http://www.npc.gov.cn/npc/xinwen/lfgz/2016-06-28/content_1992315.htm）

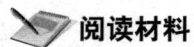 阅读材料

如何保障"互联网+"时代网络数据安全？

近几年以来，"大数据"和"网络数据"一时风光无限，成为各国政府、企业、科研机构等竞相追逐的"明星"。而随着移动互联网、云计算、大数据、物联网为代表的新一代信息通信技术与经济社会各领域、各行业的深度融合和跨界融合，相应的网络数据安全管理问题也日益凸显。

1. 网络数据的概念

我国"网络数据"的概念第一次出现在全国人大常委会2015年公布的《中华人民共和国网络安全法(草案)》(以下简称《草案》)中。《草案》第六十五条第四款规定："网络数据，是指通过网络收集、存储、传输、处理和产生的各种电子数据。"国外法律规定中并无"网络数据"的定义，各国数据保护法都只对数据以及个人数据等相关概念进行了定义。例如英国《数据保护法》，其只对数据下了定义，数据是指根据发出的处理指令自行运行的设备所处理的信息，为了由上述设备加以处理而记录的信息以及作为相关存档

系统的组成部分或为了成为相关存档系统的组成部分而记录的信息。在实践中，网络数据还经常和大数据混用。维基百科将大数据定义为一个复杂而庞大的数据集。香山科学会议(技术型定义)则认为大数据是来源多样、类型多样、大而复杂、具有潜在价值，但难以在期望时间内处理和分析的数据集。从定义理解来看，大数据是由无数的网络数据组成的数据集，通常二者也很难严格区分开来。

2．网络数据安全成为全球热点

随着网络数据价值的不断增加，针对网络数据的安全威胁也与日俱增，给数据安全保障带来了严峻的挑战，使很多国家对网络数据使用的态度发生了转变。"棱镜"事件前，网络数据开放逐年深化，针对跨境流动等的国际合作不断推进，"注重开放"成为国际网络空间数据使用的主流态度；而"后棱镜"时代，各国开始明确并不断强化网络数据安全保护，加强网络数据安全管理。

2015年9月1日，俄罗斯第149-FZ号联邦法《关于信息、信息技术与信息保护》生效。该项法律规定俄罗斯公民的个人信息数据只能存于俄境内的服务器中，以实现数据本地化。2015年10月6日，欧盟最高司法机构欧洲法院作出裁决，认定欧盟委员会2000年通过的关于认可美欧安全港框架的决定(2000/520/EC)无效，使得美欧之间最重要的跨境数据传输方式丧失合法性基础。2015年10月，澳大利亚通过《电信(监控和接入)修正(数据留存)提案》，对数据留存作出强制性法律规定，要求电信运营商对电话、互联网、电子邮件的用户数据留存两年。2015年9月5日，我国发布了《关于印发促进大数据发展行动纲要的通知》，提出要加强大数据环境下的网络安全问题研究和基于大数据的网络安全技术研究，落实信息安全等级保护、风险评估等网络安全制度，建立健全大数据安全保障体系。

3．启示：安全与发展并重

在我国的"互联网+"时代，互联网与传统产业的深度融合，使得操作系统更加复杂，各种数据海量增长，新情况新问题层出不穷，网络数据安全和用户信息安全问题将更加突出。要坚持安全与发展并重的思路，重视互联网发展带来的数据安全风险。一是要建设完善网络数据安全监测评估、监督管理、标准认证和创新能力体系，加强针对信息系统设施、新型领域的安全监测评估和责任管理，推进安全标准的研究制定和实施。初步建立适应于发展需求的网络数据安全监管制度和标准体系，提升"互联网+"安全保障能力。二是充分重视互联网与政务、医疗、金融等各领域融合带来的数据安全风险，完善网络数据保护体系，加强安全管理和技术措施，包括建立数据分级分类安全管理制度，加强跨境数据流动评估认证制度，以及明确相关主体数据安全保护责任。

(资料来源：http://news.xinhuanet.com/tech/2016-03/07/c_128779299.htm)

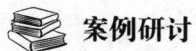 案例研讨

隐私安全　云时代的身份和信任体系

现在，互联网和一些特殊的社交网络正在为世界重新定义隐私的概念。在这种情况下，隐私意味着人们有能力去控制他们的哪些信息可以被其他人所使用。

人们对隐私的概念并没有一个广泛的共识。在这个话题上，不同的文化持有不同的观点，并且隐私的含义也在与时俱进。例如，不同于英国把个人所得税都视为隐私，挪威甚至会把每一位公民的收入进行公示，这个开放性的举措可以保证公民缴纳的税务不会出现偏差，但同时却给高收入人群带来了被偷窃、绑架和勒索的风险。

因此，隐私现在是一个均衡的概念。

政府已经意识到了隐私的重要性并且为之立法，然而，这类法律主要是用于政府和组织保存个人资料时使用的，它并不能保护由于个人原因所导致的信息泄露或者是政府员工窃取资料的个人行为。

一些人在使用社交网站时毫无顾忌地泄露个人信息，而这些甚至会对他们自己造成损害。他们有意无意间所传递的信息或者发表的评论很有可能对他们的雇主造成损失，更不用说通过公开可见的微博传播谣言了。

对于难以进行身份认证且每天都有大宗交易发生的互联网而言，信任体系应该如何有效地建立起来？一个供选择的方案是 eBay 网上采用的对买卖双方进行反馈评价的机制，如果一个 eBay 卖家一直表现得值得信任，那么他的信用评级就会上升，反之亦然！人们可以把评级排名作为选择买卖与否的重要标准。

在云时代中，没有人知道你是谁。一个有趣的对比是真实身份也会造成威胁，而自创的非法身份将不再有效。

这种问题的一个解决方案就是通过基于客户端请求的身份认证来实现的，在这种方案里，一个可信的身份认证系统在整个云端发表一个关于用户身份的可信声明，这就如同我们出国需要护照一样。

身份联盟(如 CA 等)是一种为了组织间基于需求进行认证而诞生的技术，用户在登录到组织(或公司)的网络时将实现认证流程。当他们使用云服务时自己的身份就会传递给云端的服务器，这种方法通常使用了 SAML(安全声明标记语言)和 ADFS(活动目录联合服务)技术。这种技术(身份联盟)无疑是安全的，但这必须建立在两个组织间相互信任的基础上，因此也是需要法律支持的。

个体的认证是怎么样实现的呢？我们的身份证可以用于 eBay 的注册，通过官方认证后，eBay 用户在登录时可以产生有他们详细的身份认证信息的记录。

身份和访问管理(IAM)通常用于对特殊资源的访问，而扩展的敏感内容 IAM 则由于能够探测到数据内容而实现对于应用数据层面的控制，当数据开始建立、被发现或传送的时候，控制就开始执行了，这种技术可以对组织信息泄露威胁及可能造成个人损失的信息公布提供足够的保护。

云提供了很多供个人和企业等机构使用的服务，但它的出现也对隐私、信任体系和身份产生了新的挑战。隐私法规和普通的各类技术并不能保护个人的操作失误，而敏感内容 IAM 则能够应对诸如此类的问题。

(资料来源：http://industry.cio360.net/h/1784/383328-2020.html.)

【问题及要求】
1．分析云时代个人隐私存在哪些安全隐患，写一份简单的分析报告。
2．如何在确保个人隐私安全的前提下进行身份确认？
3．讨论云时代信用体系的要点，构建一个信用体系模型。

思考与练习题

一、选择题

1．电子商务安全从整体上可分为计算机网络安全和(　　)。
　　A．商务支付安全　B．商务交易安全　C．商务信息安全　D．物流安全
2．(　　)是标志网络用户身份信息的一系列数据，用来在网络通信中识别通信对象的身份。
　　A．数字证书　　　B．CA 认证　　　C．数字签名　　　D．动态口令卡
3．(　　)防火墙是最普通的防火墙。它基于硬件，适用于简单网络，是面向网络层和传输层的防火墙产品，主要采用数据包过滤技术。
　　A．代理服务器型　B．监测型　　　C．认证型　　　　D．包过滤型
4．SET 也称为(　　)。
　　A．安全套接协议　　　　　　　　　B．无线通信协议
　　C．安全电子交易协议　　　　　　　D．超文本传输协议

5．网络欺诈不包括(　　)。
A．信用卡欺诈　　B．中奖欺诈　　C．钓鱼网站　　D．操作失误

二、判断题

1．信息被窃取、篡改及伪造是电子商务交易中一个重要的安全隐患。(　　)
2．对称加密技术采用的是对称密码体制，其中加密密钥和解密密钥是不同的。
(　　)
3．动态口令技术是一种让用户密码按照时间或使用次数不断变化、每个密码只能使用一次的技术。(　　)
4．数据加密是当前电子商务中实现信息保密性的一种重要手段。(　　)
5．AES算法中密钥的长度只能是128位。(　　)

三、填空题

1．电子商务面临的安全隐患主要有_____，交易系统缺乏稳定性和安全性及网络欺诈等。
2．_____认证是指采用每个人独一无二的生物特征来验证用户身份的技术。常见的有指纹识别、虹膜识别等。
3．_____位于两个(或多个)网络之间，实施网络之间的访问控制。
4．SSL采用公钥加密技术，其目标是保证两个应用间通信的_____，可在服务器和客户机两端同时实现支持。
5．_____是指隐蔽语言、文字、图像的特种符号，是通信双方按约定的法则进行信息特殊变换的一种重要保密手段。

四、简答题

1．电子商务安全包含哪些内容？
2．比较对称密码体制和非对称密码体制的优缺点并简述应用领域。
3．防火墙有哪些主要功能？
4．电子商务交易中有哪些常用安全交易协议？各自的工作流程如何？

五、实践题

淘宝网(www.taobao.com)和京东商城(www.jd.com)两家网站的经营内容和经营模式都非常类似。请分别访问两个网站，充分了解两个电子商务平台中的信用评价体系构成，撰写一份报告，分析比较两个电子商务平台中信用评价体系的异同。

第 9 章 电子商务的行业应用

通过本章的学习，对电子商务的行业应用有一定基本了解和认识，探讨各行业电子商务应用的特点、内容以及模式，通过对各行业的电子商务应用案例进行分析，了解各行业电子商务应用的发展趋势。

能力模块	能力要求	相关知识点
电子商务与中介服务业	(1) 市场中介的产生和演化 (2) 交通运输中介在电子商务中的作用 (3) 电子商务服务业的产生 (4) 电子商务服务业发展趋势	(1) 市场中介的作用 (2) 金融中介的作用 (3) 交通运输中介的作用
商贸业电子商务	(1) 电子商务对商贸业的影响 (2) 商贸业电子商务的应用	(1) 零售电子商务 (2) 批发电子商务 (3) 网络团购 (4) 网上超市
制造业电子商务	(1) 电子商务对制造业的影响 (2) 制造电子商务的应用	(1) 制造业电子商务应用的内容 (2) 制造业电子商务的模式
其他行业电子商务	了解电子商务在其他行业的应用	(1) 旅游业电子商务 (2) 建筑业电子商务 (3) 房地产业电子商务 (4) 服装业电子商务

引 例

爱鲜蜂：盘活社区小店资源

爱鲜蜂上线于 2015 年 5 月 15 日，目前向北京的用户提供一小时内的配送和零售服务，配送的物品包括食品和部分生活消费品，配送时间为早上 9 点到凌晨 2 点。爱鲜蜂的"鲜"强调的就是食品的新鲜；而"蜂"则表示送配送人员的数量多、速度快。爱鲜蜂要满足的就是用户的"即时消费需求"，让他们不用出门就能在最短的时间内实现某个突然冒出来的消费意愿。

其实，做社区"一小时配送/零售"生意的目前并不只有爱鲜蜂一家，社区 001 也是其中之一，但两者在模式上却并不相同。爱鲜蜂的业务模式是怎样的？

在爱鲜蜂的上游，爱鲜蜂与相应的供应商合作，从他们那里统一拿货。从商品品类来看，目前主要分为食品和生活急需两类。其中，食品主要包括水果、蔬菜、乳制品、冰淇淋、星巴克、小龙虾、卤味、饮料、速食等，大部分都是比较讲求新鲜度的；而生活急需则包括电池、蚊香、卫生巾、避孕套等。并且，对于一个品类的商品，爱鲜蜂只和一个供应商合作。

拿货之后，爱鲜蜂则会将这些商品配置到它的配送网点中去。这里的配送网点并非专门的配送中心，而是分布在各个小区中的"夫妻小店"，这也充分体现了爱鲜蜂"盘活社区闲置资源"的思路。目前，全北京约有 2 000 个配送点，基本涵盖了北京的各个辖区。值得一提的是，这些小店也可以扮演供应商的角色。

在用户端，用户下单后，爱鲜蜂将订单分发到距离用户最近的店主那里，由店主完成最后环节的配送。由于社区店主距离用户很近，配送一般能控制在 1 小时内完成，甚至更短。每次配送用户需要付 5 元的配送费。目前，爱鲜蜂主要依靠微信和微博搭建用户交互界面，用户可以用微信和微博下单。爱鲜蜂经常会发起一些"晒单就免费"的活动来鼓励用户传播爱鲜蜂的业务。

(资料来源：品途. 盘活社区小店资源，"爱鲜蜂"做"一小时配送"的社区零售生意. http://www.pintu360.com/article/554c23d7c18ee2836c531644.html，删减、整理)

从引例可以看出，"爱鲜蜂"利用微信和微博，依托社区小店开展 O2O 电子商务，为消费者提供"即时消费"服务。在互联网时代，越来越多的行业加入电子商务行列，如服务业、金融业、制造业、建筑业、房地产等行业，电子商务的应用日益广泛。

9.1 服务业电子商务

在现代社会，服务业成为各国发展的新动力。现代服务业又称为新兴第三产业，一般应包括金融保险业、邮电通信、民航票务、交通运输、教育培训、文化娱乐、医疗卫生、信息咨询、网络拍卖、旅游业、物流业、房地产及社区服务等，是现代经济的重要组成部分。

互联网作为一种服务性工具，与产业相结合，将赋予其一定的现代服务业属性。由于其服务跨越时空，为分工协作创造了良好的条件，待时机成熟，一个新的行业就会孕育并分离出来。对于第一、第二产业，农业物联网、工业互联网的深入发展，已导致农业、工业与服务业在部分领域的界限不断模糊；对于第三产业，互联网已催生出大批新兴行业，如网络购物、网络游戏、网络广告、在线租车、在线教育等。在互联网的作用下，现代服务业体系变得日益丰富。围绕移动社交、O2O、LBS 等，服务业企业正不断加大投资规模，积极布局移动端，开发和推出各类应用，广泛渗透到人们的衣食住行各个领域，包括网络购物、团购、美食、生活资讯、地图、旅行、天气、导航、健康、电影等，业务范围已涉及电商、社交网络、物流、金融、旅游、导航、视频娱乐、医疗、教育、文化、体育等众多领域，将触角伸至服务业的各个角落。

2015年，云计算、物联网、大数据技术和相关产业迅速崛起，多种新型服务蓬勃发展，不断催生新应用和新业态，推动传统产业创新融合发展，也进一步推动电子商务服务业的健康快速发展。

9.1.1 金融业电子商务

商务活动最本质的就是产品、服务的转让，以及相应的支付活动。支付过程与产品、服务的转让相分离导致了信用机制的产生；而信用机制和支付工具的统一，推动了金融业的发展。在线金融服务是商务发展最快的领域之一，随着金融信息化的快速发展，系统基于网络开展在线金融服务业务的需求变得更加广泛。

1．网上银行

网上银行是电子商务发展的支撑点，也是金融发展的新增长点。阿里巴巴集团创始人马云曾言，"将用互联网的思想和技术改变贷款模式，重建整个社会未来的金融体系"。如今，以第三方支付、网络借贷、网络理财等为代表的互联网金融发展势头迅猛，正在以独特的优势使传统金融面临前所未有的改造和变革，显著影响着商业银行传统的经营模式和服务模式。

在网络时代，交易的主控权由金融机构转移至消费者。原来客户只能到离住所近的银行去办理业务，而当银行把作业方式搬到网上以后，客户就可以挑选到任何银行去办理业务。同时，整个金融界提供给个人消费者的服务项目越来越多，能够从个人消费者那里获得的利润也越来越多。因此，商业银行的竞争重点之一是在零售领域。未来的银行更像一个零售商，而不像银行。这是因为通过Internet，银行能够方便地把客户关系从分支行转到银行中心的数据库中，更加深入了解客户的行为和需求，创新推出对客户更有针对性的专门服务，产品将更趋多样化。同时，通过Internet，银行能够将这些市场细分后的产品，及时、廉价地传递到低价值的普通用户手中。

目前国内的许多银行都开通网上银行，并提供电子银行服务。例如中国建设银行个人网上银行是为客户提供银行基础服务、理财增值服务、电子商务特色服务的多渠道综合业务处理平台，可让客户随时随地轻松享受金融服务。个人网银提供 7×24 小时全天候的专业金融服务，账户管理、转账汇款、缴费支付、信用卡管理、个人贷款、投资理财、客户服务、安全中心、善融商务九大类近六百项服务，满足客户全方位、多层次的金融需求。中国建设银行网上银行(www.ccb.com)主页如图 9.1 所示。

为满足客户网络购物的需求，建行在个人网上银行支付的基础上，率先推出了通过短信验证的账号支付及客户授权支付产品的快捷支付业务，并实现了跨行支付。另外，建行个人网上银行还为客户提供银医服务，包括银医服务管理、预约挂号、查询预约、撤销预约、查询医疗报告等功能，银医服务还支持由医院提供的医疗报告详细信息查询及下载功能等。

目前，基于互联网的金融创新日益受到人们的广泛关注。从 2012 年以来，国内出现了 P2P 网贷、网络理财产品、众筹、大数据金融等互联网金融模式。特别是余额宝的出现，促进了中国互联网金融的迅猛发展，互联网金融已经有了挑战传统金融的态势，一些银行也纷纷试水互联网金融。

图 9.1　中国建设银行网上银行主页

中国建设银行在"十三五"期间的战略转型方向是建设综合型银行。确立了建设世界一流的综合化银行集团的发展目标，以"综合性、多功能、集约化"为三个战略着力点。打破"部门银行""地域银行"格局，建立跨区域、跨条线、跨国境、跨时差、跨银行联动的大综合营销服务平台；互联网金融形成"三大渠道"(网上银行、手机银行、微信银行)+"三大生活平台"(善融商务、悦生活、惠生活)+"三类创新产品"(在线缴费支付、网上投资理财、网络信贷融资)+"三项智慧技术"(数据挖掘、金融云、客服"小微")+O2O 服务体系线上线下全贯通。

2．网上支付

网上在线支付是电子商务的关键环节，也是电子商务得以顺利发展的基础条件。如果说网上银行是国内银行未来经济增长的发动机，那么网上支付就是这部发动机的主力助推器。

1) 网上支付类型

目前国内市场上的网上支付形式主要由四大类组成。

(1) 第一类是由五大商业银行主宰的网关支付服务。例如银联，金融背景与业务熟悉是这类支付平台的最大优势。

(2) 第二类是依托大型 B2B、B2C、C2C 网站的支付工具。例如支付宝(https://www.alipay.com)、财富通(https://www.tenpay.com)就属于这种非独立性的寄生形式，如图 9.2 和 9.3 所示。

(3) 第三类是以百度钱包(https://www.baifubao.com)为代表的，具有网上支付、电话支付、移动支付等多种支付手段的第三方支付平台，如图 9.4 所示。它实际上就是买卖双方交易过程中的"中间件"，是在银行监管下保障交易双方利益的独立机构，目前正在迅速成长和扩张。百度钱包打造"随身随付"的"有优惠的钱包"，它将百度旗下的产品及海量商户与广大用户直接"连接"，提供超级转账、付款、缴费、充值等支付服务，并全面打通

O2O 生活消费领域，同时提供"百度理财"等资产增值功能，让用户在移动时代享受一站式的支付生活。

图 9.2　支付宝主页

图 9.3　财富通主页

图 9.4　百度钱包主页

(4) 第四类是以红包、转账为主的社交支付。由于互联网巨头急剧扩张而导致行业边界日渐模糊，社交、支付与消费相互渗透引发数以亿计用户消费习惯的巨变。越来越多的线下实体商家借助"社交"与"支付"，构建全新"社交支付"场景。这种支付也有在陌生人之间进行的,是很轻量的社交,也是取代现金的好方法。

目前来看,这四类支付模式在中国市场平分秋色。第二类模式的发展需要依附于大型电子商务品牌来运营;第三类与第一类模式具有很好的互补关系;而第四类支付方式,社交生活及移动互联网的高速发展也证明了其市场潜力的巨大。

2) 第三方支付

随着电子支付市场的兴起和壮大,其独立性、专业化过程也不可避免,第三方支付平台应运而生。第三方支付公司是电子商务支撑体系中重要一环,可以说,中国电子商务近年保持高速增长态势与第三方支付提供的信用支持密不可分。这些互联网商务支付平台大多采取"网上银行 + 第三方支付公司"的交易模式。有关专家认为,真正促进电子支付普及的是第三方支付平台的发展。

所谓第三方支付,就是指具备一定实力和信誉保障的独立机构,采用与各大银行签约的方式,提供与银行支付结算系统接口的交易支持平台的网络支付模式。

第三方支付的整个过程主要是通过双方都信任的第三方完成,客户可以在第三方支付开设账号,信用卡信息不用在互联网络多次传送,在网络传输的只是第三方支付的账号,因而除了第三方支付之外,任何人(包括商家)都看不到客户的信用卡信息,从而保障了客户信用卡信息的安全性。从流程来看(如图 9.5 所示,以支付宝为例),采用第三方支付具有以下优点。

(1) 消除人们对网络购物和网上交易的顾虑,让越来越多的人相信和使用网络的交易功能,推动电子商务的快速发展。

(2) 为商家提供更多的增值服务,帮助商家网站解决实时交易查询和交易分析系统,提供方便及时的退款和支付服务,起到仲裁作用,维护客户和商家的权益。

(3) 第三方支付提供一系列的应用接口程序,帮助商家降低运营成本,帮助银行节省网关开发费用。

(4) 第三方支付服务系统有助于打破银行卡壁垒。由于目前我国实现在线支付的银行卡各自为政,每个银行都有自己的银行卡,这些自成体系的银行卡纷纷与网站联盟推出在线支付业务,客观上造成消费者要自由地完成网络购物,手里面必须有十几张卡,同时商家网站也必须安装各个银行的认证软件,这样就会制约网络支付业务的发展,而第三方支付服务系统可以很好地解决这个问题。

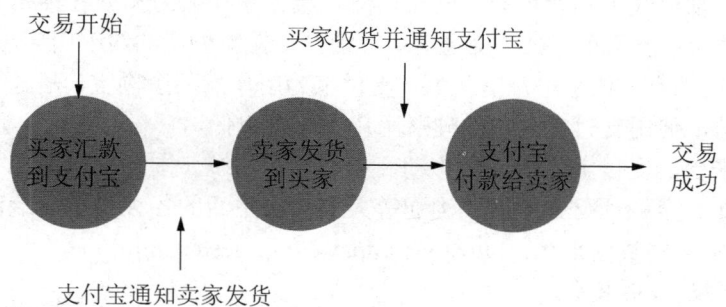

图 9.5 第三方支付的过程

第三方支付模式交易成本低(大多数平台现在处于免费状态),对小额交易很有吸引力;缺点是客户和商家事先都必须到第三方支付注册,而且客户的第三方支付账号也有可能在网络被盗。因此用户必须提高安全防范意识,妥善保管有效信息。

目前，国内以淘宝网站、拍拍为首的大型电子商务平台已经正式应用支付宝、财付通等第三方支付平台来促进自身的电子商务活动的发展，并提供安全交易保证。

3) 第三方支付案例：支付宝

支付宝(http://ab.alipay.com)，是以每个人为中心，以实名和信任为基础的一站式场景平台(图 9.6 是支付宝的"生活服务"页面)。自 2004 年成立以来，支付宝已经与超过 200 家金融机构达成合作，为近千万小微商户提供支付服务，拓展的服务场景不断增加。支付宝也得到了越来越多用户的喜爱。在 2016 年 6 月金融 TOP100 榜单中，支付宝月活数高达 29 472.7 万人，毫无疑问地霸居榜首。据分析，支付宝已完成了由早期支付工具向场景金融中心蜕变的过程，将支付、理财、股票行情等众多与金融、生活相关的场景进行整合嵌入，大多数用户通过支付宝即可一站式满足自身所有金融服务需求，因此用户规模与活跃度表现不俗。

图 9.6　支付宝的"生活服务"页面

在覆盖绝大部分线上消费场景的同时，支付宝也正在大力拓展各种线下场景，包括餐饮、超市、便利店、出租车、公共交通等。目前，支持支付宝的线下门店超过 20 万家，出租车专车超过 50 万辆。在金融理财领域，支付宝为用户购买余额宝、基金等理财产品提供支付服务。目前，使用支付宝支付的理财用户数超过 2 亿。

基于开放平台，支付宝正在创建移动商业的生态系统。围绕用户需求不断创新，支付宝希望贯穿消费、金融理财、生活、沟通等人们真实生活的各种场景，给世界带来微小而美好的改变。(本案例数据来源：https://ab.alipay.com/i/jieshao.htm)

4) 网上支付的发展趋势

近年来，网上支付呈普及化发展趋势，伴随线下支付场景的多元化，移动网上支付在一定程度上已经取代实物钱包，成为人们日常消费支付的常用方式《第 39 次中国互联网络发展状况统计报告》数据显示，截至 2016 年 12 月，中国使用网上支付的用户规模达到 4.75 亿，较 2015 年网上支付用户规模增加了 5 831 万人，年增长率为 14%。中国网民使用网上支付的比例从 60.5%提升到 64.9%。其中，手机支付用户规模增长迅速，达到 4.69 亿，年增长率为 31.2%，网民手机网上支付的使用比例由 57.7%提升到 67.5%。随着支付宝、微信支付、百度钱包等第三方支付机构对日常消费场景的不断覆盖，2016 年非银行支付机构累计发生网络支付业务 1 639.02 亿笔，金额 99.27 万亿元，同比分别增长 99.53%和 100.65%。网上支付的发展趋势表现在以下两个方面。

(1) 网上支付发展迅速，普及化进程加速。

其一，网络支付企业大力培育市场促使线下支付场景极大丰富，网民在饭馆、超市、便利店等线下实体店使用移动网络支付工具习惯初步养成，网民在纯实体店使用手机支付结算的比例已达 50.3%，出门"无钱包"时代悄然开启，并且线下支付拥有较强的下潜力度，四、五线城市分别达到 43.5%和 38%，农村地区使用率已达 31.7%。

与此同时，面对新兴支付机构不断"开疆拓土"，传统银行卡机构也通过推出银联"云闪付"近场支付方式和覆盖更多商铺在海内外"收复失地"。

其二，网络支付与个人征信联动构建信用消费体系。2015 年年初，芝麻信用、腾讯征信、拉卡拉信用等在内的 8 家机构获得央行的个人征信业务牌照。在逐步建立的信用体系下，不良信用行为会被记录在案，并通过网上支付限制其消费行为，迫使用户重视个人信用的维系，从而规范和完善了网上信用消费的支付环境。

(2) 网上支付存在套现现象，监管难度越来越大。

伴随着网上支付的广泛应用，支付风险依然存在，第三方支付极易成为套现工具。电子商务支付体系下，消费者或者商家无需 POS 机，在网上可直接通过微信支付、支付宝、信用卡完成套现，操作方式更为简单和隐蔽。随着网络业态多样化发展，网上信用卡套现监管难度越来越大。

3．网上保险

保险电子商务(也称网上保险)是金融创新的产物，它涉及保险公司各类资源整合，涉及公司所有利用互联网、无线技术、电话等信息技术手段进行电子化交易、电子化信息沟通、电子化管理的活动，贯穿着公司经营管理的全过程。保险电子商务是随着互联网技术兴起并逐渐成熟后，新的信息技术在保险公司内又一轮深层次的商务应用，是信息技术本身和基于信息技术所包含、所带来的知识、技术、商业模式等在公司内的扩散和创新。

作为保险业的新兴渠道，电商渠道近几年发展迅猛。各大保险公司都建立自己的网络销售平台，开展网络保险业务。越来越多的保险公司通过网络以很大的优惠折扣提供标准的保险业务。这些业务包括车险、企财险、家财险、责任险、货运险、寿险、健康险、意外伤害险等。

《中国保险市场互联网化专题研究报告 2015》数据显示，经营互联网保险的 85 家公司中，通过官网渠道开展业务的有 69 家，如平安直通保险、太保在线商城；通过第三方平台渠道的有 68 家，如泛华保网、慧泽保险网、中民保险网等，两种渠道均有的是 52 家。这里的第三方平台渠道涵盖了第三方中介平台、互联网企业保险频道，以及兼业代理机构。

目前，我国保险电子商务应用模式不断丰富，已经形成 B2B、B2C、B2M 等多种服务模式，网站的信息、产品、服务等方面的成熟度，将决定其对销售拉动的实际效果，成为保险电子商务发展的关键。与传统保险销售的拉客户、反复推销的模式完全不同，互联网保险消费基本上是场景化消费，将保险服务嵌入购买、支付、服务等环节，契合用户保险需求。

在2014年8月发布的《国务院关于加快发展现代保险服务业的若干意见》中,第一次将保险业的发展提到了国家层面,被誉为保险业的"新国十条"。"新国十条"中明确提出"支持保险公司积极运用网络、云计算、大数据、移动互联网等新技术促进保险业销售渠道和服务模式创新"。

4．案例：中国平安

中国平安(www.pingan.com)成立于1988年,至今已发展成为融保险、银行、投资三大主营业务为一体、核心金融与互联网金融业务并行发展的个人金融生活服务集团之一。

传统金融企业在互联网金融的跨界融合转型中,为了满足客户的多样需求,中国平安集团针对其传统金融业务互联网化以及集团创新业务甚至平安集团核心竞争力等方面有较为进行全面而深入的发掘,向不同时期的客户提供全面的保险类和金融类的综合服务。中国平安保险公司的综合金融战略如图9.7所示。

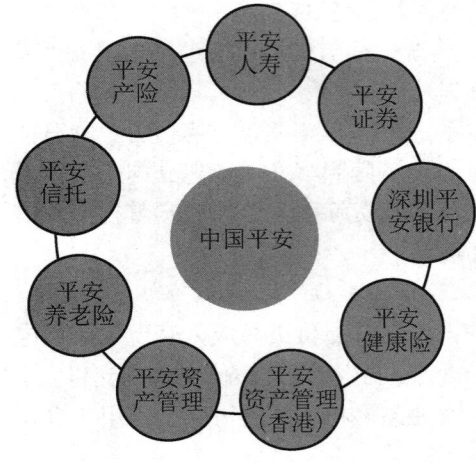

图 9.7 中国平安集团的综合金融战略

中国平安致力于成为国际领先的个人金融生活服务提供商,坚持科技引领金融,金融服务生活的理念,依托传统金融发展互联网业务,推动核心金融业务和互联网金融业务共同发展,如图9.8所示。核心金融业务方面,积极推进"一个客户、一个账户、多个产品、一站式服务"模式的不断深化;互联网金融业务方面,将金融服务融入客户"医、食、住、行、玩"的各项生活场景,与核心金融业务的协同效应逐步显现。

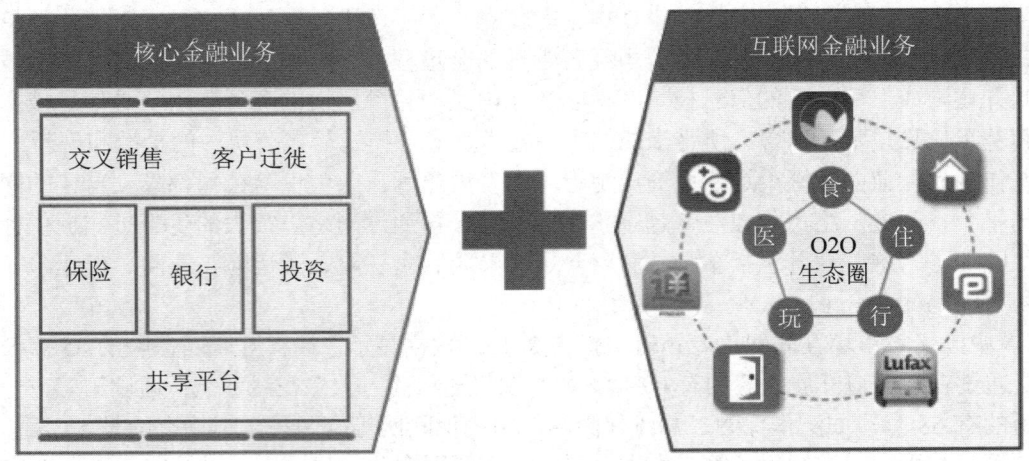

图 9.8 中国平安核心金融业务+互联网金融业务

随着居民旅游出行逐渐增多,再加上近些年自然灾害、重大意外事件频发,居民对意外险的认可程度升高,需求逐步增加。在将来的保险电子商务的发展历程中,以大数据、云计算为代表的新兴科技将扮演越来越重要的角色。

9.1.2 旅游业电子商务

随着社会的发展，旅游业已成为全球经济中发展势头最强劲和规模最大的产业之一。随着互联网的高速发展，旅游业的经营模式正在发生深刻变化，旅游业电子商务将成为一种日益重要的业务实现方式。旅游业电子商务是指以网络为载体，以旅游信息库、网络银行为基础，利用先进的电子手段运作旅游业及其分销系统的商务体系。

1．旅游电子商务发展

随着旅游产业电子商务的规模化效应凸显，因交易成本低、游客服务满意度高和使用便利等优势，旅游电子商务商场占整个旅游产业的比重正在稳步上升。在旅游市场持续扩容和信息技术广泛应用的双重推动下，不同类型、不同模式的旅游电子商务主体得以快速发展。

第39次《中国互联网络发展状况统计报告》显示，截至2016年12月，网上预订机票、酒店、火车票或旅游度假产品的网民规模达到2.99亿，较2015年年底增长3 967万人，增长率为15.3%。网民使用网上预订火车票、机票、酒店和旅游度假产品的比例分别为34.0%、15.9%、17.2%和7.4%。其中，手机预订机票、酒店、火车票和旅游度假产品的网民规模达到2.62亿，较2015年年底增长5 189万人，增长率为24.7%。我国网民使用手机在线旅行预订的比例由33.9%提升到37.7%。

2．在线旅游服务

在线旅游服务是旅游业电子商务的具体应用，也是电子商务最成功的实践。其中机票、酒店、旅游度假产品、景区门票、火车票等在线旅行预订细分领域。航空公司、铁路、汽车租赁、酒店、旅行社等都提供在线旅游服务。整个旅游行业和互联网已经有了紧密的结合。在国内，几乎每个城市都有旅游网，比如昆明旅游网(www.kmcits0143.com)、桂林旅游网(www.guilin.com.cn，如图9.9所示)等。

还有很多的专业旅游网站，比如携程网(www.ctrip.com)、去哪儿网(www.quar.com)、途牛旅游网(www.tuniu.com)、阿里巴巴旗下的综合性旅游出行服务平台——飞猪(https://www.alitrip.com)，如图9.10所示)等。

3．在民航业的应用

近年来航空业跟从民航总局制定的信息化发展规划的脚步，把民航电子商务的发展作为重要的内容，将机票业务电子化，使得人们对于规划自己的行程拥有较多的弹性。航空公司更因此节省了印制机票、管理上的成本及建立新销售网点上的投资。

民航是最适于发展电子商务的行业，有着广阔的电子商务发展前景。电子客票作为民航易于推广的一种电子商务模式，是民航电子商务发展的突破口和核心。电子商务在民航业的应用主要体现在航空票务网上销售和电子机票两个方面。

1) 航空票务网上销售

中国民航网上销售系统与票价管理系统、航班查询订座系统、离港系统、常客系统的连接，形成了网上在线订票、在线支付、在线办理乘机手续、在线查询俱乐部里程计分等完整的服务链。同时，顺应国际航协"简化商务"和国内机票电子化的进程，民航正在加速完成航空公司本票电子化和代理人 BSP 本票电子化。目前民航提供四种电子客票的分销渠道，分别为通过航空公司网站，进行 B2C 直销；通过 B2B 系统进行分销；通过航空公司订座系统进行分销以及通过中航信的代理人系统进行分销等，基本上保证了市场对航空电子客票的需求。为提高服务水平，航空公司还将推出德语、法语等多种语言的海外网站。

图 9.9　桂林旅游网主页

图 9.10　飞猪主页

2) 电子机票

电子机票是 1993 年率先在美国推出，中国 2003 年正式推出电子机票业务。电子机票从订票、订座、付款到办理登机手续的过程，全部都在联网的计算机上完成，完全抛开了传统纸质机票和现金付款的形式，它将普通纸质机票的票面信息以电子票联的方式存储在订座系统的电子客票数据库中。"电子机票"购票流程如图 9.11 所示。

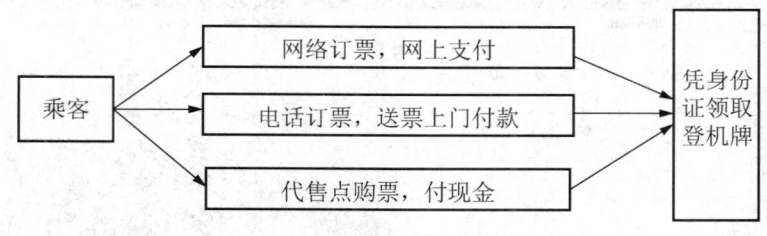

图 9.11 "电子机票"购票流程

注：报销凭证可以在机场向购票点领取，也可以通过快递领取。

电子客票的优点在于：旅客可以通过登录航空公司网站，直接在网上登记、购买、转账，然后获得一个编码。凭该编码和身份证件就可以到机场领取登机牌和报销凭证。直接登机，中间省略了传统客票购买的烦琐过程。

随着金融机构的参与，网上结算方式免去了旅游者携款办理各种手续的麻烦，提高了资金的风险防范能力。而航空电子客票的出现，使旅游者能享受由航空公司所提供的无纸化、电子化的订票、结账和办理乘机手续等全过程服务。目前，电子客票已成为航空旅行电子商务化的重要标准之一。

 知识链接

BSP 业务

BSP 业务是为国际航空运输协会提供 BSP 数据处理服务和应用软件开发维护服务。BSP 中性机票(Billing and Settlement Plan，BSP)，即开账与结算计划，它是国际航协根据运输代理业的发展和需要而建立，供航空公司和代理人之间使用的销售结算系统。

4．案例：携程网

携程旅行网(www.ctrip.com)创立于 1999 年。作为中国领先的综合性旅行服务公司，携程旅行网成功整合了高科技产业与传统旅行业，向超过 2.5 亿会员提供集无线应用、酒店预订、机票预订、旅游度假、商旅管理及旅游资讯在内的全方位旅行服务，被誉为互联网和传统旅游无缝结合的典范。(数据来源：pages.ctrip.com/public/ctripab/abctrip.htm)

携程网(如图 9.12 所示)利用互联网和电话呼叫中心系统等先进技术平台及各类软硬件，给客户提供全天候 24 小时的网上、网下预订服务，并结合业务的性质、客户的需求以及强大的技术及软件开发力量，建成了我国旅游业最为完善的服务体系。

携程网的成功除了得益于规模化的经营、领先的技术和规范的体系外，还离不开它先进的企业文化。携程经营理念是秉持"以客户为中心"的原则，以团队间紧密无缝的合作机制，以一丝不苟的敬业精神、真实诚信的合作理念，创造"多赢"伙伴式合作体系，从而共同创造最大价值。

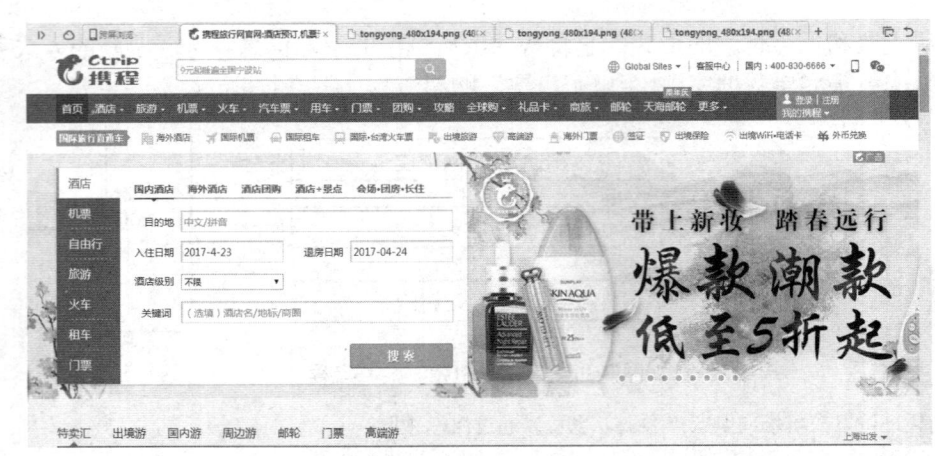

图 9.12　携程旅行网

9.1.3　网络社交应用

近几年来，电子商务应用中最重要的发展要数社交网络了。社交网络缘起于网络社交区的快速发展，引发了许多电子商务创新以及新商业模式。

社交网络是多个节点(可以是个人，也可以是组织或群体)联系在一起的社交圈。这些节点由一个或多个相互依存的关系而连接在一起，比如价值观、兴趣爱好、经济交往，友谊、亲密关系等。聚集社交网络的个体可能通过各种社交媒体进行交流互动、上传照片、视频、分享信息，把自己感兴趣的链接挂上去。

社交媒体是通常是指网络媒体平台或工具，人们可以用来开展社会交往，主要是与他人分享观点、想法和感受。

网络社交则是指以各种 Web 2.0 技术为基础的各种交流活动。

在中国，社交媒体的使用率正在不断的增加，社交媒体的使用正在从大城市里的年轻人群扩张到更小的城市、更多年龄组别的人群。随着移动互联网的发展，社交应用也进入到新的阶段，借助 LBS、兴趣、通信录等功能，以解决用户沟通、分享、服务、娱乐等为立足点，满足用户不同场景下需求。国内的社交应用市场主要分为两大类：一是各类信息汇聚的综合社交类应用，如 QQ 空间、微博、微信等；二是相对细分、专业、小众的垂直类社交应用，如图片/视频社交、社区社交、婚恋/交友社交、匿名社交、职场社交等。

1．综合社交

2015 年，在综合社交领域，典型应用主要有微信、QQ 空间、微博，网民使用率分别为 75.9%、50.1%、35.5%。(数据来源：Kandar《中国社交媒体影响报告》)，可见，在 2015 年，微信是中国社交媒体领域的霸主。

QQ 空间主要满足用户对个人关系链信息的需求，在产品形态和商业营销方面一直坚持变革，凭借良好的用户基础，在基于大数据的关系营销方面做了诸多有益的探索，回报显著。

微博则主要满足用户对兴趣信息的需求，是用户获取和分享"新闻热点""兴趣内容""专业知识""舆论导向"的重要平台。同时，微博在帮助用户基于共同兴趣拓展社交行业自媒体，刺激原创内容产生，以优质内容吸引和维持用户的活跃，用户规模稳步增长，内容平台价值得到进一步提升。

微信与 QQ 的相同点很多，都是腾讯旗下的社交产品，同时也是腾讯旗下最成功的社交产品。QQ 是 PC 时代的 IM(Instant Messaging，即时通讯、实时传讯)工具，微信是移动互联网时代的 IM 工具。微信是专门为移动互联网设计的，没有"在线"这个概念是最典型的特征。两种程序针对的用户群体是一样的，但是针对平台不一样。微信是社交属性开始融于媒体属性，其公众平台的出现，挤压了不少的微博时间，也为微信作为一个移动端的平台、一个入口做了很好的铺垫。

2．垂直社交

什么是垂直社交？垂直社交简单来说是对一群兴趣相投的人的交流方式的称呼。垂直社交与一般网络社交相比，会有针对性地投放广告和信息，能满足用户对某个方面的需求，也就是说垂直社交更具有商业价值。

在广大的社交网络下，将用户根据兴趣或者特殊习惯进行垂直化分组，其实是值得提倡的。因为随着互联网的发展，人们不再满足于与亲朋好友联络感情了，人们在精神层面上还需要和一群志同道合、共同兴趣爱好的人，即便是与陌生人打交道，这就是用户需求升级，"物以类聚，人以群分"，应该对"垂直社交"最好的概括。

在垂直社交中，个人更能找到自我专业价值的实现——思想的碰撞、心灵的交流、知识的钻研，而这些在 QQ 好友中没办法做到的。在商业化的信息浪潮中，垂直社交更为盈利做了铺垫，受众群体特征分明、属性清晰，针对性的点对点营销或者称之为精细化营销，更能提高营销的传播力度和转化率。它是小众的聚集地，一个需求或兴趣、交友、交流的平台。只有热爱一个兴趣或者是有同样的需求，才会活跃地在垂直类社交网络中游荡，所以用户能给商家产生的价值也会相应的提高。而商家也不会去想那些大而全的东西来满足所有人的喜好，他们只要抓住热爱某种兴趣的人群，把自己做的更专业、更细致、更精准就好了。

目前，在线交友、约会、相亲服务越来越普遍，这类网站国内有很多家。比如，提供图书、电影、音乐唱片的推荐、评论和价格比较以及城市独特的文化生活等服务的豆瓣(www.douban.com，如图 9.13 所示)；婚恋交友类的社交网站世纪佳缘(www.jiayuan.com)、珍爱网(www.zhenai.com)；为家庭主妇提供家庭消费类服务内容，以满足中国妈妈全方位需求的平台的妈妈网(www.mama.cn)等。

图 9.13　豆瓣网

对垂直社交应用而言，不同领域的社交应用在用户属性与行为、商业模式、信息类别、使用场景上均呈现各自不同的特点。目前国内用户对社交应用的使用深度还远远不够，未来垂直类社交应用会得到进一步发展。

9.1.4 其他在线服务

除金融、信息、社交等服务业在电子商务的典型应用外，还有不少的行业应用了电子商务服务模式。比如在线招聘、在线娱乐、在线培训、在线咨询等都是典型的电子商务服务模式。可以毫不夸张地说，电子商务的应用可以渗透到服务业的所有领域。

1．在线娱乐

随着物质生活水平的提高，人们的精神追求也越来越丰富，越来越高端。现实生活中，大部分年轻人喜欢通过各类丰富有趣的线上线下活动聚集在一起，有趣的休闲娱乐活动类的平台应运而生，传统的娱乐项目有电视、电影、视频、广播、音乐、阅读、博彩、游戏、棋牌活动等，所有这些娱乐项目如今都可以在网络上实现，因为年轻人对生活时间的碎片化利用，在线娱乐发展得很快。如今，它已经成为年轻人的主要娱乐方式之一。

美国现任总统奥巴马在参加竞选时，曾经出资在 18 个视频游戏中刊登广告，这些游戏都是微软旗下的 Xbox Live Service 公司开发的。奥巴马的目的是吸引那些年轻的男性公民，因为只靠传统的竞选广告很难对这个群体赞成影响。据统计，奥巴马利用网络广告的影响，使自己的得票率提升了至少 2%。

在线娱乐的形式多种多样，人们很难对它们进行分门别类，因为许多娱乐都是复合型的，按照它的传递形式或内容进行分类都不太容易。甚至它究竟是不是一种娱乐活动有时也说不清，因为人们对娱乐的判断标准也不相同。

有些娱乐项目如今有更多的参与者。在网络环境下，玩家会有更好的体验。比如网络游戏的"酷炫"的动画情景和逼真的声音，可以让玩家有身临其境的体验，玩家还可以约上好友在同一时间进入同一游戏室进行 PK，游戏最终结果也可以由玩家来决定。在游戏的过程中，玩家还可以与世界各地的同行进行沟通和交流。

据中国音数协游戏工委、伽马数据发布了《2016 中国电竞产业报告》的数据的测算，2016 年中国电子竞技游戏的市场规模达到了 504 亿元，上涨 34.7%，其中移动电竞是 2016 年电竞产业里的一大亮点。在客户端电竞游戏保持稳定的同时，2016 年移动电竞销售收入达到 171.4 亿元，增幅 187.1%，电竞市场份额占比达到 30%，成为移动游戏市场最具增长潜力的细分方向之一。

电竞行业已经形成由电竞游戏、电竞赛事、内容制作到电竞直播的完整产业链。未来，与电竞赛事、电竞直播相关的广告、竞猜和粉丝经济将会带来超过 500 亿元的市场规模。例如斗鱼网(www.douyutv.com)，是一个游戏直播平台，提供高清、快捷、流畅的视频直播和游戏赛事直播服务，带给用户不一样的视听体验。国内的网络视频播放平台有爱奇艺(www.iqiyi.com)、优酷(www.youku.com)、芒果 TV(www.hunantv.com)等提供免费、高清网络视频服务；还有丰富多元、涵盖电影、电视剧、综艺、纪录片、动画片等热门剧目。如图 9.14 所示为爱奇艺主页。

酷我音乐(www.kuwo.cn)、虾米音乐(www.xiami.com)等音乐网站提供免费在线音乐试听、高音质正版音乐下载和 MV 播放等服务。

图 9.14 爱奇艺主页

娱乐网络化是当前的一种潮流和趋势，可以说在线娱乐已经成为新蓝海。

2．在线教育

在线教育(E-Learning)是指以网络为介质的教学方式。在线教育概念约在 10 年之前提出来，如今来看，基于"互联网"已成为学习途径中必须掌握的学习行为或方法。目前，远程教育、在线学习已是人们提升能力、开拓思维、掌握专业技能的主要途径。以"互联网"为介质的教学方式，能让学员与教师即使相隔万里也可以开展教学活动；还能让学员随时随地进行学习，打破时间和空间的限制，对于工作繁忙，学习时间不固定的职场人而言网络远程教育是最方便不过的学习方式。

随着互联网普及、用户使用习惯的形成、企业的市场推广等原因，中国在线教育仍然处于蓝海阶段，发展空间巨大。近年来，移动互联网的快速发展，互联网用户投入到碎片化学习时间逐渐增多，这也促使移动教育市场用户规模增长迅速。

目前，电商巨头纷纷涉足在线教育，百度、腾讯、阿里巴巴、网易、学而思等互联网和教育机构也开始布局在线教育领域的投资。比如百度大学、淘宝大学等。而淘宝力推"淘宝同学"频道主要是搭建平台，把优质的平台商、机构、教师、课程等资源都拢进来，走2B+2C 的混合型平台模式：一方面，机构可在上面提供直播教学；另一方面任何用户只要有一技之长，都可在"淘宝同学"发布课程，或者申请在线直播权限。

国内新东方和学大教育等国内连锁教育培训机构目前正在尝试将线上和线下教育资源进行整合，在发展传统线下教育的同时，在线上教育领域成立专门的机构从而加强线上教育资源范围的扩大。为在激烈的培训市场竞争中赢得更多的生存空间，各大培训机构都力图将教育资源进行系统整合，通过线上与线下的双线整合。

目前在线教育的形式较多，比如：

网易公开课(open.163.com)如图9.15所示，推出"全球名校视频公开课项目"，用户可以在线免费观看来自于哈佛大学等世界级名校的公开课课程，可汗学院、TED等教育性组织的精彩视频，内容涵盖人文、社会、艺术、科学、金融等领域。网易公开课，力求为爱学习的网友创造一个公开的免费课程平台。

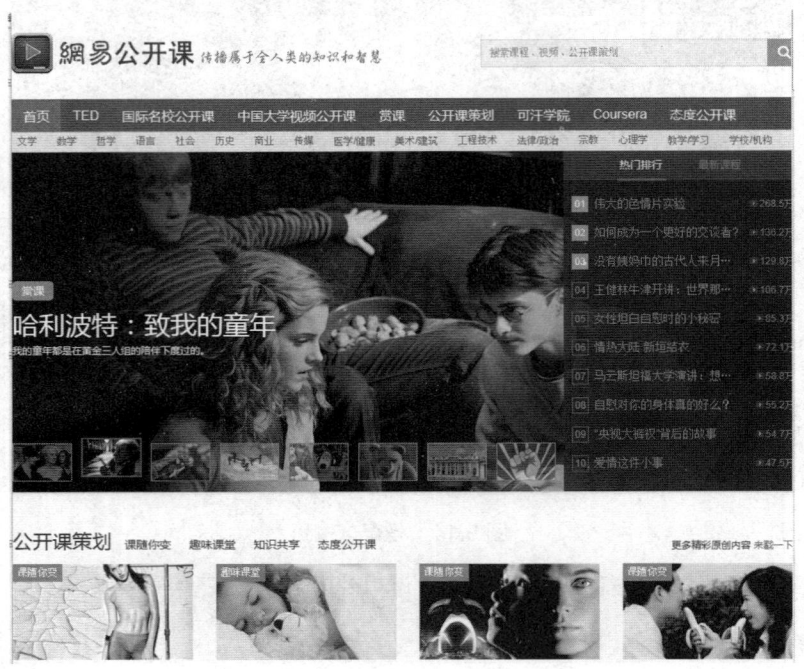

图9.15　网易公开课

易班网(www.yiban.cn)是高校教育教学、生活服务、文化娱乐的综合性互动社区，为在校师生提供主页定制、社区交流、空间存储、群组聊天、在线学习、活动发布、兴趣交友等教育信息化一站式服务功能。

一些会计网更是代替课堂教育，比如中华会计网校(www.chinaacc.com)、东奥会计在线(www.dongao.com)、会计学习网(www.2361.net)等。其中，中华会计网校是目前国内权威、专业的超大型会计远程教育网站，同时也是联合国教科文组织技术与职业教育培训在中国的试点项目。中华会计网校代替课堂教育，成为国际四大会计师事务所员工的网上培训基地。

3．在线招聘

在线招聘，也称为网络招聘，是指通过技术手段的运用，帮助企业人事经理完成招聘的过程。即企业通过公司自己的网站、第三方招聘网站等机构，使用简历数据库或搜索引擎等工具来完成招聘过程。

近年来，传统招聘规模呈现下降趋势，互联网招聘已经成为当前国内主流的求职招聘模式，移动互联网的到来给网络招聘带来另一个春天。目前，在中国几乎所有的城市都有本地人才招聘网，也有专门的人才招聘网站，比如前程无忧网(www.51job.com)、中华英才网(www.chinahr.com)、智联招聘网(www.zhaopin.com)等,智联招聘网主页如图9.16所示。

图9.16 智联招聘网主页

互联网的普及进一步推动在线求职者数量的增加,网络招聘用户规模也稳步增长。据统计,2011年中国互联网招聘用户规模仅有8 621万,经过5年多的发展,2016年用户规模已经翻了1.5倍。预计未来几年后,互联网招聘会逐渐迎来爆发,从招聘求职到相关的就业服务、职场需求等都会逐渐被招聘领域覆盖。不仅如此,随着网络招聘市场向三四线城市的快速扩张,大量的职位交易的需求将通过互联网呈现,不论是蓝领、小工、兼职等都将迎来市场爆发。互联网招聘行业作为较早踏入互联网的领域之一,在快速发展的同时也迎来新的机遇,垂直招聘、职业社交等多领域出现突破口,移动互联网的盛行更使得传统招聘网站变革,创新者入局。

4.在线医疗

在线医疗(eHealth)是指利用互联网或移动互联网提供医疗服务,即提供医疗服务中任何一个环节采用了互联网或移动互联网即为在线医疗。在线医疗包括了以互联网、移动互联网为载体和技术手段的在线健康教育、医疗信息查询、电子健康档案、在线疾病咨询、电子处方、网上药店、远程会诊、远程治疗和康复等多种形式的健康医疗服务;以及向医生提供的社交、专业知识(如临床经验、病历数据库、医学学术资源等)服务和工具。目前,在线医疗呈现稳定增长,并成为具长远发展潜力的领域。

随着网络通信产品和技术、远程及网络交流平台等基础设施的日益完善,实现在线医疗服务功能所需要的硬件设施和技术业已具备,与此同时,随着人们收入水平的提高,健康管理意识逐渐增强;自然环境恶化,就医需求日趋增多;巨大且不断增长的医疗费用支出,医疗服务资源(医护人员等)短缺,人口及健康结构改变等问题使医疗服务弊端日益凸显,而政府也试图通过医疗体制改革和医疗模式更新来解决医疗服务的诸多痛点。

挂号难、看病难是老百姓最希望解决的民生问题之一,相关调查报告显示,有70%左右的患者认为医院应该缩短患者等待时间。面对一些不得不去医院看的病,如何才能缩短患者的等待时间呢?

目前,不仅传统医疗企业在寻求互联网转型,包括阿里、百度在内的互联网企业也纷纷涌入医疗行业,志在打造一条让老百姓看病更方便的桥梁。我国互联网医疗产业已经整合了移动医疗服务商、医疗设备制造商、IT巨头、风险资本、移动运营商、应用开发商、数据公司和保险企业等众多参与者,形成了以可穿戴设备和在线医疗为主的产业格局。未来,随着互联网技术的快速发展、新产品开发的加快和企业经营实力与创新能力的不断增强,互联网医疗产业链将向纵深方向发展。

目前,有一部分平台如趣医网(www.quyiyuan.com)、挂号网(www.guahao.com)等直接与医院合作,建立了医院与患者线上交流、线下看病的O2O平台。通过线上了解症状、病情、挂号等,线下再到医院看病,也省去了排队的麻烦。同时,患者能在网上了解众多医院信息,选择最适合自身病情的医院去看病。国内还有一些在线医疗平台有:健康门户网站39健康网(http://www.39.net)、中国最大的医疗网站好大夫在线(www.haodf.com)等。好大夫提供最专业、完善的医疗信息服务,其中包括医院、医生信息查询中心,医患咨询平台,门诊预约系统,就医经验分享系统等服务。

从PC互联网时代的好大夫在线到春雨医生为代表的APP,采用的都是以在线寻医问诊为主的模式,患者能够便捷地找到真实可靠的医生信息并与医生进行轻型互动,得到专业医生的指导。

图9.17所示为挂号网。挂号网是卫生部批准的全国健康咨询及就医指导平台官方网站。聚合了全国3 900余家医院,600家重点三级以上医院的预约挂号资源帮助每个患者,找对医生挂到号。其通过网站、微医APP等入口为中国的医院、医生和患者提供服务。该平台已为超过2亿人次提供了分诊导诊、预约挂号、医疗支付等服务。微医提供的服务包括智能分诊、专家咨询、预约诊疗、院外候诊、报告查询、医疗支付等便捷就医服务。

图9.17 挂号网

9.2 商贸业电子商务

商贸流通业是指商品流通和为商品流通提供服务的产业，主要包括批发和零售贸易业、餐饮业、仓储业，并涉及交通运输业等。商贸流通企业只从事商品交换，不从事商品生产，是联通生产企业和消费者的桥梁，以降低进销费用和增大销售量两种方式维系发展。

而在电子商务背景下，制造商很少再通过商贸流通企业向消费者销售商品，而是直接向消费者供应货物，这必然会给商贸流通企业的发展带来强烈冲击。

商贸业作为沟通生产领域与消费领域的中介网络，本身是竞争性最活跃的领域之一。网络经济的出现，促使网络市场成为新的经济体系的核心，政府、企业、消费者通过网络市场相互联系并相互作用。电子商务作为一种全新的贸易形式和手段，具有开放性、全球化、低成本、高效率的特点，给传统的经济体系以巨大的冲击，这使其大大超越了作为一般贸易手段的内在价值，对流通领域的经济行为产生分化和重构作用，从而对商贸业有直接的影响。

商贸流通方面，支持传统商贸流通企业与电子商务企业优势互补、资源整合，通过移动互联网、地理位置服务、大数据等信息技术，提升传统商贸流通企业服务能力，加速传统商贸流通业转型升级步伐。

9.2.1 电子商务对商品流通的影响

商品流通是指商品生产出来以后，通过以货币作为媒介的商品买卖，实现从生产领域到消费领域的转移，它是商品所有者全部交换关系的总和。

随着现代信息技术的发展和互联网的快速普及，中国电子商务取得快速发展，已逐步成为中国重要的社会经济形式。电子商务广泛深入地渗透到中国生产、流通、消费等各个领域，改变了传统经营管理模式和生产组织形态，在增强国民经济发展活力、转变经济增长方式、提高资源配置效率、促进中小企业发展、带动创新就业等方面，发挥了不可替代的重要作用。

当前，电子商务已成为世界经济新的增长点，是现代商业发展的趋势。电子商务对商品流通的影响表现在以下几个方面。

1．减少流通环节，降低交易费用

与传统的零售业相比，电子商务使商品流通产生新的时间与空间概念，实现了"以时间消灭空间"的境界，利用电子商务可以避开传统销售渠道中间环节过多的问题，提高流通效率和降低流通费用与交易费用，加快信息流动的速度。事实上，任何商品的制造商都可以充当网上零售业中商品的提供者，可以基本摆脱或完全摆脱连接制造商与零售商的批发商，这样，网上的商品提供者可以以更优惠的价格向消费者提供商品。

2．创造了全新的商务模式

1）以数据库为核心的决策支持和运营系统

电子商务充分利用计算机网络与数据库技术、条码技术、POS 技术、EOS 技术、EDI

技术、仓储管理自动化技术等手段，实现商品流通过程中的数据管理功能的自动化。这些技术覆盖商品流通的各主要环节及全过程，为建立以数据库为核心的经营决策及运行系统提供了可能性。

2）以开放式的过程管理取代传统的功能管理

电子商务突破了传统的流通业直线式的流水程序及传统业务流程和运作方式，使生产厂家、商家和消费者通过网络实现了开放式的连接。不仅在企业内部的各个环节，而且包括制造商、第三方物流、银行和中介服务机构等上下游合作伙伴，在业务上都能通过网络相互协调，直接沟通，共同转向以服务增值为中心的流通过程管理。由此，传统的业务流程完全被打破，企业可以实现以先销后购、零库存为特征的业务经营，也可以以虚拟企业的形式存在，主要通过对生产流通活动的组织获取生存的空间。

3）由以产品管理为中心转向以消费者为中心

电子商务运用新的业务模式和信息技术手段有效地实现了这项要求，并完成了商品流通从以产品管理为中心向以消费者为中心需求管理的转变。

在电子商务条件下，企业可以直接运用网络技术向最终用户收集需求信息，进行互动式的交流与沟通。交互信息不仅告知顾客的购买品种，而且还可以确认购买的方式、时间以及进一步可能的商品需求。商家对顾客的了解使商家可以更好地、有针对性地为顾客服务。

电子商务的出现为实现对顾客的需求管理提供了强大的技术支持和手段。

3．提高了流通在经济生活中的地位和作用

电子商务改变了传统的流通格局和业务模式，使传统商业的某些功能和作用趋于弱化，但这并不意味着流通本身作用的削弱。由于电子商务增强了流通的直接性，扩展了流通的领域和范围，强化了现代流通对生产和整个社会经济生活的功能作用，因而进一步提升了流通在社会经济生活中的地位和作用，具体来说，电子商务对流通业的影响主要表现在以下几个方面。

1）电子商务使流通对生产和服务的功能增强

现代社会中，流通业的发展越来越依赖于先进的技术手段，而电子商务的发展则在很大范围内给流通业以强大的技术支持。流通活动已不再仅仅具有简单的产品销售功能，而兼具生产组织和市场导向功能，流通活动已经完全渗透到了生产活动之中。

2）电子商务使流通对经济运行的支配力增强

在原来生产供给能力过剩、需求相对不足的条件下，买方市场供不应求是生产与消费矛盾运动的主要特征。生产者的偏好与利益使得在社会经济生活中生产是主导，而流通则处于从属与被支配地位。随着买方市场的全面形成，流通的环境发生了重大变化，消费者的选择与偏好对一切企业的生存与发展都起着决定性作用，使流通在社会经济生活中的功能增强。电子商务使流通部门对需求的准确把握成为可能，从而决定了生产多少、生产什么和为谁生产的问题，并使之精确化，使流通在社会再生产中的主导性作用日益突出。由于流通信息化和自动化技术的普遍应用，可以有效地实现从市场预测到决策、计划、组织、控制、协调全过程的网络化信息处理，大大增强流通对生产活动的控制能力。

3）电子商务使流通对经济生活的推动力增强

电子商务使传统的流通业在行业结构、就业领域、信息技术含量等方面发生了较大变

化,对经济增长的影响比以往有更加明显的带动作用。推进商品流通领域的电子商务不仅有助于商品流通产业自身的技术创新与发展,而且能够加快电子商务向经济生活领域的渗透和扩散。

4. 加速国际化进程

电子商务为企业在全球范围内进行资本、人力、资源、技术、信息、管理等各种生产要素的优化配置提供了条件。市场的概念更新,由于打破了时空的界限,传统意义上的商圈被打破,客户一下子扩展到全国乃至全世界,真正意义上的国际化市场形成,这不仅使消费购物的选择性极大地增强,而且也使商业竞争更趋激烈。

下面从零售业、批发业、团购及超市等方面分析电子商务在商品流通领域的应用。

9.2.2 网络零售

零售业电子商务活动就是利用网络的便利、快捷等特点,将传统的店铺零售和新兴的网上零售有机结合起来的一种方式,它能够更好地满足消费者不断发展变化的需求,提高零售企业的竞争实力。电子商务的兴起使得传统的零售业受到了高科技网络零售的冲击,也给零售企业带来了发展空间的机会。

第39次《中国互联网络发展状况统计报告》显示,截至2016年12月,我国网络购物用户规模达到4.67亿,占网民比例为63.8%,较2015年年底增长12.9%。其中,手机网络购物用户规模达到4.41,占手机网民的63.4%,年增长率为29.8%。

中国商务部发布数据显示,2016年中国网络零售交易额达5.16万亿元,同比增长26.2%,是同期中国社会消费品零售总额增速的两倍有余。其中,实物商品网络销售交易额近4.2万亿元,占同期社会消费品零售总额逾八分之一,占比较2016年同期提高了两个百分点。网络零售已成为带动中国零售业增长的主要动力。据官方对重点零售企业的监测结果,网络零售业态增速为25.4%,远高于百货店、超市和购物中心等其他零售业态的增速。

快速发展的网络零售也推动了中国经济转型与供给侧结构性改革。目前,网络零售行业自身也逐渐成熟,网络零售业态多元发展。网络零售行业的竞争方式正向良性发展。小型电商平台开展差异化竞争,各自培养在客户群体中的优势;大型电商平台不再主打"价格战""公关战",促销更加规范。零售方式上,线上线下正在加快融合,"线上下单、门店提货""门店下单、仓库配送"等新型零售方式已经实现。技术水平上,电商平台支撑能力进一步提高,无人仓、无人车、无人机等技术已从概念走向应用。

1. 电子商务对零售业的影响与作用

电子商务彻底改变了传统零售业的营销理念。利用电子商务作为工具使得营销必须利用信息技术和网络优势,树立全新的营销理论,从传统的同质化、大规模营销到异质化、集中营销,营销管理也从分散、独立的过程发展到统一管理。

电子商务对零售业物流体系实现再构造。物流是零售业的源头,电子商务改变了传统的物流观念,为物流创造了一个虚拟的运作空间;电子商务改变了物流的运作方式,通过网络上的信息传递,可以有效地实现对物流的实时控制,实现物流的合理化;电子商务还改变了零售企业物流的经营形态,要求从社会的角度对物流进行系统的组织与管理,从而打破了传统物流分散的状况。

2．网上零售商业体系的基本要素

网上零售商业体系的基本要素是构成电子商店的基础。从现实看，其基本要素主要包括以下几个方面。

(1) 卖方(商品或服务的提供者)。网上零售商业体系中的卖方就是向用户提供商品的组织或个人。网上的卖方既可以是传统零售商业体系中的制造商，也可以是传统零售商业体系中的零售商。网上的卖方利用了多媒体向消费者展示商品的目录与说明，当消费者确认需要后，网上的卖方才动用它现实中的配送系统，将产品或服务送到消费者手中。

(2) 买方(商品或服务的需求者)。网上零售商业体系中的买方就是网络的使用者。但并不是所有的网络用户都是这一零售商业或店铺的消费者，只有当网络用户去逛卖方店铺并购买商品或接受服务时，他们才成为现实的消费者。

(3) 中介机构。网上零售商业体系中的购物服务提供者负责将各类商品的提供者汇集到一个购物服务系统中，并提供相应的平台和服务，以便消费者进入，选购所提供的产品，购物服务提供者实际上扮演着中间商的角色。

(4) 购物服务分销商。网上零售商业体系中的购物服务分销者负责向消费者提供进入服务应用软件的途径。通过他们的网络，分销商可以与消费者家庭建立电子联系。由于互联网是一种高度分布式的网络，为可能的内容提供者开放进入的途径，只要他们遵守共同的网络协议，所有ISP或网络公司只要愿意，都具备成为购物服务分销商的条件。

(5) 销售或分销渠道。网上零售商业体系的销售或分销渠道就是网络本身，网络可以说是无所不到的，因而这一销售渠道或分销渠道可以说是非常广阔且又细密的。

商品的提供者、商品的需求者、购物服务提供者以及购物服务分销者在网上的零售商业体系中扮演特定的角色，与传统零售商业体系中的制造商、批发商、零售商及消费者所扮演的角色有一定的差异性。

3．零售业电子商务的模式

1) 网上商店

在线零售是指企业在自己网站的产品页面上附上订单、浏览者选择产品、在网上直接下订单、支付货款后、企业送货、完成销售的过程。该销售过程包括能够在线实现的数字化产品或服务，也包括网上订货，由企业在线下将产品送到客户手中的销售活动。例如天猫商城(www.tmall.com)、淘宝网(www.taobao.com)、京东商城(www.jd.com)等都是综合零售网上商城。商品门类繁多、品种齐全，衣食住行无所不包，适合各种消费者的需求。这种网上大卖场容易吸引客户，销售的机会也较多。

例如，京东商城(JD.com)成立于2004年，2004—2010年，京东商城一直保持高速成长，连续六年增长率均超过200%。缩减中间环节，为消费者在第一时间提供优质的产品及满意的服务。根据第三方市场研究公司艾瑞咨询的数据，京东是中国最大的自营式电商企业，目前，京东集团旗下设有京东商城、京东金融、拍拍、京东智能、京东到家及海外事业部。京东始终坚持以纯电子商务模式运营，为消费者提供在线购物服务。通过内容丰富、人性化的网站(www.jd.com)和移动客户端，京东以富有竞争力的价格，提供具有丰富品类及卓越品质的商品和服务，以快速可靠的方式送达消费者，并且提供灵活多样的支付方式。另外，京东还为第三方卖家提供在线销售平台和物流等一系列增值服务。

京东提供丰富的商品，品类包括计算机、手机及其他数码产品、家电、汽车配件、服装与鞋类、奢侈品(如手提包、手表与珠宝)、家居与家庭用品、化妆品与其他个人护理用品、食品与营养品、书籍、电子图书、音乐、电影与其他媒体产品、母婴用品与玩具、体育与健身器材以及虚拟商品(如机票、酒店预订等)。

2) 网上直销

所谓网上直销，就是企业通过互联网建立一条与客户直接联系的通道。

戴尔公司从20世纪90年代初开始为亚太地区的商业、政府、大型机构和个人提供服务，是世界上最早实施电子商务网上直销的计算机公司。戴尔公司网上直销模式的核心思想是真正按照顾客的要求来设计制造产品，并把它在尽可能短的时间内直接送到顾客手上。戴尔公司的网上直销模式实质上就是简化分销渠道、消灭中间商。同时，按单定制的直销模式使戴尔公司真正实现了"零库存、高周转"。不同于硅谷那些迅速发展的技术新贵，戴尔公司并非以技术见长。它孜孜以求并且最拿手的就是尽可能消灭一切中间环节。戴尔公司其实是在组装市场，在第一时间把市场需求和高度模块化的半成品组装起来，大大减少了市场流转的时间和成本，从而使市场潜力充分地释放了出来。

在戴尔的网站上购买计算机，操作非常方便，每一步都有操作提示。客户在购买计算机时有一种在商店里购物的感觉。客户可以根据自己的需要选择计算机配件，由客户直接向企业发出订单；客户在订单中详细列出所需的配置，然后由戴尔公司"按单生产"，在进行网上支付之后，戴尔公司在最短的时间内就可将计算机送到客户手中。

3) 网络商品交易会

网络商品交易会(简称网交会)主要是依托政府搭建的平台，旨在帮助中国网络零售企业，积极灵活应对国内经济形势的变化，致力于全面推动网络购物规范发展，全力促进网络商品市场繁荣。网交会将在线下商品与线上渠道的对接上发力，帮助网络商品供应商开拓网络及多元市场渠道，帮助网络商品零售商找到优质货源，并引导和支持中小商贸企业从被动接收订单向主动开拓市场的方向转变。同时，网交会在改进商品流通方式、促进网络购物规范化等方面的助推作用，也将得到充分发挥。

由商务部举办的中国网络商品交易会，定位为"中国网络零售业第一展"，是唯一国家级的网络零售业展会平台，为网络零售商城、电商服务企业、中国制造企业和网购消费者搭建了一个展示和交流的线下展会平台。中国网络商品交易会是中国优秀的电子商务企业集中展示自己并寻求商机和合作的最重要平台，也将成为网络零售的"晴雨表"和行业发展的"风向标"。

9.2.3 网络团购

1. 网络团购的概念

团购即为一个团队向商家采购，国际通称B2T(Business To Team)，是继B2B、B2C、C2C模式后的又一电子商务模式。所谓网络团购，就是指通过互联网平台，由专业团购机构将具有相同购买意向的零散消费者集合起来，向厂商进行大批量购买的行为。也可由消费者在团购网站上发布产品团购信息，自行发起并组织团购。

这种电子商务模式可以称为C2B，和传统的B2C、C2C电子商务模式有所不同，需要将消费者聚合才能形成交易，所以需要有即时通信(Instant Messaging)和社交网络(SNS)作为支持。

2．网络团购的特点

网络团购这种崭新电子商务模式的始创者是美国的 Groupon，其营运模式是每日推出一件商品(Deal of the Day)，如果通过网上认购这件商品的用户达到指定数量，全部人就可以用特定的折扣价格购买这件商品，否则交易就告吹；如果交易成功，Groupon 就向出售商品的商户收取佣金。网络团购作为网上购物的一种组成方式，具备了网络购物的所有优点，如方便、快捷、不受地域限制等。而价格优势又成为其最主要的核心优势，这种优势甚至要比普通网络购物更加明显。与传统的团购相比，网络团购有以下特征。

(1) 价格折扣高：团购交易目的之一就是通过集体购买，获得较高的价格折扣。

(2) 有时间限制：团购交易属于阶段性的商业促销活动，不是商家持续性策略，因此一般团购活动都会有时间周期。

(3) 小额支付：目前国内网络团购交易涉及的金额，多是小额支付。

(4) 商品毛利高：团购活动本身属于促销行为，目的在于吸引消费者的重复消费，因为商品生产的边际成本低或毛利水平高，才能支持低折扣销售。

尽管团购还不是主流的消费模式，但它所具有的爆炸力已逐渐显露出来。业内人士表示，网络团购改变了传统消费的游戏规则。团购最核心的优势体现在商品价格更为优惠上。根据团购的人数和订购产品的数量，消费者一般能得到5%~40%不等的优惠幅度。

3．网络团购的形式

网络团购的主体大体可以归为 3 类：买家、卖家、第三方组织。3 类主体结合方式的不同，也决定了网络团购具体形式的不同。目前存在的网络团购形式大体可分为 3 种。

1) 买家通过网络自发组织的团购

此种团购中，所有参与网络团购的都是买家，组织者作为买家之一，通过网络将零散的买家组织起来，以团体的优势与销售者谈判，从而获得比单个买家优越的购买条件。

2) 卖家自办团购网站

此种团购中，卖家通过网络发布团购信息，邀请买家参与团购，而卖家自愿将价格降到比单个采购更低的水平。因为买家采购数量大，从而也保证了卖家的更大利润。例如，淘宝聚划算、京东商城、当当网等，每天推出多单精品销售，只要在网上凑够人数，就能享受很低的折扣。

3) 第三方独立团购导航网站

当前，中国团购网的经营模式基本是复制美国团购网。在这种团购的模式中，除了消费者和销售者以外，还有专业的团购组织。专业团购组织并不是消费者，也不是销售者，而是为了商家和消费者提供服务的第三方组织。

艾瑞咨询分析认为，Groupon 模式团购网本质是为商家及消费者提供一个本地化服务平台。商家通过该平台推广自身的餐饮、娱乐、美容等服务，消费者通过团购的方式获得优惠的价格，网站本身则获取服务费或产品差价收益。因此，一般团购网站会与当地的一些餐饮企业、影院、健身中心、KTV 等机构先期寻求合作，达成协议后，从这些合作企业拿到接近成本的折扣价，比如一家影院的电影票，正常售价是 40 元，团购网站能拿到 9 元的价格，网站再加 1 元的利润，然后以 10 元价格在网络上开团。网站在相关网页上会对这家影院进行详细介绍，比如设施、环境、服务、地址、电话等信息全部都有，在进行团购的同时，也是对影院进行商业推广。目前，国内大部分的团购网都是这个模式。如美团网(www.meituan.com)、大众点评(http://t.dianping.com/nanning)、糯米网(www.nuomi)、拉手网(www.lashou.com)等，大都为广大团购网会员提供"本地精品消费指南"服务。

网络团购改变了传统消费的游戏规则。团购最核心的优势体现在商品或服务的价格更为优惠。以上三种网络团购的共同点就是参与者都能够在保证同等品质情况下，比市场价格还要低的产品或服务。

案例

大 众 点 评

大众点评网如图 9.18 所示。大众点评于 2003 年 4 月成立，是中国领先的城市生活消费平台。大众点评借助移动互联网、信息技术和线下服务能力，为消费者提供值得信赖的本地商家、消费评价和优惠信息，及团购、预约预订、外送、电子会员卡等 O2O 闭环交易服务，覆盖了餐饮、电影、酒店、休闲娱乐、丽人、结婚、亲子、家装等几乎所有本地生活服务行业。大众点评手机客户端是中国最受欢迎的本地生活 APP 之一，已成为广大城市消费者的必备工具。目前，除上海总部之外，大众点评已经在北京、广州、深圳等 250 多座城市设立分支机构。

截至 2016 年第二季度，大众点评月活跃用户数超过 2.5 亿，点评数量超过 1.5 亿条，收录商户数量超过 2 000 万家，覆盖全国 2 500 多个城市及全球 200 多个国家和地区的近 1 000 座城市；截至 2016 年第二季度，大众点评月综合浏览量超过 200 亿，其中移动客户端的浏览量超过 85%，移动客户端累计独立用户数超过 4 亿。(数据来源：大众点评 http://www.dianping.com/aboutus)

在电子商务已经被广泛接受的积淀下，团购网站为消费者带来更实惠的消费，半价甚至低至一两折的价格最具竞争力。团购作为一种新型的电子商务模式，是电商领域的新尝试，整个产业具备巨大可塑性，并能培养一大批电商从业者；同时从某种程度上说也大大促进了消费，尤其是盘活第三产业的经营生产状态。

目前的团购以及网购都缺乏规范的管理，团购网站的各项市场营销活动的真实性、公平性不能得到完全保障，因此仍然需要加强监管力度。

图 9.18　大众点评网

9.2.4 网上超市

长久以来,传统超市以其舒适的购物环境、便利的交通方式以及周到的落地服务,深受广大消费者的追捧。然而,日益上涨的物业租金及用工成本,以及新兴电子商务的崛起,都对传统超市业形成了一定程度的冲击,于是传统超市也纷纷试水电子商务,其形式上多以 B2C 网上商城为主。

1. 网上超市的概念

网上超市是通过互联网作为展示平台,线上订购,线下配送的一种商业运营模式。不同于传统超市,网上超市由于没有实体店铺,大幅降低了店铺成本、人力成本,从而降低商品价格。网上超市货架上的商品非常丰富,包括食品饮料酒水、厨卫清洁用品、家具生活用品、母婴育儿和家电数码等几大类,销售的商品过万种。

2. 电子商务对超市的作用

经营超市本身是低利润的,当服务呈现标准化趋势后,未来的竞争就是成本的竞争,谁能更好地控制成本,减少采购环节、配送环节、库存管理的费用,谁就能赢得客户。而电子商务的条码技术、POS、EOS、EDI 等技术可以持续改进产销链,更大限度地削减成本。毫无疑问,电子商务是超市的利润之源,电子商务可以有力地推动超市的发展壮大。

3. 沃尔玛网上商城

沃尔玛百货有限公司由美国零售业的传奇人物山姆·沃尔顿先生于 1962 年在阿肯色州成立。经过五十多年的发展,沃尔玛公司已经成为世界最大的私人雇主和连锁零售商,多次荣登《财富》杂志世界 500 强榜首及当选最具价值品牌。

目前沃尔玛在中国经营多种业态和品牌,包括购物广场、山姆会员商店等。从 2010 年底开始,山姆会员网上商店(www.samsclub.cn)陆续在深圳、北京、大连、上海、广州、福州、杭州、苏州、武汉和常州在内的所有已开设山姆会员商店的城市开通了山姆会员网购直送服务。2011 年 5 月,沃尔玛百货有限公司宣布与 1 号店控股公司达成协议,购入这家正在快速发展的中国电子商务企业少部分股权。截至 2016 年 12 月 31 日,沃尔玛已经在中国 189 个城市开设了 439 家商场、8 家干仓配送中心和 11 家鲜食配送中心。沃尔玛通过实体零售店、在线电子商店以及移动设备移动端等不同平台、不同方式来帮助世界各地的人们随时随地能够节省开支,并生活得更好。每周超过 2.5 亿名顾客和会员光顾沃尔玛在 28 个国家拥有的超过 70 个品牌下的约 11 000 家分店以及遍布 11 个国家的电子商务网站。2015 财政年度(2014 年 2 月 1 日至 2015 年 1 月 31 日)的净销售金额达到近 4 857 亿美元,全球员工总数约 220 万名。沃尔玛网上商城(www.wal-martchina.com/)如图 9.19 所示。2016 年 10 月,沃尔玛与京东双方宣布在电商、跨境电商、O2O 等领域的合作取得了多项重要进展,将携手为中国消费者提供更丰富的海内外优质商品、更便捷高效的物流服务(资料来源:http://www.wal-martchina.com/walmart/index.htm)

4. 网上超市面临的问题

尽管逛网络超市已经成为年轻消费者较为喜欢的购物方式,可价格低廉、省时省力的网上超市如今也面临着经营困境。由于供应链、仓储物流以及运营资金存在问题，不少网上超市已经出现了倒闭、停业。面对网上超市行业存在的经营瓶颈，相比于百货商城，网上超市销售的大都是日常生活快速消费品，因此对物流配送时效性要求比较高，配送成本也大。超市快消商品毛利率低，而在网上销售单件产品运营成本高，这给商家造成很大的压力。

图 9.19 沃尔玛网上商城首页

因此，网上超市能否本地化，因地制宜地推出符合本地消费者需求的商品，是其能否实现发展的根本。另外，网上超市发展自有品牌可以使企业实现差异化经营，形成自身的特色，并吸引固定的客户群。发展自有品牌不仅是实体超市需要关注的问题，同样是网上超市日后发展的重要方向。

9.2.5 跨境电子商务

随着经济的全球化，各国跨境电子商务日渐风靡。面对快速发展的国际跨境电子商务，我国跨境电子商务发展迅速。

1．跨境电子商务的概念

跨境电子商务(简称"跨境电商")是一种新型的贸易方式。从狭义上来讲，跨境电商是指分属于不同关境的交易主体，通过电子商务平台达成交易、进行支付结算，并采用快件、小包等行邮方式通过跨境物流，将商品送达消费者手中的交易过程。跨境电商实际上基本等同于跨境零售。

从广义上讲，跨境电商指分属于不同关境的交易主体，通过电子商务的手段将传统进出口贸易中的展示、洽谈和成交环节电子化，并通过跨境物流送达商品、完成交易的一种国际商业活动，即跨境电商基本等同外贸电商。

在国家政策支持下，我国跨境电子商务近几年保持快速增长态势。根据中国电子商务研究中心发布的《2015年度中国电子商务市场数据监测报告》显示，2015年，中国跨境电商交易规模为5.4万亿，同比增长28.6%；中国跨境电商进出口结构出口占比83.2%，进口比例16.8%。中国企业出口商品主要是服装、饰品、小家电、数码产品等日用消费品，规模较大且增速较快。我国跨境电商进口处于起步阶段但增速很快，化妆品、护肤品、母婴用品、奢侈品、新潮服装、电子消费品、食品及保健品是跨境电子商务进口的主流商品。

2．跨境电子商务的分类

跨境电子商务从进出口方向不同分为：出口跨境电子商务和进口跨境电子商务。

如果按照运营模式不同分类，我国跨境电子商务可分为跨境B2B贸易(外贸企业间的电子商务交易)和跨境网络零售两大类。

B2B模式下，企业运用电子商务以广告和信息发布为主，成交和通关流程基本在线下完成，本质上仍属传统贸易，已纳入海关一般贸易统计。B2C模式下，我国企业直接面对国外消费者，以销售个人消费品为主，物流方面主要采用航空小包、邮寄、快递等方式，其报关主体是邮政或快递公司，目前大多未纳入海关登记。

从市场格局来看，跨境电商在中国进出口贸易中已占有重要位置，根据商务部的数据，2016跨境电商B2B占进出口比例超过70%。2014年跨境B2C业务(外贸企业对个人零售电子商务)在天猫、苏宁、一号店、唯品会、亚马逊中国、聚美优品等各大网络零售平台上线。阿里巴巴公司的数据显示，2016年"双十一"期间，235个国家与地区的企业和消费者在阿里巴巴平台上进行交易，跨境电商在中国已进入全球化大众消费时代。

从市场格局来看，跨境B2B贸易在我国跨境电子商务中一直占主导地位，2015年的占比为92.4%。跨境B2B贸易企业主要依托阿里巴巴(http://www.alibaba.com)、敦煌网(www.dhgate.com)、环球资源、中国制造网(www.made-in-china.com/)、环球市场集团、兰亭集势等电商平台进行信息展示，电商平台帮助企业进行在线匹配和撮合。大多数跨境B2B贸易订单的金额较大，进出口贸易的部分环节在线上完成，目前尚未实现完全的在线交易。虽然在线全流程的跨境电子商务是未来的发展趋势，但今后几年，跨境B2B贸易仍将以信息撮合和信息化服务为主。未来五年，跨境电商将成为主要的外贸模式之一。

3．跨境电子商务的意义

跨境电子商务作为推动经济一体化、贸易全球化的技术基础，具有非常重要的战略意义。跨境电子商务不仅冲破了国家间的障碍，使国际贸易走向无国界贸易，同时它也正在引起世界经济贸易的巨大变革。对企业来说，跨境电子商务构建的开放、多维、立体的多边经贸合作模式，极大地拓宽了进入国际市场的路径，大大促进了多边资源的优化配置与企业间的互利共赢；对于消费者来说，跨境电子商务使他们非常容易地获取其他国家的信息并买到物美价廉的商品。

跨境电商具有门槛低、环节少、成本低、周期短等方面的优势，能够帮助国内企业降低国际贸易成本，并且能够帮助国内中小企业更便利地开展国际贸易，具有广阔的市场空间和良好的发展前景。

4．跨境电子商务案例：速卖通

全球速卖通(www.express.com)是阿里巴巴旗下面向全球市场打造的在线交易平台，于2010年4月上线，被广大卖家称为国际版"淘宝"。全球速卖通像淘宝一样，把宝贝编辑成在线信息，通过速卖通平台，发布到海外。类似国内的发货流程，通过国际快递，将宝贝运输到买家手上，就这样轻轻松松，与220多个国家和地区的买家达成交易，赚取美金。速卖通的首页如图9.20所示。

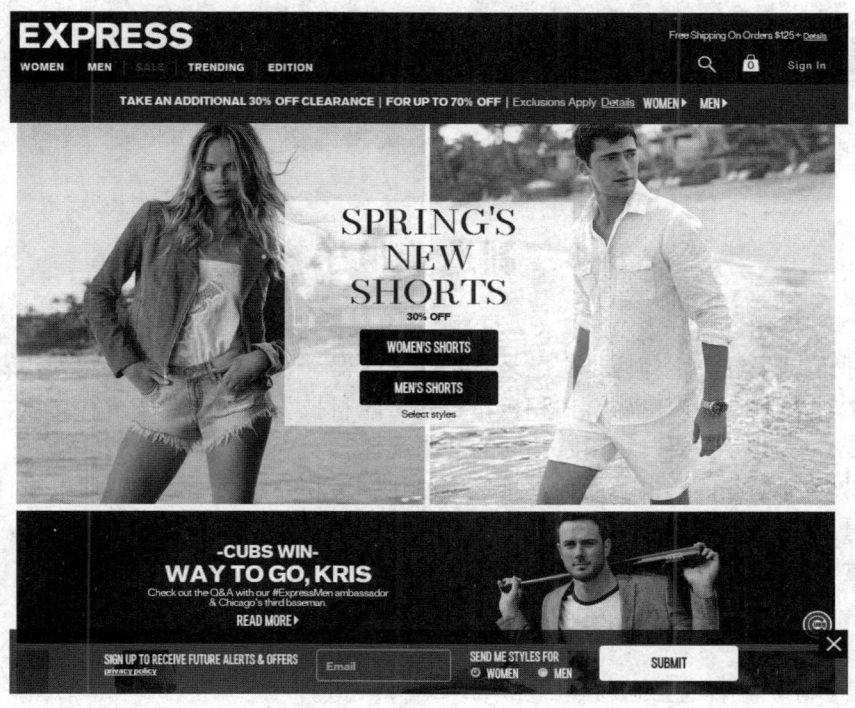

图9.20　速卖通首页

与境内电商一样，跨境电商的三个关键节点同样是信息流、资金流、物流。其中物流系统最为复杂，运输距离长，需要多个物流公司衔接，而且海关的清关系统耗时较长，过去，通过小的公司转运，不仅物流耗时长，而且货品容易被掉包，真货变假货！如今，跨境电商能够向海关提供交易、支付、物流等电子信息，海关通关效率将明显提高，消费者跨境网购也将大幅提速。收货时间可由现在的一两个月缩短到一至两周。同时，有关部门掌握了这些准确的电子信息，也便于消费者退换货，有利于保障消费者的合法权益，促进跨境电商规范经营。

随着互联网技术和移动互联网应用的不断深入，开展商务活动的网站数量和形式越来越多，网上商城将来会以什么的形式呈现，谁也无法预料。但是可以肯定的是，以上的各类网上商贸活动类型将继续存在和不断发展。

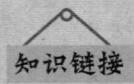

跨境电商要收税 海关总署制定跨境电商税收政策

2016年3月24日，财政部、海关总署、国家税务总局发布通知，经国务院批准，自2016年4月8日起，我国将实施跨境电子商务零售进口税收政策，并同步调整行邮税政策。

政策规定，跨境电子商务零售进口商品的单次交易限值为人民币2000元，个人年度交易限值为人民币2万元。在限值以内进口的商品，关税税率暂设为0%；取消进口环节增值税、消费税免征税额，暂按法定应纳税额的70%征收。超出限额的部分，均按照一般贸易方式全额征税。

出台新的税收政策，主要目的是明确跨境电商零售进口商品的贸易属性，并通过合理设置税率水平，使新兴业态与传统业态、国外商品与国内商品的税负更加公平。财政部有关负责人表示，这次对进口税收政策的进一步完善，综合考虑了拉动国内消费、公平竞争、促进发展和加强进口税收管理等多种因素。

9.3 制造业电子商务

制造业是国民经济主体，是立国之本、兴国之器。大力推进以互联网为代表的新一代信息通信技术与制造业深度融合，积极抢占新一轮科技革命和产业变革制高点，重塑全球竞争新优势，是世界主要发达国家共同的战略选择。

近年来，制造业依托电子商务，推进网络化制造和经营管理，加速研发设计、生产制造、业务重组等向全球体系演进，促进了产业创新模式向高效共享和协同转变，推动了工业从生产型制造向服务型制造转变。

9.3.1 制造业电子商务的内容

1. 电子商务对制造业的影响

电子商务的应用，可以使制造企业商务活动的全部过程实现一体化的网络信息传输和信息处理，从而降低成本，提高生产和管理效率，使企业的利益最大化。具体而言，传统制造业实现电子商务化可以提高企业运营管理水平和效率，降低促销和采购成本，提高库存管理水平，缩短生产周期，实现24小时的商业运作，增多商业机会以及减轻对实物基础设施的依赖等。

1) 提高效率、降低成本

通过实施电子商务，可以实现企业对产品、原材料、非生产性产品、服务类等需求的电子化、网络化的采购，总公司与下属子公司及各职能部门有组织、有计划地统一管理，减少流通环节，降低成本，提高效率，使企业在管理上通过电子商务的实施达到更高的水平。通过大量的自我服务(包括网上销售订单的管理、供应商自助采购、内部员工的自助服务)，最终达到降低企业总运营成本的目标。

2) 加快对市场的反应速度

由于电子商务的应用，企业从原材料的采购、产品设计，到订单处理和产品的发送，均可以以小时为单位来追踪。同时利用互联网技术不仅可以全面监控下游的客户每日的进、销、存情况，及时进行补货，而且可以让上游的供应商及时知道企业原料的库存情况，及时补充，将存货量保持在最低水平。

3) 提高客户服务水平

随着电子商务的不断发展，B2B 的商务活动给企业带来了新的竞争优势，为吸引、保留现有客户，要求提供更快捷、成本更低的商务运作模式，保持与发展和客户达成的密切关系。采用电子商务解决方案，可以为企业提供新的业务增值，提升客户的满意度与忠诚度。

4) 跨越时空的经营

企业实施电子商务，不仅有利于信息发布，提高企业知名度，而且随着企业电子商务的深入开展，还可以提供更多的功能、业务，必然吸引客户加入企业建立的电子集市，带来新的客户。从本质上讲，通过实施电子商务解决方案，无论新、老客户都会从企业建立的电子商务服务活动中得到利益，产生新的业务增值，降低成本，企业与客户间形成买方、卖方及服务提供商的电子商务社区。

2．制造业电子商务的内容

随着电子商务的不断发展，制造业企业逐渐认识到电子商务在现代企业营销中所发挥的作用。不同于纯贸易型和销售型公司，制造业企业无论是从业务环节还是各环节业务的本身复杂程度上，都远远高于前者，因为生产制造业在生产前的准备和生产后的销售中要发生大量的商务活动，如采购、生产、销售等一系列的以生产产品为中心的活动。因此要想通过电子商务门户仅仅完成前端简单的交易，很难满足这些企业的要求。

对生产制造企业来说，电子商务在生产领域中的应用表现在电子化采购、零库存与JIT、协同设计与生产、网络营销和 CRM 等几个方面。

1) 电子化采购

原材料采购是生产企业经营运作的主要组成部分，它是有计划地进行生产建设、实现企业经营目标、提高经济效益的重要保证。

原材料的采购是一个复杂的过程。在采购过程中，应力求做到质量合格、供货及时、成本最低，以最经济合理的价格获得所需的物料，并尽量缩短采购周期和降低库存。此外，还应尽量寻找质量更好、价格更低、供货更及时和稳定的新型代用物料的来源和渠道，尽量收集、分析与采购有关的信息和资料，预测有关物料未来市场供应趋势和走向。为了使成本尽可能降低，企业希望采购材料的价格最低，而为了保证生产商品的质量，就必须保证所购买材料的质量，因此就需要借助电子工具来进行原材料价格、质量的综合调查比较和分析，通过筛选实现采购，这就是电子化采购。

2) 零库存与 JIT

库存管理是企业管理的重要组成部分。库存的主要功能是在供给和需求之间建立缓冲，缓冲供需之间的矛盾。

通过电子商务，企业可以形成上、下游之间的供应链管理，实现原材料无库存、产品无库存和 JIT。JIT 的基本原理是以需定供，即供应方根据需方的要求，按照需方要求的品种、规格、质量、数量、时间、地点等，生产必要数量和完美质量的产品及零部件，以杜绝超量生产，消除无效劳动和浪费，减少库存占用资金，达到用最少的投入实现最大产出的目的。

3) 协同设计与生产

向市场投入新产品是制造业企业有力的竞争手段，但新产品的开发是一个费时、费力的过程。以汽车的研发为例，一般汽车公司先建成整车模型，以确定其在实际生活中的样式，然后花上几个月的时间进行革新；模型被通过后，将用手工制作单个或几个汽车原型，以确定各个部门是否能配套或是确认汽车的造价是否划算；当原型准备就绪后，工程师们会设计和制作部件的模具并进行加工。如果进展顺利，工程组就会装配汽车，并检查是否有问题。最后，经过再一次的修正，汽车才会投入大批量生产。

而在电子商务的开发环境下，汽车设计、工程师、供货商、生产加工员都是一个工作组的成员，从头至尾都在一起工作。由于计算机化，以前得花费好几周或好几个月的步骤现在几天就可以完成。利用计算机共享信息使工作组中的不同成员一起为某个项目进行工作，而不像以往那样需等待一个成员完成他的那一步之后，再进行下一步工作。通过使用计算机辅助设计(CAD)、计算机辅助加工(CAM)以及计算机辅助工程(CAE)系统之后，整个工作组可以看到各个部件是否吻合，不再需要用手工制作原型。各个部件的改进也可以在计算机上完成，不再需要制作样本模具和零件。

当最后的设计被通过后，CAM 的信息被装入制作模具和原型零件的机器中。使用相同的技术可以改进和制作流水线生产的模具。团队协作和共享电子信息可以使开发与制造新产品的时间大大减少。

4) 网络营销

在电子商务环境下，便利的商品交易环境改变了传统的营销方式。时间和空间的概念、市场的性质、消费者的概念和行为等都将发生深刻的变化。网络营销的范围会大大地突破原商品销售范围和消费者群体，打破时空的限制。产品订货会没有了地点和统一时间的概念，取而代之的是一个网址和客户希望的任何时间，群体集会变成了个体根据自己的需要来访问和处理；消费者了解产品信息的途径由完全被动接受为主演变为主动在网络上搜寻信息。由于 Internet 信息的多媒体双向传播，个性化的信息需求和推拉互动的信息供需模式使生产厂商和消费者可以通过网络进行商品交易。这种交易避开了某些传统的商品流通环节，它对传统的产品营销观念、营销模式和营销手段都将产生巨大的冲击。

电子商务使制造业的信息收集和市场调研功能、交易功能、促销功能、售后服务功能、网络品牌形象大大加强。

5) CRM

客户关系是商务活动中的一个核心问题，也是商务活动成功与否的关键因素之一。随着电子商务的迅速发展，CRM 对以电子商务为基本模式的现代企业活动来说，具有了更重要的意义，它不仅是企业经营的一个概念，同时也是一种管理技术。在电子商务环境下，企业只有运用 CRM 概念和技术，才能快速搜集、追踪和分析每一位客户的信息，进而了解整个市场走势，并确切地知道谁是客户、谁是客户的客户、什么是客户的需要、客户需要什么样的产品和服务、如何才能满足客户的要求，以及满足客户要求的一些重要限制因素，使企业与客户的关系及企业赢利都得到最优化。

9.3.2 制造业电子商务的模式

制造业电子商务的模式有 3 种类型：B2B 模式、B2C 模式、B2G 模式。从目前现状看，B2B 模式的交易额最大。

1．B2B 模式

B2B 模式起源于 EDI，主要应用于国际的进出口贸易企业。B2B 电子商务是在上下游企业之间从事网络商务活动，其典型的特征是从上游企业或商家购买原材料和零配件，并向下游企业或商家供货和分销。基于供应链技术的 B2B 电子商务的开展可以降低企业的采购成本，减少差错率，企业供应链的管理变得直接有效，提高了企业对市场的响应速度，使得直接成本和管理经营成本在很大程度上得到了降低。

2．B2C 模式

B2C 模式直接面向消费者，制造业 B2C 主要是通过网上销售模式来开展的。这种模式有利于企业发布企业有关信息，并通过与消费者的互动交流，掌握和引导消费动向，为消费者提供及时有效的个性化服务。

3．B2G 模式

B2G 模式是企业对政府电子商务活动，是指企业与政府机构之间进行的电子商务活动。政府通过采购清单在网上公布，以网上竞价方式进行招标，而企业则通过网上投标。这种商务方式覆盖了企业与政府之间的各项事务。

9.3.3 制造业电子商务的应用

随着电子商务的迅猛发展，越来越多的传统企业认识到电子商务的发展已是一股不可逆转的潮流。电子商务不仅降低企业的管理成本和交易成本，同时使企业给消费者带来了多种多样的消费渠道。

1．采购与招标

采购作为满足企业需求的一种重要手段，对整个企业的生产与生活产生了极其重要的影响。电子商务采购作为一种新的采购模式，充分利用了现代网络公开、透明、快捷和低成本等特点，能够有效地避免采购过程中的腐败和风险。同时，电子商务采购有利于扩大供应商范围，提高采购效率，降低采购成本，产生规模效益。

例如，中国采购与招标网作为国家政府机关采购中心，发布国家和地方建设项目、国际金融机构和外国政府在华贷款项目等各类项目招标信息，并适时提供政府部门和企业的采购资讯、各行业采购分析报告。

2．为制造业提供资讯服务

中国制造网(cn.made-in-china.com)，是一个中国产品信息荟萃的网上世界，面向全球提供中国产品的电子商务服务，旨在利用互联网将中国制造的产品介绍给全球采购商。中国制造网现已成为中国产品供应商和全球采购商共通共享的网上商务平台。

3．制造业企业网站

互联网时代世界名牌的特点是能快速满足用户的个性化需求，企业需要大规模定制而非大规模制造。例如，海尔集团(www.haier.com/cn)、杉杉集团(www.shanshan.com)、美的集团(www.midea.com/cn)等制造企业通过应用电子商务，既加强了企业内部管理，又开拓了新的市场。

4．企业电子商务交易平台

例如，中国制造交易网(www.c-c.com)为中国制造业提供 B2B 电子商务交易展示平台，依托其核心互联网产品"交易通"以及传统营销渠道为客户提供线上、线下的全方位服务。

5．海尔电子商务之路

海尔是大家公认的中国制造业巨头，但在最近几年，海尔与阿里集团、腾讯、百度这些"显形"的网络巨子对比，显得有点相形见绌，互联网、移动互联网的浪潮浩浩荡荡，席卷了所有产业。作为家电业龙头的海尔，也没能幸免。海尔又是如何走出这种局面呢？海尔除了推行海尔商城(www.ehaier.com，如图 9.21 所示)，海尔旗下的综合物流服务品牌日日顺早在 2010 年年底便已推出"日日顺乐家"商城，定位于家庭一站式购物平台，涵盖家具家居、家电、户外用品、儿童玩具、母婴用品等产品。这并不顺利，2012 年年底"日日顺乐家"便宣布停止运营，转到海尔与英国零售商 Argos 合作的爱顾商城。2013 年 2 月底，爱顾商城宣布解散，现已无法访问。

图 9.21　海尔网上商城

尽管电商业务不顺利，但海尔没有放弃努力。海尔开始重视平台化的思维，即通过互联网界面将自己的服务能力分享出来。海尔先后在天猫、苏宁、京东等平台都开设了商城。如图 9.22 所示，在海尔官网上都有这些商城的链接。

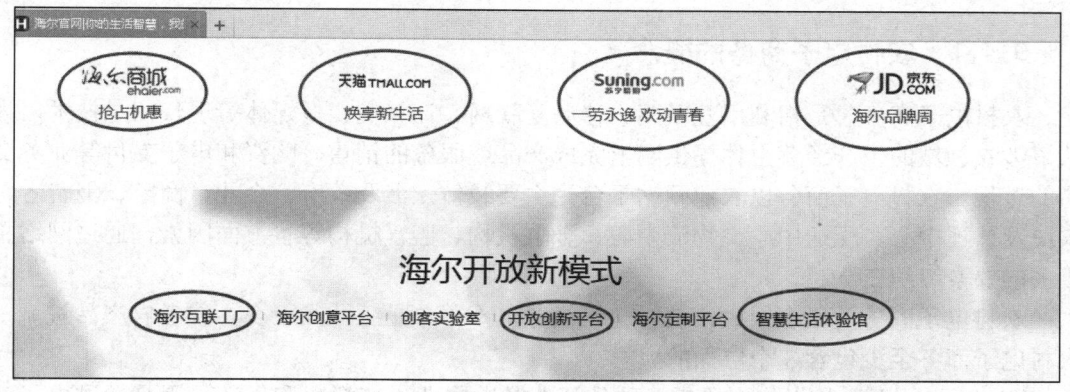

图 9.22　海尔官网主页上的商城及创新

海尔更前卫的探索在于近期低调上线的结合众筹、用户交互、C2B 定制和孵化器等模式于一体的产品创新平台"海立方"。海尔或许认为传统的调研—设计—生产—销售—售后模式已经落后，于是鼓捣了一个产品创新平台。在这个平台上，海尔内部创业团队或者第三方均可提交创意项目，用户对感兴趣的进行预订、互动和参与，售后反馈，海尔则将提供生产供应链资源，专业资源(专家支持)、渠道资源及 50 亿～100 亿的创新基金，通过已有资源来培育更有竞争力的产品线。如果这些资源能够有效地在平台上落地，那这个创新平台的潜力绝不容小觑，因为这些是真正有创意的个人和公司最缺少的，这样就可以形成有效互补，可以为海尔提供源源不断的创新想法，提升企业的创新能力。

目前已有定制手机厂商可以面向单用户定制，但是家电企业提供定制的并不多见。可以看出海立方借鉴了雷军的小米手机的一些模式：预售、用户参与；也借鉴了创业孵化器的模式，海尔充当资源整合者和天使投资者。

9.4　农村电子商务

2015 年 11 月 9 日，国务院办公厅发布《关于促进农村电子商务加快发展的指导意见》，提出积极培育农村电子商务市场主体，鼓励电商、物流、商贸、金融、供销、邮政、快递等各类社会资源加强合作；扩大电子商务在农业农村的应用，在农业生产、加工、流通等环节，加强互联网技术应用和推广；改善农村电子商务发展环境三大方面的重点任务，全面部署指导农村电子商务健康快速发展。

此前，阿里巴巴、苏宁云商、京东商城等电商巨头已经在加速推进其下乡之路。阿里研究院数据显示，2014 年 10 月，阿里巴巴实施农村战略，启动"千县成材计划"，要在未来 3～5 年内投资 100 个亿，建立 1 000 个县级服务中心和 10 万个村级服务站。此外，阿里将农村淘宝从淘宝页面中分离出来，给予独立的域名，并研发了单独的 APP。

另一边，自 2015 年京东推出农村电商战略以来，京东商城也大举加速了下沉的速度，一年多来在全国 600 多个县设立了县级服务中心，并在 10 万个行政村招募了超过 10 万个以上的乡村合作点和推广员，不仅如此，随着农资市场已经达到万亿级别，2015 年 8 月 15 日，京东农资频道正式上线，成为我国首家自营农资产品的综合电商。

9.4.1 农村电子商务的概念

农村电子商务，是指利用互联网、移动互联网、计算机、多媒体等现代信息技术，为从事涉农领域的生产经营主体提供网上完成产品或服务的销售、购买和电子支付等业务交易的过程。农村电子商务以农业网站平台为主要载体，涉及政府、企业、商家、消费者、农民及认证中心、配送中心、物流中心、金融机构、监管机构等各方面因素，通过网络将相关的要素组织在一起。

农村电子商务的概念很大，农村电子商务也不单单是工业品下乡，或者农产品进城，农村电子商务至少包含3个层面的意思。

(1) 工业品下乡是指将农民需要的生活服务、农业生产资料和生活日用品通过电子商务终端的延伸，实现服务到村的农村电商。

(2) 农产品进城就是以农产品电商为目的，涉及县域与农村资源、人才、服务、供应链重塑的一种生产销售变革方式。它既包括将农产品通过网上途径销售出去的农产品电商，也包括在乡村聚集的以销售本地特色产品(包括工业品)为主要业务的乡村电商。

(3) 将电商的物流、人才流、信息流、资金流聚集在县城周边，形成电商服务业、包装仓储物流相关产业和商品配套供应产业协同集群发展的县域电商。

农村电商的核心，是要打通"工业品下乡""农产品进城"的双向物流，形成物流、信息流、资金流的有机循环。电子商务发展至今，工业品下乡已经发展较成熟，但农产品进城却完成的不是很理想。"农产品上行"是县域电商工作的重中之重。

9.4.2 发展农村电商的作用

农村电子商务的作用表现在以下4个方面。

(1) 能够跨越农村与城市之间，时间空间的界限，突破农村线下商业基础设施不足的制约，将城市农产品需求与农村供给联系起来，将农村工业品需求与城市供给联系起来，让人力、金融、资源等要素在城市与农村间有序流动，是促进农村流通现代化的重要发展趋势。

(2) 能够减少流通环节、降低流通成本，充分挖掘农产品销售的价值和工业品下乡的价值，让农民与生产者的劳动价值得以实现，也让消费者享受便利与实惠。

(3) 能够充分释放广大农村工业品消费需求，扩大农特产品的销售渠道，是扩大消费、稳增长的重要手段。

(4) 能够扩大农产品销售，为贫困地区的农民提供利用当地特产，特色脱贫致富的渠道，从而增加农民收入。

9.4.3 农村电子商务的模式

近年来，在国家政策的扶持下，农村电商发展异常迅速，各种农村电商发展模式层出不穷，在全国涌现出一批具有典型性和示范性的经营模式。以下介绍3种典型的农村电子商务的模式的做法和启示。

1. 浙江遂昌模式，走平台化道路：综合服务商+网商+传统产业

所谓"遂昌模式"，就是以本地化综合服务商为驱动，带动县域电子商务发展，促进地方传统产业，尤其是农业及农产品加工业的发展。

淘宝在推进农村电子商务扮演了重要角色，尤其重点项目"特色中国"有着不可替代的作用。遂昌位于浙江丽水市，2013年1月淘宝网遂昌馆上线，是国内第一个县级农产品馆。2014年"赶街"项目启动，全面激活农村电商。"赶街"项目的意义在于：打通信息化在农村的最后一公里，让农村人享受和城市一样的网购便利与品质生活，让城市人吃上农村放心的农产品，实现城乡一体。

该模式的核心是以本地电子商务综合服务商，即"遂昌网商协会"下属的"网店服务中心"，他们为千余家松散且不标准、非专业的小卖家提供专业的培训服务，制定并推行农林产品的产销标准；统一制作商品的数据包(图片、描述等)用于支撑网上分销商选货和网销；线上由"遂网"专业团队进行统一运营管理，线下则按照统一采购、统一仓储、统一包装、统一配送、统一售后等标准化操作执行，使看似无序的"农产品"向"商品"变身有了规范，降低了网商的技术和资金门槛，使网商实现零库存经营。遂昌模式更像是一个区域化的大型购物中心，他们是一个服务商而已，售卖的是"标准化"。

该模式给我们的启示：多产品协同上线，以协会打通产业环节，政府扶持政策到位，借助与阿里战略合作，依靠服务商与平台、网商、传统产业、政府的有效互动，构建新型的电子商务生态，助力县域电商腾飞。"遂昌模式"的核心是服务。"遂昌模式"围绕"网店服务中心"展开，其中"网店服务中心"在遂昌农村电商发展中产生巨大的推动作用。

这种模式适用于电商底蕴不足、中小网商为主、小品牌多的地区。

2．成县模式，走资源整合道路：农户+网商

作为"国家级贫困县"的成县地处甘肃陇南市，由于处于嘉陵江水系，山地较多，是一个山清水秀、风景优美地方。工业基础差，农林资源丰富，有将近50万亩的核桃林，2011年被国家林业局评为"中国核桃之乡"。该县电子商务的发展和县委书记李祥的推动有着密不可分的关系。

从2013年起，县委书记李祥带领当地政府干部通过微信、微博等为当地核桃种植户推广核桃。在政府的支持和推动下，成县成立电子商务协会，依托在淘宝网店和陇南生活网(www.0939.net)团购平台、销售平台、新闻平台等网站进行销售。主打产品是核桃，夏季卖的是鲜核桃，冬季卖的是干核桃，并上线核桃加工品，以核桃为单品突破，打通整条电商产业链，再逐次推动其他农产品电商。值得一提的是，他们尝到了在微博、微信上推销产品的甜头，招募了不少年轻销售人员，对他们进行专业化的微营销培训，至今他们80%的销售额来自这些免费的社会化媒体。2014年，成县的网店就有600多家，销售额突破1亿元。

该模式给我们的启示：一是将电商作为一把手工程，主导电商开局；二是集中打造一个爆品，由点到面；三是集中全县人力物力，全力突破。

这种模式适用于具有特色产品的地区。

3．通榆模式，走品牌化道路：生产方+电商公司

通榆电商项目于2013年10月启动，在短短一年时间内，被阿里巴巴看中，作为全国第三个农村淘宝的试点县纳入了"千县万村"的发展战略。

位于吉林省白山市的通榆县，交通不便，是典型的农业大县，农产品丰富，经济来源

主要以批发及零售渠道销售不发的农产品为主，有"杂粮杂豆之乡"的美誉，绿豆、葵花的产量居全国之首，但受限于人才物流等种种因素，农村电商的发展基础十分落后。

通榆县政府根据自身情况积极引进外援，与杭州常春藤实业有限公司开展系统性合作，为通榆农产品打造"三千禾"品牌，并直接进驻"天猫"旗舰店。2013年年末，在通榆地方政府的支持和参与下，发动社会力量投资成立"云飞鹤舞"电商公司，绿色食品园区、线下展销店等。该电商公司的主要职能就是整合生产方(农户、生产基地、合作社或农产品加工企业等)的产品(小米、绿豆、小麦和竹豆等)，经淘宝平台销售。公司注册统一的品牌，统一包装、销售和服务。"三千禾天猫"旗舰店网站如图9.23所示。

该模式给我们的启示：政府整合当地农产品资源，系统性委托给具有实力的大企业，进行包装、营销和线上运营，地方政府、农户、电商企业、消费者及平台共同创造并分享价值，既满足了各方的价值需求，又带动了县域经济的发展。

这种模式适用于电商底蕴不足、品牌化程度低、小型网商规模较小的地区。

通榆县与以上两县的最大不同是，开门见山进行品牌化运作；与其他两县相同的是，都成立了县域电子商务协会，并有专业的第三方主体进行运营。

以上三种模式，并不代表其一成不变，毕竟农村电商发展刚刚开始，创新及变化一直在影响着行业发展。

图9.23 三千禾天猫旗舰店

9.4.4 农村电子商务服务

农村电子商务服务包含网上农贸市场、特色旅游、特色经济、数字农家乐和招商引资等内容。

(1) 网上农贸市场。迅速传递农林渔牧业供求信息，帮助外商出入属地市场和属地农民开拓国内市场、走向国际市场。进行农产品市场行情和动态快递、商业机会撮合、产品信息发布等内容。

(2) 特色旅游。依托当地旅游资源，通过宣传推介来扩大对外知名度和影响力。从而全方位介绍属地旅游线路和旅游特色产品及企业等信息，发展属地旅游经济。

(3) 特色经济。通过宣传、介绍各个地区的特色经济、特色产业和相关的名优企业、产品等，扩大产品销售通路，加快地区特色经济、名优企业的迅猛发展。

(4) 数字农家乐。为属地的农家乐(有地方风情的各种餐饮娱乐设施或单元)提供网上展示和宣传的渠道。通过运用地理信息系统技术，制作全市农家乐分布情况的电子地图，同时采集农家乐基本信息，使其风景、饮食、娱乐等各方面的特色尽在其中，一目了然。既方便城市百姓的出行，又让农家乐获得广泛的客源，实现城市与农村的互动，促进当地农民增收。

(5) 招商引资。搭建各级政府部门招商引资平台，介绍政府规划发展的开发区、生产基地、投资环境和招商信息，更好地吸引投资者到各地区进行投资生产经营活动。

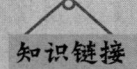

淘宝村

随着电子商务在中国的发展，浙江、广东、江苏等地农村出现了一批专业的淘宝村。淘宝村是指活跃网店数量达到当地家庭户数10%以上、电子商务年交易额达到1 000万元以上的村庄。2013年，阿里发布了20个中国淘宝村，仅仅一年过去，这一数据就被刷新到了211个，首批19个淘宝镇(拥有三个及以上淘宝村的乡镇街道)也随之涌现。

从2009年开始，短短5年时间，淘宝村经历了萌芽、生长、大规模复制等几个阶段。2014年，淘宝村迎来了空前快速发展期，基于各地申报、媒体报道、实地调研、数据分析等信息，阿里研究院在全国共发现211个淘宝村，包含活跃卖家数量超过7万家，根据农村网商的家庭经营特点，按每个网店约4个从业者计算，预计淘宝村整体带来直接就业达28万人以上。这些淘宝村分布在福建、广东、河北等10个省市。其中，浙江62个、广东54个、福建28个、河北25个、江苏25个，这五个省已发现的淘宝村数量在全国占比超过90%。同时，中西部首次出现了淘宝村的身影，来自四川郫县的2个淘宝村、来自河南和湖北的各1个淘宝村，进入了淘宝村大名单。

阿里巴巴集团副总裁、阿里研究院院长高红冰表示，无论从淘宝村数量、涉及网店总数、就业人数来看，淘宝村都正在步入"大繁荣时代"。淘宝村已然"破茧成蝶"，成为影响中国农村经济发展的一股不可忽视的新兴力量。

9.5 其他行业电子商务

9.5.1 建筑业电子商务

建筑业电子商务是指基于网络的，通过运用电子整合方法，在建筑业领域进行的所有层面的商务处理活动。

建筑业与其他行业相比，具有产品单件性、生产周期长、工作量大、涉及面广等特点，这些特点均影响了建筑业内信息交流的完整性和高效性，从而经常导致建筑项目成本的增加，造成社会资源浪费；而电子商务可以为建设项目材料采购、成本控制等许多方面提供高效、高质的服务。

同时，建筑行业本身具有分散的特点，随着越来越多国内建筑企业加入到国际竞争的行列，从事国际工程承包事业，更加充分地体现出"分散"的特点，主要表现在以下几个方面。

(1) 可能需要横跨多个市场，在短时间内切换于不同的工程领域。
(2) 往往是在远离指挥中心的异地进行生产活动。
(3) 具有复杂的物流。
(4) 国际工程承包业务的日益增长以及WTO对我国建筑行业的冲击。

以上这些特点决定了建筑行业将比其他行业更加需要且更受益于电子商务。

自1985年以来，我国国际工程承包业务以年递增25%的速度实现了快速增长。随着加入WTO以及国际建筑业投资的加大，各国市场的开放度增强，国际工程承包市场规模进一步扩大，但同时也意味着我国建筑行业会面临更为激烈的竞争。目前国内建筑企业的综合竞争能力普遍低于国外同行，主要差距就在于管理，而电子商务就是弥补管理缺陷的一种重要手段。

1. 建筑业电子商务的内容

一个建设项目一般要经过项目建议书拟定、立项、可行性研究、设计、施工、验收、使用、维护等阶段。建筑业电子商务是对项目建设周期实行全过程、动态化、多层次的信息交流，并将项目所有参与方连接在一起的复杂的电子交易系统。在这一电子交易系统中，各参与方的主要活动包括业主进行网上工程招标、评标、项目控制及结算；设计方在网上出图、展示设计方案；承包商实现对盟友的选择、网上估价、投标、在线项目管理、项目结算；工程师对项目远程监理与咨询，以及供应商和租赁商进行的网上商品展示等。建筑业电子商务应用对建筑业提高效率、节约成本、适应未来发展具有重要的意义。

2. 电子商务对建筑业的影响

建筑业应用电子商务活动最主要的是对项目所有参与方信息资源的整合，以及对信息技术与建筑业业务流程的整合。电子商务对建筑业的影响具体表现在以下几个方面。

(1) 提高项目管理效率。时效性是项目管理一个很重要的要求，电子商务的应用正好满足了这个需求，弥补了项目管理传统模式中的不足。它使管理人员可以随时获得项目的各种信息，及时注意发生的情况，适时给予监控，实现项目全过程管理的信息化、自动化、实时化和规模化，有利于提高项目的管理效率，加快工程建设进度。

(2) 降低项目直接成本。电子商务有助于提高透明度，对价格造成向下的压力。通过电子商务，承包商可方便地进行询价，及时获得更多、更全面的信息，发现更多新的契机，而不会仅仅局限在某一范围内选择供应商。而且现在网站上还出现了越来越多的反拍卖，在反拍卖中供应商彼此竞争，说明在什么价格上他们可以满足某一特定的订单，从而降低项目的直接成本。

(3) 增强企业间资讯交流。电子商务可以使整个建筑业进行快速的资讯交流，使从业人员能够更高效快捷地得到各网上企业的营运资料。而且随着加入系统项目的不断增加，电子商务还可以为项目实施过程的每一阶段提供大量有价值的数据。

(4) 为企业的供应链管理提供便利。建筑企业要提高自己的竞争力，不仅要协调企业自身内部运营的各个环节，还要与包括供应商等在内的上下游企业紧密配合，实现企业的供应链管理。而 B2B 电子商务正好面向整个供应链，运用供应链管理的思想，整合企业的上下游产业，构成一个电子商务供应链网络，使得企业供应链上的所有参与者之间可以通过网络实现资料互换、信息共享，整合合作共同体的资源，消除了整个供应链网络上不必要的消耗，促进了供应链向动态的、虚拟的、全球网络化的方向发展。

3．建筑业电子商务应用——中国建筑业网站

我国现有与建筑业相关的网站很多，涉及建筑业各个行业，如建筑业信息、企业内部管理、建材的采购与招标、房屋装修等。

我国建筑业网站主要有以下几种类型。

(1) 建设项目招标的信息网站，如中国建设招标网(http://www.jszhaobiao.com)、中国工程咨询网(www.cnaec.com.cn)等。其中，中国工程咨询网是工程咨询行业信息发布、交流和宣传的权威性网站。

(2) 建筑业门户网站，如中国建筑业网(http://www.zgjzhyw.com)、中国建筑企业网(http://www.zgjzqyw.com)。

(3) 建筑业企业站点，如中国铁道建筑总公司(http://www.crcc.cn)。

(4) 建筑材料采购交易平台，如中国建材在线(http://www.jc.net.cn/)。

(5) 房屋装修网，如中国建筑装饰网(www.ccd.com.cn)。

9.5.2　房地产业电子商务

房地产业电子商务是指电子商务理念和技术在房地产业中的应用。房地产业电子商务涉及的面非常广，从房地产的开发、房地产材料采购、房地产营销、房地产中介、物业管理等领域，涉及大量房地产行业的相关企业。

与其他所有行业一样，房地产业也正在受到全球电子商务化趋势的影响。商务的运作方式发生了巨大的变化，并产生新的模式和流程。越来越多的房地产商认为，今天开始涉足该领域的公司将成为未来房地产业的领导者。

1．电子商务对房地产业的影响

对房地产开发而言，应用电子商务可使房地产公司更加及时准确地了解国家对房地产有关政策，帮助其准确预测未来房地产市场需求，为确定投资开发的方向提供了重要依据。同时应用电子商务，通过高效的信息流、资金流和物流，可大幅度降低建材采购过程中的各种费用，同时交易的透明度也大大增加，有效地降低了由于信息不对称而造成的信用危机。

对房地产中介而言，通过电子商务可以直接与房地产代理商、物业管理公司、求购求租客户联系，以全面了解房地产需求动态。实现跨越城市地域房源信息共享，能直接与开发商、投资业主进行信息沟通，从而更好地发挥房地产市场媒介的作用，服务更加专业化。

企业的房地产信息发布、交易双方签订租赁合同、购销合同以及收缴款额、上交表单供房地产管理部门登记备案和请求房地产管理部门向消费者颁发房产证书等手续一气呵成，效率得到大幅提高，交易成本大大降低。

对房地产营销而言，房地产电子商务使房地产营销适应多样化的市场需求，符合现代的以消费者为核心的整合营销理念。另外，在电子商务的应用过程中还可以通过企业网页的广告和便捷、高效的服务提高企业的品牌和知名度，为企业树立良好的社会形象，增强企业在消费者心目中的信誉度，避免卖点和优势概念信息流失，提升客户对楼盘的认同率。可见，通过电子商务更加容易与顾客建立有特定价值倾向的关系，使顾客满意。

2．房地产业电子商务的模式

1）B2B 房地产业电子商务模式

B2B 房地产业电子商务涉及的面非常广，从房地产的开发、建造开始，直到房屋最终装潢，要涉及大量房地产行业的相关企业。目前，B2B 房地产电子商务已经主要运用在建材以及装潢等行业。通过企业间建立的电子化交易平台，企业供应链的管理变得容易有效，直接成本和管理经营成本在很大程度上得到了降低。

2）B2C 房地产业电子商务模式

该模式直接面向消费者，受众面广，是电子商务模式中最基础的交易模式。B2C 房地产业电子商务运用十分广泛，除了网上购房外，B2C 房地产业电子商务还贯穿于房地产生命周期的整个过程。如个性化的房地产开发、房地产网络营销、房屋装潢、"智能化"物业管理等。B2C 类的电子商务主要面向广大消费者，这样就为开发商以前对传统媒介的广告投入形成了一个有效的衔接，提高了客户对品牌的忠诚度。同时该模式有利于企业通过网络互动形式来联系和培养客户群体，传播有关信息，掌握和引导消费动向，提供及时有效的商业服务。

3）C2C 房地产业电子商务模式

C2C 房地产业电子商务主要涉及二手房交易、房屋租赁、房地产拍卖、权证代理、价格评估等。C2C 房地产业电子商务与传统的二手房市场相比，不再受时间和空间的限制，广泛方便的比价、议价、竞价过程可以节约大量的市场沟通成本。C2C 房地产业电子商务参与的群体庞大，选择的范围更广。

4）G2C/G2B 房地产业电子商务模式

G2C/G2B 指政府对消费者或政府对企业的电子商务活动。房地产业是个比较特殊的行业，与其他行业相比，政府不仅是房地产行业电子商务推动者也是主要参与者之一，如住房城乡建设部、国土资源部、工商行政部门和司法监察部门等。随着政府电子政务的开展，这些与房地产相关的政府部门也通过网络为房地产机构、房地产公司及个人提供多种房地产服务。例如，国土资源局为房地产开发商进行注册，建立信息库。再如，网上的规划方案的审批、审计税收、银行贷款、房地产市场政策发布和市场的监督投诉等。

3．房地产业电子商务的应用

我国现有与房地产相关的网站很多，大多都涉及房地产企业各个操作环节，如房地产政策信息、企业内部管理、工程及材料管理、销售及中介代理和物业管理等。

我国房地产网站主要有以下几种类型。

(1) 房地产门户网站(综合站点)：中国房地产网(www.zghouse.net)、中国房地产信息网(www.realestate.cei.gov.cn)、中国金融地产网(www.cnfre.com)等。

(2) 房地产企业站点：深圳万科(www.vanke.com.cn)等。

(3) 物业网上销售及中介代理：深圳市房地产信息网(www.szhome.com)等。

(4) 网上房屋租赁与交换：搜房网(www.soufun.com)、易居网(www.eeju.com)等。

(5) 物业管理：中国物业管理网(www.cpmu.com.cn)、中国物业管理信息网(www.pmabc.com)、天安物业(www.tianan.net)等。

9.5.3 服装业电子商务

我国是服装生产大国，也是服装出口和消费大国，服装产业在国民经济中占据了重要的地位。服装行业不同于其他行业，时效性极强，现已表现为"多品种、少批量、高品质、快交货"的特点，这就要求服装企业的生产过程、销售过程必须具备高度自动化和快速反应的能力，而电子商务适合时宜地为整个服装行业提供了一个开放的平台。

服装业电子商务是指以网络为基础进行的各种针对服装产品进行的商务活动，包括服装商品的生产企业、广告商、消费者、中介商等有关各方行为的总和。

由于服装本身代表的就是一个人的个性，而每个人的个性是不同的，所以不同个性的人需要不同的个性服务；而电子商务，通过对用户兴趣度的调查和客户反馈信息的搜集，恰恰为企业实现这一目标提供了一种低成本的技术手段。

1. 服装业电子商务应用现状

面对蓬勃发展的电子商务市场，传统服装企业正在积极转型。线下实体店一直以来是服装销售的主渠道，而电商的崛起，让服装一跃成为网络购物中占比最多的一个品类，也冲击着线下实体门店销售。

服装商品毛利高、单价较高、质量较轻、体积不大，十分适合网络零售。同时通过网络零售也实实在在地降低了渠道费用，网络零售服装的价格也就比线下渠道低了很多。

服装是线上起步最早、规模最大、发展最为成熟的行业。2016—2021年中国服装行业市场需求与投资咨询报告数据显示，2013年，我国服装网购市场交易规模达4 349亿元，同比2012年的3 050亿元增长了42.6%，占整个网购市场的23.1%；2014年，我国服装网购市场整体规模达到6 153亿元，同比增长41.5%，占全国网购市场规模的22.1%。从以上数据可以看出，服装电商作为电商第一大细分品类，近年来发展呈上升趋势。从2014年至2015年发展速度平稳，进入"成熟期"。2016年，借助网红经济年，伴随服装行业环境的进一步完善，企业围绕品牌发展和收益提升开展电子商务的能力进一步加强，我国服装网购渗透率进一步扩大，2016年服装网购渗透率将达36.9%，同比增长10%。

图9.24是2011—2016年中国服装网购渗透率。

服装饰品类是消费者最爱购买的商品品类，服装稳居网购第一大品类的位置，天猫、唯品会、京东等成为各大服装品牌入驻的重点对象。根据图9.24中的数据显示，服装行业线上渠道渗透正在进一步加深，2011—2016年，中国服装网购渗透率保持较快增长，年增长超过30%。

如今全球服装业的发展趋势是"多品种、少批量、高品质、快交货"，这就要求服装企业的生产过程、销售过程须具备高度自动化和快速反应的能力。时尚的变化要求服装企业实时跟踪市场行情，预见客户需求变化，迅速对客户要求作出反应，传统服装行业有望通过电商和网红品牌再造。

据艾瑞咨询有关服装电子商务的研究报告显示，随着服装电子商务网络营销比例的迅速增长，中国服装电子商务市场有巨大的潜力尚待挖掘。特别是在全球经济环境的压力下，电子商务更是成为包括服装企业等在内的传统企业突出重围、解决危机的一种好方式。

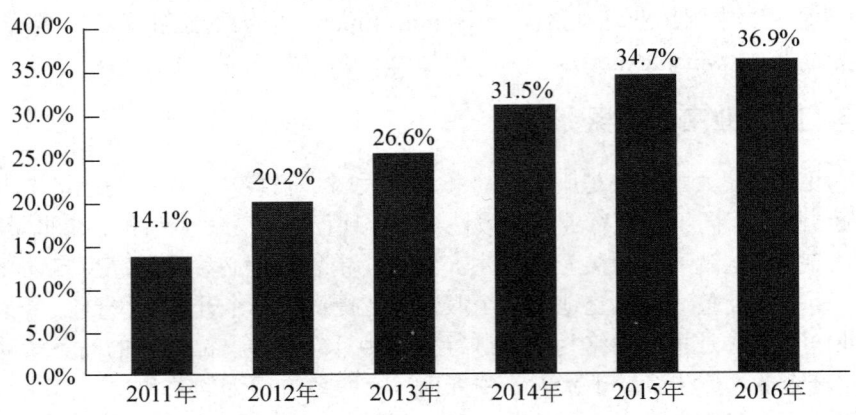

图 9.24　2011—2016 年中国服装网购渗透率

(数据来源：中国电子商务研究中心)

2．服装业电子商务的模式

服装业进入电子商务销售模式，无疑为自己开辟了一条全新的利润渠道，在保持传统市场的同时，进一步打开了热衷网购的时尚族群这一日渐庞大的市场。

服装业的电子商务模式一般是 C2C(如淘宝店)、B2C(如天猫、京东、唯品会等)，服装业的电子商务模式大部分属于以上两种模式；但是也有些服装公司通过 B2B 平台，如阿里妈妈等进行企业活动。如今电子商务进行得如火如荼，更多的电子商务模式将会被创新发现，不只是服装业，其他行业也应与时俱进，拥抱"互联网+"的新模式。

1) 新品牌纯网店

近两年来，以麦网(www.m18.com)、唯品会(www.vip.com)等为代表的一些不开实体店、纯网络销售的服装品牌开始异军突起。这些品牌无一例外，全部采取纯电子商务的模式销售产品，且商品种类繁多，款式及色彩丝毫不比传统品牌逊色。这些款式美观时尚、质量优良的新服装品牌很快就被市场所接受，尤其是热衷网络消费的年轻族群。

2) 传统品牌服装企业拓展网络新渠道

传统品牌服装企业在保持原有分销渠道的基础上，也开始拓展网络销售，为自己开辟了一种全新的利润渠道。在保持传统市场的同时，进一步打开了热衷网购的时尚族群这一日渐庞大的市场。传统品牌服装企业加速了电子商务的步伐，目前仅淘宝网上就有超过 5 000 家传统服装企业通过不同形式开展网上直销。例如，"奥康""报喜鸟""李宁"等众多著名服饰品牌均已开展了网络销售，并且业绩喜人。

3) 传统服装做移动 O2O 模式

这是移动互联网的快速发展给零售行业带来的机遇，服装行业移动端销售额迅猛增。2015 年以来，移动端成交额已占到总体行业销售额一半以上，移动端渗透率在 2015 年 1 月左右突破 50%。

目前 O2O 无疑是服装零售行业的一个亮点；在国内 B2C 高速发展的 5 年，也是"传统渠道危机论"不断声势壮大的时期，马云等电商大佬也在不断灌输和强化这种危机，一度让传统企业茫然失措,这种危机论不仅在中国出现,亚马逊也在逼迫百思买和巴诺书店转型。

3．服装业电子商务案例

中国服装网(www.efu.com.cn)成立于2001年7月,是国内最大的服装行业专业商务服务网站,在全球纺织服装行业网站中排名第一。中国服装网提供专业的网络营销推广、网络广告发布、电子商务交易、企业网站建设、诚信会员服务等六大业务。

目前,中国服装网还在服务经销商基础上延伸出以下行业细分服务平台。

(1) 贯穿整个行业的服装供应采购链的服务平台(B2B)。
(2) 针对服装品牌招商加盟的招商平台(5143.cn)。
(3) 针对服装企业人才需求的服装专业人才平台(HR)。
(4) 针对服装企业设计师和决策者的设计平台(Desigh,eeff.cn)。
(5) 针对服装消费者社群了解服装消费,流行动态的社区平台(Media,51fashion.com.cn)。
(6) 针对网络购物者的服装专业B2C购物平台(yifu.com)。

据调查数据显示,2010年在我国服装行业电子商务网站市场占有率上(按年营收统计),中国服装网以58%的市场占有率位列第一。

▶ 本章小结

本章主要讲述了电子商务在各行业的应用,揭示了传统企业是电子商务应用的主流。首先介绍了电子商务与中介服务业的关系、市场中介的产生和演化、交通运输中介在电子商务中的作用、电子商务服务业的产生、发展趋势以及服务业的电子商务应用。其次,介绍了商贸业、制造业、农村电子商务、建筑业以及房地产业的电子商务应用特点和应用模式,最后通过案例介绍各行业不同类型电子商务的应用。

由于网络具有电子化、交互化、多媒体化等特点,它涉及工商业、电信、交通、金融、商业、科研教育、旅游等诸多领域,并发展成涵盖广泛的高科技载体。现代信息技术正逐渐向各个行业渗透,它不仅改变了产品的生产过程,同时也导致了服务过程的变化。电子商务理论和实践的发展将现代信息技术带入服务领域、商品流通领域、产品生产领域,使产品生产、商品流通和服务等诸多方面发生了根本性变化。电子商务在全社会的实现作为一个庞大的系统工程,每个行业的电子商务都是其中一个有机组成部分。电子商务正在为我们的社会注入新鲜血液,谁把握了电子商务,谁就将赢得未来市场。尽管各行各业都在步调一致地向电子商务领域进军,但电子商务的冲击波对行业的影响也并非立竿见影。在电子商务的浪潮中,一些行业近期将很快同它接轨,而另外一些行业近期内则不会让电子商务成为主流。从行业本身的特点看,不同行业将分层次、分步骤地朝电子商务化方向发展。

【关键术语】

市场中介(Market Intermediary)
电子商务服务(E-Commerce Service)

社会性网络软件(网络社区)(Social Network Software，SNS)
电子化交易市场(Electronic Market，EM)
团购(Business to Team，BtoT)
互联网+(Internet Plus)

EC 动态

跨境电商继续升温，寻找"新蓝海"避免同质化竞争

中国电子商务研究中心近日发布《2015年度中国电子商务市场数据监测报告》。报告显示，2015年，中国跨境电商交易规模为5.4万亿元，同比增长28.6%。其中跨境出口交易规模达4.49万亿元，跨境进口交易规模达9 072亿元。

1. 跨境电商继续升温

当下，中国的电子商务在世界上已居于领先地位，而在全球贸易持续低迷的态势下，跨境电商更是成为当下电商中的重头戏。近日，在上海举行的二十国集团(G20)贸易部长会议上，如何促进电子商务发展成为参与会议各国代表讨论的重点议题之一。

除了在G20贸易部长会议中跨境电商成为倡议热点，有关数据也显示，中国跨境电商近年交易规模持续增加，在进出口贸易的渗透率正逐年攀升。而在2016年，跨境电商行业持续迎来政策利好，国家推动建设跨境电子商务综合试验区，并组织实施国家电子商务示范城市、电子商务重大工程等，这些政策措施都不断为跨境电商带来发展新机遇。

当前我国跨境电商正保持年均约30%的增速快速发展，近年来国家相关的支持鼓励政策也在密集出台。有业界人士表示，行业自身发展态势向好，交易规模有望不断扩大，加之G20贸易部长会议将首次把跨境电商纳入合作范畴，带来政策面的又一轮催化，同时居民人均可支配收入带来的消费结构升级与消费观念需求端的转变，这些有望成为跨境电商发展的长期催化因素，三轮驱动强力助推行业发展，但同时跨境电商也面临同质化的"红海"竞争。

2. 寻找"新蓝海"避免同质化竞争

目前，跨境进口有四种主要方式：个人携带、直邮、跨境电商零售进口(保税模式)和一般贸易。但伴随着居民消费结构升级与消费观念转变，消费者的需求将更加个人化、差异化，跨境电商市场也将随之呈现出多元化的发展趋势。

对于海淘商家而言，定位不同的细分人群，进行精细化的经营，逐步完成从标品、爆款向非标品、个性化产品的供应结构调整，才能跟上中国市场消费升级的节奏。而如何跨越同质化竞争的"红海"，开辟贸易"新蓝海"就是摆在业界面前的重要课题。

丰趣海淘作为一家跨境电商公司正在做积极的探索与尝试。"爆款商品满足基本需求，非标或者长尾商品是满足个性需求。当基本标品需求有太多人关注的时候，就更需要有人去关注非标需求和个性化需求。所以非标长尾好商品的直邮业务是我们的最核心业务，因为客单更高、商品更多，黏性更强，壁垒更高。"丰趣海淘CEO任晓煜说。

而跨境电商供应链的整合也呈现新的趋势。据记者了解，一些跨境电商企业，尤其是运营类企业开始反向整合供应链，从代运营服务转向研发设计销售一体化。在广州、深圳、杭州等电商发达城市，不少制造企业由于本身对互联网、跨境电子商务相关技术并不熟悉，因此找专门的企业代理运营自己的电商平台或网店。

这些代运营企业通过大数据技术优化销售，加之本身掌握了大量的消费者数据，具备了信息积累和市场分析优势，于是反向整合供应链，从单纯运营转向研发设计销售业务的全面覆盖，开发自主产品品牌，对跨境电商产业链掌控的熟练度也越发极致。

有业内人士分析，这一趋势代表了电商领域的一种进步，即从单纯赚取销售差额、跟风销售热销产品、

打价格战的传统电商模式,演变成利用大数据等现代技术手段树立产品品牌,提升产品品质,以实现利润最大化,也同时开辟了跨境电商竞争新模式。

(资料来源:人民政协报,根据http://www.admin5.com/article/20160726/676912.shtml,稍作整理)

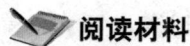阅读材料

电子商务服务业

1．电子商务服务业的概念

电子商务是基于信息技术,以电子化方式为手段,以商务活动为主体,在法律许可范围内进行的各种商务活动。电子商务本身是传统商务活动的电子化,是传统商务活动升级的实现;其实质依然是商务,属于服务业的范畴,是现代服务业的一个重要组成部分。电子商务服务业是伴随电子商务的发展、基于信息技术衍生出的为电子商务活动提供服务的各行业的集合;是构成电子商务系统的一个重要组成部分和一种新兴服务行业体系;是促进电子商务应用的基础和促进电子商务创新与发展重要支撑性基础力量。

在电子商务生态中,电子商务服务业以硬件、软件和网络为基础,向电子商务企业和个人提供全面而有针对性的服务支持,服务内容主要包括交易服务、业务支持服务及信息技术系统服务。在服务业形式上,主要是以电子商务平台为核心、以支撑服务为基础,整合多种衍生服务。

所有提供电子商务服务的企业的集合称为电子商务服务业,或称为电子商务服务产业、电子商务服务行业。它和传统服务业有显著的区别。首先,它是服务于电子商务的服务业,如域名注册、虚拟主机、商务信息、认证和支付、第三方物流、提供电子商务咨询等服务;其次,它是以信息技术为核心的服务业,如电子商务软件开发商、CA 认证机构等。电子商务服务产业是重要战略性新兴产业。

2．电子商务服务业的产生

电子商务服务业是随着电子商务的发展而兴起的。电子商务服务业的兴起,标志着电子商务领域的专业化水平有了质的飞跃。从现代服务业的角度来看,电子商务服务业以互联网等计算机网络为基础工具,以营造商务环境、促进商务活动为基本功能,是传统商务服务在信息技术——特别是计算机网络技术条件下的创新和转型,是基于网络的新兴商务服务形态,处于现代服务业的中心位置。

经过十余年发展,我国电子商务服务业已形成门类丰富、高效协同、持续进化的服务体系,在降低电子商务交易成本、促进企业成长转型、带动关联产业发展、创造就业机会等多个层面显现出重要的经济和社会价值。

3．电子商务服务业的类型

电子商务服务可分为中介型服务、商店型服务、集市型服务、支撑型服务及相关的配套型服务。

1) 中介型服务

中介型服务是指依托网站,以交易佣金为主要赢利模式,为企业、机构和个人提供产品或服务交易及相关的业务处理、电子认证、在线支付、物流配送、信用、信息增值等服务的业务活动,如中华粮网——粮食行业门户网站(www.cngrain.com/)等。中介型服务表现为网络交易市场,实质上是一种新型的市场形式。在一定时期内,网络交易市场与传统交易市场将并行发展,最终将取代传统交易市场成为商品或服务交易市场的主流形式。商店型服务是指依托网站、以进销差价为主要赢利模式开展的商品或服务网上采购、网上销售及相关的业务处理、电子认证、在线支付、物流配送、信用、信息增值等服务的业务活动。

2) 商店型服务

商店型服务表现为各类网络商店,实质上是一种新型的商品或服务流通渠道。在一定时期内,网络商店与传统商店将并行发展,最终将取代传统商店成为商品或服务流通的主渠道。集市型服务是指依托网站、以会员费或租金等为主要赢利模式,为企业、个人及相关组织进行网络采购、销售活动提供网络平台服务的业务活动,如淘宝网(www.taobao.com)。

3) 集市型服务

集市型服务表现为各类网络服务平台,实质上是一种新型的网络集贸市场。在一定时期内,网络集贸

市场与传统集贸市场将并行发展，最终将取代传统集贸市场成为集贸市场的主流形式。支撑型服务是指依托网站，以手续费等为主要赢利模式，为企业、机构及个人提供电子认证、在线支付、物流配送、信用等服务的业务活动，如CA机构、支付服务平台拉卡拉网(www.lakala.com)。

4) 配套型服务

配套型服务是指为电子商务市场主体提供服务器托管、数据处理、技术及业务咨询、IT外包等服务的业务活动，如中国万网(www.net.cn)等。

(资料来源：根据百度百科 http://baike.baidu.com/view/6701119.htm 整理)

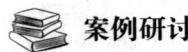 案例研讨

传统洗衣连锁进入电子商务时代

在大部分人的眼中，洗衣店是一个特别传统的行业，不仅几乎不赢利，而且和移动互联网搭不上边。但是，就在2014年7月，腾讯宣布以2 000万人民币作为天使轮投资入股一家洗衣类公司，估值2亿元。四个月之后，这家公司又获得经纬和SIG共2 000万美元的A轮投资，估值达到上亿美元。

2014年，一款叫做"e袋洗"的洗衣O2O产品异军突起，迅速抢占市场。一年时间里，日单量突破3 000单，用户突破50万。e袋洗是非常典型的互联网行业和传统行业相拥抱，它们要做的是你身边的、可以随叫随到的洗衣店。

1．e袋洗的定位

"e袋洗"是荣昌服务2013年11月28日感恩节当天推出的互联网洗衣产品，将洗衣服务标准化，顾客可按袋支付清洗费用，通过移动终端预约，可享上门取送等私人洗衣服务，此款产品解决了顾客到干洗店洗衣停车难、送洗衣物交接时间烦琐、店面营业时间不能满足顾客取送时间等系列洗衣痛点。家庭服务的入口将是下个风口，e袋洗宣布和微信开展战略合作。

e袋洗是一款基于移动互联网的O2O洗衣服务产品，区别于传统洗衣按件计费计算的收费洗衣模式，用户顾客只需将待洗衣物装进指定的洗衣袋内里(按袋计费，能装可容纳的件数取决于衣物的大小、厚薄、材质)，通过微信、APP预约上门取件时间，两小时内有专门取送人员上门取件。取件时，取送人员当面将装好衣物的洗衣袋进行铅封。现场不做衣物检查，待送回清洗中心后，在高清监控条件下去掉铅封，对衣物进行洗前检查和分类，全程高清视频监控。e袋洗结合移动互联网，为用户提供了作为一种全新概念的洗衣模式，通过移动终端下单，按袋计费，全天候上门服务，极大程度地彻底节省下了用户的时间和金钱。每袋只要99元，每件衣服衣物都会经过精心的熨烫，并且会在72小时内以挂件送回。

2．e袋洗的优势

荣昌e袋洗的优势是洗涤标准化强，管理和服务可控，消费者体验比较佳，其凭借荣昌线下资源支持更接地气。

(1) 省事：荣昌e袋洗不当面检查衣物，衣物交接仅需30~50秒。这解决了顾客到干洗店洗衣停车难、送洗衣物交接时间长、店面营业时间不能满足顾客取送时间等诸多洗衣痛点，为用户提供最大程度便捷，极具省事特性。

(2) 省钱：无论袋中装多少衣物，每袋衣物清洗费用均只收取99元费用，相比线下店面实惠很多，足够省钱。

(3) 娱乐性：荣昌e袋洗推出了一系列装袋攻略，教用户如何在袋子中装更多的衣物；每周还会推出装袋排名，并对当周"袋王"给予免单奖励，让用户体验到从未有过的洗衣乐趣。

3．e袋洗的特色服务

(1) 洗衣按袋计费：99元按袋洗，装多少洗多少。

(2) 微信/手机APP掌上下单，全天候上门取送。

(3) 一分钟交接，72小时送回。
(4) 洗衣全程跟踪。
(资料来源：百度文库，http://wenku.baidu.com/link?url=13_vbjtMuoVHlpzCA2lPuyhrRkPcXRifrhpkdiN_AOVNGUHlgP_xSXuxFPxBzgrQk5j39IgZe7ROT9htBjWY_byIxOL7a4eqzz3aogod3SG，有整理)

【问题及要求】
1．e袋洗采用了什么电子商务模式？
2．e袋洗的商业模式是否容易被复制？
3．e袋洗有哪些劣势？该如何解决？

思考与练习题

一、选择题

1．电子商务服务中的中介行业分为基础层和（　　）两个层次。
　　A．中间层　　　　B．应用层　　　　C．高端层　　　　D．专业层

2．"支付宝"平台以提供（　　）作为产品和服务的核心，不仅从产品上确保用户在线支付的安全，同时让用户通过支付宝在网络间建立起相互的信任。
　　A．信任　　　　　B．资金　　　　　C．资金流　　　　D．支付

3．旅游产品作为一种服务产品，具有无形性和不可储藏的特点。因此，在电子商务的实现上不需要（　　）环节，因此发展旅游电子商务的条件可谓得天独厚。
　　A．信息流　　　　B．仓储配送　　　C．商流　　　　　D．物流配送

4．电子商务环境中，交易主体的电子化交易过程是有大量第三方中介参与的。例如，网络通信中介为交易主体提供低成本的通信联系环境，即为实现电子商务的（　　）提供支持和服务。
　　A．信息流　　　　B．资金流　　　　C．物流　　　　　D．商流

5．所谓网络团购，就是指通过互联网平台，由专业团购机构将（　　）的零散消费者集合起来，向厂商进行大批量购买的行为。
　　A．相同地域　　　　　　　　　　　B．相同年龄
　　C．具有相同购买意向　　　　　　　D．相同时间

二、判断题

1．电子商务使厂商之间的距离、厂商与消费者之间的距离缩短，因此，中介服务的作用越来越不重要。　　　　　　　　　　　　　　　　　　　　　　　　　（　　）
2．电子认证是电子商务服务的一个重要内容。　　　　　　　　　　　　　（　　）
3．"支付宝"是一个专业的第三方支付平台。　　　　　　　　　　　　　（　　）
4．建筑业应用电子商务活动最主要的是对项目所有参与方信息资源的整合，以及对信息技术与建筑业业务流程的整合。　　　　　　　　　　　　　　　　　　（　　）

5．对生产制造企业来说，电子商务在生产领域中的应用表现在电子化采购、零库存与及时生产、协同设计与生产、网络营销和客户关系管理等几个方面。（　　）

三、填空题

1．所有提供_____的企业的集合称为电子商务服务业，或称为电子商务服务产业、电子商务服务行业。

2．商务活动最本质的就是产品、服务的转让以及相应的_____。

3．市场中介的产生源于交易费用的控制。一般来说，交易中介的种类包括_____和商业中介两大类。

4．所谓网上直销，就是企业通过互联网建立一条_____的通道。

5．网上超市是通过互联网作为展示平台，线上订购，_____的一种商业运营模式。

四、简答题

1．简述中介服务业的发展原因以及其发展趋势。

2．金融中介对电子商务的发展起什么作用？

3．电子商务对商贸业有什么影响？商贸业应用电子商务有哪几种模式？

4．简述旅游电子商务的发展优势，为什么说旅游电子商务是电子商务发展最合适的领域？

五、实践题

1．访问智联招聘，了解电子商务行业的招聘信息。制作一份个人简历。就简历修改向智联招聘、英才网等进行咨询，获取一些关于职业规划的建议，为求职或面试做准备。

2．试比较人人网和腾讯社区，它们有哪些异同？各自的优势是什么？

第10章 移动电子商务

教学目标

学习本章首先要掌握移动电子商务的定义、分类特点；了解移动电子商务的体系和产业链结构、实现的主要技术；掌握移动电子商务的具体应用。了解移动电子商务的现状和未来的发展趋势。

教学要求

能力模块	能力要求	相关知识点
移动电子商务概述	(1) 移动电子商务的定义 (2) 移动电子商务的分类和特点	(1) 移动电子商务的定义 (2) 移动电子商务的分类和特点
移动电子商务的基础	(1) 移动电子商务的基础设施 (2) 移动电子商务的技术基础 (3) 移动电子商务的体系和产业链 (4) 移动电子商务的服务模式	(1) 移动通信 (2) 无线网络 (3) 移动电子商务实现的技术 (4) 移动电子商务服务模式
移动电子商务的应用	(1) 移动信息服务 (2) 移动金融服务 (3) 基于位置的服务 (4) 移动消费服务 (5) 移动办公、娱乐服务	(1) 移动门户、即时通、微博 (2) 手机银行、手机支付 (3) 移动购物和订购票 (4) 移动旅游、移动广告 (5) 移动办公、娱乐服务
移动电子商务的现状、问题和发展趋势	了解中国移动电子商务发展的现状、问题和未来的发展趋势	(1) 中国移动电子商务现状 (2) 中国移动电子商务主要问题 (3) 中国移动电子商务的发展趋势

引例

实体银行卡末路？美国 ATM 今年将支持 Apple Pay

北京时间 2016 年 1 月 29 日上午消息，免触式 ATM 已经在西班牙和加拿大投入使用，但美国还没有这样的机器。不过，得益于 Apple Pay(Apple Pay，是苹果公司在 2014 苹果秋季新品发布会上发布的一种基于 NFC 的手机支付功能(NFC 是 Near Field Communication 缩写，即近距离无线通信技术，于 2014 年 10 月 20 日在美国正式上线。)和 Android Pay(Andriod Pay 参考了苹果公司 Apple Pay 的"指纹识别+NFC 支付"模式)等移动支付的普及，美国的银行也将开始提供免触式 ATM。Apple Pay 如图 10.1 所示。

图 10.1 Apple Pay

据国外媒体报道，大通银行、美国银行、富国银行都在开发支持 NFC 技术的 ATM。大通银行将在未来一年内分两步推出免触式 ATM。第一步是让用户认证手机银行应用，为他们提供 7 位数的认证码，使之不使用银行卡即可使用 ATM。

"这不能取代借记卡，只是为没有携带借记卡的用户提供了更加便利的选择。"大通银行发言人迈克尔·弗斯科(Michael Fusco)说。但大通银行的下一步计划可能是彻底取代实体银行卡。该公司表示，他们将在今年晚些时候推出支持 NFC 技术的 ATM，像使用信用卡一样通过 Apple Pay 和 Android Pay 使用 ATM。

富国银行和美国银行也将在今年晚些时候采用支持 NFC 技术的 ATM，但这两家公司均未证实该技术将会兼容 Apple Pay。不过，有媒体报道称，这两家银行正在采取各种措施，希望能支持这项服务。

美国大型银行采用免触式 ATM 将有助于减少银行卡诈骗活动。不使用实体卡刷卡，犯罪分子就必须破解苹果和谷歌采用的高强度加密算法，这显然并非易事。

美国银行表示，该公司将成为美国第一家推出新型 ATM 的银行，他们将于 2016 年 2 月末在硅谷、旧金山、夏洛特、纽约和波士顿的一些 ATM 上部署这项功能，年中则会广泛推出。

(资料来源：艾瑞网 http://news.iresearch.cn/content/2016/01/258167.shtml)

从上面的报道可以看出，移动商务的不断发展，使得手机支付覆盖面越来越广，但是，目前只有现金支付的"盲区"还未攻克。随着 Apple Pay 和 Android Pay 等移动支付的普及，美国的银行也将开始提供免触式 ATM。如果支持手机取款的 ATM 机真地出现，那么我们真地可以扔掉钱包了。

10.1 移动电子商务概述

随着网络环境的日益完善、移动互联网技术的发展,各类移动互联网应用的需求逐渐被激发。从基础的娱乐沟通、信息查询,到商务交易、网络金融,再到教育、医疗、交通等公共服务,移动互联网塑造了全新的社会生活形态,潜移默化地改变着移动网民的日常生活。未来,移动互联网应用将更加贴近生活,从而带动三四线城市、农村地区人口的使用,进一步提升我国互联网普及率。

只要拥有一部手机,消费者就可以完成理财或交易,这就是移动支付带来的便利。在移动互联网基础之上所进行的移动电子商务是移动互联网为用户提供的一种重要的服务。

10.1.1 移动电子商务的定义

移动电子商务(Mobile Commerce,M-Commerce,M-business)活动是电子商务的扩展与延伸。移动电子商务,从广义上讲,是指应用移动终端设备,通过移动互联网进行的电子商务活动;从狭义上讲,是指以手机为终端,通过移动通信网络连接互联网所进行的电子商务活动。在后面的章节里,所提到的移动电子商务为狭义的移动电子商务,仅指通过手机接入移动互联网,在 BtoC 或 CtoC 平台上进行的实物交易。

移动电子商务将互联网、移动通信技术、短距离通信技术及其他信息处理技术完美地结合,使人们可以在任何时间、任何地点进行各种商贸活动,实现随时随地、线上线下的购物与交易、在线电子支付以及各种交易活动、商务活动、金融活动和相关的综合服务活动等。

10.1.2 移动电子商务的分类

根据艾瑞咨询的观点,通过对移动电子商务关键环节的分析,可按交易项目、应用网络、交易平台和终端类型将其细分,具体如下。

(1) 终端类型:按照连接网络所使用的终端,可以分为通过手机、上网本和其他移动设备连接 3 种类型。

(2) 交易平台:根据商务交易通过的网站或服务平台,根据交易对象不同分类,可分成 BtoB、BtoC、和 CtoC 3 种类型。

(3) 应用网络:根据商务交易所借助的通信网络类型不同分类,可以分为 3G 网络、2G(2.5G)网络、Wi-Fi 和 WAPI 等。

(4) 购买商品或服务:可分为实物购买、虚拟物品购买、市政缴费、金融交易和银行转账等多种业务类型。

(5) 应用类型: 按照移动电子商务的应用类型不同分类,主要有娱乐型、服务型、消费型 3 种类型。

10.1.3 移动电子商务的特点

移动电子商务是移动信息服务和电子商务融合的产物,电子商务的各种应用在移动商务中都有体现。移动电子商务与传统电子商务的区别在于其服务对象的移动性、服务要求的即时性、服务终端的私人性和服务方式的方便性等多方面，因此，移动电子商务的特点主要表现在商务广泛性、个性化服务以及精准定位等几个方面。

(1) 商务广泛性：相对于传统的电子商务而言，移动电子商务可以真正实现任何人、在任何时间、任何地点得到整个网络的信息和贴身服务。通过移动电子商务，用户可随时随地获取所需的服务、应用、信息和娱乐。广泛性保证了信息的实时读取，这在如今充满竞争的商务市场中显得尤为重要。

(2) 服务个性化：由于设备的选择以及提供服务与信息的方式完全由用户自己控制，移动设备是真正意义上的个性化设备，因此用户可根据自己的需求和喜好来定制移动电子商务的子类服务和信息，并可根据需要灵活选择访问和支付方法，设置个性化的信息格式。

(3) 交流互动性：与桌面计算环境相比，移动计算环境所提供的交易、通信和服务具有快捷性和高度的交互性。例如，在客户支持和服务交付的业务中，需要一种高度交互性，这类业务在移动商务环境中可能会找到一种高附加值要素。

(4) 定位精准性：能获取和提供手机终端的位置信息，与位置相关的商务应用成为移动电子商务的一大亮点。定位有时是面向群体的，比如在购物中心中所有的客户，也有的针对个人的，比如具体了解用户的位置和偏好，就可以推送相关的广告和服务。

(5) 支付便捷性：用户可以根据不同情况通过多种方式进行付费，如可使用通信账户支付、手机银行支付或者第三方支付工具支付等。

(6) 支付安全性：手机作为个人移动通信工具，可以通过身份认证等制度避免虚假信息，在最大限度上提高交易的安全性，这也使得移动电子商务交易能够更加安全、可靠。

(7) 营销精准性：对于移动电子商务企业，用户对于手机的随身携带性和较高的使用黏性的需要使得企业可以更加精准地对目标客户进行营销推广和服务关怀。

(8) 信息即时性：信息通过移动电话网的短消息系统进行发送和接收，采用专用服务器处理，一般一项业务在用户发送后几秒钟内即可完成，这是其他方式不可比拟的。

移动运营商在竞争激烈的市场上具有自己的差异化优势。它们借助移动商务的特征，能够向客户提供新的、吸引人的、有更多帮助的信息和服务。移动电子商务的增值特征使得运营商提供的服务更有价值。

10.2 移动电子商务的基础

10.2.1 移动电子商务的基础设施

移动电子商务是建立在移动通信技术基础之上的电子商务活动。作为一般的用户，电子商务原来是建立在台式计算机和固定的通信网络平台之上的。无线应用协议标准的不断完善及支撑产品的推出，使得互联网的信息和先进的应用能够延伸到每一个手机或其他无线终端，使人们通过移动设备不仅能够获得传统的语音服务，而且还能够获得数据服务，在移动中进行电子商务。

1. 移动通信

移动通信是指不需要有形物理介质(如电缆、光纤)的连接，而是通过电磁波的形式实现的，可在移动载体如汽车、飞机中使用的通信方式。由于手机的普及，移动通信成为日常生活的一部分。移动通信技术的发展促进了无线网络的发展。

1) 移动通信的介质

无线通信初期，人们使用长波及中波来通信。20世纪20年代初人们发现了短波通信，直到20世纪60年代卫星通信的兴起，它一直是国际远距离通信的主要手段，并且对目前的应急和军事通信仍然很重要。

2) 微波

微波通信是20世纪50年代的产物，由于其可用频带宽、通信的容量大、传输损伤小、投资费用省(约占电缆投资的1/5)、建设速度快、抗灾能力强等优点而取得迅速的发展。

在空间沿直线传播是微波通信的重要特点，如果两点间直线距离内无障碍时就可以使用微波传送。例如，卫星到地面、城市两个建筑物之间、很大的无法实际布设电缆的开阔区域就需要使用微波通信，如沙漠、草地和湖泽等。

3) 卫星接入

卫星接入是微波传输的一种，只不过它的一个站点是围绕地球轨道运行的卫星。现在卫星传输的应用越来越普遍，包括电话、电视、军事用途甚至城市交通管理等。在企业管理和电子商务中也开始得到越来越广泛的应用。到目前为止，有两种类型的卫星通信：同步卫星和低轨道卫星。

4) 红外线

红外线是一种廉价、近距离、无连线、低功耗和保密性较强的通信方案，在PC中主要应用在无线数据传输方面，但目前已经逐渐开始在无线网络接入和近距离遥控家电方面得到应用。鉴于红外线通信的诸多好处，现在的PC几乎全部提供了红外线接口，以便用户利用其进行与带红外线接口设备的通信，如笔记本电脑、打印机、调制解调器、掌上电脑和移动电话等。

5) 激光

激光(Laser)与红外线同属于光波传输技术，但是由于激光能够产生非常纯净的窄光束，同时具有更高的能量输出，在射向目标时中途不会产生反射现象，因此激光无线网络的连接模式只能是直接连接。一般用于长途通信中需要高数据速率的场合。在许多需要安全连接的环境中，激光传输不失为一种理想的选择。通常在空旷或拥有制高点的地方，在不能挖掘路面、埋设管线，或两栋建筑被海所隔、铺设管线成本很高时，最适合用激光来建立两个局域网之间连接的信道。

2．移动通信技术的发展

1) 第一代移动通信技术

第一代移动通信技术(1G)采用模拟移动通信系统，以美国的AMPS(IS-54)为代表，它以模拟电路单元为基本模块实现话音通信，并采用了蜂窝结构，频带可重复利用，实现大区域覆盖和移动环境下的不间断通信。但模拟移动通信具有很多不足之处，如通信容量有限、通话质量一般、保密性差等，已经逐渐被各国所淘汰。

2) 第二代移动通信技术

第二代移动通信技术(2G)采用数字式移动电话系统，是目前全球移动通信的主流技术。其代表是全球数字式移动电话系统(GSM)和码分多路访问系统(CDMA)。

第二代移动通信系统是目前广泛使用的数字移动通信系统,成为当今通信发展的主流,特别是通信市场发展的主流。它克服了模拟移动通信系统的弱点,语音质量、保密性能得到了很大提高,并可进行省内、省际自动漫游。但由于第二代数字移动通信系统带宽有限,限制了数据业务的应用,也无法实现移动的多媒体业务。同时,由于各国第二代数字移动通信标准不统一,因而无法进行全球漫游。

3) 3G

3G 中文含义为第三代数字通信。3G 是由卫星移动通信网和地面移动通信网所组成,支持高速移动环境,提供语音、数据和多媒体等多种业务的先进移动通信网。3G 将提供更高容量、更快速度的数据传输速率,并将实现移动电话、互联网、计算机和各种家电的综合。除了为用户提供传统的语音通信外,还能提供移动上网、视频点播、视频电话、远程教学等多种个性化、全球化和多媒体化的通信服务。真正实现随时随地随心所欲地沟通和交流信息,也为电子商务的发展创造了更加有利的条件。

3. 无线网络

在电子商务的时代,任何一种崭新的商务模式都具有先进的网络技术的支撑。无线网络是移动电子商务的最底层。无线网络是指采用无线传输介质,如微波、红外线等的计算机网络。它包括几种不同类型的移动无线网络,如无线 ATM 网、无线令牌环网、无线广域网和无线局域网等。无线网络依靠无线介质无法比拟的灵活性、组网成本低、可移动性和极强的可扩容性,使用户真正享受到简单、方便、快捷的连接。因此,无线网络尤其在电子商务中具有巨大的应用潜力。

无线网络自身的优点,使其比一般有线网络安装相对方便,不受地区限制,可以连接有线介质无法连接的地方或者有线介质比较困难的场合,特别适合港口、码头、古建筑群、市中心两幢高楼之间等地方的连接。无线网的应用在我国越来越普遍,目前无线网络技术已相当成熟,广泛应用于各种军事、民用领域。现在,高速无线网络的传输速率已达到 11Mb/s,完全能满足一般的网络传输要求,包括传输文字、声音、图像等,甚至可以多路声音、图像并发地传输。无线网络的最大传输距离已达到几十千米,甚至更远。而且随着无线网络的应用领域越来越广,其相应的价格也降下来了,已经是一般企业所能接受的。况且只需一次性投资,省去了许多后顾之忧。可以说,现在的无线网络在性能、距离、价格上完全可以和有线网相媲美,甚至在某些方面超过有线网络。

4. 移动设备

移动设备,也被称为行动装置(Mobile Device)、流动装置、手持装置(Handheld Device)等,是一种口袋大小的计算设备,通常有一个小的显示屏幕,触控输入,或是小型的键盘。因为通过它可以随时随地访问获得各种信息,该类设备很快变得流行。移动设备有各种形状、各种规格,比如手提电脑、智能手机、超便携移动个人电脑(Ultra-Mobile PC)、PDA(Personal Digital Assistant,掌上电脑)等。其实这些设备的基本功能都是相似的,比如支持音频和视频,电子邮件、互联网浏览器,Wi-Fi 接入等,能区分这些移动设备的只是它们的外表。常见的移动设备有以下几种。

1) 掌上电脑

掌上电脑(Personal Digital Assistant,PDA),可以帮助我们完成在移动中工作、学习、娱乐等。按使用不同来分类,分为工业级 PDA 和消费品 PDA。工业级 PDA 主要应用在工业领域，常见的有条码扫描器、RFID 读写器、POS 机等都可以称作 PDA；消费品 PDA 包括的比较多，智能手机、平板电脑、手持的游戏机等。大部分的 PDA 可以与桌面电脑同步使用，帮助用户离线浏览电子邮件；PDA 也可以通过 Wi-Fi 接入互联网，并支持多媒体应用，可以播放音频和视文件。

2) 智能手机

智能手机(Smart Phone)，指像个人电脑一样，具有独立的操作系统，独立的运行空间，可以由用户自行安装软件、游戏、导航等第三方服务商提供的程序，并可以通过移动通信网络来实现无线网络接入手机类型的总称。通俗地讲，智能手机就是能够接入互联网的手机，同时又具备 PDA 或 PC 机的一些功能。随着时间的推移和技术的发展，智能手机的功能越来越强大。目前市场上几乎每天都有新款的智能手机问世，功能也层出不穷。自从快速运行的智能手机出现以后，这一领域的面貌又焕然一新。

3) 平板电脑

平板电脑(Portable android Device，Pad)是一种小型、方便携带的个人电脑，以触摸屏作为基本的输入设备。2010 年，苹果公司在市场推出了 iPad 平板电脑，其他一些公司也乘势跟上。苹果公司在推出 iPad 时，主要是宣传其是一个音频、视频的平台，利用它可以看电子书、期刊、电影、听音乐、玩游戏、还能上网等。平板电脑一般在 680 克左右，介于智能手机和笔记本电脑之间。iPad 可以通过 Wi-Fi 连接网络，下载文件、观看流媒体、能安装软件。通过 USB 接口，iPad 可以接入 PC 机。

4) 车载移动设备

车载移动设备主要是指那些安装在车辆仪表盘的移动设备，例如卫星收音机、GPS 导航设备、移动电视、高清均线广播、车辆跟踪系统、宽带均线接入设备(BWA)等。目前车载移动设备主要是基于卫星的无线技术。随着无线通信技术的发展，车载移动设备借着宽带基础设施的完善，特别是 WiMAX 网络的发展，它正向着小型化、多媒体的方向发展。越来越多的迹象表明，车载移动设备将会整合成一种多功能合一的设备。目前，许多移动设备都趋于整合为一体，成为一个体积小、方便携带、集多项功能为一体的装置。

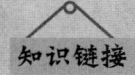

穿戴式智能设备

"穿戴式智能设备"是应用穿戴式技术对日常穿戴进行智能化设计、开发出可以穿戴的设备的总称，如眼镜、手套、手表、服饰及鞋等。

广义穿戴式智能设备包括功能全、尺寸大、可不依赖智能手机实现完整或者部分功能，例如：智能手表或智能眼镜等，以及只专注于某一类应用功能，需要和其他设备如智能手机配合使用，如各类进行体征监测的智能手环、智能首饰等。随着技术的进步以及用户需求的变迁，可穿戴式智能设备的形态与应用热点也在不断地变化。

穿戴式技术在国际计算机学术界和工业界一直都备受关注，只不过由于造价成本高和技术复杂，很多相关设备仅仅停留在概念领域。随着移动互联网的发展、技术进步和高性能低功耗处理芯片的推出等，部分穿戴式设备已经从概念化走向商用化，新式穿戴式设备不断传出，谷歌、苹果、微软、索尼、奥林巴斯、摩托罗拉等诸多科技公司也都开始在这个全新的领域深入探索。

10.2.2 移动电子商务的关键技术

互联网、移动通信技术和其他技术的完善组合创造了移动电子商务，移动互联网是移动电子商务发展的技术基础。无线应用协议(Wireless Application Protocol，WAP)则是它的核心技术之一，它使手机等移动终端能方便地与互联网相连接。移动IP(Mobile IP)技术使得节点从一条链路切换到另一条链路时无须改变IP地址，从而实现移动计算机在互联网上的无缝漫游，这也是对移动电子商务的有力支持。此外，蓝牙(Bluetooth)、Wi-Fi(Wireless Fidelity)、移动定位系统(Mobile Position System，MPS)技术等，也都是实现移动电子商务的重要条件。以下是实现移动电子商务的6种关键技术。

1．WAP

WAP是迄今被普遍认可的无线互联通用协议。对于移动电子商务来讲，WAP是其区别于普通电子商务的核心。它是由摩托罗拉公司、诺基亚公司、爱立信公司和Unwired Planet(现已更名为Phone.corn)最早倡导和开发的，它的提出和发展是基于在移动中接入互联网的需要。WAP是开展移动电子商务的核心技术之一，它提供了一套开放、统一的技术平台，使用户可以通过移动设备很容易地访问和获取以统一的内容格式表示的互联网或企业内部网信息和各种服务。通过WAP，手机可以随时随地、方便快捷地接入互联网，真正实现不受时间和地域约束的移动电子商务。

2．移动IP

移动IP是由互联网工程任务小组(IETF)在1996年制定的一项开放标准。移动IP技术是实现TCP/IP网络漫游功能的一种网络技术，这种技术主要解决局域网络无法延伸的问题。它对TCP/IP网络协议做了必要的补充使之支持网络外延的漫游功能。人们在网络世界，可以拥有唯一的一个网络IP地址与外界保持统一的通信。

移动IP通过在网络层改变IP协议，从而实现移动计算机在Internet中的无缝漫游。移动IP技术使得节点在从一条链路切换到另一条链路上时无须改变它的IP地址，也不必中断正在进行的通信。移动IP技术在一定程度上能够很好地支持移动电子商务的应用，但是目前它也面临一些问题，如移动IP协议运行时的三角形路径问题、移动主机的安全性和功耗问题等。

3．Bluetooth

Bluetooth由爱立信、IBM、英特尔、诺基亚和东芝等公司于1998年5月联合推出的一项短程无线连接标准。该标准旨在取代有线连接，实现数字设备间的无线互联，以便确保大多数常见的计算机和通信设备之间可方便地进行通信。Bluetooth作为一种低成本、低功率、小范围的无线通信技术，可以使移动电话、PC、PDA、便携式电脑、打印机及其他计算机设备在短距离内无需线缆即可进行通信，传输内容包括语音、数据、图像等。Bluetooth技术的目标是实现以移动电话为中心，把个人携带的设备无线连接成个人局域网，从而实现无线访问Internet。

Bluetooth技术是取代数据电缆的短距离无线通信技术，可以支持设备之间的通信，工作在2.4GHz频段，可以同时进行数据和语音传输，传输速率可达到10Mb/s。Bluetooth技术使得在其范围内的各种信息化设备都能实现无缝资源共享,最大传输距离是10m。Bluetooth技术的应用非常广泛且极具潜力。它可以应用于无线设备、图像处理设备、安全产品、消费娱乐、汽车产品、家用电器等领域,如使用移动电话在自动售货机处进行支付。

4．Wi-Fi

Wi-Fi即无线保真技术,俗称无线宽带。Wi-Fi是一种可以将个人电脑、手持设备(如Pad、手机)等终端以无线方式互相连接的技术,它是一种短程无线传输技术,能够在数百英尺范围内支持互联网接入的无线电信号,事实上它是一个高频无线电信号。无线保真是一个无线网络通信技术的品牌,由Wi-Fi联盟所持有。目的是改善基于IEEE 802.11标准的无线网路产品之间的互通性。

能够访问Wi-Fi网络的地方被称为热点。大部分热点都位于供大众访问的地方,例如机场、咖啡店、旅馆、书店以及校园等。许多家庭和办公室也拥有Wi-Fi网络。虽然有些热点是免费的,但是大部分稳定的公共Wi-Fi网络是由私人互联网服务提供商(Internet Service Provider,ISP)提供的,因此会在用户连接到互联网时收取一定费用。

5．第四代移动通信系统(4G)

由于3G通信系统无法满足多媒体通信的要求、第四代移动通信技术(简称4G)应运而生。4G比3G具有更多的功能,4G是集3G与WLAN于一体,并能够快速传输数据、高质量、音频、视频和图像等。4G具有非对称的超过2Mb/s的数据传输能力,它包括宽带无线固定接入、宽带无线局域网、移动宽带系统和交互式广播网络。4G可以在不同的固定、无线平台和跨越不同的频带的网络中提供无线服务,可以在任何地方用宽带接入互联网(包括卫星通信和平流层通信),能够提供定位定时、数据采集、远程控制等综合功能。此外,4G是集成多功能的宽带移动通信系统,是宽带接入IP系统。4G技术的主要指标是：①数据速率从2Mb/s提高到100Mb/s,移动速率从步行到车速以上。②支持高速数据和高分辨率多媒体服务的需要。宽带局域网应能与B-ISDN和ATM兼容,实现宽带多媒体通信,形成综合宽带通信网。③对全速移动用户能够提供150Mb/s的高质量影像等多媒体业务。

6．MPS

MPS(移动定位服务)是由移动通信网络定位系统或者卫星定位系统所提供的一种增值服务,通过一组定位技术获得移动终端的当前位置信息(如经纬度坐标数据),提供给移动网络用户本人或他人以及通信系统,实现各种与位置相关的业务。只要手机开机且能够接收到网络信号,那么它所处的位置便能随时被掌握。基于位置的服务应用领域包括可开展周边信息查找的信息服务,如附近的银行、餐馆、加油站等；本地黄页服务,小范围内的天气预报；就近交通信息发布；定向广告和基于位置的电子赠券等。基于位置的业务能够向旅游者和外出办公的公司员工提供当地新闻、天气及旅馆等信息。这项技术将会为本地旅游业、零售业和餐馆业的发展带来巨大商机。

10.2.3 移动电子商务体系与产业链

移动电子商务体系是一个包含企业和商家、电信运营商、电子商务提供商等主体在内的商务系统,该体系还包括起支撑、支持作用的终端厂商、金融及支付服务商、物流商和其他类型服务提供商，体系内各主体通过信息流、资金流和物流进行交互与联系，承担提供接口、应用和服务的角色。

产业链是用于描述一个具有某种内在联系的企业群结构，它是一个相对宏观的概念，存在两维属性：结构属性和价值属性。产业链中大量存在上下游关系和相互价值的交换，上游环节向下游环节输送产品或服务，下游环节向上游环节反馈信息。根据移动电子商务体系中各个主体在产业上下游所处的位置，各个主体通过信息流、物流和资金流链接组成移动电子商务的产业链，如图10.2所示。

在图10.2中，终端厂商和通信运营商为移动电子商务平台的建设提供了网络和基础以及应用接口；软件提供商丰富了平台应用，通过定位、支付等功能的实现使移动电子商务能够更顺畅地进行信息和资金的交换；平台服务提供商如金融及支付服务商、物流商为移动电子商务平台提供商品信息展示、资金划拨、仓储与运输等服务，在移动电子商务平台前端，为消费者和电子商务企业进行交易提供服务。

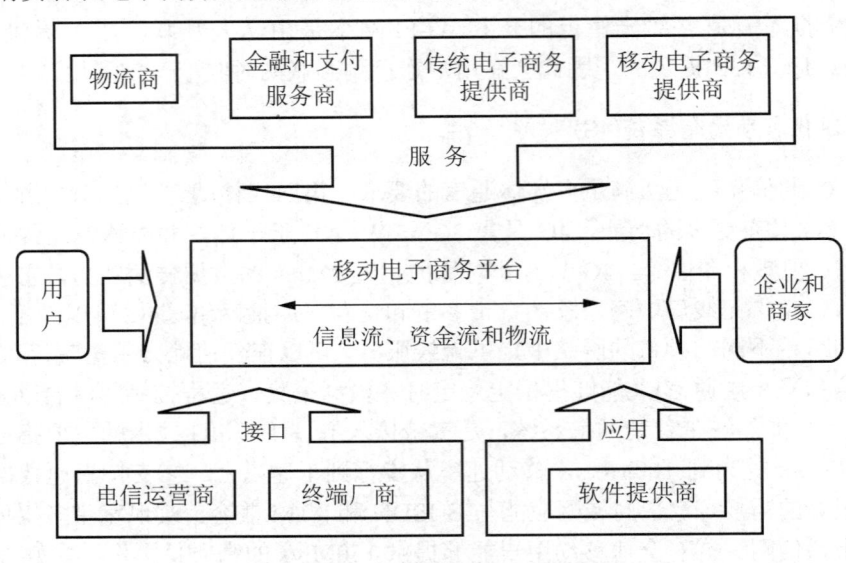

图10.2 移动电子商务产业链

移动电子商务产业链的参与者有终端厂商、电信运营商、金融及支付服务商、移动电子商务提供商、物流商、软件提供商等，简单介绍如下。

终端厂商：提供终端设备及其应用，如诺基亚、摩托罗拉、苹果公司等厂商为用户提供功能更加完备、内容更加丰富、使用更加方便的终端设备及其应用。

电信运营商：提供网络接入服务与运营，如中国移动通信集团公司、中国联合网络通信集团有限公司、中国电信集团公司等。

金融及支付服务商：提供交易资金的在线支付等服务，如银联、各大银行，以及"支付宝"等在内的金融服务机构和第三方支付机构等。

移动电子商务提供商：提供移动电子商务平台服务，包括传统电子商务提供商，如淘宝网、当当网和卓越网等，以及新兴移动电子商务提供商，如立购网、爱购商城等。提供的服务有时事新闻、天气预报、股票行情、彩票中奖公布、交通路况信息、招聘和广告、服务账单、电话号码、旅游信息、航班信息、影院节目安排、列车时刻表、行业产品信息、娱乐信息(音乐、图片下载)、电子购物、博彩、游戏、证券交易、在线竞拍等。

物流商：提供仓储、物流、配送等服务，如 EMS、申通快递有限公司、上海圆通速递有限公司等。

软件提供商：提供电子商务企业应用软件服务，如用友软件股份有限公司、UC 优视公司、Opera 软件公司等。

10.2.4 移动电子商务服务模式

根据艾瑞咨询在发布的《2009—2010 年中国移动电子商务行业发展报告》中对中国移动电子商务市场的研究，按照移动电子商务服务模式的不同主导方，可将移动电子商务划分为电信运营商、传统电子商务服务提供商、软件提供商和新兴移动电子商务提供商主导的四大服务模式。

1．以电信运营商为主导

该模式的初期，电信运营商主要以提供付费信息服务的方式开展移动电子商务活动，如中国电信号码百事通等。随着移动电子商务应用的不断深入，该模式又推出了由电信运营商主导的"通道＋平台"的移动电子商务服务模式，电信运营商在产业链中信息传递的核心位置，使其拥有规模庞大的潜在用户基数，凭借用户信息通道的巨大优势，电信运营商搭建移动商务平台水到渠成。市场中最突出的代表，是中国移动通信集团公司旗下的广东移动商城。

2．以传统电子商务提供商为主导

由传统电子商务提供商主导的"品牌＋运营"的移动电子商务服务模式的运作模式与传统电子商务网站类似。传统电子商务提供商依靠其在 PC 端电子商务运营、管理经验的积累，以及商品渠道、物流仓储的实力储备，尤其是多年以来在广大网民中形成的品牌形象，仅凭手机作为一个全新的用户接入通道，就能为自身带来源源不断的客户和订单。目前，在市场上已经运营成熟的平台，包括传统电子商务提供商如淘宝网、亚马逊和当当网等纷纷开通了移动电子商务平台，如手机淘宝、掌上亚马逊、手机当当等。

3．以软件提供商为主导

软件提供商凭借在其软件应用服务领域的优势，结合移动电子商务发展的趋势，提出了面向电子商务商家的移动电子商务平台。典型的有用友软件及用友移动商街，用友软件股份有限公司在该平台上搭建了满足商家财务管理、商品管理需求的应用软件体系，提供移动商铺、电子折扣券、移动社区、移动支付、移动搜索等服务。

4．以新兴电子商务提供商为主导

在移动电子商务发展的过程中，也有一些在移动互联网兴起和成长起来的移动电子商务平台，这些平台的发展专注于手机端购物平台及其运作模式的探索，具有与传统电子商务平台不同的成长特点，目前市场上典型性的代表有立购网、爱购商城等，它们提供搜索、比价、商品代销、商品购买服务。

10.3 移动电子商务的应用

互联网、移动通信技术和其他技术的完善组合创造了移动电子商务,但真正推动市场发展的却是多样的服务。移动电子商务的应用范围很广,主要体现在这 5 个方面:信息、金融、贸易、订购票、购物和娱乐业(主要是游戏和博彩业)应用。

针对移动电子商务的上述应用领域,许多公司开发了各种移动电子商务解决方案。每种方案的功能尽管各不相同,但它们都包括以下三种基本服务功能:支付功能、访问功能和安全功能。

10.3.1 信息服务

1. 移动门户

移动门户(Mobile Portal)是一个客户接入点和合作渠道,使移动性最优化,为移动用户汇总提供内容和服务。

移动门户提供的服务包括新闻、体育、娱乐和旅行信息、重要事件信息,电子邮件、社区服务以及股票交易等。相当多的移动门户也提供下载和消息、与音乐相关的服务以及健康、交友和工作信息。对于用户获得的基本信息服务,移动门户通常按月收取费用,同时它也对每项额外的内容服务,如基于位置的天气预报或下载,进行收费。

移动门户是专门为移动商务而设计的,它们计划自己的网页提供限量的住处信息和非常少的图片。例如,MSN 和雅虎等移动门户,提供流行主题(如新闻、体育、金融、电子邮件、即时通和搜索功能)的简短菜单。

2. 短信服务

短消息服务(Short Message Service,SMS)也称"短信"(Text Messaging),是一种向包括手机、智能手机和个人数字助理在内的移动设备发送不超过 160 个字符短信的服务。

增强型短信服务(Enhanced Message Service,EMS)是 SMS 的扩展,可以发送微型图片、简单动画片、声音和格式化文本,EMS 有时被称为图片文本。

多媒体消息服务(Multimedia Message Service,MMS)是新一代的无线信息服务,可以向移动电话和其他设备发送多媒体文件,包括音频和视频。MMS 使得移动设备和个人计算机融合起来,MMS 消息可以在 PC、PDA 和有 MMS 功能的手机之间进行传输。

3. 即时通信

即时通信(Instant Messenger,IM)是指能够即时发送和接收互联网消息等的业务。1998 年即时通信的功能日益丰富,逐渐集成了电子邮件、博客、音乐、电视、游戏和搜索等多种功能。即时通信不再是一种单纯的聊天工具,它已经发展成集交流、资讯、娱乐、搜索、电子商务、办公协作和企业客户服务等为一体的综合化信息平台。

第 39 次《中国互联网络发展状况统计报告》显示,截至 2016 年 12 月,网民中即时通信用户规模达到 6.66 亿,较 2015 年年底增长 4 219 万,占网民总体的 91.1%。其中手机即时通信用户 6.38 亿,较 2015 年年底增长 8 078 万,占手机网民的 91.8%。

作为基础互联网应用,从基础功能向外延伸的态势更加明显,其发展方向开始由满足用户的基础沟通需要转向对新业务的探索,成为用户连接各类生活服务的综合性平台。即时通信在 2016 年通过拓展服务内容再次获得蓬勃发展,个人即时通信的差异化更加显著,而应用于工作场景的企业即时通信产品已成为各厂商的战略重点。

个人端方面,以 QQ 和微信为代表的主流即时通信产品功能差异已经十分明显。微信将连接用户购物、出行等生活服务需求作为主要发展方向,而 QQ 由于用户群体平均年龄较低,功能偏向于连接年轻用户的阅读、音乐等娱乐需求。

企业端方面,基于工作场景定制的移动即时通信产品成为厂商竞争的重要领域。以 Slack 为代表企业即时通信产品在海外市场获得成功,促使阿里巴巴、腾讯、网易等大型互联网厂商先后在该领域进行布局。资本与技术资源的涌入推动产品功能迅速完善,并逐渐与办公自动化系统、客户关系管理系统和企业云服务进行融合,有效提升了团队工作效率。未来企业即时通信的沟通、协同、案例将成为竞争的三大核心因素。

4. 微博

"微博"即微型博客(Micro Blog),是 Web 2.0 新兴起的一类开放互联网社交服务。是一个基于用户关系的信息分享、传播以及获取平台,用户通过网页、手机、IM 软件等方式,可在个人微博上发布 140 个字符之内的即时消息,并实现即时分享。美国人埃文·威廉姆斯于 2006 年创办了 Twitter 这一微博服务网站,其理念为"随时随地,无处不在的沟通"。新浪微博如图 10.3 所示。

图 10.3 新浪微博

随着信息流产品的优化、视频的爆发以及垂直化的稳步推进,微博表现出强烈的网络效应,活跃用户继续保持高速增长。微博商业化也随之迎来爆发,无论营收还是净利润均超出华尔街分析师的平均预期。

根据最新发布的《2016 微博用户发展报告》,截至 2016 年年底,微博月活跃用户全年净增长 7 770 万，增至 3.13 亿，移动端占比达到 90%。全年总营收同比增长 45%，达 43.83 亿元人民币，全年净利润大幅增长 180%。从用户特征来看，微博用户整体呈现高学历、低年龄趋势，拥有大学以上高等学历的用户占比高达 77.8%，30 岁以下青年群体在微博用户中占比达到 80%以上。

目前，微博已经成为国内最重要的信息获取和讨论平台。为了进一步提升内容的发布与消费效率，近两年来，微博对核心的信息流产品进行了持续优化，从纯粹的时间序信息流，演化为基于社交关系的信息流和基于兴趣推荐的信息流。其中，关系流注重内容的时效性和互动性，是用户在微博即时获取信息、展开讨论、交流观点的主要场景，兴趣流则更注重内容的分发和消费体验，是用户在微博发现资讯、挖掘兴趣的主要场景。

5．微信

微信(WeChat) 是腾讯公司推出的一个为智能终端提供即时通信服务的免费应用程序，微信支持跨通信运营商、跨操作系统平台通过网络快速发送免费(需消耗少量网络流量)语音短信、视频、图片和文字，同时，也可以使用通过共享流媒体内容的资料和基于位置的社交插件"摇一摇""漂流瓶""朋友圈""公众平台""语音记事本"等服务插件。用户可以通过"摇一摇""搜索号码""附近的人"、扫二维码方式添加好友和关注公众平台，同时微信用户将内容分享给好友以及将用户看到的精彩内容分享到微信朋友圈。

微信的发展历程如下：

2011 年 1 月 21 日，微信发布 1.0 版本。

2014 年 1 月 4 日，微信在产品内添加由"嘀嘀打车"提供的打车功能。

2014 年 3 月，开放微信支付功能。

2014 年 8 月 28 日，微信支付正式公布"微信智慧生活"全行业解决方案。具体体现在以微信公众号+微信支付为基础，帮助传统行业将原有商业模式"移植"到微信平台。

2015 年 1 月 21 日，微信增加了"发微信红包"功能。

微信与 QQ 的相同点很多，它们都是腾讯旗下的社交产品，同时也是腾讯旗下最成功的社交产品。QQ 是 PC 时代的 IM 工具。微信是移动互联网时代的 IM 工具。微信是专门为移动互联网设计的，没有"在线"这个概念是最典型的特征。两种程序针对的用户群体是一样的，但是针对平台不一样。微信是社交属性开始融于媒体属性，其公众平台的出现，挤压了不少的微博时间，也为微信作为一个移动端的平台，一个入口做了很好的铺垫。

通过为合作伙伴提供"连接一切"的能力，微信正在形成一个全新的"智慧型"生活方式。其已经渗透进入以下传统行业，如微信打车、微信交电费、微信购物、微信医疗、微信酒店等。为医疗、酒店、零售、百货、餐饮、票务、快递、高校、电商、民生数十个行业提供标准解决方案。

如今，微信群不仅是人们节假日抢红包的"利器"，更将许久不联系的亲朋好友拉近。很多人春节时期都加入了家族群，和亲戚朋友一起抢红包、话家常、晒各种家庭视频，让春节过得有意思。

微信已不单单只是一个充满创新功能的手机应用，在改变用户社交习惯的同时，微信正加速拉动经济发展。根据《微信经济社会影响力研究报告》(以下简称《报告》)显示，微信在 2015 年直接带动信息消费 1 381 亿元，同比增长 45%，相当于 2015 年中国信息消费总规模的 4.31%。根据《2016 微信数据报告》数据，2016 年微信月活跃用户达 7.68 亿，较去年增长35%。50%的用户每天使用微信时长达90分钟。累计支付累计绑卡用户数超过2亿,拥有1 000万公众账号、微信支付接入超20万家线下商调用门店、65万企业号。报告测算称,微信带动社会就业规模达1 747万人,同比增长73.5%,其中直接就来439万人,增长128.7%;间接就业1 308万人,增长60.5%。

10.3.2 移动金融服务

移动技术与金融业务的结合,带来全新的移动金融服务概念。移动金融的诞生是个体经济地位提升、商业消费文化盛行以及信息技术发达的产物。目前金融业务的网络化、虚拟化使消费者手中的货币变成了由账号和密码组成的一串数字,移动金融业务的出现使消费者仿佛随身携带着银行,随时可以进行款项的收付、查询,并可进行证券和外汇的交易,不丢失任何一个投资机会。

1. 移动银行

移动银行(Mobile Banking Service)也称为手机银行,是利用移动通信网络及终端办理相关银行业务的简称。是Internet银行(或家庭银行)概念的扩展。

它允许消费者使用数字签名和认证来完成以下功能:管理个人账户信息、银行账户或预付账户的资金转移、接收有关银行信息和支付到期等的报警、处理电子发票支付等。

作为一种结合了货币电子化与移动通信的崭新服务,手机银行业务不仅可以使人们在任何时间、任何地点处理多种金融业务,而且极大地丰富了银行服务的内涵,使银行能以便利、高效而又较为安全的方式为客户提供传统和创新的服务,而移动终端所独具的贴身特性,使之成为继ATM、互联网、POS之后银行开展业务的强有力工具,越来越受到国际银行业者的关注。

图10.4为招商银行主页,下面有手机银行的入口。

图10.4 招商银行主页

2. 移动支付

移动支付(Mobile Payment)也称为手机支付,就是允许移动用户使用其移动终端(通常是手机)对所消费的商品或服务进行账务支付的一种服务方式。移动支付系统中的金融机构包括银行、信用卡发行商、第三方支付等组织,主要为移动支付平台建立一套完整、灵活的资金转账服务和安全体系,并管理手机身份识别卡的银行账号,保证用户支付过程的顺利进行。金融服务机构是一个很关键的角色,它在一定程度上起到维护整个移动支付系统正常运作的重要作用。继卡类支付、网络支付后,手机支付俨然成为新宠。

根据中国人民银行发布了 2016 年支付业务统计数据显示,2016 年移动支付业务 257.10 亿笔,金额 157.55 万亿元,同比分别增长 85.82%和 45.59%,移动支付保持了快速增长势头。

3．移动贸易

贸易和中介应用一般都传递一些实时变化的动态信息,由于移动电子商务的即时性,移动设备可用于接收实时财经新闻和信息,也可确认订单并安全地在线管理各种交易。因此,移动电子商务非常适用于网上投资理财,如股票、外汇、事件通知、有价证券管理、移动博彩,以及使用数字签名验证过的贸易订单等等交易应用。

1) 移动股市

移动股市是基于移动通信网的数据传输功能实现用手机进行信息查询的新一代无线应用炒股系统,使一部普通手机成为综合性的处理终端。只要手机在 GSM/CDMA 网络覆盖的范围内(可以收到信号)能够查询价格和股市行情,利用手机还可以进行股票交易。移动股市线路资源相对丰富,比较电话委托的"堵单"和网上的"线路连接不上",手机在下单速度和线路通畅的可靠性上更胜一筹。

2) 移动博彩

移动博彩是指通过手机参与赌博、彩票、赌马、体育运动赌博等各方面的活动。移动博彩出现在 20 世纪 90 年代末的欧洲,流行于荷兰、德国、瑞典、英国、奥地利等国,在这些国家,一般的手机都能用来购买彩券、下注、加入抽彩赌博,如英国的 Eurobet 提供在线博彩。目前各类彩票在很多国家已经合法化,而国家是否允许其他类别的赌博性质的活动(如赌马、体育运动赌博等)是影响这类业务发展规模的最大因素。

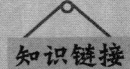

微 信 红 包

微信红包是腾讯旗下产品微信于 2014 年 1 月 27 日推出的一款应用,可以实现发红包、查收发记录和提现。

红包形式:微信派发红包的形式共有两种:第一种是普通等额红包,一对一或者一对多发送;第二种更有新意,被称作"拼手气群红包",用户设定好总金额及红包个数之后,可以生成不同金额的红包。

自 2014 年春节"一包走红"后,微信红包的使用也从春节等特定场景,变为放鞭炮、送玫瑰、包粽子、品月饼之外的过节新"标配"。每逢节日发微信红包已逐渐成为一种全新的用户习惯和文化现象,抢红包更是成为"年夜饭"上的一道必备菜品。

2015 年春节的"红包大战"不仅让人们见识了互联网的红包玩法,还将网络红包变成了春节的一种传统。2016 年,各大互联网公司又推出各种抢红包活动。"红包"这种带有趣味性的彩头游戏,

> 引发了红包大战,也创造出了一种商家与消费者之间的新连接方式。移动互联网特有的人际传播与放大器作用,让"红包效应"呈几何级爆发扩散。
>
> 微信官方公布的数据显示,微信红包的收发数量也在一路飙升:2014年除夕夜红包收发总量为0.16亿个,而2015年除夕期间,微信红包收发总量突破10亿个,此后的"520节"为4亿个,6·1儿童节5亿个,七夕14亿个,中秋则为22亿个超过除夕两倍。2016年跨年夜微信红包收发23.1亿次,超过2015年除夕2倍。2016年春节期间微信红包总收发次数达321亿次,总计有5.16亿人通过红包与亲朋好友分享节日欢乐。
>
> (资料来源:http://news.zj.com/detail/2016/02/17/1602209.html)

10.3.3 基于位置的服务

基于位置的服务(Location Based Service,LBS)是通过电信移动运营商的无线电通信网络(如GSM网、CDMA网)或外部定位方式(如GPS)获取移动终端用户的位置信息(地理坐标或大地坐标),在GIS平台的支持下,为用户提供相应服务的一种增值业务。LBS包括两层含义:首先是确定移动设备或用户所在的地理位置,其次是提供与位置相关的各类信息服务;意指与定位相关的各类服务系统,简称"定位服务"。另外一种叫法为MPS(Mobile Position Services),也称为"移动定位服务"系统。美国Foursquare(一家基于用户地理位置信息的手机服务网站)的巨大成功,使得LBS成为互联网行业的新热点。

移动电子商务的基于位置的一系列服务包括紧急救援、车队管理、交通远程信息处理、车辆救援、自动收费站、票务、财产追踪、储运增值器、特定位置广告、选择性大众广播和基于位置的收费。

1.移动旅游服务

在移动电子商务的时代,用户要求的是即时即地的服务,那么服务提供者必须具有第一时间、第一地点的反应能力。以移动服务中的旅游业为例,如果用户身处陌生环境,临时需求往往多是与衣食住行有关,而想要获得更准确的相关信息,这时就需要定位服务为用户锁定信息查询范围,提供用户所在区域附近的旅游景点、住宿餐饮、交通路线、商店、医院等公共设施位置信息。同时也是服务提供商确定消费者具体位置,以将产品服务等即时送达消费者手中关键因素。

2.移动和定位广告

对于企业来说,运营商通过位置服务可以赚取特定位置广告费,因为他们了解用户所在位置、用户个人档案信息或细分渠道。如果商家能即时了解移动用户所处的位置和偏好或上网习惯,他们就可以将面向特定用户的广告登记处发送到无线设备上。目前,SMS和电子邮件是把广告发送到手机使用的主要技术。随着可用的无线宽带越来越多,包括音频、图片、视频片段等内容丰富的广告将针对特定用户的需求、兴趣和倾向生成。

3.网络约车

近年来,"互联网+"政策的提出和移动互联网技术的迅猛发展,正深刻影响着越来越多人的日常出行。网络约租车即网络预约出租汽车服务,是指以互联网技术为依托构建服务平台,接入符合条件的车辆和驾驶员,通过整合供需信息,提供非巡游的预约出租汽车服务的经营活动。网络约租车可以说是中国现有市场化模式下的一种技术与营销模式创新，这种模式能够有助于中国尽快解决产能过剩问题，从而实现制造业和服务业的系统升级。网络约租车的主要类型包括：网络预约出租汽车、网络预约专车。

随着城市规模和人口总量的不断扩大，传统租车服务已不能满足市场需求，网络约租车服务应运而生，用户规模迅速扩张。目前，国内市场上活跃的租车品牌有优步、滴滴、神州等，这些品牌都在全力抢占"移动出行入口"市场。客户通过手机预约出租车、私家车或与他人拼车，几分钟内便可以与司机取得联系，确定客户当前所在位置及司机到达的时间。

根据第39次《中国互联网络发展状况统计报告》，截至2016年12月，网络预约出租车用户规模达2.25亿，较2016年上半年增加6 613万，增长率为41.7%；网络预约专车用户规模为1.68亿，比2016年上半年增加4 616万，增长率为37.9%。

从中不难发现，智能出行蕴含着的分享经济展现出了强大的生命力，网络预约专车服务盘活闲置资源，有利于提高资源利用率，成为出租车有益补充，缓解出行难的城市顽疾。网络预约出租车运用互联网化手段提高了出租车服务品质和效率，不仅缓解了用户打车难的问题，而且满足用户高品质个性化服务需求，增加社会就业。但由于网络约租车市场还不够成熟，在推进过程中暴露出不少问题，需要相关部门进行有效监管。

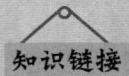
知识链接

嘀嘀打车真方便

李先生是个环保主义者，一直没有买车，平时都是坐公交车出行，遇到紧急情况打出租，倒也方便，只不过每次要在街边等些时间罢了。但是一旦遇到上下班高峰或者恶劣天气，打出租就难如登天了。

2014年暑假的一个星期天，照例早起准备送孩子去少年宫学跆拳道。不料，屋外忽然间狂风骤雨。早上8点55分，电联老师，得知照常上课。于是立刻和儿子一起换衣收拾，准备出门。外婆很担心："雨这么大，怕不好拦到出租车吧？"李先生回答："没事儿，有嘀嘀打车。"

嘀嘀打车，这个新鲜玩意儿，李先生是第一次使用。9点5分，李先生赶紧打开手机，单击"嘀嘀打车"，进入页面，屏幕立刻出现对话框"你的位置"和"目的地"。网络已经自动输入李先生此刻的位置，于是手动输入目的地：少年宫。页面即刻转换，不断显示出已经联系上附近的出租车数量。2辆、4辆……短短几秒钟，就有二十多辆出租车。"哇，真快！"儿子在一旁惊叹道。

外婆在旁边不停地问："怎么样？有车吗？"李先生耐心地等待着抢单司机的回复。果然，两分钟后，一位姓谢的师傅打来电话，约好在小区门口见。到了指定地点，没看到车影。手机突然响了，是谢师傅打来的"我的车牌尾号是68，马上就到。"话音刚落，一辆银灰色的汽车已经停在李先生父子面前。

坐上车，轻轻擦去飘落在手机屏幕上的雨滴，车就启动了。一路上，外面的雨更大了。此时李先生接到母亲电话："上车没？""外婆，我们都快到了！"儿子抢着说。车一直开进少年宫的地下车库。打开手机，单击"微信支付"，输入车费16元，立减3元，支付成功。9点28分，领儿子下车等电梯，一路通畅，一身干爽，心情不错！9点30分准时上课。

嘀嘀打车，果然方便！

从以上案例可以看出，"滴滴打车"的出现改变了传统的路边拦车的打车方式，利用移动互联网特点，将线上与线下相融合，从打车初始阶段到下车使用线上支付车费，建立移动互联网时代下用户移动出行方式。

10.3.4 移动票务

移动票务是指顾客使用移动电话或其他移动设备订购、支付、获得和检验票券的过程，它代表了一个日益扩大的新兴市场。

移动票务与传统购票相比有较强的优势。首先，与传统纸质门票相比，移动门票省时省力，订票后无须等待送票，通过二维码电子门票在场地入口处的识读终端上验票入场，实现了无纸化的订票、结账和验票手续。其次，在安全性方面，纸票容易丢失、损坏，通过移动票务系统购买的电子票则不存在这样的问题。电子门票有统一、方便的票证管理，通过电子数据进行管理，简化了纸票的管理复杂性。另外，移动票务系统的条码由唯一的门票号码生成，因此每个条码只能被使用一次，并且难以伪造，同时也能节省由邮寄和大量的人工而带来的花费。

目前，移动票务主要包括订票、购票、发票、支付和开收据等。移动票务应用可以用在多个领域，如航空、铁路、公路、收费站、影剧院、体育比赛、公园等。通过网络预订机票、车票或入场券已经发展成为一项主要业务，其规模还在继续扩大。

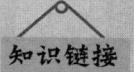

二维码和二维码支付

二维码(2-dimensional bar code)是在水平和垂直方向的二维空间存储信息的条码。是用某种特定的几何图形按一定规律在平面(二维方向上)分布的黑白相间的图形记录数据符号信息的；在代码编制上巧妙地利用构成计算机内部逻辑基础的"0""1"比特流的概念，使用若干个与二进制相对应的几何形体来表示文字数值信息，通过图像输入设备或光电扫描设备自动识读以实现信息自动处理；它具有条码技术的一些共性，即每种码制有其特定的字符集；每个字符占有一定的宽度；具有一定的校验功能等。同时还具有对不同行的信息自动识别功能及处理图形旋转变化点。

二维码技术是现代移动通信技术与二维码快速识读技术在应用上的完美结合，它依托一个系统平台和一个业务管理平台，在新兴的电子支付环境下，借助移动的数据通道和用票场地的二维码识读机，涉及图像采集与处理、数据加解密与传输等高新技术，最终提供给我们的是一项新兴的数据业务。伴随着广阔的应用前景，必将在会议、会展、航空、旅游、医院、餐饮、购物、娱乐等多个行业产业链中"票务配送"环节带来一场变革。

二维码支付是一种基于账户体系搭起来的新一代无线支付方案。在该支付方案下，商家可把账号、商品价格等交易信息汇编成一个二维码，并印刷在各种报纸、杂志、广告、图书等载体上发布。用户通过手机客户端扫拍二维码，便可实现与商家支付宝账户的支付结算。最后，商家根据支付交易信息中的用户收货、联系资料，就可以进行商品配送，完成交易。

10.3.5 移动购物

借助移动电子商务，用户能够通过其移动通信设备进行网上购物。即兴购物会是一大增长点，如订购鲜花、礼物、食品或快餐等。传统购物也可通过移动电子商务得到改进。例如，用户可以使用"无线电子钱包"等具有安全支付功能的移动设备，在商店里或自动售货机上进行购物。随着智能手机的普及，移动电子商务通过移动通信设备进行手机购物，让顾客体会到购物更随意、更方便。如今比较流行的手机购物软件如"掌店商城"等，实现了手机下单、手机支付，同时也支持货到付款，不用担心没有电脑就会错过的限时抢购等促销活动，尽享购物便利。

10.3.6 移动娱乐

移动电子商务将带来一系列娱乐服务，如玩手机游戏、观看视频等。从智能电话到iPod，都有移动娱乐的功能，比较典型的就是音乐、视频、游戏、体育等。

例如，苹果公司向消费者提供从苹果网上商店下载歌曲和视频的服务已经有很长一段时间了。消费者可以把音乐和视频下载到PC或具有多媒体功能的手机上。

移动游戏是移动应用的最大领域之一，移动游戏同智能手机、平板电脑市场及手机网络注册用户和应用下载量携手并进，以较快速度发展。

消费者可以在网上与朋友们玩交互式游戏，并为游戏付费。移动游戏的潜在市场比其他平台的市场要大得多。例如，中国移动游戏门户为广大消费者提供了适用于各种类型手机的移动游戏。

10.3.7 无线医疗

医疗产业的显著特点是每一秒钟对病人都非常关键，在这一行业十分适合于移动电子商务的开展。在紧急情况下，救护车可以作为进行治疗的场所，而借助无线技术，救护车可以在移动的情况下同医疗中心和病人家属建立快速、动态、实时的数据交换，这对每一秒钟都很宝贵的紧急情况来说至关重要。在无线医疗(Wireless Medical)的商业模式中，病人、医生、保险公司都可以获益，也会愿意为这项服务付费。这项服务是在时间紧迫的情形下，向专业医疗人员提供关键的医疗信息。由于医疗市场的空间非常巨大，并且提供这种服务的公司为社会创造了价值，同时，这项服务又非常容易扩展到全国乃至世界，我们相信在这整个流程中，存在巨大的商机。

10.3.8 移动学习

采用微博、短信等形式开展碎片化学习，特别是借助移动终端在大自然观看动植物，以及指导成年人即学即用地解决手头困难问题，如车祸现场急救等。

10.3.9 移动办公

移动办公也可称为"3A办公"，包括面向企业事业单位的移动办公、移动物流、移动后勤管理等。特别是移动客户关系管理、移动ERP企业资源计划和移动供应链管理等。办公人员可在任何时间(Anytime)、任何地点(Anywhere)处理与业务相关的任何事情(Anything)。这种全新的办公模式，可以让办公人员摆脱时间和空间的束缚。单位信息可以随时随地通畅地进行交互流动，工作将更加轻松有效，整体运作更加协调。利用手机的移动信息化软件，建立手机与电脑互联互通的企业软件应用系统，利用手持终端进行生产管理、仓储物流管理，减少库存成本和加快资金周转速度，实现移动办公，节约成本，提高了企业的预定和接受订单的反应速度，提升企业或个人的营运作业效率，推动政府和企业效益增长。

10.3.10 移动社交

移动社交是指用户以手机、平板等移动终端为载体,以在线识别用户及交换信息技术为基础,按照流量计费,通过移动网络来实现的社交应用功能,移动社交不包括打电话、发短信等通信业务。移动社交综合了移动网络、手机终端和社交网络服务的优势与特点并互为有益的补充,可谓相得益彰。

与传统的 PC 端社交相比,移动社交具有人机交互、实时场景等特点,能够让用户随时随地地创造并分享内容,让网络最大程度地服务于个人的现实生活。

用户信息的可靠性成为移动社交网络发展的基础。社交网络与其他网上社区、网上交友等方式不同的是,其基本上是基于客户的真实信息建立的人际网络,较为贴近实名制。在大多数情况下,手机用户信息相比互联网来说可靠性更高,这为移动社交提供了一个十分广阔的平台和基础。

移动社交网络多元的方向发展,为众多互联网公司与创业者带来机遇。根据艾瑞研究,中国移动社交按照用户社交关系不同,以及是否能够在移动终端构成新的移动社交关系,移动社交应用可分为传统的移动社交应用和新型的移动社交应用。传统移动社交主要是熟人社交,而新型移动社交根据产品定位和参与者目的,可以为陌生人社交、多维化社交,如图 10.5 所示。

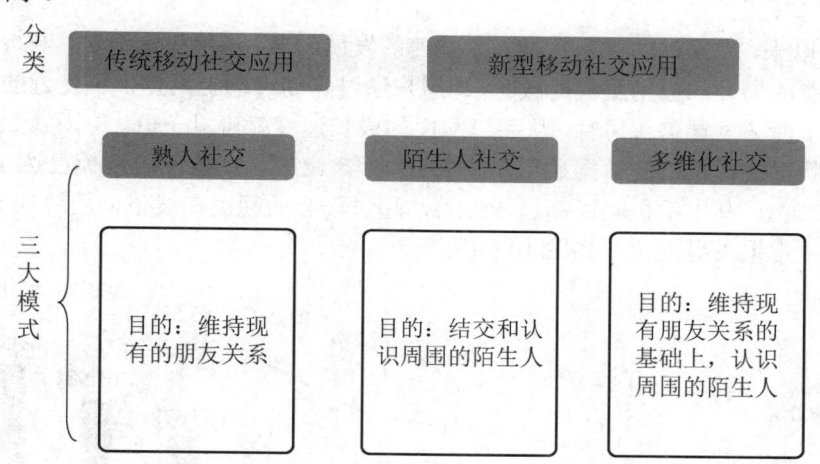

图 10.5 中国移动社交应用类型

传统移动社交应用和新型移动社交应用对比见表 10-1。

表 10-1 新型移动社交应用和传统移动社交应用对比

	新型移动社交应用	传统移动社交应用
社交关系	基于手机通讯录或移动互联网	主要基于互联网社交
终端要求	高,一般要求智能手机、平板电脑	低,功能手机即可满足用户需求
网络标准	3G&Wi-Fi	2G/2.5G
内容形式	文字、图片、语音、视频	文字为主
应用举例	微信、米聊	手机 QQ、飞信

> **知识链接**
>
> ### 网络红人
>
> "网络红人"是指在现实或者网络生活中因为某个事件或者某个行为而被网民关注从而走红的人或长期持续输出专业知识而从红的人。他们的走红皆因为自身的某种特质在网络作用下被放大,与网民的审美、审丑、娱乐、刺激、偷窥、臆想、品味以及看客等心理相契合,有意或无意间受到网络世界的追捧,成为"网络红人"。因此,"网络红人"的产生不是自发的,而是网络媒介环境下,网络红人、网络推手、传统媒体,以及受众心理需求等利益共同体综合作用下的结果。

10.4 移动电子商务的现状、问题和发展趋势

10.4.1 移动电子商务的现状

1. 拥有庞大的用户规模

2009 年以来,中国移动互联网进入了快速的发展时期,通信技术演进、网络资费下调、终端硬件性能的提升和应用服务的改善,为用户通过移动终端上网提供了良好的先决条件。我国移动电子商务发展势头迅猛,从手机网民的成长速度就可见一斑。中国第 39 次中国互联网络发展状况统计报告的数据显示,截至 2016 年 12 月,中国网民规模已达 7.31 亿,普及率达到 53.2%,其中手机网民高达 95.1%,超过一半的网民在线下使用移动支付,手机在上网设备中占据主导地位,如图 10.6 所示。

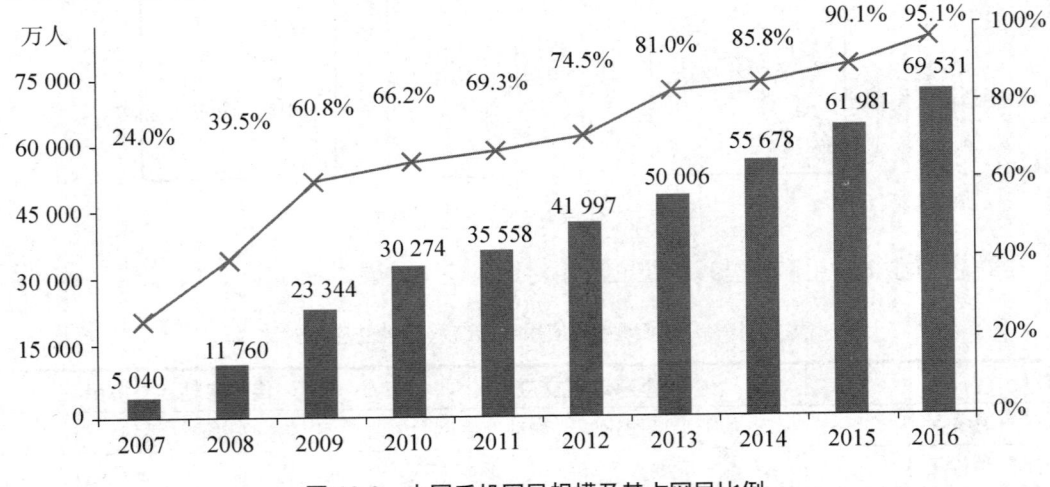

图 10.6 中国手机网民规模及其占网民比例

注:■ 表示手机网民规模; ✕ 表示手机网民占整体网民比例。

(资料来源:CNNIC 中国互联网络发展状况统计调查)

通过以上数据可知,中国的手机网民数继续保持增长态势。在某种程度上看,从计算

机和移动电话的普及程度来看,移动电话的用户群远远超过了计算机。

2. 移动电子商务市场潜力巨大

在市场需求快速增长、移动互联网迅速发展的双重支撑下,2015年中国移动互联网应用环境进一步完善,市场规模持续增长,并且成为移动互联网进入爆发式增长后行业领军企业的频繁合并、重塑格局的一年。

随着智能终端和移动互联网的快速发展,移动购物的便利性越来越突出。在主流电商平台的大力推动下,消费者对于通过移动端购物的接受程度亦大大增加,用户移动购物习惯已经养成。

根据艾瑞咨询的《2015—2016年中国移动电商市场年度报告》的数据,2015年有超半数的手机网民曾在移动端购物。移动电商成交额首超PC端,移动端将成为电子商务主要的交易渠道。数据显示,截至2015年年底,中国移动购物用户规模达到3.64亿人,同比增长23.8%,预计到2018年中国移动电商用户规模将接近5亿。2016年上半年,在庞大用户群体的需求刺激下,移动互联网应用市场规模呈现持续增长态势。达到3 981.5亿元。(数据来源:http://www.ec.com.cn/article/ydds/201606/9827_1.html)

3. 国家政策支持力度加大

国家"十二五"规划明确表示,把电子商务作为支持创新发展的一个重要方向,完善中小企业的电子商务服务,并提出要加大对移动电子商务的支持力度。为了支持移动电子商务发展,从中央政府到各个地方政府将其提升到战略高度,先后出台了一系列政策支持发展。遵照国务院战略部署,商务部各有关部门协调配合,在完善电子商务发展环境、推进企业电子商务运用、培育农村电子商务市场、加强电子商务诚信体制建设等方面作出了不懈努力。

4. 产业链分布日趋合理

市场潜力的巨大以及政策利好,也吸引了整个产业链上下游的眼光。移动电子商务产业链涵盖了电信运营商、软件开发商、终端用户、金融和服务提供商等各领域的部门和机构。在这些部门和机构的协同努力下,发展了多种无线商务模式,共同推进了移动电子商务的发展。

📖 小思考

如何保护手机里的隐私?

经常听到有朋友抱怨手机丢失之后的各种"后遗症":信息流失、照片外泄,甚至冒充机主实施诈骗等。

现在手机智商越来越高,它成为人们口袋里离不开的信息终端:它可能捆绑着邮箱,邮件会主动推送,带来更大范围的信息泄露风险;它可能开通了手机支付,账户的密码处于默认登录状态;还有装上了手机炒股的软件……手机本身的损失倒是其次,通讯录也有备份可以慢慢补回,但是让人们手忙脚乱的是,因为是智能手机,里面捆绑了很多密码信息。

思考:

作为一个普通人,对技术一窍不通,手机丢失怎么办?该怎么最大程度地保护个人的隐私安全?

10.4.2 移动电子商务的发展趋势

随着中国移动用户的迅速增加、移动网络的不断优化及新业务的不断涌现，中国的移动电子商务呈现出高速发展的势头，表现在业务量增长迅速、用户接受程度不断提高、用户群进一步细分等方面。

1．中国移动电子商务继续保持稳步、快速发展

数据表明，中国用户规模和市场规模将保持高速增长，中国移动电子商务市场已经步入快速的发展时期。

在市场的运营层面，传统电子商务提供商、电信运营商、新兴移动电子商务提供商和软件商等移动电子商务主导者已经展开了在移动电子商务相关服务领域的布局，市场进入者数量增多，服务形式呈现多样性发展趋势，市场热点不断涌现。大量的消费者正在使用并逐渐建立对 GPRS、彩信、短信等的依赖，3G 时代的到来，使移动商务市场开始进入高速成长期。

在政策方面，政府管理、行业监管等，将进一步理顺移动电子商务业务范围和产业链关系，政府也在并将出台积极的政策，推动产业的发展；在消费和应用层面，用户的移动电子商务习惯正在逐步培养，未来移动商务应用环境也将得到很大的改善。

2．综合信息服务将成为移动电子商务的主要应用

在移动电子商务中，虽然主要目的是交易，但是实际上在业务使用过程当中，信息的获取对于带动交易的发生或是间接引起交易是有非常大的作用的。

就中国移动电子商务发展现状而言，信息门户、SNS、手机博客以及 LBS 模式，已经成为模式创新的趋势。在初期移动电子商务用户规模有限的情况下，开展博客与社区的推广，将有利于 PC 端网民对移动电子商务的快速渗透，而 LBS 模式，将会为移动电子商务用户带来全新的用户体验。

3．从线上到线下的入口布局成竞争焦点

未来中国移动电子商务的发展过程中，移动电子商务产业链整合将不断深入。2013 年以来，各大巨头就纷纷在入口上发起争夺大战，如腾讯、阿里巴巴在手机地图上的大笔并购、微博的重金投入等。到 2014 年以后，从线上烧到了线下，是移动入口争夺战的最大看点。无论是腾讯的微信支付，还是阿里巴巴的支付宝钱包，都与线下的商家开始了广泛的合作，火速布局二维码入口。

4．去中心化的电子商务模式开启

去中心化的电商模式，区别于传统电商模式通过平台聚集商家和流量的中心化模式，是以微信、微博这些移动社交平台为依托，通过社群关系链的分享传播和自媒体的粉丝经济模式，来获取用户。这种模式，使得购物在碎片化的社交场景中随时被激发，从而大大降低了商家获取流量的成本，吸引了众多商家，比如微信在 2014 年 3 月开放支付接口后，一周内就暴增了 3 000 家商家，并以每月翻倍的速度增长。随着技术水平的提高，移动电子商务应用环境趋于成熟，产业的发展将逐渐由技术驱动型向服务驱动型转变，品牌和服务效果成为推动产业发展的重要力量。

5．农村移动电商是未来发展重点

在国内一二线城市用户人口红利逐渐消失的情况下，发展农村电商显得极为必要。不仅如此，农村地区还是各类农产品的源头，发展农村电商有利于满足城乡双方的消费需求；而由于农村地区智能手机普及率的不断上升及农村用户对手机等移动端有更好的适应性，各大电商巨头已经将农村移动电商作为未来发展的重点。

本章小结

通过本章的学习了解移动电子商务的概念、分类和特点，在学习无线通信的基本知识和应用技术基础上，进一步了解移动电子商务的服务模式和移动电子商务应用。本章内容可以分为以下4部分。

第一部分主要介绍移动电子商务的基础知识，包括移动电子商务的定义、移动电子商的分类和特点。

第二部分主要介绍移动电子商务的基础，包括移动电子商务的基础设施、移动电子商务中的主要技术、移动电子商务体系和产业链、移动电子商务的服务模式等。

第三部分是有关移动电子商务应用类型及应用的具体实例。

第四部分主要介绍了中国移动电子商务现状、存在的问题及发展趋势。

【关键术语】

即时通信(Instant Messenger)
移动电子商务(Mobile Commerce)
微博(Micro Blog)
微信(WeChat)
移动通信(Mobile Communications)
无线网络(Wireless Network)
第三代移动通信技术(3rd Generation，3G)
移动支付(Mobile Payment)
手机银行(E-banking)
无线应用协议(Wireless Application Protocol，WAP)
移动定位系统(Mobile Position System，MPS)
基于位置的服务(Location Based Services，LBS)

EC 动态

移动互联网市场成"双创"热土

2015 年中国移动互联网应用环境进一步完善，市场规模持续增长，并且成为移动互联网进入爆发式增长后行业领军企业的频繁合并、重塑格局的一年,同时随着跨界融合的升温,围绕 O2O 领域的移动互联网创新、创业愈加活跃。对于 2015 年移动互联网市场发展状况,赛迪顾问总结以下几点。

(1) 应用环境不断完善,市场规模持续增长。2015 年,中国手机用户规模预计将突破 13 亿。其中 3G 和 4G 用户爆发式增长,预计净增 1.65 亿户,总数达到 7.47 亿户,同比增长 28.4%。在庞大用户群体的需求刺激下,移动互联网应用市场规模呈现持续增长态势。2015 年中国移动互联网市场规模同比增长 76.9%,达到 3 981.5 亿元。赛迪顾问认为,带动增长的主要因素包括三个方面:一是由于我国具有庞大的手机用户群体,对移动互联网应用存在巨大市场需求;二是由于通信基础设施不断完善,通信质量提升、移动通信资费持续下降,为移动设施在更多场景下便捷高效地接入互联网提供了基础保障;三是传统企业的互联网化转型升级,以及互联网创新应用和模式的兴起,也极大地丰富了移动互联网应用产品与服务市场。

(2) 智能终端创新迭出,数量规模稳步上升。2015 年我国智能终端设备销售量整体出现小幅上涨,其中智能手机销售量表现平稳,可穿戴设备增长态势迅猛。2015 年全年中国手机市场规模约为 36 742.5 万部,增长趋势整体放缓。这是由于中国手机用户数已近人口数,新增手机用户已经无法带动手机销量的增长,大多是靠手机的更换维持手机市场规模。

(3) 企业兼并重组不断,市场竞争格局重构。2015 年可以说是移动互联网企业兼并重组元年,许多原本存在竞争关系的公司纷纷寻求资本合作。2 月,滴滴、快的宣布两家实现战略合并;4 月,赶集网与 58 同城合并;5 月,携程以 4 亿美元收购艺龙 37.6% 股份,共同布局旅游相关产业;10 月,美团和大众点评合并;10 月,携程宣布与百度达成股权置换交易,携程与去哪儿正式联姻;12 月,世纪佳缘和百合网宣布达成合并协议。

(4) 行业跨界融合升温,O2O 创新创业活跃。2015 年,"互联网+"战略的提出为互联网深度改造传统行业提供了新思路。"互联网+"的本质是跨界,即利用互联网技术和平台,使互联网和各行各业进行深度融合。在互联网的跨界融合过程中,金融、教育、医疗等行业涌现出许多新业态,并保持蓬勃发展态势,其中以 O2O 为代表的移动互联网跨界融合成为新的市场亮点。具体来说,互联网金融方面,第三方支付、P2P 小额信贷、众筹等概念持续火热,普惠金融时代已经开启;互联网教育方面,依托互联网带来的大数据、人工智能、机器学习等最新技术,线上教育走向个性化和规模化;互联网医疗方面,移动医疗创新应用遍地开花,其模式由简单的线上咨询向线上问诊、医药电商、预约挂号等 O2O 模式深化,患者与医生实现线上线下双向互动,医疗资源分配不均、挂号难看病难的情况有所改善。

(资料来源:http://www.ec.com.cn/article/ydds/201606/9827_1.html)

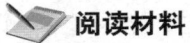 阅读材料

移动互联网的 5 大思维

什么是移动互联网时代的思维?简单地说,移动互联网时代的思维可概括为 5F 思维,包括:Fragment 碎片化思维;Fans 粉丝思维;Focus 焦点思维;Fast 快一步思维;First 第一思维。

1. Fragment 碎片化思维

移动互联网时代,用户的消费场景发生了巨大变化,接触消费者的地点越来越不固定,接触消费者的时间越来越短暂。移动互联网加剧了消费者的三个碎片化趋势:购物地点的碎片化;购物时间的碎片化;购物需求的碎片化。

碎片时间成为赢得消费者的黄金窗口,如何建立起碎片化思维,从看似碎片的世界中汇聚商业的力量?有以下 5 个关键的课题需要研究。

(1) 如何让消费者在碎片时间主动选择你?
(2) 如何让消费者在一分钟内爱上你?
(3) 如何在一小段时间里与消费者建立起令她心动的对话?
(4) 如何在一个碎片的时间窗口提供令消费者尖叫的商品和服务?
(5) 如何通过全渠道覆盖消费者更多的碎片时间?

2．Fans 粉丝思维

今天，移动互联网时代的法则是"得粉丝者，得天下"。粉丝就是生产力，粉丝经济学将大行其道。

品牌需要的是粉丝，他们是最优质的目标消费者，一旦注入感情因素，有缺陷的产品也会被接受。他们对你的品牌、企业拥有高度的忠诚和热情，还会向他的社交圈传播你的口碑，帮助你的业务获得非线性的增长甚至是爆炸性增长。《小时代 1》《小时代 2》创造出累计超过 7 亿的票房神话，就是因为有超过 1 亿的郭敬明和杨幂的粉丝的喜欢与捧场。

如何建立起粉丝思维，从看似彼此竞争激烈的市场中汇聚粉丝的力量？有以下 3 个关键的课题需要研究。

(1) 如何重新定义品牌的理念和价值主张，吸引粉丝？
(2) 如何将品牌的消费部落打造成粉丝们温暖的精神家园？
(3) 如何激发粉丝的激情和参与感？

3．Focus 焦点思维

在移动互联网时代，"不做什么"比"做什么"更重要。

中欧商业评论的潘东燕分享了艺龙的故事。艺龙旅行网创立于 1999 年，2004 年在纳斯达克上市，但在创立后的近 10 年间，始终没能摆脱亏损的经营窘境。2008 年，全年持续运营业务净亏损 7 660 万元。这一年，在线旅游行业出现有史以来最严酷的竞争环境。

在这样的内外环境下，艺龙不与携程抢机票预定业务，只关注在线酒店预订。六年里，艺龙从传统的呼叫中心酒店预订到在线酒店预订战略，再到移动酒店预订战略，艺龙的酒店间夜量(每间房销售一夜为一间夜)预订业务从只占携程的 20%，到今年第三季度已经接近携程的 70%，作为酒店市场的老二，正在与老大逐步缩小份额差距，持续顺势而为的战略转型使艺龙重新在酒店预订业务领域获得与携程叫板甚至超越携程的机会。

专注才有力量，才能做到极致。如何建立起焦点思维，从看似碎片的世界中汇聚商业的力量？有两个关键的课题需要研究。

(1) 如何做减法，找到焦点战略？
(2) 如何将焦点战略做到极致？

4．Fast 快一步思维

"快"字诀正是小米手机引以为傲的。今年在硅谷长城会全球移动互联网大会，小米董事长雷军说，在金山，一年才更新一次版本，MIIUI 一个星期就得升级一次，这两个速度是完全不在一个级别的。

小米手机 2011 年 10 月上市，去年小米手机销售 729 万台，销售额 50 多亿元人民币；今年的销售将冲破 1 900 万只，预计销售接近 300 亿元人民币。小米成立 3 年，公司价值已经达到 100 亿美元。其产品线从手机、操作系统到应用商店，甚至到了盒子和电视，从硬件到软件，从产品扩张到平台，从入口升级到生态。

为什么这么快？小米的内部组织结构尽可能扁平，基本分为三层：七个核心创始人是一层，部门管理者是一层，然后就是员工。小米始终不会让团队太大，稍微大一点就拆分成小团队，实行小分队小步快跑。

在移动互联网时代，你得到优势的时间和失去优势的时间可能是同样的短。在 PC 互联网时代，你还可以慢慢做一件事情，有了好产品再发布出去；但是如今你的产品两三个月不被人所接受，可能就死掉了。出错也要尽快，这样出错成本就会低一些。

如何建立起快一步思维，从变化多端的世界中找到"天下武功，无坚不破，唯快不破"的速度？有以下两个关键的课题需要研究。

(1) 如何加速，找到快速发展的道路？
(2) 如何将整个组织的速度与顾客的速度协调一致？

5．First 第一思维

移动互联网时代，只有第一，没有第二。第一，并不一定是销售额第一。如果想要成为第一，就必须打破消费者的思维定势，成为消费者心智里的第一。

如何建立第一思维，在自己定位的焦点市场赢得消费者心中的第一？有以下两个关键的课题需要研究。
(1) 如何定位，找到成为第一的路径？
(2) 如何成为第一？

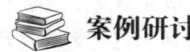 案例研讨

微店网：电商模式的革命性创新

很多人以为微店是微营销，是在微信朋友圈里卖东西，或者单纯地在手机上从事电商。实际上，微店是一种新型的电商模式，其核心在云销售和分销，让有货源的人专注于研发和生产，让擅长推广的网民专注于传播。

微店网(http://www.okwei.com)，是由深圳市云商微店网络技术有限公司于2013年8月28日投资创立。微店网的上线，标志着个人网商群体的真正崛起。微店网已为用户提供：电脑PC端、手机WAP端、安卓APP端、苹果IOS端，以及微信微商城入口。微店网首页如图10.7所示。

图10.7 微店网首页

1．微店的定位

微店网对微店的本意是：开店"无需库存、无需客服、无需发货"，只需通过社交圈进行推广，即可从网络销售中获得佣金收入，是一种高效的网络分销模式，供应商负责发货，微店主负责推广，这里的微，不是移动互联网的概念，"微"是轻松的意思。对于商家而言，微店的模式减轻了他们的推广负担，可以更加专注于产品的研发。对于微店主来说，开微店无需资金成本、无需寻找货源、不用自己处理物流和售后，是适合大学生、白领、上班族的兼职创业平台。

2．微店APP的主要功能

(1) 微店工厂号。微店工厂号是专门针对拥有实体工厂和产品的商户，为他们提供云销售电子商务系统，包括微店铺管理、网络分销渠道管理、上下游供应管理、订单管理等全方位的销售服务。

(2) 微店批发号。微店批发号是专门针对实体批发市场商户，为他们提供云销售电子商务系统，微店批发号进驻条件：①在实体批发市场有店铺；②保证金1 000元(可退)；③交易佣金3%。

微店批发号是批发市场的移动电商应用。核心理念是云销售，供应商把商品设置佣金后发到云端产品库，让微店主为其分销商品。作为云销售电商平台，微店网上游供应商重点定位是全国实体批发市场内的店铺商家，无数批发市场内的商家正在依托微店网建立他们的分销体系。

(3) 品牌号。针对品牌商，品牌号帮助品牌商打造落地、代理、分销完整的商品销售渠道。

落地店：渠道体系中的零售终端，包括实体店和个人自由创业者。在微店的渠道架构中，落地店统一

向所在城市的独家代理商进货，落地店与供应商之间只有1层代理，渠道精简，差价更加优厚，而且通过我们的平台进货，还可以享受微店网给予的高额返利。

代理商：平台号、品牌号的一级销售渠道，代理商帮助平台号、品牌号在全国各个城市建立完整的销售渠道，并对代理区域的落地店进行管理。微店网的代理商设置为城市独家，微店网订单会根据收货区域自动帮助平台号、品牌号将订单匹配给区域代理商。

3．微店批发号的功能

微店批发号的其特色功能有以下4个方面。

(1) 产品管理。①发布产品：进入云端产品库千万微店主帮你做分销；②新品推送：海量下游分销商第一时间获取到新品动态。

(2) 下游分销商管理。发布产品或推送新品，产品会出现在下游分销商的"上游供应"列表，下游分销商可以上架、分享、下单购买。在微店，供应商像微信好友一样管理下游分销，还可以像微信一样即时聊天。

(3) 上游供应商管理。即时获取上游新品动态，随时掌握市场潮流，随时随地给上游下批发单，做生意更轻松，也可以随时与上游沟通货源。

(4) 社交推广。提供多样化推广方式，快速分享到微信好友、朋友圈、QQ、QQ空间、邮件、短信等。

4．微店的优势

微店的推出，与其说是为了解决消费端的痛点，不如说更是为了解决销售端的痛点。随着淘宝、京东等大平台的日渐成熟，如今要入驻电商大平台，开店成本已非昔日可比，推广成本也不低，而且手续相对烦琐。微店针对性很强：微店开店流程简单；朋友圈成为天然资源；推广费用低，可以把微店链接发到微信和朋友圈达到推广的目的，加入微店里的"微店联盟"，各商家间的互相推广也是免费的。可以说，微店精准地找到了小商家的"痛点"，因而得到迅速扩张。这款移动电商应用通过微信开店的方式，在熟人关系链中进行交易。几乎可以说是"划时代性"地采用了用手机号开网店的模式，将电商的准入门槛拉到历史最低，商品的上架、编辑等功能也非常简单。

(1) 电商版微信的交流方式和信息展现方式呈现了特别的客商关系。

(2) 完美的分账和结算方式，支持到线下出现的多种交易模式。

(3) 零售和批发双渠道盈利。

(4) 客户可积累、可拓展，可随时发起针对性强的商品促销召集活动。

(5) 无广告投入的电商平台，分享和提供好货源就可以建立属于自己的销售"朋友圈"；海量的商品信息和客户需求，24小时不间断刷新你的批发号"朋友圈"。

(6) 智能的识别搜索功能再加上微信支付，购物结算只需要几分钟，分销做到迅速。

5．微店的交易过程

(1) 供应商发布产品。供应商进驻成功后，可以随时发布管理产品。通过微店网后台，发布产品到云端产品库，填写零售价和推广佣金，并定义产品的属性和描述。

(2) 微店展销产品。系统让产品在无数的微店展销。消费者进入任意一个微店购买了产品，货款通过各种途径支付至微店网，并在后台会生成订单。

(3) 付款。消费者付款或者7天内系统自动放款，货款在两个工作日内完成结算流程，在微店钱包进行查询、提现。

(4) 发货。供应商直接发货，因为开微店的人是无须处理货源问题的，他们只负责推广赚佣金。

(5) 货款结算。消费者付款后，微店网在三个工作日内把货款划拨至供应商后台账户，可随时申请兑现。

6．交易保障

(1) 全场正品。微店出售的货品，通过厂家和批发商供应。

(2) 七天包退。如果微店出售的商品，存在任何质量问题，有7天包退，以保障消费者的权益。

(3) 担保交易。消费者通过网银及信用卡支付，把货款打到微店网，当消费者收货验货没问题后，再通知微店网放款给对应的供应商。这就保障了消费者资金上的安全。因为在验货前，供应商还没拿到货款。

保证金是基于对消费者的负责。如因商户未履行消费者保障承诺义务而导致买家权益受损的情况下,微店网有权以普通或非专业人员的知识水平标准,根据相关证据材料和规则判定商户是否应根据本协议的规定、微店网相关规则履行赔付义务。如是,则微店网有权使用商户的保证金先行赔付给买家。

(4) 退/换货规。符合以下情况,由产品售出之日(以快递签收日期为准)起7日内退换货,15日内换货(不含客户个人喜欢原因)。可在线提交返修申请或者与微店网客服中心联系办理退换货事宜。

7．微店所面临的困扰

事实证明,微店的社交推广功能,非但没有解决痛点,反而增加了人们的烦恼。大量的刷屏让人不堪其扰,而朋友关系也因利益而变味,尤其是买到假货后。可见,微店对消费者的痛点理解有错误:消费者需要可靠的评价,但第三方的评价才是客观中立,因此淘宝上那些真实的用户评价,比微店上的所谓熟人推荐更有效。此外,商业服务中有一个理念叫零干扰服务,不需要时则不希望商家打扰。微店的"圈子营销"在过了新鲜期之后,反而变成极大的缺陷。

(资料来源:http://baike.sogou.com/v67778039.htm,有改动)

【问题及要求】

1．简述微店采用了什么电子商务模式,写一份简单的分析报告。
2．微店有哪些优势和特点?
3．结合微店案例,谈谈微商行业如何才能得到有效监管。

思考与练习题

一、选择题

1．移动互联网是移动电子商务发展的技术基础。移动互联网使用的是协议是(　　),它使手机等移动终端能方便地与互联网相连接。

　　A．TCP/IP　　　　B．HTTP　　　　C．WAP　　　　D．FTP

2．移动电子商务的特点是(　　)。

　　A．个性化　　　　　　　　　　　B．即时性
　　C．基于位置的服务　　　　　　　D．以上三项都是

3．"微博"即微型博客(Micro Blog),是基于(　　)新兴起的一类开放互联网社交服务。

　　A．Web 1.0　　　B．Web 2.0　　　C．Web 3.0　　　D．Web 4.0

4．移动支付系统中的金融机构包括银行、信用卡发行商和(　　)等组织。

　　A．第三方支付　　B．移动运营商　　C．商店　　　　D．CA

5．基于位置的服务,是通过移动运营商的无线电通信网络,运用(　　)技术获取移动终端用户的位置信息,并根据用户需求提供周边所谓兴趣点信息,为用户提供相应服务的一种增值业务。

　　A．SMS　　　　　B．GPS　　　　　C．2G　　　　　D．GPRS

二、判断题

1．移动电子商务的主要特点是商务广泛性、个性化服务以及精准定位等几个方面。
　　(　　)
2．3G的最大特点是交互性。
　　(　　)

3．基于位置的服务是移动电子商务的一个重要特征。（ ）
4．用户通过网页、手机、IM 软件等方式，可在个人微博上发布不超过 100 个字符的即时消息。（ ）
5．腾讯公司是一家提供即时通信服务的互联网络企业。（ ）

三、填空题

1．移动电子商务是移动信息服务和_____融合的产物。
2．蓝牙技术是取代数据电缆的_____无线通信技术，可以支持设备之间的通信。
3．移动电子商务产业链的参与者有终端厂商、电信运营商、金融及支付服务商、_____、物流商等。
4．移动银行也称为_____，是利用移动通信网络及终端办理相关银行业务的简称。
5．移动办公也可称为"3A 办公"，即办公人员可在_____、_____处理与业务相关的任何事情(Anything)。这种全新的办公模式，可以让办公人员摆脱时间和空间的束缚。

四、简答题

1．移动电子商务和传统电子商务相比，具有什么特点？移动电子商务如何分类？
2．简述移动电子商务的体系和产业链。

五、实践题

1．什么是手机银行？ 试登录中国工商银行的网站 http://www.icbc.com.cn 的手机银行页面，注册成为手机银行(短信)用户，了解其所提供的业务及服务。
2．登录中国移动通信集团公司网站 http://www.chinamobile.com 以及中国联合网络通信集团公司网站 http://www.chinaunicom.com.cn，分别浏览这两个网站的移动商务业务，并总结这两家公司推出的移动商务业务种类，思考这些业务能带来或者提高哪些方面的增值服务。

六、案例分析

以请帖为切入的 O2O 婚庆平台

"婚礼纪"是一款专注于结婚婚庆的移动应用，专注婚礼行业垂直细分市场，最初以请帖为最初切入点，逐步打造服务新人的平台，帮助新人解决婚礼筹备的难题。目前，"婚礼纪"的产品主要分为"购物""婚博会""请帖""故事"四大功能：提供婚庆购物、婚礼主题展示、请帖制作、结婚故事记录的服务。

婚礼纪的发展已从 O2O 工具过渡到 O2O 平台，已有的"婚博汇"产品将垂直电商采购、商家作品，以及商家沟通信息全部提供给用户。

根据以上材料，请回答以下问题：

1．分析"婚礼纪"的营销模式，该模式有什么特点？
2．"婚礼纪"的"私人定制"和"一站式服务"营销有什么优势？

参 考 文 献

[1] [美]Jurban E.，等．电子商务导论[M]．2 版．王健，等译．北京：中国人民大学出版社，2011.
[2] 吕廷杰．移动电子商务[M]．北京：电子工业出版社，2011.
[3] 杨坚争．电子商务基础与应用[M]．5 版．西安：西安电子科技大学出版社，2006.
[4] 李琪．电子商务概论[M]．北京：高等教育出版社，2004.
[5] 柯新生．电子商务[M]．北京：清华大学出版社，2007.
[6] 杨天翔．电子商务概论[M]．上海：复旦大学出版社，2006.
[7] 甘嵘静．电子商务概论[M]．北京：电子工业出版社，2006.
[8] 林波．电子商务基础[M]．沈阳：东北大学出版社，2006.
[9] 陈月波．电子商务概论[M]．北京：清华大学出版社，2004.
[10] 张宽海，梁成华．电子商务概论[M]．北京：电子工业出版社，2003.
[11] 邵兵家．电子商务概论[M]．北京：高等教育出版社，2003.
[12] 李连营．电子商务实用教程[M]．西安：西安电子科技大学出版社，2005.
[13] 李宙星．电子商务概论[M]．重庆：重庆大学出版社，2005.
[14] 卢国志．新编电子商务概论[M]．北京：北京大学出版社，2005.
[15] 王学东．电子商务概论[M]．武汉：武汉理工大学出版社，2005.
[16] 苏丹，陈营．电子商务概论[M]．北京：电子工业出版社，2006.
[17] 蹇洁．电子商务概论[M]．成都：西南财经大学出版社，2006.
[18] 赵燕萍．电子商务概论[M]．北京：中共中央党校出版社，2005.
[19] 徐丽娟．电子商务概论[M]．北京：机械工业出版社，2004.
[20] 李再跃，王宪云，甘瑁琴．电子商务概论[M]．北京：北京工业大学出版社，2003.
[21] 黄海滨．电子商务导论[M]．上海：上海财经大学出版社，2006.
[22] 王云鹏，万君．电子商务概论[M]．赤峰：内蒙古科学技术出版社，2005.
[23] 梁成华，张义刚．电子商务技术[M]．北京：电子工业出版社，2005.
[24] 葛守芬．电子商务教程[M]．北京：中国计量出版社，2006.
[25] 邓顺国．电子商务概论[M]．北京：清华大学出版社，2005.
[26] 刘卫宁，宋伟．电子商务中在线支付的安全保障[J]．计算机应用，2005，7.
[27] 史达．电子商务与网络经济[M]．大连：东北财经大学出版社，2002.
[28] 严碧亚，顾宝炎．企业竞争新战略：逆向物流[J]．物流科技，2005，1.
[29] 宋华．电子商务环境下的逆向物流发展[J]．商业经济与管理，2005，6.
[30] 孙林岩，王蓓．逆向物流的研究现状和发展趋势[J]．中国机械工程，2005，5.
[31] [美]Turban E.，等．电子商务：管理新视角[M].2 版．王理平，张晓峰，译．北京：电子工业出版社，2004.
[32] 王桂花．逆向物流发展策略[J]．江苏经贸职业技术学院学报，2004，2.
[33] 邱奇．逆向物流管理策略及发展趋势[J]．物流周刊，2005，8.
[34] 许亮．电子商务环境下的逆向物流应对策略探讨[J]．市场周刊·财经论坛，2004，8.
[35] 刘忠敏，等．逆向物流研究[J]．科技管理研究，2004，2.
[36] 徐燕．物流信息管理[M]．北京：对外经济贸易大学出版社，2004.
[37] 于宝琴，赵家俊．现代物流信息管理[M]．北京：北京大学出版社，2004.
[38] 罗振华．电子商务物流管理[M]．杭州：浙江大学出版社，2003.
[39] 林豪锵．电子商务实务[M]．北京：中国铁道出版社，2004.
[40] 杨坚争．电子商务案例[M]．2 版．北京：清华大学出版社，2006.
[41] 杨明一，洪大为．电子商务与 ERP 理论与实务[M]．北京：清华大学出版社，2003.
[42] 陈禹，魏秉全，易法敏．数字化企业[M]．北京：清华大学出版社，2003.
[43] 徐天宇．电子商务系统规划与设计[M]．北京：清华大学出版社，2005.
[44] 刘军，董保田．电子商务系统的分析与设计[M]．北京：高等教育出版社，2003.

[45] 孙宝文，王天梅．电子商务系统建设与管理[M]．北京：高等教育出版社，2002．
[46] [美]Schneider G P，Perry J T．电子商务[M]．成栋，等译．北京：机械工业出版社，2000．
[47] [美]Stair R M，Revnolds G M．信息系统原理[M]．张靖，等译．北京：机械工业出版社，2001．
[48] 姜同强．信息系统分析与设计教程[M]．北京：科学出版社，2004．
[49] 徐明，采振祥．电子商务系统设计与实现[M]．北京：中国科学技术大学出版社，2001．
[50] 张海藩．软件工程[M]．北京：人民邮电出版社，2002．
[51] 彭欣．电子商务实用技术[M]．北京：人民邮电出版社，2005．
[52] [美]Turban E．，等．电子商务：管理视角[M]．4版．严建援，等译．北京：机械工业出版社，2007．
[53] [美]Schneider G P，Perry J T．电子商务[M]．2版．成栋，译．北京：机械工业出版社，2002．
[54] [美]Raisch W R．电子市场：B2B电子商务的成功策略[M]．李东贤，等译．北京：清华大学出版社，2003．
[55] [美]KalaRota R．，Whinston A B．电子商务：管理·技术·应用[M]．查修杰，连丽真，陈雪美，译．北京：清华大学出版社，2004．
[56] 北京市信息化工作办公室，北京市统计局．北京市电子商务发展报告(2005)[M]．北京：中国发展出版社，2006．
[57] [美]Schneider G P．电子商务[M]．7版．成栋，译．北京：机械工业出版社，2008．
[58] 叶立新．快钱：电子支付另辟蹊径[J]．新经济导刊，2010，12．
[59] 李琪．电子商务物流管理[M]．重庆：重庆大学出版社，2004．
[60] [美]Strauss J．，Frost R．网络营销[M]．5版．时启亮，等译．北京：中国人民大学出版社，2010．
[61] http://www.analysys.com.cn．
[62] http://www.dcci.com.cn．
[63] http://www.itBtoB.com.cn．
[64] http://www.ithome-cn.net．
[65] http://www.hotec.info．
[66] http://www.alibaba.com．
[67] http://www.ebay.com.cn．
[68] http://www.taobao.com．
[69] http://www.ccec.com．
[70] http://www.cnnic.net.cn．
[71] http://www.cnptf.com．
[72] http://www.360buy.com．
[73] http://www.iresearch.cn．
[74] http://www.100ec.cn．
[75] http://www.21cbh.com．
[76] http://b2b.toocle.com．
[77] http://www.china.com.cn．
[78] http://www.21cbh.com/HTML/2011-11-14/2MNDE5XzM3OTI2Mg.html．
[79] http://baike.baidu.com/view/32947.htm．
[80] http://baike.baidu.com/view/91222.htm．
[81] http://www.ce.cn/2011.4.2．
[82] http://baike.baidu.com/view/161956.htm．
[83] http://wen Ru.baidu.com/view/4129911ca76e58fafaboo3d6.html．
[84] http://www.100ec.cn/detail_6000975.html．
[85] http://www.docin.com/p-44792908.html．
[86] http://ec.iresearch.cn/html/114893.shtml．
[87] http://baike.baidu.com/view/161285.htm．
[88] http://www.zk365.com/xypd/dsdt/4717.asp．

[89] Http://finance.chinanews.com/it/2012/03-27/3775774.shtml.
[90] Http://www.ccidconsulting.com/protal/scyj/sdsd/hlw/webinfo/2011/10/1318209019703992.
[91] http://www.chinanews.com/it/2011/01-17/2791839.shtml.
[92] http://baike.baidu.com/view/3609.htm.
[93] http://www.3lian.com/edu/2012/02-28/22102.html.
[94] http://www.vsharing.com/k/CRM//A564846.html.)
[95] http://baike.baidu.com/view/1293245.htm.
[96] http://industry.cio360.net/h/1784/383328-2020.html.
[97] http://wenku.baidu.com/view/19ba108b680203d8ce2f245a.html.
[98] http://finance.people.com.cn/bank/GB/18001057.html.
[99] http://www.enet.com.cn/article/2011/1028/A20111028930933.shtml.
[100] http://ec.iresearch.cn/57/20111117/156404.shtml.
[101] http:// baike.baidu.com/view/2812103.htm.
[102] http://news.iresearch.cn/0468/20110214/2811.shtml.
[103] http://www.qqwwr.com/staticpages/201005/qqwwr4beb6844-546079.shtml.
[104] http://baike.baidu.com/view/3941.htm.
[105] http://tech.huanqiu.com/net/web/2011-01/1423027.html.
[106] http://cmpay.10086.cn/info/news/xyxw/2011/08/4282.html.
[107] http://www.chinadaily.com.cn/microreading/tech/2011/11/17/content_4390804.html.
[108] http://www.china.com.cn/economic/txt/201111/18/content_23951430.htm.
[109] http://wenku.baidu.com/view/d3a8704e852458fb770b5678.html?from=rec&pos=0&weight=19&last weight=4&count=5.
[110] http://baike.baidu.com/view/161956.htm.
[111] http://baike.baidu.com/view/557579.htm.
[112] http://baike.baidu.com/view/1679038.htm#2.
[113] http://bbs.admin5.com/thread-4314296-1-1.html.
[114] http://www.wm23.com/wiki/8720.htm.
[115] http://baike.baidu.com/view/992811.htm.
[116] http://baike.baidu.com/view/8153.htm.
[117] http://www.chinawuliu.com.cn/xsyj/2011-10/10/169267.shtml.
[118] http://money.163.com/12/0428/16/806LO9DA00253B0H.html.
[119] http://baike.baidu.com/view/257002.htm.
[120] http://www.csyg.net/anli/qiyewuliuanli/2010-01-29/10222.html.
[121] http://bbs.vsharing.com/Management/CRM/266460-1.html.
[122] http://baike.baidu.com/view/112992.htm.
[123] http://www.ciotimes.com.
[124] http://www.pmway.com/News/trade_journal/20111202172737.htm.
[125] http://news.xinhuanet.com/it/2011-06/13/c_121530189.htm.
[126] http://tech.hexun.com/2012-02-14/138230226.html.
[127] http://baike.baidu.com/view/604021.htm.
[128] http://bank.hexun.com/2009-06-24/118958650.html.
[129] http://net.chinabyte.com/433/11692933.shtml.
[130] http://www.jdol.com.cn/jdnews/340503.html.
[131] http://wiki.mbalib.com/wiki.

北京大学出版社本科电子商务与信息管理类教材(已出版)

序号	标准书号	书 名	主编	定 价
1	7-301-12349-2	网络营销	谷宝华	30.00
2	7-301-12351-5	数据库技术及应用教程(SQL Server 版)	郭建校	34.00
3	7-301-28452-0	电子商务概论(第3版)	庞大莲	48.00
4	7-301-12348-5	管理信息系统	张彩虹	36.00
5	7-301-26122-4	电子商务概论(第2版)	李洪心	40.00
6	7-301-12323-2	管理信息系统实用教程	李 松	35.00
7	7-301-14306-3	电子商务法	李 瑞	26.00
8	7-301-14313-1	数据仓库与数据挖掘	廖开际	28.00
9	7-301-12350-8	电子商务模拟与实验	喻光继	22.00
10	7-301-14455-8	ERP 原理与应用教程	温雅丽	34.00
11	7-301-14080-2	电子商务原理及应用	孙 睿	36.00
12	7-301-15212-6	管理信息系统理论与应用	吴 忠	30.00
13	7-301-15284-3	网络营销实务	李蔚田	42.00
14	7-301-15474-8	电子商务实务	仲 岩	28.00
15	7-301-15480-9	电子商务网站建设	臧良运	32.00
16	7-301-24930-7	网络金融与电子支付(第2版)	李蔚田	45.00
17	7-301-23803-5	网络营销(第2版)	王宏伟	36.00
18	7-301-16557-7	网络信息采集与编辑	范生万	24.00
19	7-301-16596-6	电子商务案例分析	曹彩杰	28.00
20	7-301-26220-7	电子商务概论(第2版)	杨雪雁	45.00
21	7-301-05364-5	电子商务英语	覃 正	30.00
22	7-301-16911-7	网络支付与结算	徐 勇	34.00
23	7-301-17044-1	网上支付与安全	帅青红	32.00
24	7-301-16621-5	企业信息化实务	张志荣	42.00
25	7-301-17246-9	电子化国际贸易	李辉作	28.00
26	7-301-17671-9	商务智能与数据挖掘	张公让	38.00
27	7-301-19472-0	管理信息系统教程	赵天唯	42.00
28	7-301-15163-1	电子政务	原忠虎	38.00
29	7-301-19899-5	商务智能	汪 楠	40.00
30	7-301-19978-7	电子商务与现代企业管理	吴菊华	40.00
31	7-301-20098-8	电子商务物流管理	王小宁	42.00
32	7-301-20485-6	管理信息系统实用教程	周贺来	42.00
33	7-301-21044-4	电子商务概论	苗 森	28.00
34	7-301-21245-5	管理信息系统实务教程	魏厚清	34.00
35	7-301-22125-9	网络营销	程 虹	38.00
36	7-301-22122-8	电子证券与投资分析	张德存	38.00
37	7-301-22118-1	数字图书馆	奉国和	30.00
38	7-301-22350-5	电子商务安全	蔡志文	49.00
39	7-301-28616-6	电子商务法(第2版)	郭 鹏	45.00
40	7-301-22393-2	ERP 沙盘模拟教程	周 菁	26.00
41	7-301-22779-4	移动商务理论与实践	柯 林	43.00
42	7-301-23071-8	电子商务项目教程	芦 阳	45.00
43	7-301-23735-9	ERP 原理及应用	朱宝慧	43.00
44	7-301-25277-2	电子商务理论与实务	谭玲玲	40.00
45	7-301-23558-4	新编电子商务	田 华	48.00
46	7-301-25555-1	网络营销服务及案例分析	陈晴光	54.00
47	7-301-27516-0	网络营销:创业导向	樊建锋	36.00
48	7-301-28917-4	电子商务项目策划	原娟娟	45.00

如您需要更多教学资源如电子课件、电子样章、习题答案等,请登录北京大学出版社第六事业部官网 www.pup6.cn 搜索下载。

如您需要浏览更多专业教材,请扫下面的二维码,关注北京大学出版社第六事业部官方微信(微信号:pup6book),随时查询专业教材、浏览教材目录、内容简介等信息,并可在线申请纸质样书用于教学。

感谢您使用我们的教材,欢迎您随时与我们联系,我们将及时做好全方位的服务。联系方式:010-62750667,63940984@qq.com, pup_6@163.com, lihu80@163.com,欢迎来电来信。客户服务 QQ 号:1292552107,欢迎随时咨询。